新編諸子集成

法言義疏

下

汪榮寶　撰
陳仲夫　點校

中華書局

法言義疏十三

重黎卷第十

〔注〕真僞美惡，成敗存亡，人君之所以御乎其下，人臣之所以事乎其上，不可以不察也。明此以南面，堯之爲君也；明此以北面，舜之爲臣也。〔疏〕注「明此以南面」至「臣也」。按：莊子天道文。

法言　李軌注

或問：「南正重司天，北正黎司地，今何僚也？」〔注〕司，主也；僚，官也。少皞氏衰，九黎亂德，帝顓頊命重、黎主天地也。曰：「近羲，近和。」〔注〕堯有羲、和之官，王莽時亦復立焉。聖王之立重、黎、羲、和，考其所以重、黎、羲、和耳，非莽所立也。「孰重？孰黎？」曰：「羲近重，和近黎。」〔注〕羲主陽，和主陰，故云耳。〔疏〕「南正重司天，北正黎司地」者，音義：「南正重，直龍切。」按：史記自序云：「昔在顓頊，命南正重以司天，北正黎以司地。」即此文所本。國語楚語作「命南正重司天，以屬神；命火正黎司地，以屬民。」史記歷書文同。漢書司馬遷傳即採史記自序爲之，亦作「火正」。歷書集解引應劭云：「黎，陰官也。火，數二；二，地數也。故火正司地，以屬萬民。」漢書遷傳張晏注云：「南方陽也，火、水配也，水爲陰，故命南正重司天，火正黎兼地職。」歷書索隱云：「左傳重爲句芒，木正；黎爲祝融，火正。此言南者，劉氏以爲『南』字誤，非也。蓋重、黎二人元是木、火之官，兼司天、地職。而天是陽，南是陽位，故木亦是陽，所以木正爲南正也。而火是地正，亦稱北正者，火數二，二地數，地陰主北方，故火正亦稱北正，爲此故也。」此諸説皆以火之與地義有相通，故火正又爲北正，語近附會。堯典孔疏引鄭答趙商云：「先師以來，皆云火掌爲地，（按：「掌」乃「當」字之誤，「地」乃「北」字之誤。）當云『黎爲北正』。」詩譜檜譜孔疏亦引鄭志答趙商云「火」當爲「北」，則黎爲北正也。楚語韋注引：「唐尚書云火當爲北。北，陰位也。周禮則司徒掌土地人民也。」遷傳臣瓚注云：「重、黎司天地之官也。唐、虞謂之羲、和，則司地者宜曰北正。古文作『北正』。」（史記自序索隱引臣瓚説作「古文作『火』字，非也」。漢書律歷志臣瓚注云：「古文『火』字與『北』相似，故遂誤耳。」）此皆以國語及他書「火正」字爲「北正」之誤。今按堯典孔疏云：「左傳稱重爲句芒，黎爲祝融。祝融火官，可得稱爲火正；句芒木官，不應號爲南正。且木不主天，火不主地，而外傳稱顓頊命南正司天，火正司地者，蓋使木官兼掌天，火官兼掌地。南爲陽位，故掌天謂之南正；黎稱本官，故掌地猶爲火正。」其説最爲近理。陳氏喬樅今文尚書經説考云：「以五行官有火正，祝融則火官之號。若天地之官，據陰陽之位，對南正爲文，則爲北正。是黎一人居二官也。」朱氏芹十三經札記云：「蓋重以木正兼掌天，南爲陽位，故謂之南正；黎以火官兼掌地，北爲陰位，故謂之北正。」皆本孔義。然則以本職言則曰火正，以兼官言則曰北正。國語於重稱南正，於黎稱火正，乃是互文。史記自序改火正爲北正，則竝以兼官言，與上句南正重一例。遷傳作火正者，此孟堅用國語改史記，非所據遷自序如此。法言作「北正」，則子雲所見遷自序正與今本史記同也。中論歷數篇採楚語爲文，亦云：「命南正重司天，以屬神；北正黎司地，以屬民。」梁氏玉繩史記志疑云：「今本國語及經疏中所引皆作『火正』，漢書遷傳同。自史公有『北正』之文，後儒如鄭康成、韋昭、臣瓚皆從之，隋天文志同。（按：梁不數法言及中論，疏漏已甚。）其實史歷書序仍是『火正』。顔師古、司馬貞據鄭語與班固幽通賦作『火正』爲是。路史注亦以『北黎』爲妄，此則不達古人文例，是丹非素，失之陋矣。左傳昭公篇載晉蔡墨對魏獻子問五祀云：『少皞氏有四叔，曰重，曰該，曰脩，曰熙，實能金、木及水。使重爲句芒，該爲蓐收，脩及熙爲玄冥，世不失職，遂濟窮桑。此其三祀也。顓頊氏有子曰犂，爲祝融；共工氏有子曰句龍，爲后土，此其二祀也。』犂卽黎也。賈公彦周禮疏序引國語及堯典鄭注，凡重、黎之『黎』皆作『犂』，明古字通用。重、黎之名，異說甚多。左傳孔疏云：『少皞氏有四叔。四叔是少皞之子孫㊀，非一時也，未知於少皞遠近也，四叔出於少皞耳。其使重爲句芒，非少皞使之。楚語云：「少皞氏之衰也，九黎亂德，民神雜糅，不可方物。顓頊受之，乃命南正重司天以屬神，火正黎司地以屬民。」是則重、黎居官，在高陽之世也。又鄭語云：「黎爲高辛氏火正，命之曰祝融。」則黎爲祝融，又在高辛氏之世。案世本及楚世家云：「高陽生稱，稱生卷章，卷章生黎。」（按：楚世家作「重黎」。）如彼文，黎是顓頊之曾孫也。楚語云：「少皞之衰，顓頊受之，卽命重黎。」似是卽位之初，不應卽得命曾孫爲火正也。少皞世代不知長短，顓頊初已命黎，至高辛又加命，不應一人之身緜歷兩代。世家云：「共工作亂，帝嚳使黎（世家作「重黎」，下同。）誅之而不盡。帝誅黎，而以其弟吳回爲黎，（世家作「爲重黎後」。）復居火正，爲祝融。」卽如此言，黎或是國名官號，不是人之名字。顓頊命黎，高辛命黎，未必共是一人。傳言世不失職，二者或是父子，或是祖孫，不可知也。』」陶氏定山重黎解云：「左傳少昊氏之子重爲句芒，是重也；顓頊氏之子曰黎爲祝融，是黎也。楚語曰『少昊氏之衰，九黎亂德』云云，左傳疏引之，以南正爲木正，明司天之重，卽句芒之重；司地之黎，卽祝融之黎，無二人也。史記楚世家云：『高陽生稱，稱生卷章，卷章生重黎，爲高辛火正。』鄭語『黎爲高辛氏火

㊀「叔是」二字原本誤倒，據左傳孔疏改。

正』者，此是重黎，非黎也。左傳云：『五官世不失職，以濟窮桑。』明木、火二正皆是世掌。重黎既爲稱孫，稱卽顓頊子。疑稱卽是左傳之黎。高辛時，重黎能繼之，故亦稱重黎，如共工、夷、羿之類，恐混爲一，故加『重』字以別之，與句芒之事無與也。共工作亂，高辛命重黎誅之而不盡，乃誅重黎，而以弟吴回爲火正，爲重黎後。是重黎無子，以弟爲後也。楚語：『三苗復九黎之德，堯復育重黎之後，使復典之。至于夏、商，世守其官。其在周，程伯休父其後也。當宣王時，失其官，而爲司馬氏。』與史記自序所載竝是兼重與黎二氏言之，與高辛氏所誅之重黎無與也。（按：此陶氏誤解，説見後。）自史公自序承楚語『重黎氏世掌天地』之文，不加脩削，遂使黎與重黎矇然莫辨，束皙譏其併兩爲一，此也。」梁氏志疑云：「重與黎乃少皞、顓頊之後世子孫，當高陽時爲南正、火正之官，歷至高辛，仍居其職，而黎又嘗以火正兼司天地，蓋重徙爲木正故耳。（按：此亦臆測，重本句芒世官，不得云徙爲木正。黎之兼司天地，或以重失其職，或以重無後，決非因其徙爲木正也。）其後遂以重黎爲號，不關少皞之重。韋注：「重、黎官名，楚之先爲此二官。」大紀云「嚳使火正兼掌重職」，是以楚語云「重黎氏世敍天地」，鄭語云「荆，重黎之後」，大戴禮、世本、山海經皆云「老童（卽史記之卷章。）生重黎」，史公本之，作楚世家及自序，傳非誤也。若以史爲誤，無論楚不應有二祖，而序司馬氏之先，豈有自誣其祖之理乎？綜上諸説求之，則有高陽時之重、黎，有高辛時之重黎。高陽時之重、黎爲二人之名，左傳所謂少皞氏四叔之一之重，及顓頊氏之子犂，卽此文「南正重司天，北正黎司地」者也。高辛時之重黎乃是一人之名，卷章之子，而顓頊之曾孫㊀，以火正而兼司天、地，故以一人而兼蒙重、黎之稱。亦單稱黎，鄭語所謂「黎爲高辛氏火正」者也。此重黎既誅，其弟吴回爲之後，世掌天地，遂

㊀「孫」字原本作「係」，形近而訛，今改。

以重黎爲氏。自是以降，凡書傳所謂重黎氏者，皆卽此吴回之子孫也。楚世家云：「吴回生陸終。陸終生子六人，六曰季連，芊姓，楚其後也。」史記自序索隱云：「按彪之序及干寶皆云『司馬氏，黎之後』，是也。」又楚世家索隱引劉氏云：「少昊氏之後曰重。顓頊氏之後曰重黎。對彼重則單稱黎，若自言當家則稱重黎，故楚及司馬氏皆重黎之後，非關少昊之重。」由是言之，堯之所育，夏、商之世官，楚之祖，司馬氏之先，皆此高辛以來之重黎氏，實卽高陽時黎一人之後也。然則併兩爲一，自高辛時已然，陶氏謂楚語堯復育重黎之後云云，與史記自序所載竝是兼重與黎二氏言之，與高辛氏所誅之重黎無與。不知高辛氏所誅之重黎，卽是兼重與黎二人之名以爲名，其後因以爲氏。正猶羲、和本是二官，而漢置羲和，則爲一官之稱。楚語云「堯育重黎之後」，及云「重黎氏世叙天地」，皆指此併兩爲一之重黎氏，非謂重氏與黎氏也。惟其述重黎氏之沿革不及高辛時事，爲傳文之略。然以他篇考之，事可互證，而明史公仍楚語爲文，其義相同。陶氏以爲不加脩削，遂使黎與重黎矇然莫辨，此讀史者辨之不精，非史誤也。「今何僚也」者，吴云：「昔之重、黎，當今之世何官也。」「近羲，近和」者，宋云：「莽更名大司農曰羲和，羲與古殊矣。楊故舉其本，而譏其殊。」按：百官公卿表：「治粟内史，秦官，掌穀貨，有兩丞。景帝後元年，更名大農令。武帝太初元年，更名大司農，屬官有太倉、均輸、平準、都内、籍田五令、丞，斡官、鐵市兩長、丞。又郡國諸倉農監、都水六十五官長、丞皆屬焉。王莽改大司農曰羲和，後更爲納言。」莽傳：「始建國元年，更名大司農曰羲和。」今考平帝紀：「元始元年二月，置羲和官，秩二千石。」劉歆傳：「哀帝崩，王莽持政，太后留歆爲右曹太中大夫，遷中壘校尉，羲和、京兆尹。」律歷志：「元始中，王莽秉政，徵天下通知鐘律者百餘人，使羲和劉歆等典領條奏。」又平帝紀：「元始五年，羲和劉歆等四人使治明堂辟雍。」莽傳居攝三年九月，莽母功顯君死，意不在哀，令太后詔議其服，少阿、羲和劉歆與博士諸儒云云。又：始建國元年正月朔，按金匱，輔臣皆封拜，以少阿、羲和、京兆尹、紅休侯劉歆爲國師、嘉新公。是元始以來即有羲和之官，始終皆劉歆爲之。律歷志載劉歆鐘律書，一曰備數，二曰和聲，三曰審度，四曰嘉量，五曰權衡。數者，一、十、百、千、萬也，其法在算術，宜于天下小學，是則職在太史，羲和掌之。聲者，宫、商、角、徵、羽也，職在太樂，大常掌之。度者，分、寸、尺、丈、引也，職在内官，廷尉掌之。（按：内官長、丞初屬少府，中屬主爵，後屬宗正，不屬廷尉。此云廷尉掌之，蓋事關審度者則屬廷尉也。）量者，龠、合、升、斗、斛也，職在太倉，大司農掌之。衡權者，衡平也，權重也，職在大行，鴻臚掌之。然則彼時羲和爲太史之長，若太常之於太樂，大司農之於太倉，大鴻臚之於大行，班與九卿同，而職治歷數者也。至始建國元年，更定百官，乃改大司農曰羲和，則與前此之羲和同名異實。此羲和在天鳳中更名納言，莽傳天鳳四年，更授諸侯茅土於明堂，各就厥國，其侍于帝城者，納言掌貨大夫予其禄。又是歲復明六筦之令，納言馮常諫，莽大怒，免常官。是其證。然地皇二年，莽召問羣臣禽賊方略，故左將軍公孫禄徵來與議。禄曰：「羲和魯匡設六筦以窮工商，宜誅以慰天下。」則又以納言爲羲和。此或追論前事，或禄應徵而至，未知莽之號令變易，故仍用舊官稱耳。據以上諸文，羲和乃一官之名，不可析言。今云「近羲、近和」，明羲、和必是二官，其掌各異。莽制以太師、太傅、國師、國將爲四輔，而莽傳云國將哀章頗不清，莽爲選置和叔，事在天鳳元年。彼顔注云：「特爲置此官。」其後天鳳六年傳云：「太傅羲叔士孫喜清潔江湖之盜賊。」又地皇二年傳云：「遣太師羲仲景尚將兵擊青、徐，國師和仲曹放擊句町。」是莽時又有羲仲、羲叔、和仲、和叔之官，分屬四輔，當是天鳳元年同時並置者。羲和之更名納言，亦當在是時。蓋既於四輔之下分置羲仲、和仲等四官，則九卿之中自不得更有兼羲和以爲名者也。此四官各繫以四輔之稱者，猶大司馬司允、大司徒司直、大司空司若之比，著其爲四輔之貳也。此「近羲，近和」，卽指此二仲、二叔而言，非謂元始以來掌大史之事者，亦非謂始建國之大司農也。「羲近重，和近黎」者，莽以四輔分主四方，謂之嶽。莽傳云：「東嶽大師，典致時雨；南嶽太傅，典致時奥；西嶽國師，典致時陽；北嶽國將，典致時寒。」又云：「東嶽太師，保東方三州一部二十五郡；南嶽太傅，保南方二州一部二十五郡；西嶽國師，保西方一州二部二十五郡；北嶽國將，保北方二州一部二十五郡。」嶽卽堯典之岳。陳氏今文經說考云：「說文『岳』，古文『嶽』，則尚書今文皆作『嶽』字。」是也。堯典鄭注云：「四岳，四時之官，主四岳之事。始羲、和之時，主四岳者謂之四伯。至其死，分岳事置八伯，皆王官。」（周禮疏序。）又云：「堯既分陰陽爲四時，命羲仲、和仲、羲叔、和叔等爲之官，又主方岳之事，是爲四岳。」（聖賢羣輔録注。）然則四輔入爲王官，出主方嶽，皆依放堯典爲之。天鳳以後，盜賊蠭起，四方事多，乃更置羲仲等官，分掌方嶽，故景尚、曹放等多出典兵事，卽其證。羲、和四官，而云近重、近黎者，堯典孔疏云：「顓頊命掌天地，惟重、黎二人。堯命羲、和則仲、叔四人者，以羲、和二氏賢者既多，且後代稍文，故分掌其職事。四人各職一時，兼職方岳，以有四岳，故用四人。顓頊之命重、黎，惟司天地，主岳與否，不可得知。設令亦主方岳，蓋重、黎二人分主東、西也。」然則羲仲、羲叔分主東、南，皆南正重之事，故云羲近重；和仲、和叔分主西、北，皆北正黎之事，故云和近黎也。按：此章之旨，弘範以爲在譏莽之作僞，下文「讎僞者必假真」，注云：「深矣，楊子之談也。王莽置羲和之官，故寄微言以發重、黎之問，而此句明言真僞之分也。」愚謂李義精矣，而猶有未盡。蓋重、黎之命，見於吕刑，謂之「絶地天通」。外傳釋其義則曰：「民神異業，不相侵瀆。」莽託符命以自立，用人行政，一切決之神怪，所謂民神雜糅，不可方物者，雖九黎、三苗之亂猶不至此。子雲深有慨其事，故於莽設羲仲等四官而特著此問答以見意。若曰今豈有南正重、北正黎其人者，而顧置此羲和之官，何耶？其云「孰重？孰黎」者，所以譏羲和之名是而實非。云「羲近重，和近黎」者，所以著莽之假真以雠僞也。注「司，主也；僚，官也」。按：詩羔裘：「邦之司直。」毛傳云：「司，主也。」又板：「及爾同僚。」傳云：「僚，官也。」字亦作「寮」，爾雅釋詁：「寮，官也。」注「少皞」至「地也」。按：楚語云：「昭王問於觀射父曰：『周書所謂重、黎實使天地不通者，何也？若無然，民將能登天乎？』對曰：『非此之謂也。古者民神不雜，及少皞之衰也，九黎亂德，民神雜糅，不可方物。顓頊受之，乃命南正重司天，以屬神；命火正黎司地，以屬民。使復舊常，無相侵瀆，是謂絶地天通。其後三苗復九黎之德，堯復育重、黎之後，不忘舊者，使復典之，以至于夏、商，故重黎氏世叙天地，而别其分主者也。』」韋注云：「少皞，黄帝之子金天氏也。九黎，黎氏九人也」；「少皞氏没，顓頊氏作。受，承也」；「其後，高辛氏之季年也。三苗，九黎之後也。高辛氏衰，三苗爲亂，行其凶德，如九黎之爲也。堯興而誅之」；「育，長也。堯繼高辛氏，繼育重、黎之後，使復典天地之官，羲氏、和氏是也」。「皞」説文作「暤」，從日、皋聲。今經傳此字皆從「白」。亦通作「昊」，五帝本紀索隱云：「孔安國、皇甫謐帝王代紀及孫氏注系本竝以少昊、高陽、高辛、唐、虞爲五帝。緇衣孔疏引呂刑鄭注云：「九黎之君於少昊氏衰而棄善道，上效蚩尤重刑。顓頊代少昊，誅九黎，分流其子孫，爲居於西裔者三苗。至高辛之衰，又復九黎之君惡。堯興，又誅之。堯末，又在朝。舜時又竄之。」五帝本紀云：「帝顓頊高陽者，黄帝之孫，而昌意之子也。」索隱引宋衷云：「顓頊，名㊀。高陽，有天下號也。」注「堯有羲、和之官，王莽時亦復立焉」。按：堯典「乃命羲、和」，又「分命羲仲」，「申命羲叔」，「分命和仲」，「申命和叔」。釋文引馬云：「羲氏掌天官，和氏掌

㊀「名」下原本有偏書小字「句」，蓋作者以示句讀，今删。

地官，四子掌四時。」孔疏云：「馬融、鄭玄皆以爲此命羲、和者，命以天地之官。下云分命、申命，爲四時之職。天地之與四時，於周則冢宰、司徒之屬，六卿是也。」孫氏今古文注疏歷引月令、史記天官書、漢書成帝紀、百官公卿表、食貨志、魏相傳，論衡是應篇，謂今文説以羲仲等四人卽是羲和，羲和於周爲太史之職，不以爲六卿，與馬、鄭異。今以莽時先後羲和之職證之，淵如説良是。元始中之羲和，掌歷數之事，純爲太史之職。始建國之羲和，爲六卿之一，當周禮地官，然以羲和爲一官，不可謂爲兼冢宰、司徒之事。天鳳中之羲和，則析爲四官，爲四輔之貳，分主方嶽。然此四官設而羲和之官廢，明四子卽是羲和，無六官之説。蓋當時經義如此，雖以國師之顛倒五經，變亂家法，亦未能盡易其説也。注「考其所以重、黎、羲、和耳」。按：世德堂本「考」作「者」，屬上句，此形近而誤。注「羲主陽，和主陰」。按：羲仲掌東方，羲叔掌南方，東、南皆爲陽，是羲主陽也；和仲掌西方，和叔掌北方，西、北皆爲陰，是和主陰也。

或問「黃帝終始」。〔注〕世有黃帝之書，論終始之運，當孝文之時三千五百歲，天地一周也。曰：「託也。〔注〕假黃帝也。昔者姒氏治水土，而巫步多禹。〔注〕姒氏，禹也。治水土，涉山川，病足，故行跛也。禹自聖人，是以鬼神、猛獸、蜂蠆、蛇虺莫之螫耳，而俗巫多效禹步。扁鵲，盧人也，而醫多盧。〔注〕太山盧人。夫欲讎僞者必假真。〔注〕讎，類。禹乎？盧乎？終始乎？」〔注〕言皆非也。於是捨書而歎曰：「深矣！楊子之談也。王莽置羲和之官，故上章寄微言以發重、黎之問，而此句明言真僞之分也。」〔疏〕「黃帝終始」者，封禪書云：「自齊威、宣之時，騶子之徒，論著終始五德之運，及秦帝而齊人奏之，故始皇采用之。」集解引如淳云：「今其書有五德終始，五德各以所勝爲行。秦謂周爲火德，滅火者水，故自謂之水德。」孟荀列傳云：「騶衍乃深觀陰陽消息，而作怪迂之變，終始大聖之篇十餘萬言。」藝文志有鄒子終始五十六篇，入陰陽家。是終始者，謂五德終始之說，乃戰國時陰陽學者所創。志又有公檮生終始十四篇，注云：「傳鄒奭始終書。」是二鄒同爲此學。錢氏大昭漢書辨疑以公檮生傳鄒奭始終書，「始終」當作「終始」；「奭」字亦誤，作終始者是鄒衍，非鄒奭，別有鄒奭子十二篇，非終始書。不知終始乃學術之名，非衍書專稱，鄒奭子十二篇同入陰陽家，則公檮所傳者何必非奭書？又稱名小異，無關閎旨，奭書自名始終，其義亦同，不必爲終始之誤。此五德終始之說而謂之黃帝終始者，孟荀傳述衍書大略云：「必先驗小物，推而大之，至於無垠。先序今以上至黃帝，學者所共術。推而遠之，至天地未生。」又三代世表云：「余讀諜記，黃帝以來皆有年數。稽其歷譜諜終始五德之傳，古文咸不同乖異。」索隱云：「謂帝王更王，以金、木、水、火、土之德傳次相承，終而復始，故云終始五德之傳也。」是爲此術者，因推論五德代興，遂及帝王世次，而上溯之於黃帝，故有黃帝以來年數、歷譜，傳述者遂以此爲黃帝之道。志有黃帝泰素二十篇，亦入陰陽家，云六國時韓諸公子所作。顏注引別録云：「或言韓諸公孫之所作也。言陰陽五行，以爲黃帝之道也，故曰泰素。」史記歷書載武帝元封七年詔云：「蓋聞昔者黃帝合而不死名，察度驗，（漢書律歷志作「察發斂」。）定清濁，起五部，建氣物分數。」集解引孟康云：「黃帝作歷，歷終復始，無窮已，故曰不死。」（歷律志孟康注「不死」下有「名」字，則讀「不死名」句絶。）則又緣終始之義而演爲黃帝不死之說。其後五德終始又變而爲五行吉凶之占，傳者亦託之於黃帝，以神其術。藝文志五行家有黃帝陰陽二十五卷、黃帝諸子論陰陽二十五卷，志云：「其法亦起五德終始，推其極則無不至，而小數家因此以爲吉凶而行於世，寖以相亂。」是也。五行吉凶再變則爲讖緯之說，三代世表後附褚先生語引黃帝終始傳曰：「漢興百有餘年，有人不短不長，出白燕之鄉，持天下之政，時有嬰兒主，卻行車。」意指霍光輔昭帝，則純屬哀、平間讖緯學者所造，爲王莽符命所從出，非復戰國時五德終始之本義。此問黄帝終始，蓋即指此，與上文問重、黎，下文問趙世多神，同爲一義，皆以刺新室之假託神怪，造作圖讖之事也。「姒氏治水土，而巫步多禹」者，音義：「姒音似。」荀子非相云：「禹跳湯偏。」楊注引尸子云：「禹之勞，十年不窺其家，手不爪，脛不生毛，偏枯之病，步不相過，人曰『禹步』。」又帝王世紀云：「堯命禹以爲司空，繼鯀治水，乃勞身涉勤，不重徑尺之璧，而愛日之寸陰，手足胼胝，故世傳禹偏枯，足不相過，至今巫稱『禹步』。」是也。「扁鵲，盧人也，而醫多盧」者，音義：「扁鵲，薄弦切。」史記扁鵲倉公傳云：「扁鵲者，勃海郡鄭人也，姓秦，名越人。」正義引黄帝八十一難序云：「秦越人與軒轅時扁鵲相類，仍號之爲扁鵲。又家於盧國，因命之曰盧醫也。」集解引徐廣云：「『鄭』當爲『鄚』。鄚，縣名，今屬河間。」索隱：「案：勃海無鄭縣，徐説是也。」按：地理志鄚屬涿郡。應劭云：「音莫。」後漢屬河間。說文「鄚」篆下段注云：「司馬以鄚系勃海者，境相際也。扁鵲，漢以前人，不當覈以漢制耳。今直隸河間府任丘縣北十三里有莫州城，往來孔道也。」然則扁鵲本鄚人，因後家於盧，而謂之盧人也。淮南子齊俗高注云：「扁鵲，盧人，姓秦，名越人，趙簡子時人。」解嘲李注引法言：「扁鵲，盧人而善醫。」即此文之誤。「夫欲讎僞者必假真」者，司馬云：「『讎』與『售』同。」是也。詩谷風：「賈用不售。」鄭箋云：「如賣物之不售，價不相當也。」張平子西京賦薛注云：「售猶行也。」說文無「售」。古止作「讎」，漢書食貨志㊀：「收不讎與欲得。」顔注云：「讎讀曰售。言賣不售者，官收取之；無而欲得者，官出與之。」墨子貴義：「商人用一匹布不敢繼苟而讎焉。」畢氏沅注云：「讎即售字正文。」「禹乎？盧乎？終始乎」者，與先知云「龍乎？龍乎」同義，言天下之作僞者皆此類也。注「世有」至「周也」。按：漢書律歷志：「元鳳三年，

㊀「漢書」原本訛作「漢食」，今改。

太史令張壽王言黃帝至元鳳三年六千餘歲。丞相屬寶、長安單安國、安陵桮育治終始，言黃帝以來三千六百二十九歲，不與壽王合。」昭帝元鳳三年癸卯，上距文帝後七年甲申，凡八十年；又上距文帝前元年壬戌，凡百有二年。若自黃帝至元鳳三年三千六百二十九歲，則至文帝前元年爲三千五百二十八歲，至後七年爲三千五百五十歲。此注云三千五百歲者，舉成數言之也。又按：弘範解終始字極爲明憭，乃宋、吴非之，宋云：「注殊不明楊之旨，大非矣。學者宜自思之。」吴云：「或言黃帝三百歲，或言升龍登仙，帝王世紀、史記皆有是言，故問其終始。」則解終始爲本末，此於舊注所本全不一考，而惟望文生義，乃以李爲不明楊旨，真謬妄之尤矣。注「姒氏，禹也」。按：史記夏本紀云：「禹於是遂卽天子位，南面朝天下，國號曰夏后，姓姒氏。」集解引禮緯云：「祖以吞薏苡生。」注「太山盧人」。按：地理志泰山郡盧都尉，治濟北王都也。今泰安府平陰縣地。注「讎，類」。按：弘範以讎爲匹儔之義，故訓爲類。説文：「讎，猶譍也。」此本義。又：「仇，讎也。」此引伸義。爾雅釋詁：「仇，匹也。」經傳通以「儔」爲之。玉篇：「儔，侶也。」注「捨書而歎」。按：世德堂本「捨」作「撫」。

或問「渾天」。曰：「落下閎營之，鮮于妄人度之，耿中丞象之，幾乎！幾乎！莫之能違也。」〔注〕幾，近也。落下閎爲武帝經營之；鮮于妄人又爲武帝算度之；耿中丞名壽昌，爲宣帝考象之。言近，近其理矣，談天者無能違遠也。請問「蓋天」。〔注〕欲知蓋天圖也。曰：「蓋哉！蓋哉！應難未幾也。」〔注〕再言「蓋哉」者，應難八事，未有近其理者。〔疏〕「渾天」者，音義：「渾天，胡昆切，又胡本切。」續漢書天文志注引蔡邕表志云：「言天體者有三家，一曰周髀，二曰宣夜，三曰渾天。宣夜之學，絶無師法。周髀術數具存，考驗天象，多所違失，故史官不用、惟渾天者，近得其情，今史官所用候臺銅儀則其法也。立八尺圓體之度而具天地之象，以正黄道，以察發斂，以行日月，以步五緯，精微深妙，萬世不易之道也。」書鈔一百四十九引張衡渾天儀云：「渾天如雞子，天體圓如彈丸，地如雞中黄，孤居于内。天大而地小，天表裏有水，天之包地，猶殼之裹黄。天地各乘氣而立，載水而浮。周天三百六十五度四分度之一。又中分之，則一百八十二度八分之五覆地上，一百八十二度八分之五繞地下。故二十八宿半見半隱，其兩端謂之南、北極。北極乃天之中也，在正北，出地上三十六度。然則北極上規經七十二度，常見不隱。南極天之中也，在正南，入地三十六度。南極下規七十二度，常伏不見。兩極相去一百八十二度半强。天轉如車轂之運也，周旋無端，其形渾渾，故曰渾天也。」開元占經一引王蕃渾天象説云：「渾象之法，地當在天中，其勢不便，故反觀其形，地爲外匡。（按：渾象制作如地居上而下視天，東西易位，故云，反觀其形，地爲外匡。）於己解人，（按：猶云自我觀他。）無異在内，詭狀殊體，而合於理，可謂奇巧。古舊渾象以二分爲一度，凡周七尺三寸半分。漢張衡更制，以四分爲一度，凡周一丈四尺六寸一分。」落下閎，舜典孔疏引法言「落」作「洛」。華陽國志序志作「洛下宏」，云：「文學聘士洛下宏，字長公，閬中人也。」按：廣韻「落」字注云：「漢複姓二氏，漢有博士落姑仲異；益部耆舊傳有閬中落下閎，善歷也。」則「落下」字以作「落」爲正也。「落下閎營之」者，歷書云：「今上即位，招致方士，唐都分其天部，而巴落下閎運算轉歷。」索隱引益部耆舊傳云：「閎字長公，明曉天文，隱於落下。武帝徵待詔太史，於地中轉渾天，改顓頊歷作太初歷。拜侍中，不受也。」律歷志云：「武帝元封七年，議造漢歷，選治歷鄧平及長樂司馬可、酒泉候宜君、侍郎尊及與民間治歷者凡二十餘人，方士唐都、巴郡落下閎與焉。」顏注云：「姓落下，名閎，巴郡人也。」按：地理志巴郡縣十一，有閬中。隋書天文志云：「古渾象以二分爲一度，周七尺三寸半分，而莫知何代所造。今案虞喜云：『落下閎爲武帝於地中轉渾天，定時節，作太初歷，或其所製也。』「鮮于妄人度之」者，廣韻「鮮」字注云：「漢複姓鮮于氏。」律歷志云：「元鳳三年，太史令張壽王上書，言『歷者天地之大紀，上帝所爲，傳黄帝，調律歷。漢元年以來用之，今陰陽不調，宜更歷之過也。』（按：宜猶殆也，見經傳釋詞。）詔下主歷使者鮮于妄人詰問，壽王不服。妄人請與治歷大司農中丞麻光等二十餘人雜候日月、晦朔、弦望、八節、二十四氣，鈞校諸歷用狀，奏可。詔與丞相、御史、大將軍、右將軍史各一人，雜候上林清臺，課諸歷疏密，凡十一家。以元鳳三年十一月朔旦冬至，盡五年十二月，各有第。壽王課疏遠。」是鮮于於昭帝之世爲治歷之長，主持更歷之事。蓋自太初歷行用後，至此二十餘年，是非未定，故設主歷使者司其考校。主歷使者猶稻田使者、河隄使者、美俗使者、行寃獄使者之比，所謂因事置官，已事即罷，無常員，故不列百官表中也。鮮于主持新歷，故有算度渾天之事。蓋渾天象之作，落下發其端，而鮮于更爲之精密測算，使無違失也。「耿中丞象之」者，宣帝紀：「五鳳四年，大司農中丞耿壽昌奏設常平倉，以給北邊，省轉漕。賜爵關內侯。」百官公卿表：「治粟內史，（武帝太初元年，更名大司農。）有兩丞。」周氏壽昌漢書注校補云：「宣帝紀五鳳四年中丞耿壽昌，食貨志中丞桑弘羊，成帝紀永始二年中丞王閎，律歷志中丞麻光，是其丞亦稱中丞。」錢氏大昭辨疑云：「蓋如御史大夫有兩丞，一曰中丞矣。」耿職在大農，而有爲渾天象之事者，食貨志云：「大司農中丞耿壽昌以善爲算，能商功利，得幸於上。」然則耿長於算術，或以大司農中丞而兼治歷，如昭帝時麻光之事也。象之，謂鑄銅爲儀也。隋書天文志分儀象爲二篇，謂機衡爲儀，謂有機而無衡者爲象。以渾天儀爲羲和舊器，積代相傳，謂之機衡。而據虞喜説，以渾天象爲落下閎所製。按：舜典疏引法言此文，釋之云：「閎與妄人，武帝時人。宣帝時，司農中丞耿壽昌始鑄銅爲之象，史官施用焉。」盛氏百二尚書釋天云：「儀、象二者，皆爲治歷之首務。但必有渾儀測知日月之躔度，星辰之經緯，而後著之於象，始與天體密合。故欲製象，必先製儀。則洛下閎經營者宜爲儀，耿中丞鑄者宜爲象，鮮于量度之者正測量星辰之經緯也。」然史傳無明文。隋志據虞喜之言，以渾象爲閎製。不知渾天者，儀象之統名。司馬温公法言注謂耿中丞象之，爲作渾天儀。然先儒儀象又或統稱，均難足據。如盛説，則似以儀爲器，而以象爲圖，與隋志所分又復乖異。其實儀、象古訓相通，初無所別。隋志所云羲和渾天儀相傳謂之機衡者，後代久無其器。而前漢以來，候臺所存周七尺三寸半分之渾象，亦謂之渾儀，（此卽蔡志所謂立八尺圓體之度者，以成數言，故云八尺耳。）蓋卽耿中丞所鑄。而所謂落下閎營之者，不過發意造端，未必卽爲製器也。若晉書天文志云：「暨漢太初，落下閎、鮮于妄人、耿壽昌等造員儀以考歷度。」則以此渾天象爲太初之世閎等三人同時造作者。然耿爲司農中丞在五鳳中，明不與落下同時。法言所謂營之、度之、象之者，固有先後，非一時之事也。「幾乎！幾乎！莫之能違」者，音義：「幾乎，音幾，下同。俗本作『幾幾乎』。」尚書舜典正義引揚子云『幾乎！幾乎！』」司馬云：「宋、吴本作『幾幾乎』。」今崇文局本同。宋書天文志引亦作「幾幾乎」。按：繫辭虞注云：「幾，神妙也。」廣雅釋詁：「幾，微也。」然則「幾乎！幾乎」者，歎美渾天微妙之辭，作「幾幾乎」，誤也。「莫之能違」，宋志引作「莫之違」，亦非。晉志引葛洪云：「諸論天者雖多，然精於陰陽者張平子、陸公紀之徒咸以爲推步七曜之道度，歷象昏明之證候，校以四八之氣，考以漏刻之分，占晷景之往來，求形驗於事情，莫密於渾象者也。」按：御覽二引新論云：「通人揚子雲因衆儒之説天，以天爲如蓋，轉常左旋，日月星辰隨而東西，乃圖畫形體行度，參以四時歷數，昏明晝夜，欲爲世人立紀律，以垂法後嗣。余難之曰：『春秋晝夜欲等，平旦日出于卯㊀，正東方；暮日入于酉，正西方。今以天下人占視之，此乃人之卯、酉，非天卯、酉。

㊀「于」字原本作「子」，形近而訛，今據御覽改。

天之卯、酉當北斗極。北斗極，天樞。樞，天軸也。猶蓋有保斗矣。蓋雖轉而保斗不移，天亦轉周匝，斗極常在，知爲天之中也。仰視之，又在北，不正在人上。而春、秋分時，日出入乃在斗南，如蓋轉，則北道近，南道遠。彼晝夜刻漏之數何從等乎㊀？』子雲無以解也。後與子雲奏事待報，坐白虎殿廊廡下，以寒故，背日曝背。有頃，日光去背，不復曝焉。因以示子雲曰：『天卽蓋轉而日西行，其光影當照此廊下而稍東耳，不當拔出去。拔出去，無乃是反應渾天家法焉。』子雲立壞其所作。」如新論所云，則子雲初信蓋天，後因君山説而更爲渾天之學。考子雲之作太玄，潭思渾天，事在作長楊賦以後。此新論云云，乃潭思渾天以前之事，蓋初除爲郎時，當元延二、三年也。又御覽二引新論云：「揚子雲好天文，問之于黄門作渾天老工，曰：『我少能作其事，但隨尺寸法度，殊不曉達其意。然稍稍益愈，到今七十，乃甫適知己，又老且死矣。』」然則子雲之治渾天，不惟博采通人，雖至黄門老工亦與爲討論，可以見其潭思之梗概矣。「請問蓋天」，治平本「天」字誤入注文，今據錢本訂正。晉志云：「蔡邕所謂周髀者，卽蓋天之説也。其言天似蓋笠，地法覆槃，天地各中高外下。北極之下爲天地之中，其地最高，而滂沲四隤，三光隱映，以爲晝夜。天中高於外衡冬至日之所在六萬里。北極下地高於外衡下地亦六萬里，外衡高於北極下地二萬里。天地隆高相從，日去地恆八萬里。日麗天而平轉，分冬夏之間日所行道爲七衡六間。每衡周經里數，各依算術，用句股重差推晷影極游，以爲遠近之數，皆得於表股者也，故曰周髀。又周髀家云天圓如張蓋，地方如棊局，天旁轉如推磨而左行，日月右行，隨天左轉，故日月實東行，而天牽之以西没。譬之於蟻行磨石之上，磨左旋而蟻右去，磨疾而蟻遲，故不得不隨磨以左迴焉。天形南高而北下，日出高故見，日入下故不見。天之

㊀「乎」字原本作「平」，形近而訛，今據御覽改。

居如倚蓋，故極在人北，是其證也。極在天之中，而今在人北，所以知天之形如倚蓋也。日朝出陽中，暮入陰中，陰氣暗冥，故沒不見也。夏時陽氣多，陰氣少，陽氣光明，與日同輝，故日出卽見，無蔽之者，故夏日長也。冬天陰氣多，陽氣少，陰氣晦冥，掩日之光，雖出猶隱不見，故冬日短也。」尚書釋天云：「六天沸騰，而蓋天一家之說，復言人人殊。」其解周髀也，曰：「髀者，股也，周人志之，故曰周髀。」又曰：「周經里數，皆得於表股，故曰周髀。」虞喜云：「地體不動，天周其上，故曰周髀。」其論晝夜也，曰：「地勢穹隆，三光隱映，以爲晝夜。日出高故見，日入下故不見。」又曰：「日朝出陽中，暮入陰中，陰氣晦冥，故沒入不見。」其論地體也，既云：「地勢穹隆，滂沲四隤，地爲圓象，明矣。」又云：「方如棊局。」其言天體也，既云：「中高四下，形如覆盆。」王仲任又云：「天平正與地無異。」自餘矛盾甚多也。「蓋哉！蓋哉！應難未幾也」，御覽二、又事類賦注一，引作「蓋哉！蓋哉！未幾也」，無「應難」字。俞云：「『應難』二字衍文也。此文本云：『蓋哉！蓋哉！未幾也。』李注『再言蓋哉者，應難八事，未有近其理者』。是應難之文，乃李氏解再言『蓋哉』之意，猶言應之難也，正文卽涉注而衍耳。」按：俞說非也。應難之「難」不讀如字。司馬云：「難，乃旦反。」是也。子雲有難蓋天八事，見隋志及開元占經。其一云日之東行循黃道，晝中規，牽牛距北極北百一十度，東升距北極南七十度，并百八十度，周三徑一，二十八宿周天當五百四十度。今三百六十度，何也？其二云春、秋分之日正出在卯，入在酉，而晝漏五十刻。卽天蓋轉，夜當倍晝。今夜亦五十刻，何也？其三曰日入而星見，日出而不見，卽斗下見日六月，不見日六月，北斗亦當見六月，不見六月。今夜常見，何也？其四曰以蓋圖視天河，起斗而東入狼弧間，曲如輪。今視天河直如繩，何也？其五曰周天二十八宿，以蓋圖視天星，見者當少，不見者當多。今見與不見等，何出入無冬、夏，而兩宿十四星當見，不以日長短故見有多少，何也？其六曰

「天至高也，地至卑也，日託天而旋，可謂至高矣。縱人目可奪，水與景不可奪也。今從高山之上，設水平以望日，則日出水平下，影上行，何也？若天體常高，地體常卑，日無出下之理，於是蓋天無以對也。其七日視物近則大，遠則小，今日與北斗近我而小，遠我而大，何也？其八日視蓋橑與車輻間，近杠轂即密，益遠益疏，今北極爲天杠轂，二十八宿爲天橑輻，以星度度天，南方次地星間當數倍。今交密，何也？以上皆子雲難蓋天之說，彼時蓋天家必有强辭奪理以應之者，故曰「應難未幾也」。渾、蓋二家，古稱聚訟。梁崔靈恩始爲渾、蓋合一之說，見梁書本傳及南史儒林傳，而其文不詳明。李之藻著渾蓋通憲圖說，近梅氏文鼎歷學疑問補益推闡其義，以爲蓋天卽渾天也。天體渾圓，故惟渾天儀爲能惟肖。然欲詳求其測算之事，必寫寄於平面，是爲蓋天。故渾天如塑象，蓋天如繪象，總一周天也，總一周天之度也，豈得有二法哉？然渾天之器渾圓，其度均分，其理易見，而造之亦易。蓋天寫渾度于平面，則正視與斜望殊觀，仰測與旁窺異法，度有疏密，形有垤坳，非深思造微者不能明其理，亦不能制其器，不能盡其用。是則蓋天之學原卽渾天，而微有精粗難易，無二法也。夫蓋天理既精深，傳者遂尠，而或者不察，但泥倚蓋、覆槃之語，妄擬蓋天之形，竟非渾體，天有北極，無南極，倚地斜轉，出没水中，而其周不合，荒誕違理。宜乎揚雄、蔡邕輩之辭而闢之矣！漢承秦後，書、器散亡，惟洛下閎爲渾天儀，而他無考據，然世猶存蓋天之名，說者承訛，遂分爲二，而不知非也。榮按：推步之術，今密而古疏。蓋天之學，當起於渾天以前。其所觀察，不及渾天之精，偶有荒誕違理之說，亦時世爲之，不足爲怪。梅氏必謂蓋天之法與渾天一致，而理更精深。以諸史所傳蓋天之說，皆後人之承訛，而非本來如是。言之彌近理，而彌遠於事實，不足置信也。注「幾近」至「遠也」。按：弘範訓違爲遠，故訓幾爲近，遠、近對文，然義實未安。又按：「言近，近其理矣」，世德堂本作「言乎近其理矣」，疑兩文皆誤，當作「言近乎其理矣」。此釋「幾乎」之義，故云近乎其理。以正文或作「幾幾」，校書者遂改注爲「近近」，而不知其不辭矣。「無能違遠也」，世德堂本脱「遠」字。注「應難八事」。按：各本「八」皆作「以」，曹侍讀元忠云：「當作『應難八事』。宋書天文志：『或問蓋天於揚雄。揚雄曰：「蓋哉！蓋哉！」難其八事，爲蓋天之學者不能通也。』卽應難八事，未有近理之謂。雄難蓋天八事，以通渾天，語詳隋書天文志。軌在晉時，必見爲蓋天學者答難之語，故以釋未幾也。草書『以』、『八』形近，因而致誤。今治平本仍之，乃至不可解矣。」按：曹説至覈，今據訂正。

或問：「趙世多神，何也？」〔注〕如簡子之事非一，故問之。曰：「神怪茫茫，若存若亡，聖人曼云。」〔注〕子不語怪力亂神。〔疏〕「趙世多神」者，趙謂秦也。趙世家云：「趙氏之先，與秦共祖，至中衍爲帝大戊御。其後世蜚廉有子二人，而命其一曰惡來，事紂，爲周所殺，其後爲秦。惡來弟曰季勝，其後爲趙。季勝生孟增，是爲宅皋狼。皋狼生衡父，衡父生造父。造父幸於周繆王，繆王賜造父以趙城，由此爲趙氏。」秦本紀云：「惡來革者，蜚廉子也，有子曰女防。女防生旁皋，旁皋生太几，太几生大駱，大駱生非子，以造父之寵，皆蒙趙城，姓趙氏。」秦始皇本紀云：「秦始皇帝者，名爲政，趙氏。」索隱云：「秦與趙同祖，以趙城爲榮，故姓趙氏。」曹子建求自試表：「絶纓盜馬之臣，赦楚、趙以濟其難。」李注云：「此秦而謂之趙者，史記曰：『趙氏之先，與秦共祖。』然則以其同祖，故曰趙焉。」梁氏志疑云：「秦、趙同祖，後人或互稱。故陸賈傳曰：『秦任刑法不變，卒滅趙氏。』漢書武五子傳曰：『趙氏無炊火焉。』左思魏都賦曰：『二嬴之所曾聆。』三國志陳思王疏曰：『絶纓盜馬之臣，赦楚、趙以濟其難。』楚世家及越絶書外傳記地、淮南子人間、泰族二訓，稱始皇爲趙政。南越傳稱蒼梧王趙光爲秦王。文選王融策秀才文云：『訪游禽于絶澗，作霸秦基。』」按：據梁氏歷引諸文，秦、趙互稱乃漢、魏以來之常習。法言每託秦刺莽，此文變秦爲趙，其義亦同。蓋以秦世之多神比新室之符命也。秦世多神者，秦本紀云：「蜚廉爲紂石北方，還爲壇霍太山，而報得石棺，銘曰：『帝令處父不與殷亂，賜爾石棺以華氏。』」索隱云：「處父，蜚廉別號。」又云：「文公十九年得陳寶。」正義引晉太康地志云：「秦文公時，陳倉人獵得獸若彘，不知名，牽以獻之。逢二童子，童子曰：『此名爲媦，常在地中食死人腦。』即欲殺之，拍捶其首。媦亦語曰：『二童子名陳寶，得雄者王，得雌者霸。』陳倉人乃逐二童子，化爲雉，雌上陳倉北坂爲石。秦祠之。」封禪書云：「文公獲若石云于陳倉北阪，城祠之。」又封禪書云：「秦文公出獵，獲黑龍，此其水德之瑞。」又封禪書云：「秦繆公立，病卧五日不寤。寤乃言夢見上帝，上帝命繆公平晉亂，史書而記，藏之府。而後世皆曰秦繆公上天。」張平子西京賦云：「昔者，大帝説秦繆公而覲之，饗以鈞天廣樂，帝有醉焉，乃爲金策，錫用此土，而翦諸鶉首。」李注引列仙傳讚云：「秦繆公受金策祚世之業。」又封禪書云：「櫟陽雨金，秦獻公自以爲得金瑞，故作畦畤櫟陽而祀白帝。」按：石棺、金策、黑龍、寶雉，正丹石、鐵契、文馬、石龜之比，趙世多神，意即指此。「神怪茫茫，若存若亡，聖人曼云」者，左太沖魏都賦：「茫茫終古。」李注云：「茫茫，遠貌也。」茫、亡韻語。吴越春秋夫差内傳云：「上天蒼蒼，若存若亡。」小爾雅廣詁：「曼，無也。」宋氏訓纂云：「俗通作『漫』。」俞云：「此刺莽之以符命自立。」是也。注「如簡子之事非一」。按，弘範不以趙爲秦，故以簡子事爲證。趙世家云：「趙簡子疾，五日不知人，大夫皆懼。醫扁鵲視之，出，董安于問。扁鵲曰：『血脉治也，而何怪？在昔秦繆公嘗如此，七日而寤。今主君之疾與之同，不出三日，疾必間，間必有言也。』居二日半，簡子寤，語大夫曰：『我之帝所甚樂，與百神游於鈞天，廣樂九奏萬舞，不類三代之樂，其聲動人心。有一熊來，欲援我。帝命我射之，中熊，熊死。又有一羆來，我又射之，中羆，羆死。帝甚喜，賜我二笥，皆有副。吾見兒在帝側，帝屬我一翟犬，曰：及而子之壯也，以賜之。帝告我晉國且世衰，七世而亡，嬴姓將大敗周人范魁之西，而亦不能有也。余今思虞舜之勳，適余將以其冑女孟姚配而七世之孫。』董安于受言而書藏之。」此簡子夢之帝所之事也。又云：「他日，簡子出，有人當道，辟之不去㈠。簡子召之，曰：『譆！吾有所見子晰也。』當道者曰：『主君之疾，臣在帝側。』簡子曰：『然，有之。子之見我，我何爲？』當道者曰：『帝令主君射熊與羆，皆死。』簡子曰：『是，且何也？』當道者曰：『晉國且有大難，主君首之。帝令主君滅二卿，夫熊與羆，皆其祖也。』簡子曰：『帝賜我二笥皆有副，何也？』當道者曰：『主君之子將克二國於翟，皆子姓也。』簡子曰：『吾見兒在帝側，帝屬我一翟犬，曰及而子之長以賜之。夫兒何謂以賜翟犬？』當道者曰：『兒，主君之子也。翟犬者，代之先也。主君之子且必有代。及主君之後嗣，且有革政而胡服，并二國於翟。』簡子問其姓而延之以官，當道者曰：『臣野人，致帝命耳。』遂不見。簡子書藏之府。」此簡子遇神人致帝命之事也。云如此者非一者，趙世家又云：「知伯攻趙，趙襄子懼，乃奔保晉陽。原過從，後，至於王澤，見三人，自帶以上可見，自帶以下不可見。與原過竹二節，莫通。曰：『爲我以是遺趙毋卹。』原過既至，以告襄子。襄子齊三日，親自剖竹，有朱書曰：『趙毋卹，余霍泰山山陽侯，天使也。三月丙戌，余將使女反滅知氏。女亦立我百邑，余將賜女林胡之地。至于後世，且有伉王，亦黑，龍面而鳥噣，鬢麋髭頿，大膺大胷，脩下而馮㈡，左衽界乘，奄有河宗，至于休溷諸貉，南伐晉別，北滅黑姑。』襄子再拜受三神之命。」又云：「武靈王十六年，王遊大陵。它日，王夢見處女鼓琴而歌詩曰：『美人熒熒兮，顏若苕之

㈠「去」字原本作「出」，涉上文「簡子出」而訛，今據史記趙世家改。

㈡「馮」下原本偏書小字「句」，蓋作者以示句讀，今刪。

榮。命乎！命乎！曾無我嬴。』異日，王飲酒樂，數言所夢，想見其狀。吳廣聞之，因夫人而内其女娃嬴，孟姚也。」索隱云：「孟姚，吳廣女，舜之後。故上文云『余思虞舜之勳，故命其胄女孟姚以配而七代之孫』是也。」此皆簡子以後之事，協於簡子之夢者也。注「子不語怪力亂神」。按：論語文，彼王肅注云：「怪，怪異也；神，謂鬼神之事也。或無益於教化也，或所不忍言也。」世德堂本作「子不語怪之謂」。

或問：「子胥、種、蠡孰賢？」曰：「胥也，俾吳作亂，破楚入郢，〔注〕郢，楚都也。鞭尸〔注〕掘平王墓而鞭其尸。藉館，〔注〕君舍君之室，大夫舍大夫之室。皆不由德。〔注〕報父兄之恥於斯則無禮。謀越諫齊不式，〔注〕式，用。不能去，〔注〕三諫不從，於禮可去。卒眼之。〔注〕夫差伐越，越棲會稽，請委國爲臣。子胥諫曰：「吳不取越，越必取吳。」又曰：「有吳無越，有越無吳，不改是矣。」吳將伐齊，又諫曰：「兵疲於外，越必襲吳。」不聽，遂伐齊。反役，夫差殺之。將死，曰：「吳其亡矣乎！以吾眼置吳東門，以觀越之滅吳。」種、蠡不彊諫而山棲，俾其君詘社稷之靈而童僕，又終斃吳。賢皆不足卲也。〔注〕卲，美。至蠡策種而遁，肥矣哉！」〔注〕美蠡功成身退，於此一舉最爲善。〔疏〕子胥者，史記伍子胥列傳云：「伍子胥者，楚人也，名員。」按：亦作申胥。國語吳語韋注云：「申胥，楚大夫伍奢之子子胥也，名員。魯昭二十年，奢誅于楚，員奔吳，吳子與之申地，故曰申胥。」汪氏遠孫國語發正云：「申是楚地，伍氏之先蓋嘗食采于申，故一氏申也。」種者，吕氏春秋當染高注云：「大夫種，姓文氏，字禽，楚之鄒人。」又尊師注云：「楚鄙人。」畢氏沅校謂皆誤，當作「楚之郢人」，引錢詹事説太平寰宇記「文種，楚南郢人」，此必本於高氏注。吳胡部郎玉縉云：「陸士衡豪士賦序李注引吳越春秋云：『文種者，本楚南郢人也。』當爲寰宇記所本。種爲郢人無疑。」蠡者，當染高注又云：「范蠡，楚三户人也，字少伯。」問孰賢者，越絶書紀策考引子貢云：「胥執忠信，死貴於生；蠡審凶吉，去而有名；種留封侯，不知令終。二賢比德，種獨不榮。」越語云：「范蠡曰：『四封之内，百姓之事，蠡不如種也；四封之外，敵國之制，立斷之事，種亦不如蠡也。』」是三子功業相似，而志趣不同，材能亦異，故欲論其優劣也。「胥也，俾吴作亂」者，左傳昭公篇云：「二十年，員如吴，言伐楚之利於州于。公子光曰：『是宗爲戮，而欲反其讐，不可從也。』員曰：『彼將有他志，余姑爲之求士，而鄙以待之。』乃見鱄設諸焉，而耕於鄙。」杜注云：「州于，吴子僚。光，吴公子闔廬也。鱄諸，勇士。」子胥傳云：「伍子胥知公子光有内志，欲殺王而自立，未可説以外事，乃進專諸於公子光，退而耕於野。五年而楚平王卒，吴王僚因楚喪使二公子將兵往襲楚。吴國内空，而公子光乃令專諸襲刺吴王僚而自立。（昭二十七年。）是謂吴王闔廬。闔廬既立，得志，乃召伍員以爲行人，而與謀國事。」是也。「破楚入郢，鞭尸藉館」者，左傳定公篇：「四年冬，蔡侯、吴子、唐侯伐楚。十一月庚午，二師陳于柏舉。闔廬之弟夫槩王以其屬五千人先擊子常之卒，子常之卒奔㊀，楚師亂，吴師大敗之。吴從楚師，五戰及郢。庚辰，吴入郢。」子胥傳云：「楚昭王出奔，吴王入郢。伍子胥求昭王既不得，乃掘楚平王墓，出其尸，鞭之三百然後已。」吴太伯世家亦云：「子胥鞭平王之尸，以報父讐。」索隱云：「左氏無此事。」按：越絶書荆平王内傳云：「子胥將卒六千，操鞭箠笞平王之墓，而數之曰：『昔者，吾先人無罪而子殺之，今此報子也。』」吕氏春秋首時亦云：「鞭荆平之墳三百。」惟言鞭墓，不言鞭尸，理較可信。史記云云，疑傳述之過。若公羊傳定公篇徐疏引春秋説，乃云「鞭平王之尸，血流至踝」；吴越春秋闔閭内傳又云：「掘平王之墓，出其尸，鞭之三百，左足踐腹，右手抉其目。誚之曰：

㊀「之卒」二字原本互倒，據左傳改。

『誰使汝用讒諛之口殺我父兄，豈不寃哉？』」則更變本加厲之辭，不足置信矣。音義：「藉館，慈夜切。」小爾雅廣言：「藉，借也。」左傳云「以班處宮」，即闔閭内傳云「乃令闔閭妻昭王夫人，伍胥、孫武、白喜亦妻子常、司馬成之妻，以辱楚之君臣」也。「謀越諫齊」者，左傳哀公篇：「元年，冬，吴王夫差敗越于夫椒，遂入越。越子以其甲楯五千保于會稽，使大夫種因吴大宰嚭以行成。吴子將許之，伍員曰：『不可。臣聞之：樹德莫如滋，去疾莫如盡。句踐能親而務施，施不失人，親不棄勞，與我同壤，而世爲仇讎。於是乎克而弗取，又將存之，違天而長寇讎，後雖悔之，不可食已。』弗聽。三月，越及吴平。」又：「十一年，吴將伐齊，越子率其衆以朝焉。王及列士皆有饋賂，吴人皆喜。唯子胥懼曰：『是豢吴也夫！』諫曰：『越在，我心腹之疾也，壤地同而有欲於我。夫其柔服，求濟其欲也，不如早從事焉。得志於齊，猶獲石田也，無所用之。越不爲沼，吴其泯矣。』弗聽。」按：哀公十一年吴伐齊之前，吴世家尚有「吴王夫差七年，聞齊景公死，而大臣争寵，新君弱，乃興師北伐齊。子胥諫」之文。彼索隱云：「此之七年，魯哀公六年也。左氏此年無伐齊事。」子胥傳文同吴世家。然則胥之諫伐齊，先後二次也。「卒眼之」者，國語吴語云：「吴王還自伐齊，（按：哀十一年艾陵之役㈠。）乃訊申胥。申胥釋劍而對曰：『昔吾先王世有輔弼之臣，以能遂疑計惡。今王播棄黎老，而孩童焉比謀。夫天之所棄，必驟近其小喜，而遠其大憂，王若不得志於齊而以覺寤王心，吴國猶世。今王無以取之，而天禄亟至，是吴命之短也。員不忍稱疾辟易，以見王之親爲越之禽也，員請先死。』將死，曰：『而縣吾目於東門，以見越之入，吴國之亡也。』」胥傳云：「太宰嚭既與子胥有隙，因讒曰：『子胥爲人剛暴，少恩猜賊，其怨望恐爲禍深也，願王早圖之。』吴王乃使使賜子胥屬鏤之劍，曰：『子以此死。』伍

㈠「哀」字原本作「衷」，形近而誤，據左傳改。

子胥仰天歎曰：『嗟乎！讒臣嚭爲亂矣，王乃反誅我。』乃告其舍人曰：『必樹吾墓上以梓，令可以爲器，而抉吾眼縣吳東門之上，以觀越寇之入滅吳也。』」眼之字用此，謂死而猶欲親見吳亡以爲快也。「種、蠡不彊諫而山棲」者，越語云：「越王句踐即位三年，（韋注云：「魯哀之元年。」）而欲伐吳。范蠡進諫曰：『夫國家之事有持盈，有定傾，有節事。持盈者與天，定傾者與人，節事者與地。天道盈而不溢，盛而不驕，勞而不矜其功。夫聖人隨時以行，是謂守時。天時不作，弗爲人客。人事不起，弗爲之始。今君王未盈而溢，未盛而驕，不勞而矜其功，天時不作而先爲人客，人事不起而創爲之始，此逆於天而不利於人。王若行之，將妨於國家，靡王躬身。』王弗聽。范蠡進諫曰：『夫勇者，逆德也；兵者，凶器也；爭者，事之末也。陰謀逆德，好用凶器，始於人者，人之所卒也。淫佚之事，上帝之禁也，先行此者不利。』王曰：『無是貳言也，吾已斷之矣。』果興師而伐吳，戰於五湖，不勝，棲於會稽。」又越語云：「越王句踐棲於會稽之上。」韋注云：「山處曰棲。會稽，山名，在今山陰南七里。吳敗越於夫椒，遂入越，越子保於會稽，在魯哀元年。」越世家索隱云：「保山曰棲，猶鳥棲於木以避害也。故六韜曰：『軍處山之高者則曰棲。』」越絶書記地傳云：「會稽山上城者，句踐與吳戰大敗，棲其中。」吳云：「言蠡初諫不從，二臣盡彊諫而免此敗。」司馬云：「責其不彊諫於未敗，至使句踐棲於會稽。」是也。「俾其君詘社稷之靈而童僕」者，越語云：「越王句踐棲於會稽，王召范蠡而問焉。范蠡對曰：『卑辭尊禮，玩好女樂，尊之以名。如此不已，又身與之市。』王曰：『諾。』乃令大夫種行成於吳，請委管籥，屬國家，以身隨之，君王制之。吳人許諾。王令大夫種守於國，與范蠡入宦於吳。」韋注云：「宦，爲臣隸也。」吳越春秋句踐入臣外傳云：「越句踐五年（哀公三年。）五月，入吳，見夫差，稽首再拜稱臣，曰：『東海賤臣句踐，上愧皇天，下負后土，不裁功力，污辱王之軍士，抵罪邊境。大王赦其深辜，裁加役臣，使執箕箒。誠蒙厚恩，得保須臾之命，不勝仰感俯愧。』夫差遂不誅越王，令駕車養馬，祕於宮室之中。越王服犢鼻，著樵頭；夫人衣無緣之裳，施左關之襦。夫斫剉、養馬，妻給水、除糞、灑掃，三年不慍怒，面無恨色。」是其事也。「又終獘吳」者，説文：「獘，頓仆也。」重文「斃」，俗字作「弊」。吳語云㊀：「吳王夫差起師伐越，越王句踐起師逆之江。（按：此當爲夫差十二年伐齊以前之事，韋以爲卽夫椒之役，誤也。）大夫種乃獻謀曰：『夫吳之與越，唯天所授，王其無庸戰。王不如設戎，約辭行成，以喜其民，以廣侈吳王之心。吾以卜之於天，天若棄吳，必許吾成而不吾足也，（按：謂不以得越爲饜足。韋云：「言越不足畏。」失之。）將必寬然有伯諸侯之心焉。既罷獘其民，而天奪之食，安受其燼，乃無有命矣。』越王許諾，乃命諸稽郢行成於吳。吳王夫差乃告諸大夫曰：『孤將有大志於齊，吾將許越成，而無拂吾慮。』申胥諫曰：『不可許也。夫越非實忠心好吳也，又非懾畏吾甲兵之彊也。大夫種勇而善謀，將還玩吳國於股掌之上，以得其志。夫固知君王之蓋威以好勝也，故婉約其辭以從逸王志，使淫樂於諸夏之國以自傷也。使吾甲兵頓獘，民人離落，而日以憔悴，然後安受吾燼。』」是吳之獘，種之謀也。越語又云：「王遂興師伐吳，至於五湖。吳人聞之，出挑戰。一日五反，王弗與戰。居軍三年，吳師自潰。（韋云：「魯哀二十年冬十一月，越圍吳；二十二年冬十一月丁卯，滅吳。」）吳王帥其賢良與其重祿，以上姑蘇。使王孫雄行成於越，王弗忍，欲許之。范蠡進諫曰：『臣聞之，聖人之功，時爲之庸，得時弗成，天有還形。天節不遠，五年復反。小凶則近，大凶則遠。先人有言曰：伐柯者，其則不遠。今君王不斷，其忘會稽之事乎？』王曰：『諾。』不許。使者往而復來，辭愈卑，禮愈尊，王又欲許之。范蠡進諫曰：『孰使我蚤朝而晏罷者，非吳乎？與我爭三江、五湖之利者，非吳

㊀「吳」原本訛作「越」，據國語改。

邪？十年謀之，一朝而棄之，其可乎？王姑勿許，其事易冀已。』王曰：『吾欲勿許，而難對其使者，子其對之。』范蠡乃左提鼓，右援枹，以應使者，曰：『昔者上天降禍於越，委制於吴，而吴不受。今將反此義以報此禍，吾王敢無聽天之命，而聽君王之命乎？』王孫雄曰：『子范子，先人有言曰：無助天爲虐，助天爲虐者不祥。今吾稻、蟹不遺種，子將助天爲虐，不忌其不祥乎？』范蠡曰：『王孫子，昔吾先君，固周室之不成子也。故濱於東海之陂，黿、鼉、魚、鼈之與處，而鼃、黽之與同陼。余雖靦然而人面哉，吾猶禽獸也，又安知是諓諓者乎？』王孫雄曰：『子范子將助天爲虐，助天爲虐不祥，雄請反辭於王。』范蠡曰：『君王已委制於執事之人矣。子往矣，無使執事之人得罪於子。』使者辭反，范蠡不報於王，擊鼓興師以隨使者，至於姑蘇之宫，不傷越民，遂滅吴。」是吴之弊，蠡成之也。「賢皆不足卲也」者，治平本作「邵」，世德堂本同。錢本作「卲」，今從之。胥助光弒僚，是不仁也；報仇過當，是無禮也；諫不用而不去，是不智也；死而疾視吴亡，是不忠也。此胥之賢不足美也。種、蠡知伐吴之不利，不力阻而致敗，是無斷也；使句踐臣隸於吴，是無恥也；以陰謀亡吴，是不義也。此種、蠡之賢之不足美也。「至蠡策種而遁，肥矣哉」者，音義：「策種絶句。種，章用切。」按：當於「遁」字絶句。越語云：「反至五湖，范蠡辭於王曰：『君王勉之，臣不復入於越國矣。』王曰：『不穀疑子之所謂者何也？』范蠡對曰：『臣聞之，爲人臣者，君憂臣勞，君辱臣死。昔者君王辱於會稽，臣所以不死者，爲此事也。人事已濟矣，蠡請從會稽之罰。』王曰：『所不掩子之惡，揚子之美者，使其身無終没於越國。子聽吾言，與子分國；不聽吾言，身死，妻子爲戮。』范蠡對曰：『臣聞命矣。君行制，臣行意。』遂乘輕舟以浮於五湖。」越世家云：「范蠡遂去，自齊遺大夫種書曰：『蜚鳥盡，良弓藏；狡兔死，走狗烹。越王爲人長頸鳥喙，可與共患難，不可與共樂，子何不去？』種見書，稱病不朝，人或讒種作亂，越王乃賜種劍，曰：『子教寡人伐吴七術，寡人用其三而敗吴，其四在子，子爲我從先王試之。』種遂自殺。」司馬云：「策謂警之使去。賢此一節。」榮按：策猶書也。策種，謂爲書遺種。易遯：「上九，肥遯，无不利。」釋文云：「遯字又作『遁』，同隱退也。」又引子夏傳云：「肥，饒裕。」孔疏云：「遯之最優，故曰肥遯。」按：此作「遁」，蓋子雲所據易如此。　注「郢，楚都也」。按：楚世家云：「文王熊貲立，始都郢。」正義引括地志云：「紀南故城，在荆州江陵縣北五十里。杜預云：『國都於郢，今南郡江陵縣北紀南城。』是。」括地志又云：「至平王，更城郢，在江陵縣東北六里故郢城。」是也。説文：「郢，故楚都，在南郡江陵北十里。」段注云：「今湖北荆州府治江陵縣，府治卽故江陵城。府東北三里有故郢城。」桂氏馥義證引王觀國云：「史記周成王封熊繹於荆蠻，爲楚子，居丹陽。楚文王自丹陽徙郢。楚頃襄王自郢徙陳。楚考烈王自陳徙壽春，命曰郢。觀國案：前漢地理志曰：『江陵，故楚郢都。』楚既屢徙至壽春，則去郢遠矣。地既非郢，而猶名曰郢者，名貴其所自出也。」　注「掘平王墓而鞭其尸」。按：世德堂本無此注。　注「君舍君之室，大夫舍大夫之室」。按：公羊傳定公篇文。彼解詁云：「舍其室，因其婦人爲妻。」　注「式，用」。按：爾雅釋言文。　注「三諫不從，於禮可去」。按：曲禮云：「爲人臣者不顯諫，三諫不從則逃之。」卽此注所本。　注「吴其亡矣乎」。按：世德堂本無「乎」字。　注「吴不取越，越必取吴」。按：吕氏春秋長攻云：「越國大饑，越王乃使人請食於吴。吴王將與之，伍子胥進諫曰：『不可與也。夫吴之與越，接土鄰境，道易人通，仇讎敵戰之國也。非吴喪越，越必喪吴。』」注「有吴無越，有越無吴，不改是矣」。按：越語載子胥之言也。彼韋注云：「言勢不兩立，滅之之計不可改易也。」　注「卲，美」。按：小爾雅廣言文。説文：「卲，高也。」高、美義同。　注「美蠡功成身退」。按：老子云：「功成名遂身退，天之道。」

或問「陳勝、吴廣」。曰：「亂。」〔注〕此暴亂之人也。曰：「不若是則秦不亡。」曰：「亡秦乎？恐秦未亡而先亡矣。」〔注〕夫有干越之劒者，匣而藏之，不敢用，是寶之至也。況乃輕用其身，而要乎非命之運，不足爲福先，適足以爲禍始。〔疏〕「陳勝、吴廣」者，史記陳涉世家云：「陳勝者，陽城人也，字涉。吴廣者，陽夏人也，字叔。二世元年七月，發閭左適（同「謫」。）戍漁陽九百人屯大澤鄉。陳勝、吴廣皆次當行，爲屯長。會天大雨，道不通，度已失期。失期，法皆斬。陳勝、吴廣乃謀舉大計。廣殺尉，陳勝佐之，并殺兩尉。乃詐稱公子扶蘇、項燕，袒右，稱大楚。陳勝自立爲將軍，吴廣爲都尉，攻大澤鄉。行收兵，北至陳，車六、七百乘，騎千餘，卒數萬人。乃入據陳。數日，陳涉乃立爲王，號爲張楚。以吴叔爲假王，監諸將，以西擊滎陽。吴廣圍滎陽弗能下，陳王徵國之豪傑與計。周文嘗事春申君，自言習兵，陳王與之將軍印，西擊。行收兵，至關，車千乘，卒數十萬，至戲，軍焉。秦令少府章邯擊楚大軍，盡敗之。周文敗走出關，止次曹陽二、三月。章邯追敗之，復走次澠池十餘日。章邯擊，大破之。周文自剄，軍遂不戰。將軍田臧等相與謀曰：『周章（謂周文。）軍已破矣，秦兵旦暮至，我圍滎陽城弗能下，秦軍至，必大敗。不如少遣兵，足以守滎陽，悉精兵迎秦軍。今假王驕，不知兵權，不可與計，非誅之，事恐敗。』因相與矯王令以誅吴叔，獻其首於陳王。陳王使使賜田臧楚令尹印，使爲上將。田臧乃使諸將李歸等守滎陽城，自以精兵西迎秦軍於敖倉。與戰，田臧死，軍破。章邯進兵擊李歸等，破之。章邯又進兵擊陳西張賀軍。陳王出監戰，軍破。臘月，陳王之汝陰，還至下城父，其御莊賈殺以降秦。陳勝葬碭，謚曰隱王。陳王故涓人將軍吕臣爲倉頭軍，起新陽，攻陳下之，殺莊賈，復以陳爲楚。陳勝王凡六月也。」「問陳勝、吴廣。曰：亂」者，司馬云：「言非有高才遠慮，但首亂之人耳。」「不若是則秦不亡」者，世家云：「陳勝雖已死，其所置遣侯王將相竟亡秦，由涉首事也。」「恐秦未亡而先亡矣」者，吳云：「言爲權首者先亡也。范曄曰：『夫爲權首，鮮或不及。陳、項且猶未興，況庸庸者乎？』」按：恐者，疑辭。陳勝、吳廣之先秦而亡，乃已著之史事，何所用其疑辭？此蓋指當時郡縣起爲盜賊者而言也。莽傳：「五原、代郡起爲盜賊，數千人爲輩，轉入旁郡。莽遣捕盜將軍孔仁將兵與郡縣合擊，歲餘迺定。」此天鳳二年事。又：「臨淮瓜田儀等爲盜賊，依阻會稽長州。琅邪女子呂母亦起，遂攻海曲縣，殺其宰，引兵入海，其衆浸多，後皆萬數。」此天鳳四年事。是時天下囂然，勢已無異秦末。子雲蓋知莽之必敗，而懼首事者之徒爲勝、廣，恨己之不得復見太平，故云「恐秦未亡而先亡」。秦亦謂莽也。注「夫有」至「至也」。按：莊子刻意文。彼釋文引司馬云：「干，吳也。吳、越出善劍也。」又引李云：「干谿，越山，出名劍。」案：「吳有谿名干谿，越有山名若耶，竝出善鐵，鑄爲名劍也。」「匣」莊子作「柙」。又按：「寶之至也」錢本作「寶之之至也」。注「不足爲福先，適足爲禍始」。按：莊子刻意云：「不爲福先，不爲禍始。」弘範援以解此，非子雲本旨也。

或問：「六國竝，其已久矣。一病一瘳，迄始皇三載而咸。〔注〕皆屬秦也。時激，地保，人事乎？」曰：「具」。請問「事」。曰：「孝公以下，彊兵力農，以蠶食六國，事也。」〔注〕是人事也。「保」。〔注〕問保何等。曰：「東溝大河，南阻高山，西采雍、梁，北鹵涇垠，便則申，否則蟠，保也。」〔注〕采，食稅也。涇，涇水也。「激」。〔注〕問激者何？曰：「始皇方斧，將相方刀；六國方木，將相方肉，激也。」〔注〕方，比。〔疏〕「六國竝，其已久矣」者，六國表索隱云：「六國乃韓、魏、趙、楚、燕、齊，并秦凡七國，號曰七雄。」按：表周威烈王二十三年，魏、韓、趙始列爲諸侯。安王十六年，田常曾孫田和始列爲諸侯；二十三年，田氏遂并齊而有之，太公望之後絕祀；二十六年，魏、韓、趙滅晉，絕無後。秦始皇二十六年，初并天下，立爲皇帝。自威烈王二十三年戊寅，至始皇二十六年庚辰，凡一百八十三年。「一病一瘳」者，一猶或也。樂記云：「一動一静者，天地之間也。」左傳昭公篇云：「疆場之邑，一彼一此，何常之有？」又云：「一臧一否，其誰能常之？」穀梁傳莊公篇云：「一有一亡曰有。」爾雅釋地云：「泉一見一否爲瀸。」文例與此相同。經傳釋詞云：「諸一字竝與或同義。」是也。説文：「瘳，疾瘉也。」此謂六國竝立，更盛迭衰，如人之有時而病，有時而瘉也。「迄始皇三載而咸」者，吴云：「按始皇卽位，以歲在乙卯爲元年，至二十六年始并天下，乃稱皇帝。今言始皇三載而咸者，蓋言稱皇帝後三年，東行郡縣，上鄒嶧山，刻石頌秦功德，封泰山，禪梁父，而天下咸一也。」司馬云：「按始皇十七年始滅韓，至二十六年滅齊，天下爲一。今云三載，闕。」俞云：「始皇二十六年始并天下，稱皇帝，而此言三載，於義可疑。今按重黎一篇多楊子之微言，李注上文黄帝終始章曰：『深矣！楊子之談也。王莽置羲和之官，故上章寄微言以發重黎之問，而此句明言真僞之分也。』然則楊子之文，固有深意矣。夫始皇以二十六年并天下，當時無不知之，乃云始皇三載者，故爲悠謬之詞以寓意也。按：漢書元始五年平帝崩，莽稱攝皇帝，改明年爲居攝元年。至居攝三年十一月戊辰，卽真天子位，以十二月癸酉朔爲始建國元年。然則所謂始皇三載者，其文則指始皇，其意則在新莽。以居攝三年當始皇之二十六年，使其文若謬誤者，而其旨微，其辭曲矣。」榮按：法言借論古以寓刺時，其文固多隱約。然如曲園此解，謂以居攝三年當始皇二十六年，故曰「始皇三載」，則似過於穿鑿。疑「三載」乃「三十載」之誤，舉成數言，故曰三十載。傳寫脱「十」，遂爲三載耳。咸猶兼也。詩閟宫：「敦商之旅，克咸厥功。」鄭箋云：「咸，同也。」廣雅釋詁：「兼，同也。」咸、兼俱訓同，故兼亦可謂之咸。「迄始皇而咸」，猶寡見云：「至於秦兼」也。温公云「天下爲一」，解咸爲一，一亦同也。「時激，地保，人事乎」者，司馬云：「『激』當作『徼』，古堯切。徼其可取之時。」按：說文：「憿，幸也。」桂氏義證云：「幸也者，檀弓：『幸而至於旦。』注云：『幸，覬也。』」玉篇：「憿，行險也。」經典借「徼」字。中庸：「小人行險以徼幸。」漢書高帝紀：「願大王以幸天下。」晉灼曰：「臣民被其德，以爲徼幸也。」又或作「儌」，一切經音義八「儌冀㊀，冀幸也。」王氏句讀云：「玉篇：『憿，行險也。』與許君此說皆用中庸『小人行險以徼幸』也。」中庸古本蓋作「憿」，「憿幸」是連語，兩字同義。激卽「憿」之假。古感激字或以「憿」爲之，童子逢盛碑「感憿三成」，是也。故憿幸字亦以「激」爲之，因經典多借「徼」爲「憿」，故溫公云當作「徼」也。幸之本義爲吉而免凶，活用之則以爲覬冀得吉之義。憿義亦然。凡云徼福及云徼天之衷者，皆憿之活用。此云時激，則用「憿」之本義，猶云天幸也。左傳僖公篇：「今虢爲不道，保於逆旅。」孔疏云：「保者，固守之語。」國策魏策：「魏武侯稱曰：『河山之險，不亦信固乎！』吳起對曰：『河山之險，信不足保也。』」明保、固互用。周禮大司馬鄭注云：「固，險可依以固者也。」然則地保猶云地險也。「孝公以下，彊兵力農」者，史記秦本紀：「秦獻公二十四年，獻公卒，子孝公立。」索隱云：「名渠梁。」按：六國表秦獻公二十四年，卽孝公元年，當周顯王八年庚申也。「彊兵」，治平本作「強」，今依錢本。荀子議兵云：「秦人，其生民也陿阸，其使民也酷烈，劫之以埶，隱之以阸，忸之以慶賞，鰌之以刑罰，使天下之民所以要利於上者，非鬭無由也。阸而用之，得而後功之，功賞相長也。五甲首而隸五家，是最爲衆彊長久，多地以正，故四世有勝，非幸也，數也。」楊注云：「四世：孝公，惠王，武王，昭王也。」是其彊兵之事也。秦本紀云：「孝公十二年，爲田開阡陌。」又商君傳云：「定變法之令，令大小僇力本業，耕織致粟帛多者，復其身。事

㊀「冀」下原本有偏書小字「句」，蓋作者以示句讀，今刪。

末利及怠而貧者，舉以爲收孥。」漢書地理志云：「孝公用商君，制轅田，開阡佰，東雄諸侯。」張晏云：「周制三年一易，以同美惡。商鞅始割列田地，開立阡陌，令民各有常制。」孟康云：「三年爰土易居，古制也，末世浸廢。商鞅相秦，復立爰田。上田不易，中田一易，下田再易，爰自在其田，不復易居也。」食貨志云：「自爰其處而已。」是也。轅、爰同。顏云：「南北曰阡，東西曰伯，皆謂開田之疆畝也。」是其力農之事也。史記秦楚之際月表云：「秦起襄公，章於文、繆，獻、孝之後，稍以蠶食六國。」按：六國表秦孝公八年與魏戰元里，取少梁；十年，伐安邑，降之；十一年，圍固陽，降之。惠文王三年，拔韓宜陽；六年，魏以陰晉爲和，命曰寧秦；八年，魏入少梁、河西地于秦；九年，度河，取汾陰、皮氏，圍焦，降之；十年，圍蒲陽，降之，魏納上郡；又後九年，取趙中都西陽。（表「西陽」下有「安邑」字，今據本紀。）武王四年，拔宜陽城，涉河，城武遂。昭王十六年，拔韓宛；十七年，魏入河東四百里；又韓與秦武遂地方二百里；十八年，擊魏，至軹，取城大小六十一；十九年，拔趙桂陽；二十年，拔魏新垣、曲陽之城；二十一年，魏納安邑及河内；二十二年，拔齊列城九；二十四年，拔魏安城；二十六年，拔趙石城；二十八年，拔楚鄢、西陵；二十九年，擊楚，拔郢，更東至竟陵；三十年，拔楚巫、黔中；三十一年，拔魏兩城；三十二年，拔魏兩城，魏與秦溫以和；三十三年，拔魏四城；三十四年，魏與秦南陽以和；三十七年，拔趙閼與，又擊齊剛壽；三十九年，拔魏懷；四十一年，拔魏廩丘；四十二年，拔趙三城；四十三年，拔韓陘，城汾旁；四十四年，攻韓，取南陽，（本紀作「南郡」。）又擊韓太行；四十五年，攻韓，取十城，又取楚州；五十年，拔魏新中；五十一年，擊韓陽城。莊襄王元年，拔韓成皋、滎陽；二年，擊趙榆次、新城、狼孟，得三十七城；三年，拔韓上黨。始皇元年，拔趙晉陽；三年，擊韓，取十三城；五年，取魏酸棗二十城；七年，拔魏汲；九年，拔魏垣、蒲陽、衍；十一年，拔趙閼與、鄴，取九城；十三年，拔趙平陽；十四年，拔趙宜安；十五年，拔趙狼孟、鄱吾；十六年，受韓南陽地；十七年，得韓王安，盡取其地；十九年，拔趙，虜王遷，公子嘉自立爲代王；二十一年，大破楚，取十城；拔燕薊；二十二年，擊魏，得其王假，盡取其地；二十四年，破楚，虜其王負芻；二十五年，擊燕，虜王喜；又擊代，虜王嘉；二十六年，擊齊，虜王建。是孝公以下蠶食六國之事也。「東溝大河」者，禹貢云：「黑水西河維雍州。」孔疏云：「計雍州之境，被荒服之外，東不越河，而西踰黑水。王肅云：『西據黑水，東距西河。』所言得其實也。河在雍州之東，而謂之西河者，龍門之河在冀州西界，故謂之西河。」秦本紀云：「孝公元年，令曰：『昔我穆公，自岐、雍之間修德行武，東平晉亂，以河爲界；西霸戎、翟，廣地千里；天子致伯，諸侯畢賀，爲後世開業，甚光美。會往者厲、躁、簡公、出子之不寧，國家內憂，未遑外事。三晉攻奪我先君河西地，諸侯卑秦，醜莫大焉。』」是穆公之時秦已有河西地，東境至河，與晉夾河爲界。後晉復奪河西，至三家建國，河西爲魏地，故秦本紀正義云：「魏西界與秦相接，南自華州鄭縣西北過渭水，濱洛東岸，向北有上郡、鄜州之地，皆築長城以界秦境。」此孝公之初，秦東境以魏長城爲界，其長城以東皆爲魏地。自孝公八年取少梁，惠文王六年，魏以陰晉爲和，八年魏入少梁、河西地於秦，十年魏納上郡，於是魏河西之地尺寸悉歸於秦，而秦境得東至於河也。「南阻高山」者，詩終南毛傳云：「終南，周之名山中南也。」地理志：「右扶風武功太壹山，古文以爲終南。」張平子西京賦云：「漢氏初都，在渭之涘，秦里其朔，實爲咸陽。於前則終南太一，隆崛崔崒，隱轔鬱律，連岡乎嶓冢。」李注云：「終南，南山之總名；太一，一山之別號。」水經注渭水篇云：「渭水又逕武功縣故城北。地理志曰：『縣有太一山，古文以爲終南。』杜預以爲中南也。亦曰太白山，在武功縣南，去長安二百里，不知其高幾何。俗云：『武功太白，去天三百。』杜彥達曰：『太白山南連武功山，于諸山最爲秀傑，冬、夏積雪，望之皓然。』」乾隆府廳州縣考：「西安府終南山，在府城南五十里，一名中南山，一名終隆山，一名太乙山，一名周南山，一名地肺山，一名秦山。按舊圖經，西自鳳翔府郿縣入境，連亙盩厔、鄠縣及長安、咸寧四縣之南，又東抵藍田縣界。今考在盩厔、鄠縣者爲南山，其自長安以東者蓋秦嶺，三秦記所謂『長安正南，山名秦嶺』是也。」音義：「高山，本或作『商山』。」司馬云：「宋、吴本作『商山』。」按：爾雅釋地：「河西曰雝州。」釋文：「雍者，擁也。東崤，西漢，南商於，北居庸，四山之内擁翳也。」王莽傳莽命五威前關將軍之文云：「繞霤之固，南當荆、楚。」顔注云：「謂之繞霤者，言四面塞阸，其道屈曲，谿谷之水，回繞而霤也。其處卽今商州界七盤十二繞是也。」然則或作「商山」者，義亦可通。商山在今陝西商州東也。「西采雍、梁」者，音義：「西采，倉代切。雍、梁，於用切。」西京賦云：「右有隴坻之隘，隔閡華戎，岐、梁、汧、雍，陳寶鳴雞在焉。」按：岐、梁、汧、雍皆漢右扶風地。岐謂美陽，梁謂好畤，汧謂汧縣，雍謂雍縣。此文「雍、梁」卽指此，非謂禹貢之雍、梁二州也。地理志：「右扶風雍，秦惠公都之，有五畤，太昊、黄帝以下祠三百三所。橐泉宫，孝公起；祈年宫，惠公起；棫陽宫，昭王起。」水經注渭水篇云：「渭水又東逕雍縣南，雍水注之，水出雍山，東南流，歷中牢溪。南流逕胡城東，蓋秦惠公之故居，所謂祈年宫也。孝公又謂之爲橐泉宫。雍水又東，左會左陽水，世名之西水。雍水又與東水合，東流，鄧公泉注之。數源俱發于雍縣故城南，縣故秦德公所居也。雍有五時祠。應劭曰：『四面積高曰雍。』闞駰曰：『宜爲神明之隩，故立羣祠焉。』雍水又東，逕召亭南，世謂之樹亭川。雍水又東南流，與横水合。雍水又南，逕美陽縣之中亭川，合武水。雍水又南，逕美陽縣西，其水又南，流注于渭。」是雍縣之得名以雍水，雍水之得名以雍山，雍州之名當亦由此。所謂「四面積高」，及云「四山之内擁翳」者，蓋皆後起之義。雍山在今鳳翔府汧陽縣東。又志：「右扶風好畤有梁山宫，秦始皇起。」水經注渭水篇云：「莫水出好畤縣梁山大嶺，東南逕梁山宫西，故地理志曰：『好畤有梁山宫，秦始皇起。』水東有好畤縣故城。」閻氏若璩四書釋地續云：「雍州有二梁山，一在今韓城、郃陽兩縣境，書『治梁及岐』，詩『奕奕梁山』，春秋『梁山崩』，爾雅『梁山，晉望也』皆是。孟子梁山則在今乾州西北五里，其山横而長，自邠抵岐二百五十餘里，山適界乎一百三十里之間。太王當日必踰此山，然後可遠狄患，營都邑。」按：此即酈注所謂梁山大嶺，莫水所出，好畤梁山宫以此得名。然則雍者，雍水所經之域；梁者，莫水所經之域，皆秦西沃壤，班孟堅西都賦所謂「衆流之隈，汧涌其西，華實之毛，則九州之上腴」者，故曰「西采」。舊解以禹貢二州釋此文雍、梁。吴云：「西以雍、梁二州爲供事、采事也。書曰：『百里采。』孔云：『供王事而已。』」司馬云：「梁州，蜀地也。」按：龍門河以西即爲雍州之域，前文既云東溝大河，則秦境東不踰雍，何得目雍爲西也？「北鹵涇垠」者，音義：「鹵音魯。」按：穀梁傳昭公篇云：「中國曰大原，夷狄曰大鹵。」古微書引春秋説題辭云：「廣延曰大鹵。」地理志：「安定郡涇陽，幵頭山在西，禹貢涇水所出。東南至陽陵，入渭。過郡三，行千六十里，雍州川。」説文：「涇水出安定涇陽幵頭山，東南入渭，雝州之川也。」段注云：「今甘肅平涼府附郭，平涼縣西南，有故涇陽城，漢縣也。幵頭山亦作笄頭山，始皇紀作雞頭山，在今平涼府西南四十里。今涇水出山之涇谷，經涇州，又經陝西邠州長武縣，至西安府高陵縣西南二十里入渭，曰涇口，大致東南流也。」説文：「垠，地垠也，一曰岸也。」史記河渠書云：「韓聞秦之好興事，欲罷之毋令東伐，乃使水工鄭國間説秦，令鑿涇水，自中山西邸瓠口爲渠，竝北山，東注洛，三百餘里，欲以溉田。中作而覺，秦欲殺鄭國。鄭國曰：『始臣爲間，然渠成，亦秦之利也。』秦以爲然，卒使就渠。渠就，用注填閼之水，溉澤鹵之地四萬餘頃，收皆畝一鍾。於是關中爲沃野，無凶年，秦以富彊，卒并諸侯。因命曰鄭國渠。」「便則申，否則蟠」者，史記范雎傳：「雎說秦昭王曰：『大王之國，四塞以爲固，利則出攻，不利則守，此王者之地也。』」「始皇方斧」云云者，司馬云：「始皇欲斵喪諸侯，方如斧；而諸侯愚昧，方如木。秦之將相鋭於功利，方如刀；而諸侯將相懦弱，方如肉。故始皇所以能兼天下者，適丁是時也。」按：謂秦君臣有剛强之資，而所遇六國君臣適皆脆弱，因得以斬伐宰割之，是亦天幸也。 注「皆屬秦也」。按：弘範訓咸爲皆，而云皆屬秦，則以爲指六國而言。俞云：「咸者，『𢦏』之假字。說文戈部：『𢦏，絶也，讀若咸。』經傳即以『咸』爲之。尚書君奭篇『咸劉厥敵』，周書世俘篇：『越五日甲子朝至，接于商，則咸劉商王紂』，『咸』皆『𢦏』之假字也。迄始皇三載而咸，謂至始皇三載而絶也。李注訓咸爲皆，失之。」榮謂曲園讀咸爲𢦏，義雖與弘範異，其以爲指六國言則同。然下文「時激，地保，人事乎」，及「孝公以下，彊兵力農」云云，均謂秦，不謂六國。則所謂三載而咸者，自即就始皇言。若以爲指六國，則上下文義不能一貫。李注固非，俞說亦未得也。 注「是人事也」。按：世德堂本無此注。 注「問保何等」。按：世德堂本無此注。 注「采，食税也」。按：詩緇衣孔疏云：「采謂田邑，采取賦税也。」 注「問激者何」。按：世德堂本無此注。 注「方，比」。按：考工記：「梓人爲侯，廣與崇方。」鄭注云：「方猶等也。」廣雅釋詁：「方，類也。」

法言義疏十四

或問：「秦伯列爲侯衛，〔注〕在外候望，羅衛天子。卒吞天下，而赧曾無以制乎？」曰：「天子制公、侯、伯、子、男也，庸節。〔注〕庸，用也；節，節度也。節莫差於僭，僭莫重於祭，祭莫重於地，地莫重於天，〔注〕既盜土地，又盜祭天。則襄、文、宣、靈其兆也。〔注〕始於四公以來者，言周之衰非一朝一夕矣。昔者襄公始僭，西畤以祭白帝；文、宣、靈宗，興鄜、密、上、下，用事四帝，而天王不匡，反致文、武胙。〔注〕宗，尊也。文公起鄜畤，宣公起密畤，靈公起上、下畤。是以四疆之内各以其力來侵，攘肌及骨，而赧獨何以制秦乎？」〔注〕人之迷也，其日固已久矣。數世之壞，非一人之所支也。〔疏〕「秦伯列爲侯衛」者，詩譜云：「秦者，隴西谷名，於禹貢近雍州鳥鼠之山。堯時有伯翳者，實皐陶之子，佐禹治水，水土既平，舜命作虞官，掌上下草木鳥獸，賜姓曰嬴。歷夏、商興衰，亦世有人焉。周孝王使其末孫非子養馬於汧、渭之間。孝王爲伯翳能知禽獸之言，子孫不絶，故封非子爲附庸，邑之於秦谷。至曾孫秦仲，宣王又命作大夫，始有車馬、禮樂、侍御之好，國人美之，秦之變風始作。秦仲之孫襄公，平王之初，興兵討西戎以救周。平王東遷王城，乃以岐、豐之地賜之，始列爲諸侯。」國語周語云：「侯衛賓服。」韋注云：「此總言之也。侯，侯圻也；衛，衛圻也。言自侯圻至衛圻，其間凡五圻，圻五百里，五五二千五百里，中國之界也。謂之賓服，常以服貢，賓見於王也。五圻者，侯圻之外曰甸圻，甸圻之外曰男圻，男圻之外曰采圻，采圻之外曰衞圻。周書康誥曰『侯、甸、男、采、衞』是也。」按：康誥作「侯、甸、男邦、采、衞」，孔疏云：「『男』下獨有『邦』，以五服男居其中，故舉中則五服皆有邦可知。」尚書大傳云：「周公攝政，四年建侯衞。」陳氏今文經説考云：「據韋昭解侯衞引康誥云云，則知大傳所云『四年建侯衞』，卽此經侯、甸、男邦、采、衞。侯衞者，總侯圻至衞圻，包五服而言之。」經傳釋詞云：「爲猶於也。」然則列爲侯衞者，謂列於五服也。「卒吞天下，而赧曾無以制乎」者，音義：「赧，奴板切。」周本紀：「愼靚王立，六年崩。子赧王延立。」索隱引皇甫謐云：「名誕。赧非謚，謚法無『赧』，正以微弱，竊鈇逃債，赧然慙愧，故號曰赧耳。又按尚書中候以『赧』爲『然』，鄭玄云：『然讀曰赧。』王劭按：『古音人扇反，今音奴板反。爾雅：『面慙曰赧。』』」又本紀：「周君、王赧卒。」正義引劉伯莊云：「赧是慙耻之甚。輕微危弱，寄住東、西，足爲慙赧，故號之曰赧。」又六國表「周赧王元年」，索隱云：「赧音泥簡反。宋衷云：『赧，謚也。』」竹書紀年作「隱王」，沈約注云：「史記作『赧王』，名延。蓋赧、隱聲相近。」胡部郎玉縉云：「赧王卒於西周武公、東周文君之前，不應無謚，赧卽其謚也。皇甫謐云謚法無赧，蓋所見謚法已脱此條。宋衷云：『赧，謚也。』宋在皇甫前，其所見本尚有赧。沈約竹書注謂赧、隱聲相近，意以隱爲赧之假字也。説文：『赧，面慙而赤也。從赤、𠬝聲。』周失天下於赧王。夫曰失天下，曰赧王，赧之爲謚可知，其取慙赤之義亦可知也。」按：本紀書「赧王延立」，六國表書「周赧王元年」，赧當是謚。漢書人表：「赧王延，愼靚王子。」卽本史記，亦以赧爲謚。然本紀於「赧王延立」以下皆稱「王赧」，楚世家亦云「周王赧使武公謂楚相昭子」，赧既是謚，似不應有「王赧」之稱。或疑此校書者因皇甫謐有赧非謚之説，遂於「赧王」字或改爲「王赧」。然韋孟風諫詩「王赧聽譖，實絶我邦」，子雲豫州箴「王赧爲極，實絶周祀」，論衡儒增引傳「秦昭王使將軍摎攻王赧。王赧惶懼，犇秦，盡獻其邑三十六、口三萬。秦受其獻，還王赧。王赧卒」，此必非因皇甫説而改者。蓋王赧者，生時之號；赧王者，歿後之稱。生而竊鈇逃債，赧然慚愧，則謂之王赧；歿而以失天下爲耻，即以赧爲謚，遂謂之赧王。或諱「赧」而以聲近之字易之，則謂之隱王耳。「天子制公侯伯子男也，庸節」者，喪服四制云：「節者，禮也。」宋云：「言天子用禮節以制馭五等諸侯，各有其序。」「節莫差於僭」者，公羊傳隱公篇解詁云：「僭，齊也，下傚上之辭。」論語八佾皇疏云：「卑者濫用尊者之物曰僭也。」「僭莫重於祭」者，祭統云：「凡治人之道，莫急於禮。禮有五經，莫重於祭。」鄭注云：「禮有五經，謂吉禮、凶禮、賓禮、軍禮、嘉禮也。莫重於祭，謂以吉禮爲首也。」國語魯語云：「夫祀國之大節也。」世德堂本作「僭莫僭於祭」。「祭莫重於地」者，地謂祭地，凡廟祧壇墠之屬皆是。説文：「時，天地五帝所基址，祭地也。」繫傳云：「祭地，所祭之地也。」按：祭地者，神靈所止，是祭之主。僭祭地，則一切牲玉之制，籩豆之數，樂舞之節，冕服之等皆隨之，故僭祭莫重於僭祭地也。「地莫重於天」者，祭地之中，莫大於祭天之地時，所以祭天僭時尤甚於僭立其他壇廟也。「襄、文、宣、靈其兆也」者，秦本紀：秦仲子莊公；莊公卒，太子襄公代立；襄公生文公；文公卒，太子竫公子立，是爲寧公；寧公子三人，武公、德公、出子，寧公卒，出子立，卒；立武公，卒；立其弟德公，卒；子三人，長子宣公立，卒；其弟成公立，卒；其弟繆公立，（亦作「穆公」。）卒；太子立，是爲康公，卒；子共公立，卒；子桓公立，卒；子景公立，卒；子哀公立，卒；太子夷公蚤死，立夷公子，是爲惠公，卒；子悼公立，卒；子厲共公立，卒；子躁公立，卒；立其弟懷公，懷公自殺，太子曰昭子，蚤死，大臣乃立昭子之子，是爲靈公。按：自靈公以後，又七世十一君，而爲始皇也。左太沖魏都賦：「兆朕振古。」李注云：「兆猶機事之先見者也。」「襄公始僭，西時以祭白帝；文、宣、靈宗，與鄜、密、上、下，用事四帝」者，音義：「西時，音止。鄜，芳無切。」按：封禪書云：「秦襄公既侯，居西垂，自以爲主少皞之神，作西畤，祠白帝，其牲用騮駒、黄牛、羝羊各一云。」（按：秦本紀作「各三」。三牲爲一牢，各三，謂用三牢也。）其後，「秦文公東獵汧、渭之間，卜居之而吉。文公夢黄蛇自天下屬地，其口止於鄜衍。文公問史敦，敦曰：『此上帝之徵，君其祠之。』於是作鄜畤，用三牲，（按：本紀作「三牢」。）郊祭白帝焉」。其後，「宣公作密畤於渭南，祭青帝」；其後，「秦靈公作吴陽上畤，祭黄帝；作下畤，祭炎帝㊀。」索隱云：「鄜，地名，後爲縣，屬馮翊。吴陽，地名，蓋在岳之南。雍旁有故吴陽武畤，今蓋因武畤又作上、下畤，以祭黄帝、炎帝也。」周禮小宗伯：「兆五帝於四郊。」鄭注云：「兆爲壇之營域。五帝：蒼曰靈威仰，大昊食焉。赤曰赤熛怒，炎帝食焉。黄曰含樞紐，黄帝食焉。白曰白招拒，少昊食焉。黑曰汁光紀，顓頊食焉。黄帝亦於南郊。」此秦畤之用事四帝，即周禮兆五帝於四郊之事。時、兆義同，皆謂爲壇以祭也。周禮大宗伯「以禋祀祀昊天上帝」，與小宗伯「兆五帝於四郊」有别。此兆五帝之事而謂之祭天者，析言則禮秩不一，散文則五帝亦天，所謂六天也。郊特牲孔疏云：「鄭氏以爲天有六天，郊、丘各異。天爲至極之尊，其體祇應是一，而鄭氏以爲六者，指其尊極清虚之體，其實是一；論其五時生育之功，其别有五。以五配一，故爲六天。據其在上之體謂之天，天爲體稱，故説文云：『天，顛也。』因其生育之功謂之帝，帝爲德稱也，故毛詩傳云：『審諦如帝。』故周禮司服云：『王祀昊天上帝則大裘而冕，祀五帝亦如之。』五帝若非天，何爲同服大裘？又小宗伯云：『兆五帝於四郊。』禮器云：『饗帝于郊，而風雨寒暑時。』帝若非天，焉能令風雨寒暑時？又春秋緯：『紫微宫爲天帝。』又云：『北極耀魄寶，又云大微宫，有五帝坐星。青帝曰靈威仰，赤帝曰赤熛怒，白帝曰白招拒，黑帝曰汁光紀，黄帝曰含樞紐。』是五帝與天帝六也。又五帝亦稱上帝，故孝經曰：『嚴父莫大於配天，則周公其人

㊀「炎帝」原本訛作「炎地」，據史記封禪書改。

也。』下即云：『宗祀文王於明堂，以配上帝。』帝若非天，何得云嚴父配天也？而賈逵、馬融、王肅之等以五帝非天，唯用家語之文，謂大皞、炎帝、黄帝五人之帝屬。其義非也。」近儒於六天之説，是非紛然。其以爲是者，則如孫氏星衍六天及感生帝辨云：「五天帝之説不始於鄭，靈威仰之屬亦不獨出于緯書。史記載秦襄公祠白帝，宣公祠青帝，靈公祭黄帝、炎帝。漢高祖曰：『天有五帝，而有四帝，何也？』乃立黑帝祠。然則五色之帝，自周已來有是名矣。古巫咸、甘、石三家天文之書，以人事定星位。甘氏中官有天皇大帝一星，在鉤陳口中。又有五帝内座五星，在華蓋下。天官書多用石氏星經。又有五星五帝坐，在南宫。蓋中官天皇大帝象圜丘，五帝内座象南郊，南宫五帝坐象明堂。而甘公、石申皆周人，其所據又三代古書，讖緯如後出，亦當本此。又開元占經引黄帝占曰：『天皇大帝名耀魄寶。』其名出黄帝占，則知靈威仰諸名所傳已久。故周禮大祝辨六號，一曰神號，二曰鬼號，三曰示號，明天地人鬼皆有號。若止稱之爲天，何必辨之？」其以爲非者，則金氏鶚求古録禮説云：「五帝非天也。五帝各司一時一方，是五行之精，爲天之佐。猶四嶽之於地，三公之於王耳。周禮掌次上言『大旅上帝』，下言『祀五帝』，與『朝日』連文。司服上言『祀昊天上帝』，下言『祀五帝』，則知五帝與天顯然有别。祀五帝與朝日同張大次、小次，而與大旅上帝張氈案、設皇邸不同，五帝之卑於天可知。小宗伯云：『兆五帝於四郊，四望、四類亦如之。』四望謂嶽、瀆等，四類謂日、月等，是五帝之尊與日、月、嶽、瀆大略相準，故掌次與朝日同其儀也。又五帝亦通稱上帝，典瑞云：『四圭有邸，以祀天，旅上帝。兩圭有邸，以祀地，旅四望。』此上帝别言于天之下，明非天帝。鄭注以爲五帝，是也。旅上帝與旅四望對言，則五帝與四望略相等可知，而其卑於天益明矣。靈威仰等名，又甚怪僻。孫淵如謂大祝辨六號，一曰神號，五帝若無靈威仰等稱，何以辨之？不知月令大皞等名，即五帝之號也。鄭注月令，以大皞等爲五人帝，其説亦誤。大皞等爲五帝之號，自古有之。伏羲等五人帝以五行之德代王，後人因以配五帝，而以五帝之號稱之耳，非五帝本無號也。月令言五時生育之主，自當以五天帝言之，不宜以五人帝言之也。」按：誠齋以月令五帝即古五天帝之名，所見甚卓。孫氏詒讓小宗伯疏引惜誦王注「五帝謂五方神也。東方爲太皞，南方爲炎帝，西方爲少皞，北方爲顓頊，中央爲黄帝」，謂漢人已有以太皞等爲五方帝之名者，足與金説互證。胡部郎玉縉云：「晉語虢公夢蓐收之狀白毛虎爪，此蓐收神之形，必非該之貌。則知太皞、句芒等本古者五行天帝、天神之號，非伏戲與重等也。愚更以封禪書『秦襄公自以爲主少皞之神，作西畤，祠白帝』之文證之，明白帝即是少皞之神。又秦靈公作吴陽上畤，祭黄帝；作下畤，祭炎帝，其非祭軒轅、神農氏人帝可知。淮南子説林：『黄帝生陰陽。』高注云：『黄帝，古天神也。』則太皞等爲古五天帝之稱，確不可易。然必謂五天帝與天有别，祭五帝不得謂祭天，則亦非通論。蓋以祭之等秩言，則祀昊天上帝之與兆五帝自有隆殺之殊，故禮器云：『大旅具矣，不足以饗帝。』鄭注云：『大旅，祭五帝也。饗帝，祭天。』而以祭之類别言，則五帝同是天神，亦通稱上帝，祭五帝即祭天之一種，故郊特牲疏引皇氏云：『天有六天。歲有八祭，冬至圜丘，一也；夏正郊天，二也；五時迎氣，五也，通前爲七也。九月大饗，八也。』此文先云祭莫重於天，後云僭西畤以祭白帝，又云用事四帝，明祭五帝即爲祭天。此先秦以來之通義，安得云五帝非天也？蓋天之爲神，出於人之想象，非實有其質。苟以清虚之體言之，則豈獨五帝非天，即所謂昊天上帝者，亦何必天哉？而以神明不測之德言之，則昊天者羣靈之總匯，五帝者一神之化身，分之則爲六天，合之仍爲一體。必斤斤較量其高卑，斯拘墟之見也。」「天王不匡，反致文、武胙」者，音義：「天王不匡，俗本作『天下』，誤。」司馬云：「宋、吴本『天王』作『天下』。」按：致胙乃天子之事，若作「天下」，則上下文義不洽，此謬誤之顯然者。獨斷云：「天王諸夏之所稱，天下之所歸往，故稱『天王』。」周本紀云：「顯王九年，致文、武胙於秦孝公。」又：「三十五年，致文、武胙於秦惠王。」集解云：「胙，膰肉也。」按：周禮大宗伯：「以脤膰之禮，親兄弟之國。」鄭注云：「脤膰，社稷宗廟之肉，以賜同姓之國，同福禄也。」是周制膰肉惟賜同姓之國，若異姓，則二王後亦得有此賜。左傳僖公篇云：「宋，先代之後也，於周爲客，天子有事，膰焉。」是也。其異姓復非二王後而得此賜者，則爲異數。僖公篇又云：「王使宰孔賜齊侯胙，曰：『天子有事於文、武，使孔賜伯舅胙。』」杜注云：「尊之，比二王後。」然則顯王之致胙於秦，是尊秦，比於二王後也。六國表云：「太史公讀秦記，至犬戎敗幽王，周東徙洛邑，秦襄公始封爲諸侯，作西畤，僭端見矣。禮曰：『天子祭天地，諸侯祭其域内名山大川。』今秦位在藩臣，而臚於郊祀，君子懼焉。」按：曲禮：「天子祭天地，祭四方，祭山川，祭五祀，歲徧。諸侯方祀，祭山川，祭五祀，歲徧。大夫祭五祀，歲徧。」孔疏云：「諸侯方祀者，諸侯既不得祭天地，又不得祭五方之神，惟祀當方，故云方祀。」似襄、文祠少皥之神，得以方祀爲解。然曲禮此文，鄭君以爲殷制，故與王制「天子祭天地，諸侯祭社稷，大夫祭五祀」之文不合，則西畤、鄜畤雖獨祠白帝，已非周法所許。至宣公祠青帝，靈公祠黄帝、炎帝，而變本加厲，無異僭王。襄、文當平王之世，周初東遷，王靈猶在，斯時若正秦之僭，秦當有所憚而不復爲。平王不加正，遂有宣公作密畤之事。宣公當惠王之世，周室日衰，天下猶以尊王爲美，雖不能討，亦可聲其罪於諸侯。惠王不加正，遂有靈公作上、下畤之事。靈公當威烈王之世，周之號令不行於天下，其不能有所匡正，自不足怪。然卽不爲匡正，更無加僭亂者以殊錫之理。及顯王致胙於秦，而後天下知周之果不復存矣。「是以四疆之内各以其力來侵」者，謂自此以後，秦遂稱王，韓、趙、燕繼之，戰國之禍於是烈也。「攘肌及骨」者，吕刑云：「奪攘矯虔。」鄭注云：「有因而盜曰攘。」宋云：「肌喻遠，骨喻近。」「而赧獨何以制秦乎」，世德堂本無「而」字。按：秦之吞天下，非王赧所能制，無待發問。此章之旨，亦以秦喻莽也。「襄、文、宣、靈其兆也」者，謂莽乘四父歷世之權也。「天王不臣，反致文、武胙」者，謂元始四年，拜莽宰衡；五年，加莽九命之錫也。「攘肌及骨」者，謂始而輔政，繼而居攝，終而篡國也。「赧獨何以制秦乎」者，赧謂元后。元后傳贊云：「位號已移於天下，而元后卷卷猶握一璽，不欲以授莽。婦人之仁，悲夫！」即其義也。注「在外候望，羅衛天子」。按：此釋侯服、衛服之義也。逸周書職方：「方千里曰王圻，其外方五百里爲侯服，又其外方五百里爲甸服，又其外方五百里曰男服，又其外方五百里爲衛服。」孔注於「侯服」下云「爲王者斥候也」，於「衛服」下云「爲王扞衛也」。注「庸，用也；節，節度也」。按：世德堂本「用」作「以」，又不重「節」字。注「既盜土地，又盜祭天」。陶氏鴻慶讀法言札記云：「李注云：『既盜土地，又盜祭天。』然正文但言僭祭，不言盜土地。吳注云：『天子得祭天地。』然正文但云地莫重於天，不云祭莫重於天地。是二說均未安也。今案：地謂壇廟之營兆也。漢書郊祀志載平帝元始五年，大司馬王莽奏請如建始時丞相衡等議，復長安南、北郊如故。莽又頗改其祭禮，以孟春正月上辛若丁，天子親合祀天墜於南郊，以高帝、高后配；以日冬至使有司奉祠南郊，高帝配，而望羣陽；日夏至使有司奉祭北郊，高后配，而望羣陰。皆以助致微氣，通道幽弱。奏可。蓋自建始以來三十餘年間，天墜之祠五徙焉。後莽又奏言周官兆五帝於四郊，山川各因其方。今五帝兆居在雍五畤，不合於古。又六宗及六宗之屬，或未特祀，或無兆居。謹與太師光、大司徒宮、羲和歆等八十九人議，稱天神曰皇天上帝，泰一兆曰泰畤；而墜祇稱皇墜后祇，兆曰廣畤。又分羣神以類相從爲五部，兆於長安城之未墜及東、南、西、北四郊。奏可。於是，長安旁諸廟兆畤甚盛矣。然則王莽當時依附周官，變易舊制，於天地羣神之兆域廢置獨繁。此節之文亦爲莽而發，故曰『祭莫重於地，地莫重於天』也。」榮按：此假秦之僭時，以喻莽之盜竊魁柄，由來者漸，非一朝一夕之故。不僅指變易祭禮爲言。舊注固未得其義，陶解亦失之。注「非一朝一夕矣」。按：世德堂本無「矣」字。注「宗，尊也」。按：白虎通宗廟、宗族竝云：「宗者，尊也。」

或問：「嬴政二十六載，天下擅秦。〔注〕嬴，秦姓；政，始皇名。秦十五載而楚，〔注〕楚，項羽。楚五載而漢。五十載之際，而天下三擅，天邪？人邪？」曰：「具。〔注〕備有之也。周建子弟，列名城，班五爵，流之十二，當時雖欲漢，得乎？六國蚩蚩，爲嬴弱姬，卒之屏營，嬴擅其政，故天下擅秦。〔注〕卒，終也。之，至也。秦失其猷，罷侯置守，守失其微，天下孤睽。〔注〕睽猶乖離也。項氏暴強，改宰侯王，故天下擅楚。擅楚之月，有漢創業山南，發迹三秦，追項山東，故天下擅漢，天也。」〔注〕山南，漢中也。三秦，雍、翟、塞也。「人」？〔注〕問人事者何也？曰：「兼才尚權，右計左數，動謹於時，人也。天不人不因，人不天不成。」〔注〕天人合應，功業乃隆。〔疏〕「嬴政二十六載，天下擅秦」者，始皇本紀云：「二十六年，得齊王建，秦初并天下。」索隱云：「六國皆滅也。十七年得韓王安，十九年得趙王遷，二十二年魏王假降，二十三年虜荆王負芻，二十五年得燕王喜，二十六年得齊王建。」「擅」讀爲「嬗」。說文：「嬗，一曰傳也。」荀子正論：「堯、舜擅讓。」亦以「擅」爲之。「秦十五載而楚」者，始皇本紀云：「二世三年八月，二世自殺。趙高乃悉召諸大臣、公子，告以誅二世之狀，曰：「秦故王國，始皇君天下，故稱帝。今六國復自立，秦地益小，乃以空名爲帝，不可，宜爲王如故。便立二世之兄子公子嬰爲秦王。子嬰爲秦王四十六日，楚將沛公破秦軍，入武關，遂至霸上，使人約降子嬰。子嬰卽係頸以組，白馬素車，奉天子璽符，降軹道旁。沛公遂入咸陽，封宮室府庫，還軍霸上。居月餘，諸侯兵至，項籍爲從長，殺子嬰及秦諸公子、宗族，遂屠咸陽，燒其宮室，虜其子女，收其珍寶貨財，諸侯共分之。」「楚五載而漢」者，項羽本紀云：「項籍者，下相人也，字羽。其季父項梁。項氏世世爲楚將，封於項，故姓項氏。秦二世元年，陳涉等起大澤中，梁遂舉吳中兵，以八千人渡江而西，求楚懷王孫，立以爲楚懷王，都盱台。懷王使項羽爲上將軍。項羽引兵西，屠咸陽，殺秦降王子嬰，燒秦宮室，火三月不滅，收其貨寶婦女而東。尊懷王爲義帝，分天下，立諸將爲侯王。立沛公爲漢王，王巴、蜀、漢中，都南鄭。項王自立爲西楚霸王，王九郡，都彭城。」集解引孟康云：「舊名江陵爲南楚，吳爲東楚，彭城爲西楚。」高祖本紀云：「漢五年，高祖與諸侯兵共擊楚軍，與項羽決勝垓下。項羽之卒可十萬，大敗垓下。追殺項羽東城，遂略定楚地。」按：項籍以漢元年乙未正月（按：時以十月爲歲始。高祖以十月建元，二年正月，卽建元後之第四月也。）自立，至漢五年己亥正月敗亡，故云五載。項羽本紀太史公曰：「羽非有尺寸，乘勢起隴畝之中，三年遂將五諸侯滅秦，分裂天下而封王侯，政由羽出，號爲霸王。位雖不終，近古以來未嘗有也。及羽背關懷楚，放逐義帝而自立，怨王侯叛己，難矣。自矜功伐，奮其私智，而不師古，謂霸王之業，欲以力征㊀，經營天下，五年卒亡其國。」正義云：「五年，謂高帝元年至五年殺項羽東城。」「五十載之際，而天下三擅」者，謂自始皇元年乙卯，至高祖五年己亥，四十六年間更秦、楚、漢三世也。秦楚之際月表云：「太史公讀秦、楚之際，曰：『初作難，發於陳涉。虐戾滅秦，自項氏。撥亂誅暴，平定海內，卒踐帝阼，成於漢家。』五年之間，號令三嬗。」又太史公自序云：「秦既暴虐，楚人發難，項氏遂亂，漢乃扶義，征伐八年之間，天下三擅。」

㊀「征」下原本有偏書小字「句」，蓋作者以示句讀，今刪。

明嬗、擅互用。月表索隱云：「三嬗謂陳涉、項氏、漢高祖也。」梁氏志疑云：「自陳涉稱王，至高祖五年卽帝位，凡八年，故序傳云：『征伐八年之間，天下三擅。』此言五年，非也。」按：陳涉雖首難，僅六月而滅，未嘗能制天下。五年之間，號令三嬗，謂二世三年以前，天下大政猶在秦，故月表所謂「號令三嬗」，及自序所謂「天下三擅」，皆謂秦、楚、漢，不數陳涉。二世三年甲午，秦嬗於楚；高祖五年己亥，楚嬗於漢。首尾涉六年，中間不過四年餘而已。至自序「八年」字，乃當連「征伐」字讀之，謂自二世元年兵興，至高祖五年事定，前後征伐八年也。此文「天下三嬗」，正用史記文，明指秦、楚、漢而言。蓋併始皇在位之年數之，則云五十載；從秦亡之年數之，則云五年。索隱以表有「初作難，發於陳涉」語，其解三嬗遂首數陳涉，乃其誤謬。曜北不辨索隱之誤，反以史公爲非，乖矣。「周建子弟，列名城，班五爵」者，尚書大傳云：「周公攝政四年，建侯衞。」荀子儒效云：「周公兼制天下，立七十一國，姬姓獨居五十三人焉。」周之子孫苟不狂惑者，莫不爲天下之顯諸侯。說文：「列，分解也。」按：此列之本義也，古書多假「裂」爲之。白虎通爵云：「爵有五等，以法五行也。或三等者，法三光也。或法三光，或法五行，何？質家者據天，故法三光；文家者據地，故法五行。含文嘉曰：『殷爵三等，周爵五等，各有宜也。』」王制曰：『王者之制祿，爵凡五等，謂公、侯、伯、子、男也。』」此據周制也。「流之十二」者，今文太誓：「流之爲鵰。」鄭注云：「流猶變也。」十二國有二義：有春秋之十二國，史記十二諸侯年表謂魯、齊、晉、秦、楚、宋、衞、陳、蔡、曹、鄭、燕也。表於燕下更列吴。彼索隱云：「篇言十二，實敍十三者，賤夷狄不數吴，又霸在後故也。不數吴而敍之者，闔閭霸，盟上國故也。」史記考證云：「臣德齡按：是表主春秋，吴于春秋之季始通上國，而壽夢以前自不得列于是表。然則十二之號固不得不仍其舊。司馬貞之論，鑿矣！」是也。有戰國之十二國，漢書東方朔傳載朔答客難云：「夫蘇秦、張儀之時，周室大壞，諸侯不朝，力政爭權，相禽以兵，并爲十二國，未有雌雄。」顏注云：「十二國謂魯、衞、齊、楚、宋、鄭、魏、燕、趙、中山、秦、韓也。」又子雲解嘲云：「往者周罔解結，羣鹿爭逸，離爲十二，合爲六、七。」顏注同東方朔傳注是也。此文「流之十二」，與「六國蚩蚩」相接爲文，當指戰國之十二國言，卽解嘲所謂「離爲十二，合爲六、七」也。「六國蚩蚩，爲嬴弱姬」者，廣雅釋詁：「蚩，亂也。」王氏疏證云：「方言：『蚩，悖也。』注云：『謂悖惑也。』法言重黎篇云：『六國蚩蚩。』張衡西京賦云：『蚩眩邊鄙。』皆惑亂之義也。」按：詩氓：「氓之蚩蚩。」毛傳云：「蚩蚩，敦厚之貌也。」蓋敦厚引伸之爲惷愚，又引伸之遂爲惑亂。釋名釋姿容云：「妍，研也。研精於事宜，則無蚩繆也。」又云：「蚩，癡也。」癡卽愚，繆卽亂也。音義：「爲嬴，工嫣切。下『無爲』同。」後漢書袁紹傳：「楊雄有言，六國蚩蚩，爲嬴弱姬，今之謂乎？」章懷太子注云：「六國悖惑，侵弱周室，遂爲秦所併也。」「卒之屏營，嬴擅其政，故天下擅秦」者，音義：「屏營，上音并。」廣雅釋訓：「屏營，征伀也。」王氏疏證云：「屏營、征伀皆驚惶失據之貌。」按：子雲豫州箴云：「成、康太平，降及周微，帶蔽屏營，屏營不起，施于孫、子。」然則屏營者不起之貌，謂微弱也。嬴擅之「擅」讀如字。說文：「擅，專也。」與擅秦、擅楚、擅漢字異義。「嬴失其猷，罷侯置守」者，爾雅釋宫：「猷，道也。」音義：「置守，手又切。」始皇本紀云：「二十六年，丞相綰等言諸侯初破，燕、齊、荆地遠，不爲置王，毋以填之，請立諸子，唯上幸許。始皇下其議於羣臣，羣臣皆以爲便。廷尉李斯議曰：『周文、武所封子弟同姓甚衆，然後屬疏遠，相攻擊如仇讎，諸侯更相誅伐，周天子弗能禁止。今海内賴陛下神靈一統，皆爲郡縣，諸子、功臣以公賦稅重賞賜之，甚足易制，天下無異意，則安寧之術也。置諸侯不便。』始皇曰：『天下共苦戰鬭不休，以有侯王。賴宗廟，天下初定，又復立國，是樹兵也，而求其寧息，豈不難哉？廷尉議是。』分天下以爲三十六郡，郡置守、尉、監。」漢書百官公卿表云：「郡守，秦官，掌治其郡，秩二千石。景帝中二年，更名太守。」「守失其微，天下孤睽」者，音義：「『守失其微』，本或作『徽』。」按：作「徽」是也。徽、微形近，傳寫易誤。法言序「諸子圖徽」，漢書揚雄傳作「諸子圖微」。説文：「徽，一曰三糾繩也。」廣雅釋詁：「徽，束也。」守失其徽，謂守令無以維縶人民也。孤睽雙聲連語，乖離分散之意，單言之則曰睽。雜卦傳：「睽，乖也。」長言之則曰睽孤，睽九四、上九竝云「睽孤」。漢書五行志引易傳：「睽孤，見豕負塗。」顔注云：「睽孤，乖剌之意也。」諸侯王表云：「大者睽孤，横逆以害身喪國。」顔注同。倒言之則曰孤睽，其義一也。「項氏暴彊，改宰侯王」者，白虎通爵云：「宰者，制也。」孟子：「可使制梃。」趙注云：「制，作也。」項羽本紀云：「分天下，立諸將爲侯王。立沛公爲漢王，王巴、蜀、漢中，都南鄭。三分關中，王秦降將：立章邯爲雍王，王咸陽以西，都廢丘；立司馬欣爲塞王，王咸陽以東，至河，都櫟陽；立董翳爲翟王，王上郡，都高奴。徙魏王豹爲西魏王，王河東，都平陽。立申陽爲河南王，都雒陽。韓王成因故都，都陽翟。趙將司馬卬爲殷王，王河内，都朝歌。徙趙王歇爲代王。趙相張耳爲常山王，王趙地，都襄國。當陽君黥布爲九江王，都六。鄱君吴芮爲衡山王，都邾。義帝柱國共敖爲臨江王，都江陵。徙燕王韓廣爲遼東王。燕將臧荼爲燕王，都薊。徙齊王田市爲膠東王。齊將田都爲齊王，都臨淄。故秦所滅齊王建孫田安爲濟北王，都博陽。成安君陳餘在南皮，因環封三縣。番君將梅鋗封十萬户侯。項王自立爲西楚霸王。」是其事也。蚩、姬、營、政、猷、守、徽、睽、彊、王各爲韻。「擅楚之月，有漢創業山南」者，秦楚之際月表：「義帝元年二月，西楚霸王項籍始爲天下主命，立十八王。」索隱云：「高祖及十八諸侯受封之月，漢書異姓王表作『一月』，應劭云：『諸侯王始受封之月，十八王同時，稱一月。』」高祖十月至霸上，改元，至此月，漢四月也。按：月表項籍自立爲西楚霸王在義帝元年一月，籍立十八王在二月，高帝本紀總隸之漢元年正月。漢元年正月卽義帝元年一月，蓋本紀中間省「二月」字，不及表之晰。漢書異姓王表乃隸十八王之立於義帝元年一月，遂與史記秦楚之際月表相差一月也。漢以十月建元，卽以十月爲歲首，故元年正月爲四月，二月爲五月也。「創業」世德堂本作「刱業」。司馬云：「刱與創同。」「發迹三秦」者，「發迹」詳五百疏。高祖本紀云：「漢元年八月，漢王用韓信之計，從故道還襲雍王章邯。雍兵敗，漢王遂定雍地。二年，漢王東略地，塞王欣、翟王翳皆降。」「追項山東」者，本紀又云：「五年，高祖與諸侯兵共擊楚軍，追殺項羽東城。」羽本紀云：「項王引兵而東，至東城，乃有二十八騎。分其騎以爲四隊，令四面騎馳下，期山東爲三處。」正義引括地志：「九頭山在滁州全椒縣西北九十里㊀。」江表傳云：「項羽敗，至烏江，漢兵追羽至此，一日九戰，因名。」按：今安徽滁州全椒縣西北有九鬬山，卽羽敗處。正義引括地志作「九頭」，卽「九鬬」之音轉，故云「一日九戰因名」也。「兼才尚權」者，司馬云：「兼才謂總攬天下之英才。」高祖本紀云：「高祖曰：『夫運籌策帷幄之中，決勝於千里之外，吾不如子房；鎭國家，撫百姓，給餽饟，不絕糧道，吾不如蕭何；連百萬之軍，戰必勝，攻必取，吾不如韓信。此三人皆人傑也，吾能用之，此吾所以取天下也。項羽有一范增而不能用，此其所以爲我擒也。」是兼才之事。喪服四制云：「權者，知也。」羽本紀云：「項王謂漢王曰：『天下匈匈數歲者，徒以吾兩人耳。願與漢王挑戰，決雌雄，毋徒苦天下之民父子爲也。』漢王笑謝曰：『吾寧鬬智，不能鬬力。』」是尚智之事。陸士衡漢高祖功臣頌：「奇謀六奮，嘉慮四迴。」李注引宋仲子法言注曰：「張良爲高祖畫策六，陳平出奇策四，皆權謀，非正也。」按：宋語當卽此文之注，以尚權爲權謀，非正，則是貶辭，失子雲本旨矣。「右計左數」者，司馬云：「言不離計數之中。」是也。「動謹於時」者，

㊀ 今本史記項羽本紀正義引括地志「九十」作「九十六」。

高祖始避項羽之鋒，終乃乘其弊而擊之，時可而後動，謹之至也。「天不人不因，人不天不成」者，司馬云：「天之禍福，必因人事之得失；人之成敗，必待天命之與奪。」按：孟子充虞路問章章指云：「聖賢興作，與天消息。天非人不因，人非天不成，是故知命者不憂不懼也。」風俗通皇霸引尚書大傳説云：「遂人以火紀。火，太陽也。陽尊，故託遂皇於天。伏羲以人事紀，故託戲皇於人。蓋天非人不因，人非天不成也。」然則此語乃大傳説，蓋古有是言也。此章之旨，在正史公之失。秦楚之際月表論秦、楚、漢五年三嬗之事云：「王迹之興，起於閭巷，安在無土不王？此乃傳之所謂大聖乎？豈非天哉！豈非天哉！」是史公以爲高祖之興專由天授，意存譏訕。子雲則以爲天命、人事兼而有之也。注「嬴，秦姓；政，始皇名」。按：秦本紀云：「非子居犬丘，好馬及畜，善養息之，犬丘人言之周孝王。孝王召使主馬于汧、渭之間，馬大蕃息。於是孝王曰：『昔栢翳爲舜主畜，畜多息，故有土，賜姓嬴。今其後世亦爲朕息馬，朕其分土爲附庸。』邑之秦，使復續嬴氏祀，號曰秦嬴。」又始皇本紀云：「始皇以秦昭王四十八年正月生於邯鄲，及生，名爲政。」集解引徐廣云：「一作『正』。」又引宋忠云：「以正月旦生，故名正。」正義云：「正音政。周正建子之月也，始皇以正月旦生於趙，因爲政。」注「睽猶乖離也」。按：「睽」上疑脱「孤」字。世德堂本無「也」字。注「山南，漢中也」。按：秦置三十六郡，梁州之域爲郡三，曰漢中，曰巴，曰蜀，在終南山之南，故謂之山南。高祖初王巴、蜀、漢中三郡，此止云漢中者，以漢王都南鄭，屬漢中郡，故舉漢中以統巴、蜀耳。注「三秦，雍、翟、塞也」。按：地理志左馮翊故秦内史，高帝元年屬塞國；右扶風故秦内史，高帝元年屬雍國；上郡，秦置，高帝元年更爲翟國。注「天人合應，功業乃隆」。按：班孟堅西都賦云：「天人合應，以發皇明。」李注引四子講德論曰：「天人竝應。」

或問：「楚敗垓下，方死，曰：『天也。』〔注〕項羽爲高祖所敗於垓下，臨死，歎曰：「非我用兵之罪，乃天亡我。」諒乎？」〔注〕信如羽之言否邪？曰：「漢屈羣策，羣策屈羣力。〔注〕屈，盡。楚懟羣策而自屈其力。〔注〕懟，惡。屈人者克，〔注〕克，勝。自屈者負，〔注〕負，敗。天曷故焉？」〔注〕言無私親，惟應善人。〔疏〕「楚敗垓下，方死，曰：『天也。』諒乎」者，音義：「垓下，古哀切。」羽本紀云：「漢五年，項王軍壁垓下，兵少食盡。漢軍及諸侯兵圍之數重，項王直夜潰圍南出，至陰陵，迷失道，漢追及之。項王自度不得脱，謂其騎曰：『吾起兵至今八歲矣，身七十餘戰，所當者破，所擊者服，未嘗敗北，遂霸有天下。然今卒困於此，此天之亡我，非戰之罪也！今日固決死，願爲諸君決戰，必三勝之，爲諸君潰圍，斬將刈旗，令諸君知天亡我，非戰之罪也。』於是項王大呼馳下，漢軍皆披靡，遂斬漢一將，復斬漢一都尉，殺數十百人。項王乃欲東渡烏江，烏江亭長檥船待，項王笑曰：『天之亡我，我何渡爲？』乃自刎而死。楚地皆降。」「垓下」者，集解引徐廣云：「在沛之洨縣。」索隱引張揖三蒼註云：「垓，堤名，在沛郡。」正義云：「按垓下是高岡絶巖，今猶高三四丈，其聚邑及堤在垓之側，因取名焉。今在亳州真源縣東十里，與老君相接。」水經注淮水篇云：「洨水又東南流，經洨縣故城北，縣有垓下聚，漢高祖破項羽所在也。」按：在今安徽鳳陽府靈壁縣東南陰陵山之南。「漢屈羣策，羣策屈羣力」者，即前文云「兼才尚權，右計左數」是也。「楚懟羣策而自屈其力」者，音義：「楚懟，徒對切。」按：説文：「懟，怨也。」怨、讎同義。懟羣策，謂與羣策爲讎也。「屈人者克，自屈者負」者，荀子堯問楚莊王引中蘬之言云：「諸侯自爲得師者王㊀，得友者霸，得疑者存，自爲謀而莫己若者亡。」即其義。「天曷故焉」者，司馬云：「言何預天事。」注「非我用兵之罪，乃天亡

㊀「侯」字原本作「俟」，形近而訛，據荀子堯問改。

我」。世德堂本作「天亡我，非戰之罪」。此校書者據史記改之。注「屈，盡」。按：荀子禮論云：「使欲必不窮乎物，物必不屈於欲。」楊注云：「屈，竭也。」是屈者窮盡之謂。屈羣策羣力，謂能盡羣策羣力之用也。司馬云：「羣策無能出漢之右者，故曰漢屈羣策；羣力爲羣策所制，故曰羣策屈羣力。」訓屈爲制，不如李義之優。注「憞，惡」。按：修身云：「何元憞之有？」彼文元憞是大惡，故此注亦以惡釋憞。憞羣策，猶云以羣策爲不善。司馬云：「廢羣策而不用。」即李義之引伸。

或問：「秦、楚既爲天典命矣，秦縊灞上，楚分江西，興廢何速乎？」〔注〕典，主。曰：「天胙光德，而隕明忒。〔注〕天之所福，光顯有德。而今隕之者，明乎秦、楚忒惡之所致。昔在有熊、高陽、高辛、唐、虞、三代，咸有顯懿，故天胙之，爲神明主，且著在天庭，是生民之願也，厥饗國久長。〔注〕神明主，主郊祀。若秦、楚彊閱震撲，胎藉三正，播其虐於黎苗，子弟且欲喪之，況於民乎？況於鬼神乎？廢未速也！」〔注〕不道早亡。〔疏〕「秦縊灞上者」，縊謂子嬰係頸以組而降也。「灞」當爲「霸」。水經注渭水篇云：「霸者，水上地名也，古曰滋水矣。秦穆公霸世，更名滋水爲霸水，以顯霸功。」然則霸水之稱，取霸功爲義，俗書施水旁耳。始皇本紀云：「子嬰爲秦王四十六日，楚將沛公破秦軍，入武關，遂至霸上，約降子嬰。子嬰即係頸以組，白馬素車，奉天子璽符，降軹道旁。」集解引應劭云：「霸，水上地名，在長安東三十里；係頸者，言欲自殺也。」「楚分江西」者，司馬云：「分，謂身首五分。」按：羽本紀云：「項王乃自刎而死。王翳取其頭，郎中騎楊喜、騎司馬呂馬童、郎中呂勝、楊武各得其一體，五人共會其體，皆是。分其地爲五，封呂馬童爲中水侯，封王翳爲杜衍侯，封楊喜爲赤泉侯，封楊武爲吳防侯，封呂勝爲涅陽侯。」梁氏志疑云：「『分其地』通鑑作『分其尸』，非。『分其地爲五』當屬下文，謂分地以封呂馬童等五人爲侯耳，其地不必定泥作楚地。」按：梁解分其地爲五爲分地以封呂馬童等五人，不必泥作楚地，殊爲曲説。通鑑作「分其尸」，當是温公所據舊本史記如此。此承「五人共會其體，皆是」而言，蓋戰亂之際，死者枕藉，爭相蹂踐，不知項王尸之所在。及五人各出所得之體，會之而合，乃知已分項王尸爲五也。此文「楚分江西」與「秦縊灞上」對文，亦正謂尸體被分，非謂分其地也。「興廢何速乎」，世德堂本「乎」作「也」。「天胙光德，而隕明忒」者，説文：「胙，祭福肉也。」引伸爲凡福之稱。周語韋注云：「胙，福也。」字亦作「祚」。爾雅釋詁：「隕，墜也。」洪範：「民用僭忒。」馬注云：「忒，惡也。」吴云：「昭德者，天福胙之令長；彰惡者，天隕越之令短。」司馬云：「光德謂德之昭融者，明忒謂惡之顯著者。」「昔在有熊、高陽、高辛」者，五帝本紀云：「黄帝者，少典之子。」集解引徐廣云：「號有熊。」又引皇甫謐云：「有熊，今河南新鄭是也。」紀又云：「帝顓頊高陽者，黄帝之孫，而昌意之子也。」又云：「帝嚳高辛者，黄帝之曾孫也。」集解引張晏云：「高陽、高辛皆所興之地名。」按：劉越石勸進表、王元長曲水詩序、班叔皮王命論，李注三引此文，皆作「有熊、高辛」，無「高陽」字，此宋咸注亦止釋有熊、高辛，不及高陽，是宋所據本無「高陽」字甚明。然集注於此不言宋、吴本有異同，則温公所見宋、吴本已爲校書者據通行本增入「高陽」字，非著作所據本之舊矣。「咸有顯懿」，司馬云：「宋、吴本『顯懿』作『顯德』。」按：選注三引竝作「顯懿」。「故天胙之」，選注引皆作「故天因而祚之」。「著在天庭」者，司馬云：「猶云簡在上帝之心。」按：金縢云：「乃命于帝庭，敷佑四方，用能定爾子孫于下地，四方之民，罔不祗畏。」馬注云：「武王受命於天帝之庭。」著在天庭，即命于帝庭之謂。「厥饗國久長」者，無逸：「肆中宗之享國，七十有五年。」魯世家作「故中宗饗國七十五年」。又：「肆高宗之享國，五十有九年。」亶平石經作「肆高宗之饗國百年」。是今文尚書「享」作「饗」。此「饗國」字亦本歐陽書也。「若秦、楚彊閱震撲」者，音義：「彊閱，許激切。震撲，上如字，又音真；下音普卜切。」按：詩常棣：「兄弟閱于牆。」毛傳云：「閱，很也。」孔疏云：「很者，忿争之名。故曲禮曰『很毋求勝』，是也。」太玄：「釋震于廷。」范注云：「震，怒也。」淮南子説林高注云：「撲，擊也。」字亦作「擈」。廣雅釋詁：「擈，擊也。」「胎藉三正」者，音義：「胎藉，『胎』當作『跆』，徒來切。跆，蹋也。藉，慈夜切。」按：胎藉乃古語蹂躪之意，或作「駘藉」。天官書：「兵相駘藉。」漢書天文志作「跆籍」。亦作「跆藉」，夏侯孝若東方朔畫贊：「跆藉貴勢。」説文無「跆」。凡連語皆以聲爲義，不容析詁。俗學以跆藉既爲蹂躪，字當從足，乃以作「胎」爲非，此不知古人連語之義例也。甘誓：「有扈氏威侮五行，怠棄三正。」鄭注云：「三正，天、地、人之正道。」「播其虐於黎、苗」者，吴云：「黎、苗，九黎、三苗也。布其虐甚於九黎之亂德，三苗之不恭。」司馬云：「黎苗，民也。」按：温公義是也。黎、苗皆衆也。詩天保：「羣黎百姓。」鄭箋云：「黎，衆也。」廣雅釋詁：「苗，衆也。」成陽靈臺碑云：「躬行仁政，以育苗萌。」謂衆民也。後漢書和熹皇后紀載劉毅上安帝書云：「損膳解驂，以贍黎苗。」崔駰七依云：「仁臻於行葦，惠及乎黎苗。」皆以黎苗爲民庶之稱。「子弟且欲喪之」云云者，俞云：「此論秦、楚，而秦、楚初無子弟欲喪之事。楊子是言，豈虚設乎？蓋爲王莽發也。莽子宇非莽隔絶衞氏，恐帝長大後見怨，與師吴章、婦兄吕寬議其故。使寬持血灑莽第，門吏發覺之。莽執宇送獄，飲藥死。其後，皇孫功崇公宗坐自畫容貌，被天子衣冠，自殺，莽有『宗屬爲皇孫，爵爲上公，不知厭足，窺欲非望』之語。事在天鳳五年，亦楊子所及見也。然則所謂子弟且欲喪之，殆以是而發乎？至地皇二年，太子臨與莽妻侍者通，恐事泄，謀共殺莽。此則非楊子所及見。然其言愈信而有徵矣。」按：俞説是也。此言莽之惡逆，滅絶正道，必無饗國久長之理，託秦、項爲喻耳。注

「天之」至「所致」。按：弘範讀「天胙光德而隕」爲句，而以明忒爲明乎秦、楚忒惡之所致，義甚紆曲。司封及温公改之，是也。注「神明主，主郊祀」。按：詩卷阿云：「豈弟君子，俾爾彌爾性，百神爾主矣。」鄭箋云：「使女爲百神主，謂羣神受饗而佐之。」

或問：「仲尼大聖，則天曷不胙？」〔注〕胙，主。曰：「無土。」〔注〕言無土地可因。「然則舜、禹有土乎？」曰：「舜以堯作土，禹以舜作土。」〔注〕道貴順理，動無常因也。因土以行化，湯、文也；因聖以登禪，舜、禹也。上無舜、禹之時，下無湯、文之土，故不胙耳。若秦、楚之胙，非所以爲胙也。〔疏〕「仲尼大聖，則天曷不胙」者，承上章「天胙光德」而設問以難之。吴云：「不胙之爲神明主。」是也。「無土」者，秦楚之際月表云：「安在無土不王？」集解引白虎通云：「聖人無土不王，使舜不遭堯，當如夫子老於闕里也。」孟子云：「伯夷、伊尹於孔子，若是班乎？曰：『否。』曰：『然則有同與？』曰：『得百里之地而君之，皆能以朝諸侯，有天下。』」明聖人無百里之地亦不能以有天下矣。「舜以堯作土，禹以舜作土」者，有天子薦之，與得百里之地同也。孟子云：「匹夫而有天下者，德必若舜、禹，而又有天子薦之者。故仲尼不有天下。」注「胙，主」。按：弘範讀「胙」爲「阼」，故訓爲主。不阼猶云不以爲主也。説文：「阼，主階也。」引伸爲凡主位之稱。廣雅釋詁：「胙，主也。」然上文「天胙光德」，又「故天胙之，爲神明主」，義皆爲福。弘範釋「天阼光德」，亦云：「天之所福，光顯有德。」此文「天曷不胙」，明承彼文而言，不當異訓也。

或問「聖人表裏」。〔注〕表裏，内外。曰：「威儀文辭，表也；德行忠信，裏也。」〔注〕明乎得一而已。〔疏〕音義：「德行，下孟切。」按：潘安仁夏侯常侍誄李注引此文與今本同。注「明乎得一而已」。按：老子云：「侯王得一以爲天下正。」弘範援以釋此者，謂威儀文辭即德行忠信之所發。主於中者謂之德行忠信，現於外者謂之威儀文辭，其實一而已矣。

或問：「義帝初矯，〔注〕矯，立。劉龕南陽，〔注〕劉，高祖。龕，取也。項救河北，〔注〕項羽。二方分崩，一離一合，設秦得人，如何？」〔注〕設，假。曰：「人無爲秦也，喪其靈久矣。」〔注〕非一朝一夕也。

〔疏〕「義帝初矯」者，項羽本紀云：「項梁求楚懷王孫心民間，爲人牧羊，立以爲楚懷王。」又云：「項羽引兵西屠咸陽，殺秦降王子嬰，使人致命懷王，乃尊懷王爲義帝。」按：楚懷王之立，在二世二年六月；懷王之尊爲義帝，在漢元年正月。此文義帝初矯，謂懷王初立之時，非謂尊懷王爲義帝之時。云義帝者，用後名概前事耳。「劉龕南陽」者，音義：「龕音堪，與『戡』同。」按：爾雅釋詁：「戡，克也。」謝元暉和伏武昌登孫權故城詩云：「西龕收組練。」李注云：「龕與戡音、義同。」高祖本紀：「秦三年四月，沛公襲陳留，得秦積粟。攻開封，未拔。南攻潁陽，屠之。遂略韓地轘轅。乃北攻平陰，絶河津，南戰雒陽東，軍不利，還至陽城，收軍中馬騎，與南陽守齮戰犨東，破之。略南陽郡，南陽守齮走，保城守宛。」是也。「項救河北」者，羽本紀云：「章邯已破項梁軍，則以爲楚地不足憂，乃渡河擊趙，大破之。當此時，趙歇爲王，陳餘爲將，張耳爲相，皆走入鉅鹿城。章邯令王離、涉閒圍鉅鹿，章邯軍其南，築甬道而輸之粟。陳餘爲將，將卒數萬人而軍鉅鹿之北，此所謂河北之軍也。懷王因使項羽爲上將軍，當陽君、蒲將軍皆屬項羽。項羽乃遣當陽君、蒲將軍將卒二萬渡河救鉅鹿。戰少利，陳餘復請兵，項羽乃悉引兵渡河，皆沈船，破釜甑，燒廬舍，持三日糧，以示士卒必死，無一還心。」是也。按：月表羽之救鉅鹿在二世三年十一月，（按：即其年二月。）沛公之攻南陽在是年六月，（即九月。）時懷王立甫一年，故云「義帝初嬌」也。「二方分崩，一離一合」者，一猶或也，與上文「一病一瘳」義同。沛公始與項羽北救東阿，破秦軍濮陽；又與項羽西略地，斬三川守，是其合也。及章邯破殺項梁於定陶，羽救鉅鹿，沛公獨西，是其離也。「設秦得人，如何」者，新書過秦云：「借使子嬰有庸主之材，而僅得中佐，山東雖亂，三秦之地可全而有，宗廟之祀未宜絶也。」即此或問之意。「人無爲秦也，喪其靈久矣」者，孫氏詒讓云：「靈謂威福之柄。淵騫篇曰：『游俠曰竊國靈也。』與此義同。」按：始皇本紀附録班固典引云：「河決不可復壅，魚爛不可復全。賈誼、司馬遷曰『向使嬰有庸主之才』云云。秦之積衰，天下土崩瓦解，雖有周旦之材，無所復陳其巧，而以責一日之孤，誤哉！俗傳：『始皇起罪惡，胡亥極。』得其理矣。復責小子云『秦地可全』，所謂不通時變者矣。」即本此文爲説。　注「嬌，立」。按：蔡伯喈郭有道碑李注引蒼頡云：「嬌，立也。」　注「龕，取也」。按：廣雅釋詁文。

韓信、黥布皆劍立，南面稱孤，卒窮時戮，無乃勿乎？〔注〕窮，極。或曰：「勿則無名，如何？」曰：「名者，謂令名也。忠不終而躬逆，焉攸令？」〔疏〕「韓信、黥布」者，淮陰侯列傳：「淮陰侯韓信者，淮陰人也。始爲布衣時，貧無行，不得推擇爲吏，又不能治生商賈，常從人寄食飲。及項梁渡淮，信仗劍從之，居戲下，無所知名。項梁敗，又屬項羽，以爲郎中，數以策干項羽，羽不用。漢王之入蜀，信亡楚歸漢。」黥布列傳云：「黥布者，六人也，姓英氏。秦時爲布衣少年，有客相之，曰：『當刑而王。』及壯，坐法黥。布欣然笑曰：『人相我當刑而王，幾是乎？』陳勝之起也，布與其衆叛秦，聚兵數千人。章邯之滅陳勝，破呂臣軍，布乃引兵北擊秦左、右校。聞項梁定江東會稽，以兵屬項梁。項梁擊景駒、秦嘉等，布常冠軍。項梁敗死定陶，秦急圍趙，項籍使布先涉渡河擊秦，布數有利　項籍之引兵西至新安，至關，至咸陽，布常爲軍鋒。項王封諸將，立布爲九江王，都六。漢二年，項王往擊齊，徵兵九江，九江王布稱病不往。漢之敗楚彭城，布又稱病不佐楚，項王由此怨布，數使使者誚讓召布。漢三年，漢王擊楚，大戰彭城，不利。漢王曰：『孰能爲我使淮南，令之發兵倍楚？』隨何迺與二十人俱使淮南，布因起兵而攻楚。楚使項聲、龍且攻淮南。數月，龍且擊淮南，破布軍，布與何俱歸漢。」「劒立」者，劒讀爲撿。說文：「撿，拱也。」撿立，卽拱立也。「南面稱孤」者，曲禮云：「庶方小侯自稱曰孤。」呂氏春秋士容云：「南面稱寡。」高注云：「孤、寡，謙稱也。」魏豹彭越列傳云：「太史公曰：『魏豹、彭越雖故賤，然已席卷千里，南面稱孤。』」淮陰侯傳云：「漢四年，立信爲齊王。五年正月，徙齊王信爲楚王，都下邳。」布傳云：「四年七月，立布爲淮南王。」「卒窮時戮」者，謂受當時之極刑也。漢書刑法志云：「漢興之初，雖有約法三章，網漏吞舟之魚，惟其大辟尚有夷三族之令。令曰：『當三族者，皆先黥，劓，斬左、右趾，笞殺之，梟其首，菹其骨肉於市。其誹謗詈詛者，又先斷舌。』故謂之具五刑。」彭越、韓信之屬，皆受此誅。」勿讀爲曶，司馬長卿難蜀父老李注云：「曶，字林音勿。」是二字古音相同也。廣雅釋詁：「昒，冥也。」易升釋文：「冥，闇昧之義也。」言信、布皆拱立南面爲侯王，而終至被當時之極刑，豈不由於闇昧乎？「勿則無名，如何」者，據信、布竝得名於時言，假如信、布果闇昧，則無名矣。今信、布有名，如何謂之勿也。

「忠不終而躬逆，焉攸令」者，音義：「焉攸，於虔切。下『焉用』同。」淮陰侯傳云：「漢六年，人有上書告楚王信反。高帝以陳平計，發使告諸侯會陳，吾將游雲夢，實欲襲信。信謁高祖於陳，遂械繫信至雒陽。赦信罪，以爲淮陰侯。信知漢王畏惡其能，常稱病不朝從。陳豨拜爲鉅鹿守，辭於淮陰侯。淮陰侯辟左右，曰：『公所居，天下精兵處也，而公，陛下之信幸臣也。人言公之畔，陛下必不信；再至，陛下乃疑矣；三至，必怒而自將。吾爲公從中起，天下可圖也。』陳豨信之，曰：『謹奉教。』漢十一年，陳豨果反。上自將而往，信病不從。乃謀與家臣夜詐詔赦諸官徒奴，欲發以襲呂后、太子。部署已定，待豨報。其舍人得罪於信，信囚，欲殺之。舍人弟上變，告信欲反狀於呂后。呂后乃與蕭相國謀，詐令人從上所來，言豨已得死，列侯羣臣皆賀。相國紿信曰：『雖疾，强入賀。』呂后使武士縛信，斬之長樂鍾室。」布傳云：「十一年，高后誅淮陰侯，布因心恐。夏，漢誅梁王彭越，醢之，盛其醢徧賜諸侯。至淮南，淮南王方獵，見醢，因大恐，陰令人部署兵候伺旁郡警急。布所幸姬疾，請就醫。醫家與中大夫賁赫對門，姬數如醫家，賁赫自以爲侍中，迺厚餽遺，從姬飲醫家。姬侍王，從容語次譽赫長者也。王怒曰：『汝安從知之？』具説狀。王疑其與亂，赫恐，稱病。王愈怒，欲捕赫。赫言變事，乘傳詣長安，布使人追，不及。赫至，上變，言布謀反有端，可先未發誅也。布遂族赫家，發兵反。上遂發兵自將東擊布，布遂西，與上兵遇蘄西，會甀，布軍敗走，渡淮，數止戰，不利。與百餘人走江南。番陽人殺布茲鄉民田舍，遂滅黥布。」按此亦託信、布以示誅伐新莽之意。俞云：「忠不終而躬逆，焉攸令？亦刺莽始以誅淳于長及徹去定陶太后坐獲忠直名，而後乃躬爲大逆也。」

或問「淳于越」。曰：「伎曲。」請問。曰：「始皇方虎挒而梟磔，噬士猶腊肉也。越與亢眉，終無撓辭，可謂伎矣。〔注〕有才伎也。仕無妄之國，〔注〕易有无妄卦，此亦依義取譬。食無妄之粟，分無妄之橈，自令之間而不違，可謂曲矣。」〔注〕橈，橈時策也。自令與始皇併心爲無道。〔疏〕「淳于越」者，始皇本紀云：「三十四年，始皇置酒咸陽宫。博士七十人前爲壽，僕射周青臣進頌曰：『他時秦地不過千里，賴陛下神靈明聖，平定海内，放逐蠻夷，日月所照，莫不賓服。以諸侯爲郡縣，人人自安樂，無戰争之患，傳之萬世，自上古不及陛下威德。』始皇悦。博士齊人淳于越進曰：『臣聞殷、周之王千餘歲，封子弟、功臣自爲枝輔。今陛下有海內，而子弟爲匹夫，卒有田常、六卿之臣，無輔拂，何以相救哉？事不師古而能長久者，非所聞也。今青臣又面諛，以重陛下之過，非忠臣。』」「伎曲」者，伎讀爲爲駮。說文：「駮，馬彊也。」引伸爲凡彊之稱。廣雅釋詁：「駮，强也。」通俗文：「强健曰駮。」伎曲相反爲義，謂彊而終屈也。「始皇方虎挒而梟磔」者，音義：「虎挒，音列。梟磔，涉格切。」按：說文無「挒」，有「⿰齒列」，云：「齒分骨聲。」虎挒之「挒」，當卽此字。詩瞻卬：「爲梟爲鴟。」釋文：「梟，古堯反。」漢書郊祀志：「用一梟。」孟康云：「梟鳥食母。」廣雅釋詁：「磔，開也。」字亦作「矺」。李斯傳：「十公主矺死於杜。」索隱云：「矺音宅，與『磔』同。」磔謂裂其肢體而殺之。」「噬士猶腊肉」者，腊讀爲齰。說文：「齰，齧也。」「越與亢眉，終無橈辭」者，音義：「越與，音預。俗本作『興』字，誤。」司馬云：「宋、吴本作『越興』。」按：當音余呂切。廣雅釋詁：「抗，舉也。」古書或以「亢」爲之。大戴禮主言㊀：「孔子愀然揚麋。」舊本：「『麋』一作『眉』。」亢眉猶云揚眉。越與亢眉，謂與始皇揚眉而道也。音義：「橈辭，女教切。下同。」按：說文：「橈，曲木。」引伸爲凡曲之稱。左傳成公篇：「師徒橈敗。」杜注云：「橈，曲也。」眉、辭爲韻。「仕無妄之國」云云者，錢本作「无妄」。易无妄虞注云：「京氏及俗儒以爲大旱之卦，萬物皆死，無所復望。」按：釋文：「馬、鄭、王肅皆云妄猶望，謂無所希望也。」是馬、鄭等皆同京義。子雲於易多用京氏，故亦以無妄爲無望也。史記春申君列傳云：「朱英謂春申君曰：『世有毋望之福，又有毋望之禍。今君處毋望之世，事毋望之王，安可以無毋望之人乎？』」正義云：「無望，猶不望而忽至也。」毋望卽無妄也。漢書谷永傳云：「陛下承八世之功業，當陽數之標季，涉元元之節季，遭无妄之卦運。」後漢書崔駰傳

㊀「主」字原本訛作「王」，據大戴禮記改。

云：「吾生无妄之世，值澆、羿之君。」又李通傳論云：「猖狂無妄之福。」吴志王樓賀韋華傳評云：「此數子處无妄之世而有名位。」是皆以无妄爲毋望之義。毋望猶言不虞也。漢書百官公卿表：「博士，秦官，秩比六百石。」故云食无妄之粟。橈讀爲饒，如昭切。與上文「終無橈辭」音、義俱異。胡部郎玉縉云：「説文：『餘，饒也。』是饒即餘。廣雅釋詁：『饒，益也，多也。』皆即餘義。分無妄之饒，猶云分無妄之餘。」按：綏之説是也。「自令之間而不違」者，令之，疑謂鮑白令之，亦始皇時博士也。吴本「分無妄之橈」，橈作撓，云：「或本作『鮑』。」纂圖互注本、世德堂本竝同。疑「橈」下本有「鮑」字，「自」即「白」之誤。校書者以「鮑白令之」不可解，遂删「鮑」字，而改「白」爲「自」也。説苑至公云：「秦始皇既吞天下，乃召羣臣而議曰：『古者五帝禪賢，三王世繼，孰是將爲之。』博士七十人未對，鮑白令之對曰：『天下官，則讓賢是也；天下家，則世繼是也。故五帝以天下爲官，三王以天下爲家。』秦始皇帝仰天而歎曰：『吾德出于五帝，吾將官天下，誰可使代我後者？』鮑白令之對曰：『陛下行桀、紂之道，欲爲五帝之禪，非陛下所能行也。』秦始皇帝大怒，曰：『令之前！若何以言我行桀、紂之道也？趣説之，不解則死。』令之對曰：『臣請説之：陛下築臺干雲，宫殿五里，建千石之鍾，萬石之簴，婦女連百，倡優累千，興作驪山宫室至雍，相繼不絶。所以自奉者，殫天下，竭民力，偏駮自私，不能以及人。陛下所謂自營僅存之主也，何暇比德五帝，欲官天下哉？』始皇闇然，無以應之，面有慙色。久之，曰：『令之之言，乃令衆醜我。』遂罷謀，無禪意也。」爾雅釋詁：「間，代也。」始皇既以令之之言爲醜己，雖不加誅，亦必免其官而代之以他人。斯時，博士之賢者皆可以去矣，越終不行，故云：『鮑白令之間而不違。』謂令之以直諫見代，而越猶不去也。違猶去也，行也。注「有才伎也」。按：弘範讀伎爲技，與君子篇「通天地而不通人曰伎」義同。然抗辭不橈可以爲彊，不可以爲才技，且「技曲」連文，義亦無取，恐非。注「橈，橈時策也」。按：「橈時策」，世德堂本作「時榮」，錢本作「橈時榮」。按：似當以「時榮」爲是。朱氏通訓定聲以爲弘範讀橈爲燿，故云「時榮」，是也。傳寫或誤重「橈」字，校書者以「橈時榮」於義難通，遂改「榮」爲「策」。橈讀爲撓。撓者，擾也，安也。橈時策猶云安時之策。然安時之策不可以單言橈，且亦不可以云分也。注「自令與始皇併心爲無道」。按：弘範以不違爲順從之意，故云併心。然則「間」字爲無義。且越極言封建之事，以青臣面諛爲重始皇之過，亦不得云併心爲無道也。

或問：「茅焦歷井幹之死，使始皇奉虛左之乘。〔注〕始皇以嫪毒事，幽母咸陽宮，諫者輒殺於井幹闕下。茅焦歷井幹之死而諫，始皇卽駕輿執轡虛左，親迎其母。蔡生欲安項咸陽，不能移，又亨之，其者未辯與？」〔注〕項羽欲東還下邳，蔡生説使都咸陽，既不能移，又爲所亨。案：漢書云韓生，楊子云蔡生，未詳韓、蔡孰爲是。曰：「生捨其木侯而謂人木侯，亨不亦宜乎？〔注〕語在漢書。焦逆訐而順守之，雖辯，劘虎牙矣。」〔注〕逆意而諫，順義而守，可謂辯説矣。然劘近虎牙，言其殆也。〔疏〕「茅焦歷井幹之死，使始皇奉虛左之乘」者，説苑正諫云：「秦始皇帝太后不謹，幸郎嫪毒，封以爲長信侯，爲生兩子。毒專國事，浸益驕奢，因作亂，戰咸陽宮。毒敗，始皇乃取毒四支車裂之，取其兩弟囊撲殺之，取皇太后遷之于萯陽宮。下令曰：『敢以太后事諫者，戮而殺之，從蒺藜其脊，肉幹四支，而積之闕下。』諫而死者二十七人矣。齊客茅焦乃往上謁，曰：『齊客茅焦願上諫皇帝。』皇帝使使者出問：『客得無以太后事諫也？』茅焦曰：『然。』使者還白。皇帝曰：『走往告之，若不見闕下積死人耶？』使者問茅焦，茅焦曰：『臣聞之天有二十八宿，今死者已有二十七人矣，臣所以來者，欲滿其數耳。』使者入白之。皇帝大怒，曰：『是子故來犯吾禁，趣炊鑊湯煮之，是安得積闕下乎？』趣召之入。茅焦至前，再拜謁起，稱曰：『臣聞之夫有生者不諱死，有國者不諱亡，諱死者不可以得生，諱亡者不可以得存。死生存亡，聖主所欲急聞也。不審陛下欲聞之不？』皇帝曰：『何謂也？』茅焦對曰：『陛下有狂悖之行，陛下不自知邪？』皇帝曰：『何等也？』茅焦對曰：『陛下車裂假父，有嫉妬之心；囊撲兩弟，有不慈之名；遷母萯陽宮，有不孝之行；從蒺藜於諫士，有桀、紂之治。今天下聞之盡瓦解，無嚮秦者，臣竊恐秦亡，爲陛下危之。所言已畢，乞行就質。』乃解衣伏質。皇帝下殿，左手接之，右手麾左右，曰：『赦之。先生就衣，今願受事。』乃立焦爲仲父，爵之爲上卿。皇帝立駕千乘萬騎，空左方，自行迎太后萯陽宮，歸於咸陽。』即其事。始皇本紀正義引括地志云㊀：「茅焦，滄州人也。」音義：「井幹，胡安切。」按：説文作「韓」，井垣也。古書通作「幹」。莊子秋水：「跳梁於井幹之上。」釋文引司馬彪云：「井幹，井欄也。」「歷井幹之死」者，司馬云：「光謂井幹謂始皇殺諫者二十七人，積屍闕下，如井幹之狀。」按：温公義是也。説苑：「從蒺藜其脊，肉幹四肢，而積之闕下。」「肉幹」義不可通，即「井幹」之誤。隸體「井」或作「丼」㊁，「肉」或作「月」，二形相近，傳寫誤「井」爲「月」，遂誤爲「肉」。從蒺藜其脊，謂以蒺藜縱貫其脊。井幹四肢，謂斷割四肢，駕積作井幹形也。「死」當爲「屍」，淵騫「力不足而死有餘」，宋、吴本作「力不足而屍有餘」，明二字亦形近易誤。歷井幹之屍，謂經過積骸之旁，「井幹」字正用秦令文也。音義：「之乘，繩證切。」虚左之乘，即説苑云「皇帝立駕千乘萬騎，空左方，自行迎太后」也。按：本紀此事在始皇十年，是時始皇猶爲秦王，無皇帝之

㊀「引」字原本作「行」，音近而訛，據史記秦始皇本紀正義改。

㊁「體」字原本作「禮」，形近而訛，今改。

稱。説苑云云，皆後人追改之辭耳。「蔡生欲安項咸陽，不能移，又亨之」者，項羽本紀云：「項羽引兵西屠咸陽，殺秦降王子嬰，燒秦宮室，火三月不滅，收其貨寶、婦女而東。人或説項王曰：『關中阻山河四塞，地肥饒，可都以霸。』項王見秦宮室皆以燒殘破，又心懷思欲東歸，曰：『富貴不歸故鄉，如衣繡夜行，誰知之者？』説者曰：『人言楚人沐猴而冠耳，果然。』項王聞之㊀，亨説者。」集解云：「駰案：楚漢春秋、揚子法言云説者是蔡生，漢書云是韓生。」音義：「亨，普耕切。下同。」

「其者未辯與」者，音義：「其者未辯，『者』衍字。」世德堂本作「或者」。按：其者猶云「其諸」，説詳五百疏。陶氏札記云：「者讀爲諸，五臣注本作『或者』，與『其諸』義同。音義以『者』爲衍字，失之。」按：音義説固非，五臣注本改「其」爲「或」，尤妄。

「生捨其木侯而謂人木侯」者，音義：「木侯，漢書作『沐猴』。」按：羽本紀同。集解引張晏云：「沐猴，獼猴也。」沐、獼一聲之轉。亦謂之母猴，説文「爲」篆下云：「母猴也。」王氏句讀云：「母猴者，名也。史記謂之沐猴，今呼馬猴，聲皆相近也。按：沐猴合二言爲一名，古止作木侯；或單言侯，遂施犬旁耳。」司馬云：「蔡生知項羽暴伉，素不爲羽所知信，獻策不用，又從而詘之，是自有沐猴之狂也。」「焦逆訐而順守之」者，音義：「逆訐，居竭切。」按：説文：「訐，面相斥辠，相告訐也。」司馬云：「直數其惡，是逆訐。勸之以孝㊁，人之以忠，是順守也。」「雖辯，劘虎牙矣」者，音義：「劘，音摩。」按：説文無「劘」，劘即「摩」之俗。繫辭：「剛柔相摩。」釋文引京云：「相磑切也。」注「幽母咸陽宮」。按：史記呂不韋列傳：「始皇九年，有告嫪毐常與太后私亂，生子二人。於是秦王下吏治，具得情實，夷嫪毐三族，殺太后所生兩子，而遂遷太后於雍。」索隱引説苑

㊀「聞」字原本作「問」，形近而訛，據史記項羽本紀改。
㊁「勸」字原本作「歡」，形近而訛，今據五臣注本改。

云：「遷太后咸陽宮。」又引地理志：「雍縣有咸陽宮，秦昭王所起也。」今按：地理志右扶風雍有棫陽宮，秦昭王起。顔注云：「棫音域。」索隱引地理志「咸陽」字乃「棫陽」之誤。其引説苑「遷太后咸陽宮」，今説苑作「萯陽」。地理志右扶風鄠有萯陽宮，秦文王起。宣帝本紀：「甘露二年十二月，行幸萯陽宮。」李斐云：「萯音倍。」水經注渭水篇云：「渭水又東合甘水，水出南山甘谷，北逕秦文王萯陽宮西，又北逕五柞宮東。」是萯陽宮與五柞宮相鄰接，在今西安府鄠縣西，去咸陽爲近。始皇遷太后，當卽在此。作「棫陽」，亦誤也。注「諫者輒殺於井幹闕下」。按：世德堂本「殺」誤「取」。弘範以井幹爲闕名，未見所據，殆因漢有井幹樓而傅合之。注「井幹之死」。按：世德堂本「死」作「上」。注「駕輿執轡」。按：世德堂本「輿」誤「與」。注「漢書」至「爲是」。按：音義：「蔡生，史記作『蔡生』，漢書作『韓生』。」今史記項羽本紀止云「人或説項王」，不書説者姓氏。音義所據史記與今本不同。或音義「史記」字本作「史記集解引楚漢春秋」，妄人刪改作「史記」也。法言作「蔡生」，卽本陸賈。漢書作「韓生」，又不云烹而云斬，當別有所據也。未詳韓、蔡孰爲是，世德堂本作「未知孰是」。注「語在漢書」。按：世德堂本無此注。

或問：「甘羅之悟呂不韋，張辟彊之覺平、勃，皆以十二齡，戊、良乎？」〔注〕甘羅，戊之孫也，以張唐之相燕割趙事，發悟呂不韋也。辟彊，張良之子也，以孝惠崩，呂太后哭不哀事，覺悟陳平、周勃也。言此之時，各年十二，欲知自出其意，爲復戊、良教之乎？曰：「才也戊、良，不必父祖。」〔注〕天才自然，發其神心，無假其父祖也。〔疏〕「甘羅之悟呂不韋」者，史記樗里子甘茂列傳云：「甘羅者，甘茂孫也。茂既死後，甘羅年十二，事秦相文信侯呂不韋。秦始皇帝使剛成君蔡澤於燕，三年而燕王喜使太子丹入質於秦。秦使張唐往相燕，欲與燕共伐趙，以廣河間之地。張唐謂文信侯曰：『臣嘗爲秦昭王伐趙，趙怨臣，曰得唐者與百里之地。今之燕，必經趙，臣不可以行。』文信侯不快，未有以彊也。甘羅曰：『君侯何不快之甚也？』文信侯曰：『吾自請張卿相燕而不肯行。』甘羅曰：『臣請行之。』文信侯叱曰：『去！我身自請之而不肯，女焉能行之？』甘羅曰：『夫項橐生七歲爲孔子師，今臣生十二歲於茲矣，君其試臣，何遽叱乎？』於是甘羅見張卿曰：『卿之功孰與武安君？』卿曰：『不如也。』甘羅曰：『應侯之用於秦也，孰與文信侯專？』張卿曰：『應侯不如文信侯專。』甘羅曰：『應侯欲攻趙，武安君難之，去咸陽七里而立死於杜郵。今文信侯自請卿相燕而不肯行，臣不知卿所死處矣。』張唐曰：『請因孺子行。』令裝治行。行有日，甘羅謂文信侯曰：『借臣車五乘，請爲張唐先報趙。』文信侯乃入，言之於始皇曰：『昔甘茂之孫年少耳，然名家之子孫，諸侯皆聞之。今者張唐欲稱疾不肯行，甘羅說而行之。今願先報趙，請許遣之。』始皇召見，使甘羅於趙。趙襄王郊迎甘羅。甘羅說趙王曰：『王聞燕太子丹入質秦歟？』曰：『聞之。』曰：『聞張唐相燕歟？』曰：『聞之。』『燕太子丹入秦者，燕不欺秦也；張唐相燕者，秦不欺燕也。燕、秦不相欺，無異故，欲攻趙而廣河間。王不如齎臣五城以廣河間，請歸燕太子，與彊趙攻弱燕。』趙王立自割五城以廣河間。甘羅還報秦，乃封甘羅以爲上卿。」「張辟彊之覺平、勃」者，音義：「辟彊，必益切。」治平本作「辟强」。按：錢本、世德堂本皆作「彊」，與音義合，今從之。呂太后本紀云：「七年，秋八月戊寅，孝惠帝崩。發喪，太后哭，泣不下。留侯子張辟彊爲侍中，年十五，謂丞相曰：『太后獨有孝惠，今崩，哭不悲，君知其解乎？』丞相曰：『何解？』辟彊曰：『帝毋壯子，太后畏君等。君今請拜呂台、呂產、呂祿爲將，將兵居南、北軍，及諸呂皆入宮，居中用事，如此則太后心安，君等幸得脫禍矣。』丞相迺如辟彊計。太后說，其哭迺哀。呂氏權由此起。」按：是時王陵爲右丞相，陳平爲左丞相，本紀此文惟云丞相，不言其名。漢書外戚傳作「丞相陳平」。此紀下又云：「太后稱制，議欲立諸呂爲王，問右丞相王陵。王陵曰：『高帝刑白馬，盟曰：非劉氏而王，天下共擊之。今王呂氏，非約也。』太后不說，問左丞相陳平、絳侯周勃。勃等對曰：『高帝定天下，王子弟。今太后稱制，王昆弟諸呂，無所不可。』太后喜，罷朝，王陵讓陳平、絳侯。陳平、絳侯曰：『於今面折廷爭，臣不如君；夫全社稷，定劉氏之後，君亦不如臣。』」然則請用諸呂，平、勃謀同，蓋皆用辟彊計，故云「張辟彊之覺平、勃」也。「皆以十二齡」者，史、漢皆云辟彊爲侍中，年十五，此云十二，或別有所據，或所據史記如此也。「戊、良」纂圖互注本、世德堂本竝作「茂、良」，此刻五臣注者據今本史記改之。說苑雜事：「甘戊使於齊。」字正作「戊」，與法言同。釋名釋天：「戊，茂也，物皆茂盛也。」二字同聲通用。「戊、良乎」者，司馬云：「以甘茂之孫，張良之子，故能如此其慧乎。」是也。「才也戊、良，不必父祖」者，謂此生才之美，非由種姓。戊、良之才不因其父祖，羅與辟彊之才又何必因戊、良也。　注「甘羅」至「之乎」。按：世德堂本此注上冠「祕曰」字，而文字小有增損，此司封改竄弘範語，而作五臣注者因删李注此條也。

或問：「酈食其說陳留，下敖倉，說齊罷歷下軍，何辯也？韓信襲齊，以身脂鼎，何訥也？」曰：「夫辯也者，自辯也。如辯人，幾矣！」〔注〕幾，危也。小有才，未聞君子之大道也。斯足以殺其軀而已，非長生久視之道。〔疏〕「酈食其說陳留，下敖倉；說齊罷歷下軍」者，音義：「酈，音歷。食其，異基二音。說陳，失贅切，下『說齊』同。」史記酈生陸賈列傳云：「酈生食其，陳留高陽人也，好讀書，家貧落魄，無以爲衣食業。沛公將兵略地陳留郊，至高陽傳舍，酈生入謁，因言六國從横時。沛公喜，賜酈生食。問曰：『計將安出？』酈生曰：『足下起糾合之衆，收散亂之兵，不滿萬人，欲以徑入彊秦，此所謂探虎口者也。夫陳留，天下之衝，四通五達之郊也，今其城又多積粟。臣善其令，請得使之，令下足下。即不聽，足下舉兵攻之，臣爲内應。』於是遣酈生行，沛公引兵隨之，遂下陳留。號酈食其爲廣野君。漢三年秋，項羽擊漢，拔滎陽，漢兵遁，保鞏、洛。漢王數困滎陽、成皋，計欲捐成皋以東，屯鞏、洛，以拒楚。酈生因曰：『王者以民人爲天，而民人以食爲天。夫敖倉，天下轉輸久矣，臣聞其下迺有藏粟甚多。楚人拔滎陽，不堅守敖倉，迺引兵而東，此乃天所以資漢也。願足下急復進兵收取滎陽，據敖倉之粟，塞成皋之險，杜大行之道，距蜚狐之口，守白馬之津，以示諸侯効實形制之勢，則天下知所歸矣。方今燕、趙已定，唯齊未下。田廣據千里之齊，田閒將二十萬之衆軍於歷下，諸田宗彊，負海阻河、濟，南近楚，人多變詐，足下雖遣數十萬師，未可以歲月破也。臣請得奉明詔，説齊王，使爲漢而稱東藩。』上曰：『善。』迺從其畫，復守敖倉，而使酈生説齊王。田廣以爲然，迺聽酈生，罷歷下兵守戰備，與酈生日縱酒。」漢書地理志陳留郡陳留，孟康云：「留，鄭邑也，後爲陳所并，故曰陳留。」臣瓚云：「宋亦有留，彭城留是也。留屬陳，故稱陳留也。」按：今河南開封府有陳留縣。本傳正義云：「敖倉在鄭州滎陽縣四十五里石門之東北，臨汴水，南帶三皇山。秦始皇時置倉於敖山上，故曰敖倉。」按，敖山在今滎陽縣西北。又地理志濟南郡歷城。按：今爲山東濟南府治，縣西有歷下故城，戰國齊歷下邑也。「韓信襲齊，以身脂鼎」者，本傳云：「淮陰侯聞酈生伏軾下齊七十餘城，迺夜度兵平原，襲齊。齊王田廣聞漢兵至，以爲酈生賣己，迺曰：『汝能止漢軍，我活汝。不然，我將亨汝。』酈生曰：『舉大事不細謹，盛德不辭讓，而公不爲若更言。』齊王遂亨酈生，引兵東走。」淮陰侯列傳云：「六月，（按：漢三年。）漢王出成皋，東渡河，拜韓信爲相國，收趙兵未發者擊齊。信引兵東，未渡平原，聞漢王使酈食其已説下齊，韓信欲止，范陽辯士蒯通説信曰：『將軍受詔擊齊，而漢獨發閒使下齊，寧有詔止將軍乎？何以得毋行也！且酈生一士伏軾，掉三寸之舌，下齊七十餘城，將軍將數萬衆，歲餘乃下趙五十餘城，爲將數歲，反不如一豎儒之功乎？』於是信然之，從其計，遂渡河。齊已聽酈生，即留縱酒，罷備漢守禦，信因襲齊歷下軍，遂至臨菑。齊王田廣以酈生賣己，乃亨之，而走高密。」「夫辯也者，自辯也。如辯人，幾矣哉」者，司馬云：「辯者以辭自明其志，則可矣。若恃其辯，欲以欺誘他人，此危事也。」注「幾，危也」。按：爾雅釋詁文。注「小有」至「而已」。按：孟子文。「未聞」世德堂本作「猶未聞」，「軀」作「身」。注「非長生久視之道」。按：世德堂本無此語。

或問「蒯通抵韓信，不能下，又狂之」。〔注〕蒯通説韓信，令左漢、右楚，鼎足而立。不能下之，佯狂奔走。曰：「方遭信閉，如其抵！」〔注〕信盡忠高祖，若門户之閉，無有巇隙也。曰：「巇可抵乎？」曰：「賢者司禮，小人司巇，況拊鍵乎？」〔疏〕「蒯通抵韓信，不能下，又狂之」者，音義：「蒯通，苦怪切。」淮陰侯列傳云：「齊人蒯通知天下權在韓信，欲爲奇策而感動之，以相人説韓信曰：『僕嘗受相人之術。』韓信曰：『先生相人何如？』對曰：『貴賤在於骨法，憂喜在於容色，成敗在於決斷，以此參之，萬不失一。』韓信曰：『善，先生相寡人何如？』對曰：『願少閒。』信曰：『左右去矣！』通曰：『相君之面，不過封侯，又危不安。相君之背，貴乃不可言。』韓信曰：『何謂也？』蒯通曰：『天下初發難也，俊雄豪桀，連號一呼，天下之士，雲合霧集。當此之時，憂在亡秦而已。今楚、漢分爭，楚人起彭城，轉鬬逐北，至於滎陽，乘利席卷，威震天下。然兵困於京、索之間，迫西山而不能進者，三年於此矣。漢王將數十萬之衆，距鞏、雒，阻山河之險，一日數戰，無尺寸之功，折北不救，敗滎陽，傷成皋，遂走宛、葉之間，此所謂智勇俱困者也。足下爲漢則漢勝，與楚則楚勝，誠能聽臣之計，莫若兩利而俱存之，三分天下，鼎足而居，其勢莫敢先動。夫以足下之賢聖，有甲兵之衆，據彊齊，從燕、趙，出空虛之地而制其後，因民之欲，西鄉爲百姓請命，則天下風走而響應矣。』韓信曰：『漢王遇我厚，吾豈可以鄉利倍義乎？』蒯生曰：『足下自以爲善漢王，欲建萬世之業，臣竊以爲誤矣。夫以交友言之，則不如張耳之與成安君者也；以忠信言之，則不過大夫種、范蠡之於句踐也。今足下戴震主之威，挾不賞之功，歸楚，楚人不信；歸漢，漢人震恐。夫勢在人臣之位，而有震主之威，名高天下，竊爲足下危之。』韓信謝曰：『先生且休矣，吾將念之。』後數日，蒯通復說。韓信猶豫不忍倍漢，又自以爲功多，漢終不奪我齊，遂謝蒯通。蒯通說不聽，已詳狂爲巫。」漢書蒯通傳云：「蒯通，范陽人也，本與武帝同諱。」顏注云：「通本燕人，後游於齊，故高祖云：『齊辯士蒯通。』本名爲徹，其後史家追書爲『通』。」音義：「抵巇，上都禮切。」按：說文：「扺，側擊也。從手，氏聲」；「抵，擠也。從手，氐聲」。此文蒯通抵韓信，卽史遷云「爲奇策感動之」，字當作「扺」，今各本竝作「抵」，故音義讀都禮切。而吴注亦云：「抵，擠也。」謂其談說若擠排使之，則其誤爲已久矣。以奇策感動，謂不以直言正諫，而紆迴其辭以觸發之，正側擊之謂。以爲擠排，於義未協。「方遭信閉，如其抵」者，言信方深信高祖，不納異說，當此之時，若閉門然。孰如通之不曉事而抵之也。「巇可抵乎」者，音義：「抵巇，下許羈切。」按：抵巇乃古語，鬼谷子有抵巇篇，云：「巇者，罅也。罅者，㵎也。㵎者，成大隙也。巇始有朕，可抵而塞，可抵而卻，可抵而息，可抵而匿，可抵而得。此謂抵巇之理也。」陶弘景注云：「抵，擊實也；巇，釁隙也。牆崩因隙，器壞因釁，而擊實之，則牆器不敗。」彼注訓抵爲擊，是亦以「抵」爲「扺」，其云擊實者，謂擊而實之，猶言填補。此文巇可抵乎，則謂擊而離之，猶言開拆。蓋抵巇字備此二義也。「賢者司禮，小人司巇」者，宋云：「司，伺也。」按：方言：「伺，視也。」字林：「伺，候也，察也。」說文無「伺」，古止作「司」，荀子王霸：「日欲司間。」楊注云：「司間，伺其間隙。」是也。司馬云：「賢者見有禮則從之，小人見釁隙則抵之。」按：謂君子俟禮可而後動，小人視釁生而後乘，明抵巇非君子之爲也。「況拊鍵乎」者，音義：「拊鍵，上音撫，下其輦切。」按：左傳襄公篇釋文：「拊，拍也。」義與搏同。考工記鄭注云：「搏之言，拍也。」説文：「楗，歫門也。」古書通作「鍵」。廣雅釋宫室：「鍵，户牡也。」月令：「修鍵閉，慎管籥。」鄭注云：「鍵，牡；閉，牝也。管籥，搏鍵器也。」孔疏云：「凡鏁器入者謂之牡，受者謂之牝。搏鍵器以鐵爲之，似樂器之有管籥搢於鏁内，以搏取其鍵也。」是「拊鍵」亦古語，喻無隙可乘，而欲啟閉而强入也。　注「搠通」至「弅走」。按：世德堂本無此注。佯狂，史記作「詳狂」，漢書作「陽狂」。「詳」即「陽」之假，佯則俗字也。「弅」，錢本作「棄」。

法言義疏十五

或問：「李斯盡忠，胡亥極刑，忠乎？」曰：「斯以留客〔注〕秦嘗欲逐諸侯之客，斯上書以爲不可，秦聽之。是一事，忠也。至作相，用狂人之言，從浮大海，立趙高之邪說，廢沙丘之正，阿意督責，焉用忠？」〔注〕始皇信妖言，東浮滄海，斯爲宰相，不能諫止而從行。及始皇崩於沙丘，斯納趙高之計，矯廢扶蘇，而立胡亥。胡亥既立，縱暴。斯諫之而見怒，恐誅，作督責之書，以阿二世之意。此諸事，皆非忠直也。「霍？」〔注〕漢大將軍霍光。曰：「始元之初，擁少帝之微，摧燕、上官之鋒，處廢興之分，堂堂乎忠，難矣哉！至顯，不終矣。」〔注〕顯，光之夫人名也。毒殺許皇后，光心知之，而不討賊。〔疏〕「李斯盡忠，胡亥極刑」者，史記李斯列傳云：「李斯者，楚上蔡人也。從荀卿學帝王之術，學已成，度楚王不足事，而六國皆弱，無可爲建功者，乃求爲秦相呂不韋舍人。不韋賢之，任以爲郎。李斯因以得說說秦王，秦王乃拜斯爲長史，卒用其計謀，官至廷尉。二十餘年，竟并天下，尊王爲皇帝，以斯爲丞相。胡亥立，爲二世皇帝，以趙高爲郎中令，常待中用事。趙高恐大臣入朝奏事，乃說二世不坐朝廷見大臣，居禁中。李斯不得見，因上書言趙高之短。二世已前信趙高，恐李斯殺之，乃私告趙高。高曰：『丞相所患者獨高，高已死，丞相卽欲爲田常所爲。』於是二世乃使高案丞相獄，治罪。責斯與子由謀反狀，皆收捕宗族賓客。趙高治斯，榜掠千餘，不勝痛，自誣服。二世二年七月，具斯五刑，論腰斬咸陽市。斯出獄，與其中子俱執，顧謂其中子曰：『吾欲與若復牽黃犬，俱出上蔡東門逐狡兔，豈可得乎？』遂父子相哭，而夷三族。」魯仲連鄒陽列傳載鄒陽上梁孝王書云：「昔卞和獻寶，楚王刖之，李斯竭忠，胡亥極刑。是以箕子佯狂，接輿辟世，恐遭此患也。」「斯以留客，至作相」者，斯傳云：「秦宗室大臣皆言秦王曰：『諸侯人來事秦者，大抵爲其主游間於秦耳，請一切逐客。』李斯議亦在逐中。斯乃上書曰：『夫物不産於秦，可寶者多，士不産於秦，而願忠者衆。今逐客以資敵國，損民以益讎，内自虚而外樹怨於諸侯，求國無危，不可得也。』秦王乃除逐客之令，復李斯官。」集解引新序云：「斯在逐中，道上上諫書達始皇，始皇使人逐至驪邑得還。」按：地理志京兆尹新豐，秦曰驪邑。音義：「作相，息亮切。」百官公卿表：「相國、丞相，皆秦官，金印、紫綬，掌丞天子，助理萬機。秦有左、右。」按：始皇本紀及斯傳皆不言斯以何年遷丞相。始皇二十八年，琅邪臺刻石猶書「丞相隗狀、丞相王綰、卿李斯」，則斯之爲相必在是年以後。而斯傳載二世二年斯從獄中上書云：「臣爲丞相治民三十餘年矣。」梁氏志疑云：「始皇二十八年，李斯尚爲卿，本紀可據。疑三十四年始爲丞相，則相秦僅六年。若以始皇十年斯用事數之，是二十九年，亦無三十餘年也。」榮謂李斯入秦，在莊襄王末年。其爲長史，在始皇初年，故本傳云：「用其計謀，二十餘年，竟并天下。」此云三十餘年，乃自仕秦之歲計之，謂自仕秦至爲相，凡治民三十餘年。非謂爲相三十餘年也。」留客者，見留之客。以留客至作相，謂以既逐復留之客，官至丞相也。「用狂人之言，從浮大海」者，狂人謂方士。史記封禪書云：「自威、宣、燕昭使人入海求蓬萊、方丈、瀛洲，此三神山者，其傳在勃海中，去人不遠，患且至，則船風引而去。蓋嘗有至者，諸僊人及不死之藥皆在焉。其物禽獸盡白，而黄金、銀爲宫闕。未至，望之如雲；及到，三神山反居水下。臨之，風輒引去，終莫能至，世主莫不甘心焉。及至秦始皇并天下，至海上，則方士言之不可勝數。始皇自以爲至海上而恐不及矣，使人乃齎童男女入海求之。船交海中，皆以風爲解，曰：『未能至，望見之焉。』其明年，（按：始皇二十九年。）始皇復游海上，至琅邪，過恆山，從上黨歸。後三年，（三十二年。）游碣石，考入海方士，從上郡歸。後五年，（三十七年。）始皇南至湘山，遂登會稽，竝海上，冀遇海中三神山之奇藥。」音義：「從浮，才用切。」「立趙高之邪説，廢沙丘之正」者，斯傳云：「三十七年七月，始皇帝至沙丘，病甚，令趙高爲書賜公子扶蘇曰：『以兵屬蒙恬，與喪會咸陽而葬。』書已封，未授使者，始皇崩。書及璽皆在趙高所，獨子胡亥、丞相李斯、趙高及幸宦者五六人知始皇崩，餘羣臣皆莫知也。高乃謂丞相斯曰：『上崩，賜長子書與喪會咸陽，而立爲嗣。書未行，今上崩，未有知者也。所賜長子書及符、璽皆在胡亥所，定太子在君侯與高之口耳，事將何如？』斯曰：『安得亡國之言，此非人臣所當議也。』高曰：『皇帝二十餘子，皆君之所知，長子剛毅而武勇，信人而奮士，即位，必用蒙恬爲丞相，君侯終不懷通侯之印，歸於鄉里，明矣。高受詔教習胡亥，使學以法事數年矣，未嘗見過失。秦之諸子未有及此者，可以爲嗣，君計而定之。』斯曰：『斯奉主之詔，聽天之命，何慮之可定也？』高曰：『安可危也，危可安也，安危不定，何以貴聖？』斯曰：『斯上蔡閭巷布衣也，上幸擢爲丞相，封爲通侯，子孫皆至尊位重祿者，故將以存亡安危屬臣也。人臣各守其職而已矣，君其勿復言。』高曰：『蓋聞聖人遷徙無常，就變而從時，見末而知本，觀指而覩歸。方今天下之權命懸於胡亥，高能得志焉，君何見之晚？』斯曰：『吾聞晉易太子，三世不安；齊桓兄弟爭位，身死爲戮；紂殺親戚，不聽諫者，國爲丘墟，遂危社稷。三者逆天，宗廟不血食，斯其猶人者，安足爲謀？』高曰：『君聽臣之計，即長有封侯，世世稱孤。今釋此而不從，禍及子孫，足以爲寒心。』斯乃仰天而歎，垂淚太息曰：『嗟乎！獨遭亂世，既以不能死，安託命哉！』於是斯乃聽高，相與謀，詐爲受始皇詔丞相，立子胡亥爲太子。」始皇本紀正義引括地志云：「沙丘臺在邢州平鄉縣東北二十里，又云平鄉縣東北四十里。」按：在今直隸順德府平鄉縣東北。「阿意督責」者，斯傳云：「李斯子由爲三川守，羣盜吴廣等西略地，過去弗能禁。章邯已破逐廣等兵，使者覆案三川相屬，誚讓斯居三公位，如何令盜如此？李斯恐懼，重爵禄，不知所出，乃阿二世意，欲求容，以書對曰：『夫賢主者，必且能全道而行督責之術者也。督責之，則臣不敢不竭能以徇其主矣。此臣主之分定，上下之義明，則天下賢不肖莫敢不盡力竭任以徇其君矣。故曰王道約而易操也，惟明主爲能行之。若此則謂督責之誠則臣無邪，臣無邪則天下安，天下安則主嚴尊，主嚴尊則督責必，督責必則所求得，所求得則國家富，國家富則君樂豐。故督責之術設，則所欲無不得矣。羣臣百姓救過不給，何變之敢圖？若此則帝道備，而可謂能明君臣之術矣。雖申、韓復生，不能加也。』書奏，二世悦，於是行督責益嚴，税民深者爲明吏。二世曰：『若此則可謂能督責矣。』刑者相半於道，而死人日成積於市，殺人衆者爲忠臣。二世曰：『若此則可謂能督責矣。』」「焉用忠」者，司馬云：「於此數事皆不忠，欲於何所用其忠乎？」按：斯傳太史公曰：「斯知六藝之歸，不務明政，以補主上之缺。持爵禄之重，阿順苟合，嚴威酷刑。聽高邪説，廢適立庶。諸侯已畔，斯乃欲諫争，不亦末乎？人皆以斯極忠而被五刑死，察其本末，乃與俗議之異。」義與此文同。「霍」者，漢書霍光傳云：「霍光，字子孟，票騎將軍去病弟也。父中孺，河東平陽人也，以縣吏給事平陽侯家，與侍者衛少兒私通，而生去病。中孺吏畢歸家，娶婦生光。少兒女弟子夫得幸於武帝，立爲皇后。去病以皇后姊子貴幸，會爲票騎將軍擊匈奴，道出河東，迺將光西至長安，任光爲郎，稍遷諸曹侍中。去病死後，光爲奉車都尉、光禄大夫，出則奉車，入侍左右，出入禁闥二十餘年，小心謹慎，未嘗有過。後元二年，以光爲大司馬大將軍，遺詔封光爲博陸侯。光秉政前後二十年，地節二年春，光薨，謚曰宣成侯。」「始元之初」治平本作「始六之詔」。音義出「始六世之詔」，云：

「天復本作『始元之初』。」司馬云：「李本作『始六世之詔』，宋、吴本作『始六之詔』。」秦校治平本云：「始六之詔，『六』下當有『世』字，音義及集注皆可證。此修板去『世』字，非其舊。」按：今治平本「始六之詔」，「六」字占二格，竄改之迹顯然。然「始六世之詔」義不可通，天復本作「始元之初」，當是舊本如此。蓋隸體「元」、「六」形近易誤，「詔」、「初」上形微同，「初」字漫漶，遂誤爲「詔」，校書者見「始六」不詞，又於「六」下臆增「世」字，是宋、吴所據尚較治平初刻爲近古。錢本亦作「始六之詔」，無「世」字，蓋元豐監本所據與宋、吴所據同。今治平本修板復去「世」字者，當是後校者又據元豐本改之耳。温公以爲李本作「始六世」，不知此乃治平刻之誤，非弘範舊本有然。天復本亦李本也，今據訂正。孝昭即位，明年爲始元元年。始元七年八月，改是年爲元鳳元年。則始元之初者，謂孝昭之初年也。「擁少帝之微」者，光傳云：「征和二年，衞太子爲江充所敗，而燕王旦、廣陵王胥皆多過失。是時，上年老，寵姬鉤弋趙倢伃有男，上心欲以爲嗣，命大臣輔之。察羣臣，唯光任大重，可屬社稷。上迺使黄門畫者畫周公負成王朝諸侯以賜光。後元二年春，上游五柞宫，病篤，光涕泣問曰：『如有不諱，誰當嗣者？』上曰：『君未諭前畫意邪？立少子，君行周公之事。』武帝崩，太子襲尊號，是爲孝昭皇帝。帝年八歲，政事壹決於光。昭帝既冠，遂委任光，訖十三年，百姓充實，四夷賓服。」「摧燕、上官之鋒」者，説文：「摧，一曰折也。」昭帝紀云：「元鳳元年九月，鄂邑長公主、燕王旦與左將軍上官桀、桀子票騎將軍安、御史大夫桑弘羊皆謀反伏誅。」光傳云：「光與左將軍桀結婚相親，光長女爲桀子安妻，有女，年與帝相配。桀因帝姊鄂邑蓋主内安女後宫，爲倢伃。數月，立爲皇后。公主内行不修，近幸河間丁外人。桀、安欲爲外人求封，光不許。又爲外人求光禄大夫，欲令得召見，又不許。長主大以是怨光，而桀、安亦慙。燕王旦自以昭帝兄，常懷怨望。及御史大夫桑弘羊建造酒榷、鹽鐵，爲國興利，伐其功，欲爲子弟得官，亦怨恨光。於是蓋主、上官桀、安及弘羊皆與燕王旦通謀，詐令人爲燕王上書，言光專權自恣，疑有非常，臣旦願歸符璽，入宿衛，察姦臣變。書奏，帝不肯下。有詔召大將軍。光入，上曰：『朕知是書詐也。』而上書者果亡。自是桀等不敢復言，迺謀令長公主置酒請光，伏兵格殺之，因廢帝，迎立燕王爲天子。事發覺，光盡誅桀、安、弘羊、外人宗族。燕王、蓋主皆自殺。光威震海内。」「處廢興之分」，世德堂本「廢興」作「興廢」。光傳云：「元平元年，昭帝崩，亡嗣。武帝六男，獨有廣陵王胥在，羣臣議所立，咸持廣陵王。王本以行失道，先帝所不用。光内不自安。郎有上書言周太王廢太伯，立王季；文王舍伯邑考，立武王，唯在所宜，雖廢長立少可也。廣陵王不可以承宗廟。言合光意。光以其書視丞相敞等，卽日承皇太后詔迎昌邑王賀。賀者，武帝孫，昌邑哀王子也。既至，卽位，行淫亂。光憂懣，獨以問所親故吏大司農田延年。延年曰：『將軍爲國柱石，審此人不可，何不建白太后，更選賢而立之？』光曰：『今欲如是，於古嘗有此不？』延年曰：『伊尹相殷，廢太甲，以安宗廟，後世稱其忠。將軍若能行此，亦漢之伊尹也。』光遂召丞相、御史、將軍、列侯、中二千石、大夫、博士會議未央宫。議者皆曰：『萬姓之命，在於將軍，唯大將軍令。』光卽與羣臣俱見白太后，具陳昌邑王不可以承宗廟狀。皇太后迺車駕幸未央承明殿，羣臣以次上殿，召昌邑王伏前聽詔。光與羣臣連名奏王荒淫迷惑，失帝王禮誼，亂漢制度。臣敞等數進諫，不變更，日以益甚，恐危社稷，天下不安。陛下未見命高廟，不可以承天序，奉祖宗廟，子萬姓，當廢。皇太后詔曰：『可。』光令王起拜受詔。王曰：『聞天子有争臣七人，雖亡道，不失天下。』光曰：『皇太后詔廢，安得天子？』迺卽持其手，解脱其璽、組，奉上太后。扶王下殿，出金馬門，送至昌邑邸。太后詔歸賀昌邑，賜湯沐邑二千户。光會丞相以下議定所立，近親唯有衞太子孫號皇曾孫在㊀，民閒咸稱述焉。光遂復與丞相敞等上奏迎曾孫，封爲陽武侯。

㊀「在」下原本有偏書小字「句」，蓋作者以示句讀，今刪。

已而光奉上皇帝璽、綬，謁于高廟，是爲孝宣皇帝。」「堂堂乎忠，難矣哉」者，司馬云：「堂堂，勇貌。言此皆霍光忠於社稷之事，人所難能。」按：論語：「曾子曰：『堂堂乎張也，難與並爲仁矣。』」皇疏引江熙云：「堂堂，德宇廣也，仁行之極也。難與並仁，蔭人上也。」然江熙之意是子張仁勝於人，故難與並也。按法言此文正用論語，明以難爲難能之意。是江說卽本子雲，乃古義也。「至顯不終矣」者，外戚傳：「孝宣許皇后，元帝母也。霍光夫人顯欲貴其小女，道無從。明年，許皇后當娠，病。女醫淳于衍者，霍氏所愛，嘗入宮侍皇后疾。顯因生心，辟左右，謂衍曰：『將軍素愛小女成君，欲奇貴之。婦人免乳大故，十死一生。今皇后當免身，可因投毒藥去也，成君卽得爲皇后矣。』衍良久曰：『願盡力。』卽擣附子，齎入長定宮。皇后免身後，衍取附子并合大醫大丸，以飲皇后，崩。後有人上書告諸醫侍疾無狀者，皆收繫詔獄，劾不道。顯恐事急，卽以狀具語光，因曰：『既失計爲之，無令吏急衍。』光驚鄂，默然不應。其後奏上，署衍勿論。」光傳云：「初光愛幸監奴馮子都。及顯寡居，與子都亂。」晉灼注引漢語云：「東閭氏亡，顯以婢代立，素與馮殷姦也。」顏注云：「殷者，子都之名。」周氏校補云：「竊以情事推之，疑東閭氏無子，僅一女，爲上官安之妻。顯生子霍禹，故光以爲後妻。光薨後，禹奉其母爲太夫人，遂縱所欲也。」司馬云：「光知妻顯爲邪謀，而隱蔽不言，忠不終矣。」按：光傳贊曰：「霍光以結髮内侍，起於階闥之間，確然秉志，誼形於主。受襁褓之託，任漢室之寄，當廟堂，擁幼君，摧燕王，仆上官，因權制敵，以成其忠。處廢置之際，臨大節而不可奪，遂匡國家，定社稷。擁昭、立宣，光爲師保，雖周公、阿衡何以加此？然光不學亡術，闇於大理，陰妻邪謀，立女爲后，湛溺盈溢之欲，以增顛覆之禍。死財三年，宗族誅夷，哀哉！」語意全本此文。注「秦嘗」至「忠也」。按：弘範讀「斯以留客」句絶，而解爲此一事爲忠，實乖文義。司馬云：「因上書留客爲秦王所知，始用事，以至爲丞相。」亦未得其旨。

注「斯爲宰相」。按：世德堂本「相」下衍「也」字。注「作督責之書」。按：世德堂本「作」上有「乃」字。注「皆非忠直也」。按：世德堂本無「也」字。注「漢大將軍霍光」。按：錢本無「漢」字。世德堂本此注刪。注「光心知之，而不討賊」。按：光傳：「顯恐事敗，即具以實語光。光大驚，欲自發舉，不忍，猶與。」顏注云：「猶與不決也。『與』讀曰『豫』。」即心知而不討賊之說。

或問：「馮唐面文帝得廉頗、李牧不能用也，諒乎？」曰：「彼將有激也。親屈帝尊，信亞夫之軍，至頗、牧，曷不用哉？」〔注〕馮唐所知魏尚者，爲雲中守，擊匈奴，有坐，欲諫之，故激文帝耳，非平談也。「德？」〔注〕用士則闇之矣，於德又何如？曰：「罪不孥，〔注〕止罪其身，不收入妻孥。宮不女，〔注〕出宮人嫁之，令無怨曠。館不新，〔注〕仍舊制也。陵不墳。」〔注〕葬於霸陵，因山，不起墳。〔疏〕「馮唐面文帝得廉頗、李牧不能用」者，司馬云：「面謂面折。」史記張釋之馮唐列傳云：「馮唐者，其大父趙人，父徙代。漢興，徙安陵。唐以孝著，爲中郎署長，事文帝。文帝輦過，問唐曰：『父老何自爲郎？家安在？』唐具以實對。文帝曰：『吾居代時，吾尚食監高祛數爲言趙將李齊之賢，戰於鉅鹿下。今吾每飯，意未嘗不在鉅鹿也。』唐對曰：『尚不如廉頗、李牧之爲將也。』臣大父在趙時爲官卒將，善李牧。臣父故爲代相，善趙將李齊，知其爲人也。』上既聞廉頗、李牧爲人，良説，而搏髀曰：『嗟乎！吾獨不得廉頗、李牧時爲吾將，吾豈憂匈奴哉？』唐曰：『主臣，陛下雖得廉頗、李牧，弗能用也。』」音義：「廉頗，滂禾切。」史記廉頗藺相如列傳云：「廉頗者，趙之良將也。趙惠文王十六年，廉頗爲趙將，伐齊，大破之，取陽晉，拜爲上卿，以勇氣聞於諸侯。趙惠文王卒，子孝成王立。七年，秦與趙兵相距長平。趙使廉頗將，攻秦。秦數敗趙軍，趙軍固壁不戰。秦數挑戰，廉頗不肯。

趙王信秦之間言，曰『秦之所惡，獨畏馬服君趙奢之子趙括爲將耳』。趙王因以括爲將，代廉頗。括軍敗，數十萬之衆遂降秦，秦悉阬之。明年，秦兵遂圍邯鄲。自邯鄲圍解，而燕舉兵擊趙。趙使廉頗將，擊，大破燕軍於鄗，遂圍燕，燕割五城請和。趙孝成王卒，子悼襄王立，使樂乘代廉頗。廉頗怒，攻樂乘，樂乘走，廉頗遂奔魏之大梁。久之，魏不能信用。趙以數困於秦兵，思復得廉頗，廉頗亦思復用於趙。趙王使使者視廉頗，以爲老，遂不召。楚聞廉頗在魏，陰使人迎之。廉頗一爲楚將，無功，曰：『我思用趙人。』廉頗卒死于壽春。李牧者，趙之北邊良將也，常居代鴈門，備匈奴。厚遇戰士，爲約曰：『匈奴卽入盜，急入收保，有敢捕虜者斬。』如是數歲，亦不亡失。然匈奴以李牧爲怯，雖趙邊兵，亦以爲吾將怯。趙王讓李牧，李牧如故。趙王怒，召之，使他人代將。歲餘，匈奴每來，出戰。出戰，數不利，失亡多，邊不得田畜。復請李牧，牧曰：『王必用臣，臣如前，乃敢奉令。』王許之。李牧至，如故約。匈奴數歲無所得，終以爲怯。邊士日得賞賜而不用，皆願一戰。於是乃具選車得千三百乘，選騎得萬三千匹，百金之士五萬人，彀者十萬人，悉勒習戰。大縱畜牧，人民滿野。匈奴小入，佯北不勝，以數千人委之。單于聞之，大率衆來入。李牧多爲奇陳，張左右翼擊之，大破殺匈奴十餘萬騎，滅襜襤，破東胡，降林胡，單于奔走。其後十餘歲，匈奴不敢近趙邊城。趙悼襄王元年，趙使李牧攻燕，拔武遂、方城。後七年，秦破趙。趙乃以李牧爲大將軍，擊秦軍於宜安，大破秦軍，封李牧爲武安君。居三年，秦攻番吾，李牧擊破秦軍，南距韓、魏。趙王遷七年，秦使王翦攻趙，趙使李牧禦之。秦爲反間，言李牧欲反，趙王乃使趙葱及齊將顔聚代李牧。李牧不受命，趙使人微捕得李牧，斬之。後三月，王翦遂滅趙。」「彼將有激也」者，唐傳云：「當是之時，匈奴新大入朝那，殺北地都尉昂。上以胡寇爲意，乃卒復問唐曰：『公何以知吾不能用廉頗、李牧也？』唐對曰：『臣聞上古王者之遣將也，跪而推轂，曰：閫以內者，寡人制之；閫以外者，將軍制之。軍功爵賞，皆決於外，歸而奏之。今臣竊聞魏尚爲雲中守，匈奴遠避，不近雲中之塞。虜曾一入，尚率車騎擊之，所殺甚衆。坐上功首虜差六級，陛下下之吏，削其爵，罰作之。由此言之，陛下雖得廉頗、李牧，弗能用也。』文帝説。是日，令馮唐持節赦魏尚，復以爲雲中守，而拜唐爲車騎都尉，主中尉及郡國車士。」「親屈帝尊，信亞夫之軍」者，世德堂本「信」上有「以」字。音義：「信亞，音伸。」司馬云：「信與申同。」按：五百：「詘身，將以信道也。如詘道而信身，雖天下不爲也。」屈、伸字竝作詘、信。疑親屈帝尊，字本亦作「詘」，後人改之耳。絳侯周勃世家云：「絳侯卒，子勝之代侯，坐殺人，國除。文帝乃擇絳侯勃子賢者河內守亞夫，封爲條侯，續絳侯後。文帝之後六年，匈奴大入邊，乃以宗正劉禮爲將軍，軍霸上；祝茲侯徐厲爲將軍，軍棘門；以河內守亞夫爲將軍，軍細柳，以備胡。上自勞軍，至霸上、棘門，直馳入，將以下騎送迎。已而之細柳軍，軍士吏被甲，鋭兵刃，彀弓弩持滿。天子先驅至，不得入。先驅曰：『天子且至。』軍門都尉曰：『將軍令曰：軍中聞將軍令，不聞天子之詔。』居無何，上至，又不得入。於是上乃使持節詔將軍：『吾欲入勞軍。』亞夫乃傳言開壁門。壁門士吏謂從屬車騎曰：『將軍約，軍中不得驅馳。』於是天子乃按轡徐行，至營，將軍亞夫持兵揖曰：『介胄之士不拜，請以軍禮見。』天子爲動，改容式車，使人稱謝：『皇帝敬勞將軍。』成禮而去。既出軍門，羣臣皆驚，文帝曰：『嗟乎！此真將軍矣。曩者霸上、棘門軍若兒戲耳，其將固可襲而虜也。至於亞夫，可得而犯邪？』稱善者久之。月餘，三軍皆罷，乃拜亞夫爲中尉。」「罪不孥」者，孝文本紀云：「元年，除收孥、諸相坐律、令。」集解引應劭云：「孥，子也。秦法一人有罪，竝坐其家室。今除此律。」「宮不女」者，紀又云：「帝崩，遺詔歸夫人以下至少使。」應劭云：「夫人以下有美人、良人、八子、七子、長使、少使，凡七輩，皆遣歸家，重絕人類也。」紀又云：「孝景元年制詔：孝文皇帝臨天下，罪人不帑，不誅無罪，出美人，重絶人之世。」是也。「館不新」者，紀又云：「孝文帝從代來，即位二十三年，宮室、苑囿、狗馬、服御，無所增益。有不便，輒弛以利民。嘗欲作露臺，召匠計之，直百金。上曰：『百金，中民十家之產。吾奉先帝宮室，常恐羞之，何以臺爲？』」「陵不墳」者，紀又云：「治霸陵，不治墳，欲爲省，毋煩民。遺詔霸陵山川因其故，毋有所改。令郎中令武爲復土將軍。」應劭云：「因山爲藏，不復起墳，山下川流不遏絶也。」索隱云：「復音伏。謂穿壙出土下棺，已而填之，即以爲墳，故云復土。復，反還也。」注「馮唐」至「談也」。按：世德堂本删此注。注「葬於霸陵」。按：治平本作「霸陽」，今依錢本改，世德堂本亦作「霸陵」。地理志：「京兆尹霸陵，故芷陽，文帝更名。莽曰水章也。」水經注渭水篇：「霸水又左合滻水，歷白鹿原東，即霸川之西故芷陽矣。史記秦襄王葬芷陽者是也，謂之霸上。漢文帝葬其上，謂之霸陵。上有四出道以瀉水，在長安東南三十里。」

或問「交」。曰：「仁。」問「餘、耳」。〔注〕陳餘、張耳。曰：「光初。」〔注〕有始無終。「竇、灌」。曰：「凶終。」〔注〕竇嬰、灌夫甚相親友，不勝相助，犯觸田蚡，竝皆罹禍。〔疏〕「問『交』，曰：『仁』」者，司馬云：「惟仁人之交不以利勢，而以德義。」「問『餘、耳。』曰：『光初』」者，史記張耳陳餘列傳云：「張耳者，大梁人也。其少時及魏公子毋忌爲客，宦魏爲外黄令。陳餘者，亦大梁人也，好儒術。餘年少，父事張耳，兩人相與爲刎頸交。陳涉起蘄，至入陳，兵數萬。張耳、陳餘上謁陳涉。陳餘復説陳王，願請奇兵，北略趙地。於是陳王以故所善陳人武臣爲將軍，邵騷爲護軍，以張耳、陳餘爲左、右校尉，予卒三千人，北略趙地，以城下者三十餘城。至邯鄲，張耳、陳餘乃説武臣曰：『陳王起蘄，至陳而王，非必立六國後。將軍今以三千人下趙數十城，獨介居河北，不王無以填之。』武臣遂立爲趙王，以陳餘爲大將軍，張耳爲右丞相，邵騷爲左丞相。張耳、陳餘説武臣北徇燕、代，南收河内以自廣。趙王以爲然，因不西兵，而使韓廣略燕，李良略常山，張黶略上黨。李良已定常山，還報，趙王復使良略太原，至石邑，秦兵塞井陘，未能前，乃還之邯鄲，竟殺武臣、邵騷。客有説張耳立趙後，扶以義，可就功。乃求得趙歇，立爲趙王，居信都。李良進兵擊陳餘，陳餘敗李良，李良走歸章邯。章邯引兵至邯鄲，皆徙其民河内，夷其城郭。張耳與趙王歇走入鉅鹿城，王離圍之。陳餘北收常山兵，得數萬人，軍鉅鹿北。章邯軍鉅鹿南棘原，築甬道屬河，餉王離。王離兵食多，急攻鉅鹿。鉅鹿城中食盡兵少，張耳數使人召前陳餘。陳餘自度兵少不敵秦，不敢前。數月，張耳大怒，怨陳餘。當是時，燕、齊、楚聞趙急，皆來救。來，皆壁餘旁，未敢擊秦。項羽兵數絶章邯甬道，王離軍乏食，項羽悉引兵渡河，遂破章邯。於是趙王歇、張耳乃得出鉅鹿，謝諸侯。張耳與陳餘相見，責讓陳餘以不肯救趙。陳餘怒，乃脱解印綬，推予張耳。張耳乃佩其印，收其麾下。陳餘獨與麾下所善數百人之河上澤中漁獵。由此陳餘、張耳遂有郤。趙王歇復居信都。張耳從項羽、諸侯入關。漢元年二月，項羽立諸侯王。張耳雅游，人多爲之言，項羽亦素數聞張耳賢，乃分趙，立張耳爲常山王，治信都，信都更名襄國。陳餘客多説項羽曰：『陳餘、張耳，一體有功於趙。』項羽以陳餘不從入關，聞其在南皮，卽以南皮旁三縣以封之，而徙趙王歇王代。張耳之國，陳餘愈益怒，曰『張耳與餘功等也，今張耳王，餘獨侯，此項羽不平。』及齊王田榮畔楚，陳餘乃使説田榮，請以南皮爲扞蔽。田榮乃遣兵從陳餘，陳餘因悉三縣兵襲常山王張耳。張耳敗走，謁漢王，漢王厚遇之。陳餘已敗張耳，皆復收趙地，迎趙王於代，復爲趙王。趙王德陳餘，立以爲代王。陳餘不之國，留傅趙王。漢二年，東擊楚，使使告趙，欲與俱。陳餘曰：『漢殺張耳，乃從。』於是漢王求人類張耳者，斬之，持其頭遺陳餘，陳餘乃遣兵助漢。漢之敗於彭城西，陳餘亦復覺張耳不死，卽背漢。漢三年，遣張耳與韓信擊破趙井陘，斬陳餘泜水上，追殺趙王歇襄國。漢立張耳爲趙王。漢五年，張耳薨，謚爲景王。」『竇、灌。』曰：『凶終』者，魏其武安侯列傳云：「魏其侯竇嬰者，孝文后從兄子也。孝文時，嬰爲吳相，病免。孝景初卽位，爲詹事。孝景三年，吳、楚反，上察宗室、諸竇毋如竇嬰賢，乃拜嬰爲大將軍。七國兵已盡破，封嬰爲魏其侯，諸游士賓客爭歸魏其侯。武安侯田蚡者，孝景后同母弟也。孝景崩，太子立，封蚡爲武安侯。建元元年，以魏其侯爲丞相，武安侯爲太尉。及建元二年，魏其、武安以侯家居。武安雖不任職，以王太后故，親幸，數言事，多效。天下吏士趨勢利者，皆去魏其，歸武安。建元六年，竇太后崩，以武安侯蚡爲丞相。魏其失竇太后，益疏不用，無勢，諸客稍稍自引而怠傲，唯灌將軍獨不失故。魏其日默默不得志，而獨厚遇灌將軍。灌將軍夫者，潁陰人也。孝景時，至代相。孝景崩，今上初卽位，徙夫爲淮陽太守。建元元年，入爲太僕。二年，徙爲燕相。數歲，坐法去官，家居長安。灌夫爲人剛直使酒，不好面諛，貴戚諸有勢在己之右，不欲加禮，必陵之。諸士在己之左，愈貧賤，尤益敬，與鈞。稠人廣衆，薦寵下輩。士亦以此多之。夫不喜文學，好任俠，已然諾，諸所與交通，無非豪傑大猾。家累數千萬，食客日數十百人，陂池田園，宗族賓客爲權利，橫於潁川。及魏其侯失勢亦欲倚灌夫引繩批根生平慕之後棄之者。灌夫亦倚魏其而通列侯宗室爲名高。兩人相爲引重，其游如父子然，相得驩甚，無厭，恨相知晚也。元光四年春，丞相言灌夫家在潁川橫甚，民苦之，請案。灌夫亦持丞相陰事，爲姦利，受淮南王金，與語言。賓客居間，遂止，俱解。夏，丞相取燕王女爲夫人，有太后詔，召列侯宗室皆往賀。武安劾灌夫罵坐不敬，繫居室。遂按其前事，遣吏分曹逐捕諸灌氏支屬，皆得棄市罪。魏其銳身爲救灌夫。孝景時，魏其常受遺詔曰：『事有不便，以便宜論上。』及繫灌夫，罪至族，事日急，魏其乃使昆弟子上書言之，幸得復召見。書奏上，而案尚書大行無遺詔。詔書獨藏魏其家，家丞封。乃劾魏其矯先帝詔，罪當棄市。五年十月，悉論灌夫及家屬。魏其聞即恚，病痱，不食欲死。或聞上無意殺魏其，魏其復食治病，議定不死矣。乃有蜚語爲惡言聞上，故以十二月晦論棄市渭城。」司馬云：「竇嬰、灌夫之交，雖不變其初，然終以朋黨陷於大戮，亦不足貴也。君子義之與比。」注「有始無終」。按：張耳陳餘傳太史公曰：「張耳、陳餘，世傳所稱賢者，其賓客廝役莫非天下俊傑，所居國無不取卿相者。然張耳、陳餘始居約時，相然信以死，豈顧問哉！及據國爭權，卒相滅亡。何鄉者相慕用之誠，後相倍之戾也？豈非以利哉！」即其義。

或問「信」。曰：「不食其言。」〔注〕食，僞。「請人」。曰：「晉荀息，趙程嬰、公孫杵臼，秦大夫鑿穆公之側。」〔注〕此章全論不食言之德。問「義」。〔注〕既聞諸賢之信，又問於義誰得。曰：「事得其宜之謂義。」〔注〕義者，得死生之宜也。不得死生之宜者，非義也。若程嬰、杵臼，兼乎信義者也。秦、晉大夫，可謂重食言之信，蹈義則未也。〔疏〕「問信，曰：『不食其言。』」者，公羊傳僖公篇：「晉里克弑其君卓子及其大夫荀息。及者何？累也。何以書？賢也。何賢乎荀息？荀息可謂不食其言矣。」解詁云：「不食言者，不如食受之而消亡之。」「晉荀息」者，左傳僖公篇云：「九年九月，晉獻公卒，里克、平鄭欲納文公，故以三公子之徒作亂。初，獻公使荀息傅奚齊，公疾，召之曰：『以是藐諸孤辱在大夫，其若之何？』稽首而對曰：『臣竭其股肱之力，加之以忠貞，其濟，君之靈也；不濟，則以死繼之。』公曰：『何謂忠貞？』對曰：『公家之利，知無不爲，忠也；送往事居，耦俱無猜，貞也。』及里克將殺奚齊，先告荀息曰：『三怨將作，秦、晉輔之，子將何如？』荀息曰：『將死之。』里克曰：『無益也。』荀叔曰：『吾與先君言矣，不可以貳，能欲復言而愛身乎？雖無益也，將焉辟之！且人之欲善，誰不如我？我欲無貳，而能謂人已乎？』冬十月，里克殺奚齊于次，書曰：『殺其君之子。』未葬也，荀息將死之，人曰：『不如立卓子而輔之。』荀息立公子卓以葬。十一月，里克殺公子卓于朝，荀息死之。」杜注云：「荀叔，荀息也。」公羊傳云：「奚齊、卓子者，驪姬之子也，荀息傅焉。驪姬者，國色也，獻公愛之甚，欲立其子，於是殺世子申生。申生者，里克傅之。獻公病將死，謂荀息曰：『士何如則謂之信矣？』荀息對曰：『使死者反生，生者不愧乎其言，則可謂信矣。』獻公死，奚齊立。里克謂荀息曰：『君殺正而立不正，廢長而立幼，如之何？願與子慮之。』荀息曰：『君嘗訊臣矣，臣對曰：使死者反生，生者不愧乎其言，則可謂信矣。』里克知其不可與謀，退，弒奚齊。荀息立卓子，里克弒卓子，荀息死之。荀息可謂不食其言矣。」「趙程嬰、公孫杵臼」者，趙世家云：「晉景公之三年，大夫屠岸賈欲誅趙氏。賈不請而擅與諸將攻趙氏於下宮，殺趙朔、趙同、趙括、趙嬰齊，皆滅其族。趙朔妻成公姊有遺腹，走公宮匿。趙朔客曰公孫杵臼，杵臼謂朔友人程嬰曰：『胡不死？』程嬰曰：『朔之婦有遺腹，若幸而男，吾奉之。卽女也，吾徐死耳。』居無何而朔婦免身生男，公孫杵臼曰：『立孤與死孰難？』程嬰曰：『死易，立孤難耳。』公孫杵臼曰：『趙氏先君遇子厚，子彊爲其難者，吾爲其易者，請先死。』乃二人謀，取他人嬰兒負之，衣以文葆，匿山中。程嬰出，謬謂諸將軍曰：『嬰不肖，不能立趙孤，誰能與我千金，吾告趙氏孤處。』諸將皆喜，許之。發師隨程嬰攻公孫杵臼，遂殺杵臼與孤兒。諸將以爲趙氏孤兒良已死，皆喜。然趙氏真孤乃反在，程嬰卒與俱匿山中。居十五年，景公乃與韓厥謀立趙孤兒，召而匿之宮中。趙孤名曰武。於是攻屠岸賈，滅其族，復與趙武田邑如故。及趙武冠，爲成人，程嬰乃辭諸大夫，謂趙武曰：『昔下宮之難，皆能死。我非不能死，我思立趙氏之後。今趙武既立，爲成人，復故位，我將下報趙宣、孟與公孫杵臼。』遂自殺。趙武服齊衰三年，爲之祭邑，春、秋祠之，世世勿絶。」「秦大夫鑿穆公之側」者，音義：「鑿穆，顏師古漢書注曰：『鑿謂所穿冢藏，音在到切，或如字。』」按：所引顏注見劉向傳。左傳文公篇云：「秦伯任好卒，以子車氏之三子奄息、仲行、鍼虎爲殉，皆秦之良也。國人哀之，爲之賦黄鳥。」杜注云：「子車，秦大夫氏也。」按：秦本紀作「子輿」。彼正義引應劭云：「秦穆公與羣臣飲，酒酣，公曰：『生共此樂，死共此哀。』於是奄息、仲行、鍼虎許諾。及公薨，皆從死。黄鳥詩所爲作也。」按：左傳及毛傳皆以黄鳥爲刺穆公以人從死，此以三良從死爲不食其言，與應劭説同，蓋皆本魯詩。漢書匡衡傳云：「秦穆貴信，而士多從死。」亦以三良之從死爲信。匡學齊詩，則此詩齊、魯説同也。「事得其宜之謂義」者，祭義，又大戴禮曾子大孝竝云：「義者，宜此者也。」新書道術云：「行充其宜謂之義。」

注「食，僞。」按：爾雅釋詁文。王氏經義述聞云：「孫、郭皆以食爲虚僞之僞，而證以湯誓之『朕不食言』。韋注晉語，亦以食言爲僞言。皆非也。食言者，言而不行則爲自食其言。食者，消滅之義，非虚僞之義也。哀二十六年左傳：『是食言多矣，能無肥乎？』若以食言爲僞言，則與『能無肥乎』之文了不相涉矣。而梅氏書僞乃曰：『食盡其言僞不實。』正義曰：『言而不行，如食之消盡，後終不行，則前言爲僞，故通謂僞言爲食言。』不幾於穿鑿而失其本恉乎？公羊傳陳疏云：『按僖十五年左傳：我食吾言。又哀元年傳：不可食已。杜注竝云：食，消也。蓋言既出而復背，如飲食之消，與僞無異，因謂食爲僞。此食言之本義，其實食不得訓僞也。』」榮按：言出於口，自無而之有；食入於口，自有而之無。言而不踐，則言如未言。猶取既出於口者，而復入之口，故謂之食。食雖非僞，然食言之效，無異僞言。故因以食言爲僞。孫炎云：「食㊀，言之僞也。」最爲得之。王氏以爾雅此條之僞皆作爲之義，因通食於

㊀「食」下原本有偏書小字「句」，蓋作者以示句讀，今删。

飭，而訓爲治，則真穿鑿而失其本恉者矣。注「既聞」至「誰得」。按：孟子云：「大人者，言不必信，行不必果，惟義所在。」趙氏章指云：「言大人之行，行其重者，不信不果，所求合義也。」然則不食其言雖可謂之信，不必皆可謂之義，故云「又問於義誰得」也。注「若程嬰」至「未也」。司馬云：「程嬰自殺以報公孫杵臼，劉向以爲過，恐亦未盡其宜。」按：新序節士云：「程嬰、公孫杵臼可謂信交厚士矣，嬰之自殺下報，亦過矣。」此溫公義所本。然三良從死，爲成君之過。左氏以爲「人之云亡，邦國殄瘁」。荀息死難雖賢，然解詁以爲「不日者，不正遇禍終，始惡明，故略之」。程嬰之死則無此，故弘範以爲兼乎信義，不必執劉説駁之也。又按：「可謂重食言之信」，世德堂本作「止可謂重言之信」。

或問：「季布忍焉，可爲也？」〔注〕季布爲項羽將，嘗困高祖。高祖既立，購之千金。困迫，乃爲奴，賣與魯朱家。曰：「能者爲之，明哲不爲也。」〔注〕言能忍辱貪生者乃爲之。或曰：「當布之急，雖明哲之如何？」曰：「明哲不終項仕，如終項仕，焉攸避？」〔注〕苟患失之，無所不至。〔疏〕「季布忍焉，可爲也」者，史記季布欒布列傳云：「季布者，楚人也，爲氣任俠，有名於楚。項籍使將兵，數窘漢王。及項羽滅，高祖購求布千金，敢有舍匿，罪及三族。季布匿濮陽周氏，周氏迺髡鉗布，衣褐衣，置廣柳車中，并與其家僮數十人之魯朱家所賣之。朱家心知是季布，迺買而置之田，誡其子曰：『田事聽此奴，必與同食。』朱家迺乘軺車之洛陽，見汝陰侯滕公曰：『季布何大罪而上求之急也？』滕公曰：『布數爲項羽窘上，上怨之，故必欲得之。』朱家曰：『君視季布何如人也？』曰：『賢者也。』朱家曰：『臣各爲其主用，季布爲項籍用，職耳。項氏臣可盡誅耶？今上始得天下，獨以己之私怨求一人，何示天下之不廣也？且以季布之賢而漢求之急如此，此不北走胡，即南走越耳。夫忌壯士以資敵國，此伍子胥所以鞭荆平王之墓也。君何不從容爲上言邪？』汝陰侯滕公心知朱家大俠，意季布匿其所，迺許曰：『諾。』待閒，果言如朱家指，上迺赦季布。當是時，諸公皆多季布能摧剛爲柔，朱家亦以此名聞當世。季布召見謝上，拜爲郎中。孝惠時爲中郎將。季布爲河東守，孝文時人有言其賢者，孝文召，欲以爲御史大夫。復有言其勇，使酒難近。至，留邸一月見罷。布辭之官。」太史公曰：「以項羽之氣，而季布以勇顯於楚，身屨典軍搴旗者數矣，可謂壯士。然被刑戮，爲人奴而不死，何其下也？彼必自負其材，故受辱而不羞，欲有所用其未足也，故終爲漢名將。賢者誠重其死。夫婢妾賤人感慨而自殺者，非能勇也，其計畫無復之耳。」此季布忍焉之說。忍謂受辱而不羞也。音義出「焉可」，云：「於虔切，下同。」則以「焉」屬下讀。司馬云：「季布勇者，乃至髡鉗爲奴，安能忍恥如此？」亦依音義讀爲說，似失其義。「可爲也」者，陶氏鴻慶讀法言札記云：「也讀爲邪。」按：陶說是也。世德堂本無「也」字，蓋既以「焉可爲」三字連文，則句末雖無「也」字，於義亦同，故傳寫遂删「也」字耳。此承上章「事得其宜之謂義」而復發問，言殺身以成其信者，不必皆合乎宜；則忍辱自全以待用者，亦賢者之所或爲耶？「能者爲之，明哲不爲也」者，司馬云：「有才能自惜其死，欲有所施，如管仲、季布者則爲之。君子既明且哲，以保其身，則不然。」「明哲不終項仕，如終項仕，焉攸避」者，司馬云：「明哲必知項羽之終不可輔，而早去之。若終仕羽，羽敗當死之，復安所避乎？」世德堂本「不終項仕」作「不終」，無「項仕」二字。注「季布」至「朱家」。按：世德堂本無此注。注「言能忍辱偷生者乃爲之」。按：此未得楊旨，當以温公義爲長。注「苟患失之，無所不至」。按：論語文。此引之者，謂布知羽之不可輔而不去，是亦患失之過。然此文本旨乃譏布之未能明哲，非譏其患失，弘範引此爲說，似亦未當。

或問「賢」。曰：「爲人所不能。」「請人」。曰：「顏淵、黔婁、四皓、韋玄。」〔注〕顏淵簞瓢，不改其操；黔婁守正不邪，死而益彰；四皓白首，高尚其事；韋玄，漢丞相賢之少子也，賢薨，玄當襲封，被髮佯狂，欲以讓兄。或曰：「擬人必於其倫，顏子至賢，其殆庶幾。黔婁、四皓，既非其儔，況以韋玄，不亦甚哉？」釋曰：「顏淵之賢，備體之賢，韋玄之賢，一至之賢。王莽篡天下，而韋玄讓一家，於是乎賢耳。亦猶論德行稱顏淵、閔子騫、冉伯牛、仲弓，凡此數子，豈必皆與顏淵俱盡至賢之道哉？」

問「長者」。曰：「藺相如申秦而屈廉頗，欒布之不倍，朱家之不德，直不疑之不校，韓安國之通使。」

〔注〕相如申理於秦王，屈意於廉頗，義在史記。欒布爲梁大夫，奉使，高祖誅梁王彭越，布使還，報命首下，哭而祠斂之也。朱家以季布有阨見滕公，得解其急也，而不使布知，又終身不復見布。直不疑常爲郎，三人同室。一人有金，一人急歸，誤持金去。主意不疑，不疑買金償之。其後歸者持金還，乃明之。又人謗其淫嫂，而乃無兄，亦不自明也。韓安國，梁孝王內史。時景帝疑梁王，梁王大懼，安國稱病去官，陰往長安，因長公主以解王事。

〔疏〕「黔婁」者，音義：「黔婁，其廉切，又音琴。」列女傳賢明云：「魯黔婁妻者，魯黔婁先生之妻也。先生死，曾子與門人往弔之。其妻出户，曾子弔之。上堂，見先生之尸在牖下，枕墼席稾，緼袍不表，覆以布被，手足不盡斂，覆頭則足見，覆足則頭見。曾子曰：『斜引其被則斂矣。』妻曰：『斜而有餘，不如正而不足也。先生以不斜之故，能（同「乃」。）至于此。生時不邪，死而邪之，非先生意也。』曾子不能應，遂哭之曰：『嗟呼！先生之終也，何以爲謚？』其妻曰：『以康爲謚。』曾子曰：『先生在時，食不充口，衣不蓋形；死則手足不斂，旁無酒肉。生不得其美，死不得其榮，何樂于此而謚爲康乎？』其妻曰「昔先生君嘗欲授之政，以爲國相，辭而不爲，是有餘貴也。君嘗賜之粟三十鍾，先生辭而不受，是有餘富也。彼先生者，甘天下之淡味，安天下之卑位，不戚戚于貧賤，不忻忻于富貴，求仁而得仁，求義而得義，其謚爲康，不亦宜乎？』曾子曰：『唯斯人也而有斯婦。』」王氏照圓補注云：「黔婁，姓名也。同時，齊有黔敖，蓋其族人。張景陽雜詩李注引皇甫謐高士傳云：『黔婁先生者，齊人也。』是先生亦齊人，此作『魯』，或誤耳。」四皓，詳後篇。說文：「顥，白貌，從頁，從景。」會意。商山四顥，白首人也。古書通作「皓」。韋玄者，漢書韋賢傳云：「本始三年，封扶陽侯，食邑七百户。賢四子，少子玄成復以明經歷位至丞相。玄成字少翁，以父任爲郎，常侍騎。少好學，修父業，以明經擢爲諫大夫，遷大河都尉。初玄成兄弘爲太常丞，職奉宗廟，典諸陵邑，煩劇多罪過。父賢以弘當爲嗣，故勅令自免。弘懷謙不去官。及賢病篤，弘竟坐宗廟事繫獄，罪未決，室家問賢當爲後者，賢恚恨不肯言。於是賢門下與宗家計議，矯賢令，使家丞上書以玄成爲後。賢薨，玄成在官聞喪，又言當爲嗣，深知其非賢雅意，卽陽爲病狂，卧便利，妄笑語昏亂。徵至長安。既葬，當襲爵，以病狂不應召。大鴻臚奏狀，章下丞相、御史案驗。玄成素有名聲，士大夫多疑其欲讓爵辟兄者，丞相、御史遂以玄成實不病劾奏之。有詔勿劾引拜，玄成不得已受爵。宣帝高其節，以玄成爲河南太守，兄弘太山都尉，遷東海太守。及元帝卽位，以玄成爲少府，遷太子太傅，至御史大夫。永光中，代于定國爲丞相。玄成爲相七年，守正持重不及父賢，而文采過之。建昭三年薨，謚曰共侯。」音義：「韋玄，天復本作『韋玄成』。」按：司馬云：「李、宋、吴本無『成』字。」明舊本皆作「韋玄」，天復本有「成」字，乃校刊者所增。困學紀聞諸子引亦作「韋玄成」，則所據卽温公集注本也。「問長者」者，韓非子詭使云：「重厚自尊謂之長者。」漢書趙廣漢傳顔注云：「長者，有名德之人也。」後漢書馬援傳章懷太子注云：「長者，謂豪俠者也。」「藺相如申秦而屈廉頗」者，世德堂本「申」作「伸」。按：當作「信」。「屈」當作「詘」，說見上。廉頗藺相如列傳云：「藺相如者，趙人也，爲趙宦者令繆賢舍人。趙惠文王時得楚和氏璧，秦昭王聞之，使人遺趙王書，願以十五城請易璧。趙王於是遂遣相如奉璧西入秦。相如奉璧奏秦王，秦王大喜。相如視秦王無意償趙城，乃前曰：『璧有瑕，請指示王。』王授璧。相如乃謂秦王曰：『和氏璧天下所共傳寶也。趙王送璧時，齋戒五日。今大王亦宜齋戒五日，設九賓於廷，臣乃敢上璧。』秦王遂許齋五日。相如乃使其從者衣褐，懷其璧，從徑道亡，歸璧于趙。秦王齋五日後，引趙使者藺相如。相如至，曰：『臣誠恐見欺於王而負趙，故令人持璧歸，間至趙矣。且秦彊而趙弱，大王遣一介之使至趙，趙立奉璧來。今以秦之彊而先割十五都予趙，趙豈敢留璧而得罪於大王乎？』秦王卒廷見相如，畢禮而歸之。相如既歸，拜爲上大夫。其後秦王使使者告趙王欲與王爲好會於西河外澠池。趙王遂行，相如從。秦王飲酒酣，曰：『寡人竊聞趙王好音，請奏瑟。』趙王鼓瑟，秦御史前，書曰：『某年、月、日，秦王與趙王會飲，令趙王鼓瑟。』藺相如前，曰：『趙王竊聞秦王善爲秦聲，請奉盆缻秦王，以相娛樂。』秦王怒，不許。於是，相如前，進缻，因跪請秦王曰：『五步之內，相如請得以頸血濺大王矣。』左右欲刃相如，相如張目叱之，左右皆靡。於是秦王不懌，爲一擊缻。相如顧召趙御史書曰：『某年、月、日，秦王爲趙王擊缻。』秦之羣臣曰：『請以趙十五城爲秦王壽。』藺相如亦曰：『請以秦之咸陽爲趙王壽。』秦王竟酒終不能加勝於趙，趙亦盛設兵以待秦，秦不敢動。既罷，歸國，以相如功大，拜爲上卿，位在廉頗之右。廉頗曰：『我爲趙將，有攻城野戰之大功，而藺相如徒以口舌爲勞，而位居我上，我見相如，必辱之。』相如聞，不肯與會。每朝時，常稱病不欲與廉頗争列。相如出，望見廉頗，引車避匿。於是舍人相與諫，請辭去。藺相如固止之，曰：『夫以秦王之威而相如廷叱之，辱其羣臣，獨畏廉將軍哉！顧吾念之彊秦之所以不敢加兵於趙者，徒以吾兩人在也。今兩虎共鬭，其勢不俱生，吾所以爲此者，以先國家之急而後私讎也。』廉頗聞之，至藺相如門，謝罪曰：『鄙賤之人，不知將軍寬之至此也。』卒相與驩，爲刎頸之交。」「欒布之不倍」者，季布欒布列傳云：「欒布者，梁人也。始梁王彭越爲家人時，嘗與布游。布爲人所略賣爲奴於燕，燕將臧荼舉以爲都尉。及臧荼反，漢擊燕，虜布。梁王彭越聞之，迺言上請贖布以爲梁大夫，使於齊。未還，漢召彭越，責以謀反，夷三族。已而梟彭越頭於雒陽，下詔曰：『有敢收視者，輒捕之。』布從齊還，奏事彭越頭下，祠而哭之。吏捕布以聞，上召布，罵曰：『若與彭越反邪？吾禁人勿收，若獨祠而哭之，與越反明矣。』趣亨之。布顧曰：『願一言而死。方上之困於彭城，敗滎陽、成皋間，項王所以遂不能西，徒以彭王居梁地，與漢合從苦楚也。且垓下之會，微彭王，項氏不亡。今陛下一徵兵於梁，彭王病不行，而陛下疑以爲反。反形未見，以苛小案誅滅之，臣恐功臣人人自危也。』於是上迺釋布罪，拜爲都尉。孝文時，爲燕相，至將軍。吴軍反時，以軍功封俞侯，復爲燕相。景帝中五年，薨。」「不倍」，各本皆作「不塗」。音義：「欒布之不塗，天復本作『不倍』。」按：不塗無義。司馬云：『塗』當作『渝』，變也。」亦未確。作「不倍」，於義爲長，今從之。孟子：「師死而遂倍之。」彼音義引丁云：「義當作偝，古字借用耳。」按：説文無「偝」，古止以「背」或「倍」爲之，不倍謂不負死者也。會稽刻石云：「有子而嫁，倍死不貞。」史記自序云：「欒公不劫於勢而倍死。」然則倍死乃秦、漢常語。此文「欒布之不倍」，即用史記自序文也。「朱家之不德」者，游俠列傳云：「魯朱家者，與高祖同時。魯人皆以儒教，而朱家用俠聞，所藏活豪士以百數，其餘庸人不可勝言，然終不伐其能，歆其德。諸所嘗施，唯恐見之。振人不贍，先從貧賤始。家無餘財，衣不完采，食不重味，乘不過駒牛，專趨人之急，甚己之私。既陰脱季布將軍之阸，及布尊貴，終身不見也。」此文「不德」，即「不伐其能，歆其德」之謂。「直不疑之不校」者，萬石張叔列傳云：「塞侯直不疑者，南陽人也，爲郎，事文帝。其同舍有告歸，誤持同舍郎金去。已而金主妄意不疑，不疑謝有之，買金償。而告歸者來而歸金，而前郎亡金者大慙，以此稱爲長者。文帝稱舉，稍遷至太中大夫。朝廷見人或毀之曰：『不疑狀貌甚美，然獨無柰其善盜嫂，何也？』不疑聞曰：『我乃無兄。』然終不自明也。吳、楚反時，不疑以二千石將兵擊之。景帝後元年，拜爲御史大夫。天子脩吳、楚時功，乃封不疑爲塞侯。不疑學老子言，不好立名稱，稱爲長者。」索隱云：「直，姓也；不疑，名也。」「韓安國之通使」者，音義：「通使，色吏切。」韓長孺列傳云：「御史大夫韓安國者，梁城安人也，事梁孝王爲中大夫。梁孝王，景帝母弟，竇太后愛之，令得自請置相、二千石，出入游戲，僭於天子。天子聞之，心弗善也。太后知帝不善，乃怒梁使者，弗見，案責王所爲。韓安國爲梁使，見大長公主而泣曰：『夫前日吳、楚、齊、趙七國反時，自關以東皆合從西鄉，梁王念太后、帝在中，而諸侯擾亂，一言泣數行下，跪送臣等六人，將兵擊御吳、楚，吳、楚以故兵不敢西而卒破亡，梁王之力也。今太后以小節苛禮責望梁王，梁王恐，日夜涕泣思慕，不知所爲。何梁王之爲子孝，爲臣忠，而太后弗恤也？』大長公主具以告太后，太后喜，曰：『爲言之帝。』言之，帝心乃解，而免冠謝太后曰：『兄弟不能相教，乃爲太后遺憂。』悉見梁使，厚賜之。太后、長公主更賜安國，可直千餘金，名由此顯。建元六年，安國爲御史大夫，以元朔二年中卒。」注「高尚其事」。按：易蠱上九文。注「或曰」至「甚哉」。按：世德堂本「或曰」作「咸曰」，以爲宋注語，誤也。注「釋曰」至「道哉」。按：世德堂本「釋曰」作「祕曰」，以爲吳注語；又「一至之賢」作「未至之賢」，皆誤也。困學紀聞引王介甫云：「出乎顏淵，則聖人矣；出乎韋玄成，則衆人矣。」注「相如申理於秦王」。按：世德堂本「申」作「伸」。注「義在史記」。按：世德堂本無此語。注「其後歸者持金還」。按：世德堂本作「其後誤持金者還之主」。注「而乃無兄」。按：世德堂本「乃」作「云」。注「安國稱病去官，陰往長安」。按：史記、漢書惟言安國爲梁使，見大長公主云云，無「稱病去官，陰往長安」之語。然法言以安國爲長者，則其爲梁王解說，當有不令王知者，弘範此注，必別有所據也。

或問「臣自得」。曰：「石太僕之對，金將軍之謹，張衛將軍之慎，丙大夫之不伐善。」〔注〕丞相石慶嘗爲太僕，時御，上問輿中馬幾匹，太僕以策數之畢，對曰：「六匹。」金將軍名日磾，爲人謹慎，目不忤視數十年。張衛將軍名安世，爲人周密重慎。丞相丙吉，宣帝少時以巫蠱事嘗在獄中，吉常救護，又養視有恩紀而終不言，官至御史大夫。乳母述之，然後乃知，封博陽侯。請問「臣自失」。曰：「李貳師之執貳，田祁連之濫帥，韓馮翊之愬蕭，趙京兆之犯魏。」〔注〕貳師將軍李廣利説劉屈氂立昌邑王爲太子，二心不端，武帝疑之，遂降匈奴。祁連將軍田廣明爲宣帝擊匈奴，不到質，淫婦人也。韓馮翊名延壽，愬御史大夫蕭望之與廩犧爲姦而焚其廩也。趙京兆名廣漢，疑魏丞相夫人殺傅婢，圍捕之，而皆無實，反獲其罪也。〔疏〕「臣自得」者，自以忠信謹厚，獲知於上也。「石太僕之對」者，萬石張叔列傳云：「萬石君少子慶爲太僕，御出，上問車中幾馬，慶以策數馬畢，舉手曰：『六馬。』慶於諸子中最爲簡易矣，然猶如此。元鼎五年，制詔以慶爲丞相，封爲牧丘侯。太初二年中，丞相慶卒，謚爲恬侯。」漢書百官公卿表云：「太僕，秦官㊀，掌輿馬。」按：表不著石慶爲太僕年月，然慶以孝武建元二年爲內史，而太僕灌夫以三年爲燕相，至六年而有太僕賀，則慶爲太僕當在建元三年至六年中也。「金將軍之謹」者，漢書金日磾傳云：「金日磾，字翁叔，本匈奴休屠王太子也。武帝元狩中，與母閼氏弟倫俱没入官，輸黄門養馬。日磾長八尺二寸，容貌甚嚴，馬又肥好，上奇焉，拜爲馬監。遷侍中、駙馬都尉、光禄大夫。日磾既親近，未嘗有過失，上甚信愛之，賞賜累千金，出則驂乘，入侍左右。初，莽何羅與江

㊀「秦」字原本作「奏」，形近而訛，據漢書百官公卿表改。

充相善，及充敗，何羅兄弟懼及，上行幸林光宮，何羅矯制夜出發兵。明旦，上未起，何羅褢白刃從東箱上，見日磾，色變，走趨卧内，欲入。日磾得抱何羅，窮治，皆伏辜，繇是著忠孝節。日磾自在左右，目不忤視者數十年。賜出宫女，不敢近。上欲内其女後宫，不肯。其篤慎如此。及上病，屬霍光以輔少主，光讓日磾，日磾曰：『臣外國人，且使匈奴輕漢。』於是遂爲光副。初，武帝遺詔以討莽何羅功，封日磾爲秺侯。日磾以帝少不受封。輔政歲餘，病困。大將軍光白封日磾，卧授印綬。一日薨，謚曰敬侯。」贊曰：「金日磾夷狄亡國，羈虜漢廷，而以篤敬寤主，忠信自著，勒功上將，傳國後嗣，世名忠孝，七世内侍，何其盛也！本以休屠作金人爲祭天主，故因賜姓金氏云。」顔注云：「磾音丁奚反。」百官公卿表云：「前、後、左、右將軍皆周末官，秦因之，漢不常置，皆掌兵及四夷。」續漢書百官志注引蔡質漢儀云：「漢興，置大將軍、驃騎，位次丞相。車騎、衛將軍、左、右、前、後，皆金紫，位上卿，典京師兵衛、四夷屯警。」按：表：「後元元年，侍中、駙馬都尉金日磾爲車騎將軍。」「張衛將軍之慎」者，張湯傳云：「上惜湯，復稍進其子安世。安世字子孺，少以父任爲郎，擢爲尚書令，遷光禄大夫。昭帝即位，大將軍霍光秉政，以安世篤行，光親重之。會左將軍上官桀父子及御史大夫桑弘羊皆與燕王、蓋主謀反誅，光以朝無舊臣，白用安世爲右將軍、光禄勳，以自副焉。久之，封爲富平侯。昭帝崩，徙爲車騎將軍。光復與安世謀，尊立宣帝。大將軍光薨後，御史大夫魏相上封事曰：『車騎將軍安世事孝武皇帝三十餘年，忠信謹厚，勤勞政事，夙夜不怠。與大將軍定策，天下受其福，國家重臣也。宜尊其位，以爲大將軍。』上亦欲用之。安世聞指，懼不敢當，深辭弗能得。後數日，竟拜爲大司馬、車騎將軍，領尚書事。數月，罷車騎將軍屯兵，更爲衛將軍，兩宫衛尉、城門北軍兵屬焉。安世職典樞機，以謹慎周密自著，外内無間。元康四年薨，謚曰敬侯。」百官公卿表：「地節三年四月戊申，車騎將軍、光禄勳張安世爲大司馬、車騎將軍。七月戊戌，更爲大司馬、衛將軍。」「慎」世德堂本作「善慎」。「丙大夫之不伐善」者，世德堂本「丙」作「邴」。丙吉傳云：「丙吉，字少卿，魯國人也。治律令，爲魯獄史，積功勞，稍遷至廷尉右監。坐法失官，歸爲州從事。武帝末，巫蠱事起，吉以故廷尉監徵，詔治巫蠱郡邸獄。時宣帝生數月，以皇曾孫坐衛太子事繫，吉見而憐之，擇謹厚女徒令保養曾孫，置閒燥處。後元二年，望氣者言長安獄中有天子氣，於是上遣使者分條中都官詔獄繫者，亡輕重，一切皆殺之。内謁者令郭穰夜到郡邸獄，吉閉門拒使者不納，曰：『皇曾孫在。他人亡辜死者猶不可，況親曾孫乎？』穰還以聞，因劾奏吉。武帝亦寤，因赦天下。曾孫病幾不全者數焉，吉數敕保養乳母加致醫藥，視遇甚有恩惠，以私財物給其衣食。後吉遷大將軍長史，霍光甚重之，入爲光禄大夫。昭帝崩，昌邑王賀卽位，以行淫亂廢。光與諸大臣議所立未定，吉奏記光曰：『武帝曾孫名病已在掖庭外家者㊀，吉前使居郡邸時，見其幼少，至今十八九矣，通經術，有美材，願將軍決定大策，天下幸甚！』光覽其議，遂尊立皇曾孫。宣帝初卽位，賜吉爵關内侯。吉爲人深厚，不伐善。自曾孫遭遇，吉絶口不道前恩，故朝廷莫能明其功也。地節三年，吉爲太子太傅，數月，遷御史大夫。及霍氏誅，上躬親政，掖庭宫婢則上書自陳嘗有阿保之功。章下掖庭令考問，則辭引使者丙吉知狀。上親見問，然後知吉有舊恩而終不言，上大賢之，制詔丞相：『朕微眇時，御史大夫吉與朕有舊恩，厥德茂焉，其封吉爲博陽侯。』後五歲，代魏相爲丞相。五鳳三年，吉薨，謚曰定侯。」百官公卿表：「御史大夫，秦官，位上卿。」按：吉終丞相而云丙大夫者，以詔書褒美其不言舊恩時吉方爲御史大夫也。「臣自失」者，謂不由搆陷，自以罪過取誅滅也。「李貳師之執貳」者，漢書武帝紀：「太初元年八月，遣貳師將軍李廣利發

㊀「帝」字原本作「常」，形近而訛，今改。

天下讁民西征大宛。」張晏云：「貳師，大宛城名。」李廣利傳云：「李廣利女弟李夫人有寵於上，産昌邑哀王。太初元年，以廣利爲貳師將軍，期至貳師城取善馬，故號貳師將軍。征和三年，貳師復將七萬騎出五原擊匈奴，度郅居水，兵敗，降匈奴，爲單于所殺。」劉屈氂傳云：「貳師將軍李廣利將兵出擊匈奴，丞相（按：謂屈氂。）爲祖道，送至渭橋，與廣利辭決。廣利曰：『願君侯早請昌邑王爲太子，如立爲帝，君侯長何憂乎？』屈氂許諾。昌邑王者，貳師女弟李夫人子也。貳師女爲屈氂子妻，故共欲立焉。是時，治巫蠱獄急。內者令郭穰告丞相夫人以丞相數有譴，使巫祠社，祝詛主上，有惡言。及與貳師共禱祠，欲令昌邑王爲帝。有司奏請案驗，罪至大逆不道。有詔載屈氂廚車以徇，要斬東市，妻、子梟首華陽街。貳師將軍妻、子亦收。貳師聞之，降匈奴，宗族遂滅。」「執貳」世德堂本作「執二」。按：謂降匈奴也。「田祁連之濫帥」者，宣帝紀：「本始二年，匈奴數侵邊，又西伐烏孫。烏孫上書，言願發國精兵擊匈奴，唯天子哀憐出兵。秋，御史大夫田廣明爲祁連將軍，後將軍趙充國爲蒲類將軍，雲中太守田順爲虎牙將軍，及度遼將軍范明友、前將軍韓增，凡五將軍，兵十五萬，騎校尉常惠持節護烏孫兵，咸擊匈奴。三年春正月，五將軍師發長安；夏五月，軍罷。祁連將軍廣明、虎牙將軍順有罪下有司，皆自殺。」應劭云：「祁連，匈奴中山名也。諸將分部，廣明值此山，因以爲號也。」顔云：「祁音上夷反。」匈奴傳云：「祁連將軍出塞千六百里，至雞秩山，斬首捕虜十九級，獲牛、馬、羊百餘。逢漢使匈奴還者冉弘等，言雞秩山西有虜衆，祁連卽戒弘使言無虜，欲還兵。御史屬公孫益壽諫，以爲不可，祁連不聽，遂引兵還。上以祁連知虜在前，逗遛不進，下吏，自殺。擢公孫益壽爲侍御史。」酷吏傳：「田廣明，字子公，鄭人也。」濫帥，謂盜竊將帥之任也。論語：「小人窮斯濫矣。」鄭注云：「濫，竊也。」禮器：「君子以爲濫矣。」鄭注云：「濫亦盜竊也。」「韓馮翊之愬蕭」者，韓延壽傳云：「韓延壽，字長公，燕人也，徙杜陵。少爲郡文學，父義爲燕郎中，刺王之謀逆也，義諫而死。是時，大將軍霍光持政，魏相以文學對策，以爲日者燕王爲無道，韓義出身彊諫，爲王所殺，宜顯賞其子，以示天下。光納其言，因擢延壽爲諫大夫。遷淮陽太守，治甚有名。徙潁川。數年，徙爲東郡太守。在東郡三歲，令行禁止，斷獄大減，爲天下最。入守左馮翊，滿歲，稱職爲真。延壽代蕭望之爲左馮翊，而望之遷御史大夫。侍謁者福爲望之道延壽在東郡時放散官錢千餘萬。望之與丞相丙吉議，吉以爲更大赦，不須考。會御史當問事東郡，望之因令並問之。延壽聞知，卽部吏案校望之在馮翊時廩犧官錢放散百餘萬，廩犧吏掠治急，自引與望之爲姦。延壽劾奏，移殿門禁止望之。望之自奏職在總領天下，聞事不敢不問，而爲延壽所拘持。上由是不直延壽，各令窮竟所考。望之卒無事實。而望之遣御史案東郡，具得其事。於是望之劾奏延壽上僭不道；又自陳前爲延壽所奏，今復舉延壽罪，衆庶皆以臣懷不正之心，侵寃延壽。願下丞相、中二千石、博士議其罪。事下公卿，皆以延壽前既無狀，後復誣愬典法大臣，欲以解罪，狡猾不道。天子惡之，延壽竟坐棄市。」百官公卿表：「内史，周官，秦因之，掌治京師。景帝二年，分置左内史。武帝太初元年，左内史更名左馮翊，屬官有廩犧令、丞、尉。」張晏云：「馮，輔也；翊，佐也。」顏云：「廩主藏穀，犧主養牲，皆所以供祭祀也。」按：表神爵三年，東郡太守韓延壽爲左馮翊；二年，下獄，棄市。「趙京兆之犯魏」者，趙廣漢傳云：「趙廣漢，字子都，涿郡蠡吾人也，故屬河間。少爲郡吏、州從事，以廉絜、通敏、下士爲名。舉茂材，平準令；察廉，爲陽翟令。以治行尤異，遷京輔都尉，守京兆尹。會昭帝崩，昌邑王徵卽位，行淫亂，大將軍霍光與羣臣共廢王，尊立宣帝。廣漢以與議定策，賜爵關内侯，遷潁川太守。本始二年，漢發五將軍擊匈奴，徵廣漢以太守將兵，屬蒲類將軍趙充國。從軍還，復用守京兆尹，滿歲爲真。廣漢爲人彊力，天性精於吏職，尤善爲鉤距以得事情。好用世吏子孫新進年少者，專厲彊壯蠭氣，見事風生，無所回避，率多果敢之計，莫爲持難。廣漢終以此敗。初，廣漢客私酤酒長安市，丞相史逐去之。客疑男子蘇賢言之，以語廣漢。廣漢使長安丞案賢。尉史禹故劾賢爲騎士屯霸上㊀，不詣屯所，乏軍興。賢父上書訟罪，告廣漢。事下有司覆治，禹坐要斬，請逮捕廣漢。有詔即訊，辭服。會赦，貶秩一等。廣漢疑其邑子榮畜教令，後以他法論殺畜。人上書言之，事下丞相、御史，案驗甚急。（按：是時丞相爲魏相，御史大夫爲丙吉。）廣漢使所親信長安人爲丞相府門卒，令微司丞相門内不法事。地節三年七月中，丞相傅婢有過自絞死，廣漢聞之，疑丞相夫人妬殺之府舍，而丞相奉齋酎入廟祠。廣漢得此，使中郎趙奉壽風曉丞相，欲以脅之，毋令窮正己事。丞相不聽，案驗愈急，廣漢即上書告丞相罪，制曰：『下京兆尹治。』廣漢遂自將吏卒突入丞相府，召其夫人跪庭下受辭，收奴婢十餘人去，責以殺婢事。丞相魏相上書自陳妻實不殺婢，廣漢數犯罪法，不伏辜，以巧詐迫脅臣相，幸臣相寬不奏。願下明使者治廣漢所驗臣相家事。事下廷尉治罪。實丞相自以過譴笞傅婢，出至外第乃死，不如廣漢言。司直蕭望之劾奏廣漢摧辱大臣，欲以劫持奉公，逆節傷化，不道。宣帝惡之，下廣漢廷尉獄，又坐賊殺不辜、鞫獄故不以實、擅斥除騎士、乏軍興數罪。天子可其奏。吏民守闕號泣者數萬人，或言臣生無益縣官，願代趙京兆死，使得牧養小民。廣漢竟坐要斬。」百官公卿表：「右内史，武帝太初元年更名京兆尹。」顏云：「京，大也；兆者，衆數。言大衆所在，故云京兆也。」按：表本始三年，潁川太守趙廣漢爲京兆尹；六年，下獄，要斬。注「金將軍名日磾」。按：世德堂本無「名」字。注「目不忤視」。按：世德堂本作「逆視」。注「丙吉」。按：世德堂本作「邴吉」。注「嘗在獄中」。按：世德堂本「嘗」作「當」。

㊀「吏」原本作「史」，形近而訛，據漢書本傳暨顏注引「文穎曰」改。

注「吉常救護」。按：世德堂本「常」作「嘗」。注「養視有恩紀而終不言」。按：世德堂本作「養視有恩，絶口終不言」。注「田廣明」。按：世德堂本「明」誤「名」。注「不到質，淫婦人也」。按：世德堂本「到」誤「利」。酷吏傳云：「廣明以祁連將軍擊匈奴，出塞至受降城，受降都尉前死，喪柩在堂，廣明召其寡妻與姦。既出，不至質，引軍空還。下太守杜延年簿責，廣明自殺闕下。」服虔云：「質，所期處也。」注「傅婢」。按：世德堂本「傅」誤「侍」。王吉傳顔注云：「凡言傅婢者，謂傅相其衣服衽席之事。一讀傅曰附，謂近幸也。」榮謂傅婢蓋司保傅童子之事者。顔氏家訓序致云「禁童子之暴謔，則師友之誡不如傅婢之指揮」，可證。注「而皆無實」。按：世德堂本無「皆」字。

或問「持滿」。曰：「扼欹。」〔注〕欹器在魯桓公廟者，欲人推心當如此器戒之。〔疏〕「扼欹」，治平本無「欹」字，世德堂本作「扼欹」，此承集注依宋、吴本增補。扼、扼同字。欹，説文從攴，今俗相承作「欹」。司馬云：「李本無『欹』字，今從宋、吴本。」按：李本若無「欹」字，則注必不引欹器爲説。治平本注「欹器」上有「扼」字，則似以扼爲欹器之名，益爲謬誤。蓋傳寫者既於正文脱「欹」字，又於注文增「扼」字也。音義出「扼」，云：「音厄，欹器。」此亦經妄人删改。音義舊文當出「扼欹」，云：「扼，音厄；欹，欹器。」正以弘範語約，故伸之如此。自正文傳寫脱「欹」，注文增「扼」，校音義者遂據删大小兩「欹」字以求合。不知此章正文李注及音義此條果如今治平本，則音義「欹器」字純係複述注語，無所取矣。「問『持滿』，曰：『扼欹』」者，扼亦持也。説文：「搤，捉也。」廣雅釋詁：「搤，持也。」字亦作「扼」，作「扼」。欹讀爲攲。説文：「攲，頃也。」朱氏通訓定聲云：「攲側字當作此。」然則扼欹猶云持傾，能持傾，斯滿而不溢矣。注「欹器在魯桓公廟者」。按：世德堂本「欹器」上無「扼」字，今據訂正。此弘範以欹器釋欹，不重「欹」字者，語之約耳。荀子宥坐云：「孔子觀於魯桓公之廟，有欹器焉。孔子問於守廟者曰：『此爲何器？』守廟者曰：『此蓋爲宥坐之器。』孔子曰：『吾聞宥坐之器者，虛則欹，中則正，滿則覆。』孔子顧謂弟子曰：『注水焉。』弟子挹水而注之，中而正，滿而覆，虛而欹。孔子喟然而歎曰：『吁！惡有滿而不覆者哉？』子路曰：『敢問持滿有道乎？』孔子曰：『聰明聖知，守之以愚；功被天下，守之以讓；勇力撫世，守之以怯；富有四海，守之以謙。此所謂挹而損之之道也。』」按：「魯桓公廟」韓詩外傳及説苑敬慎竝作「周廟」；淮南子道應作「桓公之廟」，「欹器」作「宥巵」。如李義則扼欹云者，謂如持欹器之道。吴云：「持滿盈，如持欹器也。」即申弘範之説。

揚王孫倮葬以矯世。〔注〕悼厚葬也，事見漢書。曰：「矯世以禮，倮乎？如矯世，則葛溝尚矣。」〔注〕古者未知喪送之禮，死則裹之以葛，投諸溝壑。若王孫之矯世，此事復尚爲之矣。言不可行也。孝子仁人必有道以掩其親，賢人君子必率禮以正其俗也。〔疏〕揚王孫，漢書揚胡朱梅云傳作「楊王孫」，古字通用。世德堂本作「楊」，此即據漢書改之也。音義：「倮葬，郎果切。」按：説文：「羸，袒也。」重文「裸，從果。」倮即裸之別體。漢書作「羸」。彼傳云：「揚王孫者，孝武時人也，學黄、老之術。家業千金，厚自奉養，生亡所不致。及病且終，先令其子曰：『吾欲羸葬，以反吾真。死則爲布囊盛尸，入地七尺。既下，從足引脱其囊，以身親土。』其子不忍，迺往見王孫友人祁侯。祁侯與王孫書，王孫報曰『蓋聞古之聖人緣人情不忍其親，故爲制禮，今則越之，吾是以羸葬，將以矯世也。夫厚葬誠亡益於死者，而俗人競以相尚，靡財單幣，腐之地下。或迺今日入而明日發，此真與暴骸於中野何異？且夫死者終生之化，而物之歸者也。歸者得至，化者得變，是物各反其真也。反真冥冥，亡形亡聲，迺合道情。夫飾外以華衆，厚葬以鬲真，使歸者不得至，化者不得變，是使物各失其所也』云云。祁侯曰：『善。』遂臝葬。」西京雜記云：「楊貴，字王孫，京兆人也。生時厚自奉養，死卒裸葬於終南山。其子孫掘土鑿石，深七尺而下屍，上復蓋之以石，欲儉而反奢也。」「矯世以禮，倮乎」者，言俗之不正，惟禮可以正之，而乃以倮耶？倮之爲非禮，甚於厚葬也。「如矯世，則葛溝尚矣」者，苟不以禮，而惟以矯世爲事，則不如廢葬之爲愈。司馬云：「尚，上也。言君子矯世當以禮乎？當以倮乎？若欲爲已甚以矯世，則莫若效古葛溝者爲上矣，何以葬爲？」注「事見漢書」。按：世德堂本删此語。注「古者未知喪送之禮」。按：治平本作「葬送」，今依錢本，世德堂本亦作「喪送」。注「死則裹之以葛，投諸溝壑」。按：世德堂本「裹之」作「裹尸」。俞云：「葛溝未詳何義。李注曰：『古者未知喪送之禮，死則裹尸以葛，投諸溝壑。』然裹尸何必以葛？亦似曲説也。『葛』疑『楬』之假字。周官蜡氏：『若有死于道路者，則令埋而置楬焉。』楬溝言棄尸於溝，而置楬其上，較之倮葬爲更疏略矣。」榮按：墨子節葬云：「禹葬會稽，衣衾三領，桐棺三寸，葛以緘之。」御覽五百五十五引尸子云：「舜西教乎七戎，道死南巴之中，衣衾三領，穀木之棺，葛以緘之。」王孫報祁侯書云：「昔帝堯之葬也，窾木爲匵，葛藟爲緘。」潛夫論浮侈云：「後世聖人易之以棺槨，桐木爲棺，葛采爲緘。」則以葛束棺，乃中古聖人送死之通禮。上古未知棺槨，則止以葛裹尸。中古葛緘，即其遺俗。弘範此注，語即本此。曲園以爲曲説，殆未深考。注「此事復尚爲之矣」。按：弘範以尚爲猶且之意，似失其義。問道「人砥，則秦尚矣」，文例與此相同。彼注云：「秦之嚴刑難復尚矣。」此亦謂苟爲矯世而已，則上古葛溝之法難復尚也。

或問「周官」。曰：「立事。」「左氏」。曰：「品藻。」「太史遷」。曰：「實録。」〔注〕不虚美，不隱惡。

〔疏〕「問『周官』。曰『立事』」者，藝文志：「周官經六篇。」王莽時，劉歆置博士。」顔注云：「即今之周官禮也。」通志藝文略云：「漢曰周官，江左曰周官禮，唐曰周禮。」按：孫疏於周禮大題下云：「此經史記封禪書、漢書禮樂志及河間獻王傳竝稱周官；藝文志本於七略，則稱周官經。斯蓋西漢舊題。隋書經籍志云：『周官蓋周公所建官政之法。』是也。若鄭衆以爲卽尚書周官，則賈疏引馬融及鄭序已斥其失矣。其曰周禮者，荀悦漢紀成帝篇云：『劉歆以周官經六篇爲周禮。王莽時，歆奏以爲禮經，置博士。』釋文叙録亦云：『王莽時，劉歆爲國師，始建立周官經爲周禮。』案漢書王莽傳：歆爲國師，在始建國元年；而居攝三年九月，歆爲羲和，與博士諸儒議莽母功顯君服，已云發得周禮，以明殷監。又引司服職文，亦稱周禮。然則歆建周官以爲周禮，疑在莽居攝、歆爲羲和以前。陸謂在國師以後，未得其實。通覈諸文，蓋歆在漢奏七略時，猶仍周官故名。王莽時，奏立博士，始更其名爲周禮，殆無疑義。」然則此經在莽居攝時已更名周禮，法言此篇之作，在天鳳之世，而猶稱之曰周官，明子雲意趣不與歆同也。書立政云：「繼自今，我其立政，立事。」論語子路馬注云：「政者，有所改更匡正也。事者，凡所行常事也。」按：政、事對文異，散文亦通，此云「立事」，即隋志所云「建官政之法」也。「『左氏』。曰：『品藻』」者，史記十二諸侯年表序云：「孔子西觀周室，論史記舊聞，興於魯，而次春秋。七十子之徒，口受其傳指。魯君子左丘明懼弟子人人異端，各安其意，失其真，故因孔子、史記，具論其語，成左氏春秋。」劉氏逢禄左氏春秋考證云：「夫子之經，書於竹帛。微言大義，不可以書見，則游、夏之徒傳之。丘明蓋生魯悼之後，徒見夫子之經及史記、晉乘之類，而未聞口授微指，當時口説多異，因具論其事實，不具者闕之。曰『魯君子』，則非弟子也。曰左氏春秋，與鐸氏、虞氏、吕氏竝列，則非傳春秋也。故曰左氏春秋，舊名也；曰春秋左氏傳，則劉歆所改也。」藝文志：左氏傳三十卷。劉氏考證云：「太史公時名左氏春秋，蓋與晏子、鐸氏、虞氏、吕氏之書同名，非傳之體也。左氏傳之名，蓋始於劉歆七略。」按：法言此文亦但稱左氏，而不稱左傳，與周官不稱周禮同義。說文：「品，衆庶也。」品藻猶云多文采。司馬云：「品第善惡，藻飾其事。」以品、藻平列爲義。此用漢書僞淵騫序稱述品藻，顔注「定其差品及文質」之意而小變之，非子雲本旨。蓋品藻與立事及實録相對爲文，明非平列字也。「『太史遷』。曰：『實録』」者，漢書司馬遷傳贊云：「自劉向、揚雄博極羣書，皆稱遷有良史之材，服其善序事理，辨而不華，質而不俚，其文直，其事核，不虚美，不隱善，故謂之實録。」應劭云：「言録其事實。」按：實録者，謂核實之紀録，所謂其文直、其事核也。按：周官、左氏，漢世皆不立學官，不在經傳之列。劉歆始盛稱之，以爲周官，周公致太平之迹；左氏親見夫子，好惡與聖人同。賈公彦序周禮廢興云：「周官，孝武之時始出，祕而不傳。至孝成皇帝，達才通人劉向子歆校理祕書，始得列序，著於録、略，然亡其冬官一篇，以考工記足之。時衆儒竝出，共排以爲非是，惟歆獨識。末年乃知其周公致太平之迹。」劉歆傳云：「歆校祕書，見古文春秋左氏傳，歆大好之，以爲左丘明好惡與聖人同，親見夫子，而公羊、穀梁在七十子後，傳聞之與親見之，其詳略不同。及歆親近，欲建立左氏春秋及毛詩、逸禮、古文尚書，皆列於學官。哀帝令歆與五經博士講論其義，諸博士或不肯置對。歆因移書太常博士責讓之，其言甚切，諸儒皆怨恨。」是周官、左氏皆劉歆所力爲表章者，而法言此篇乃以二書儕諸史遷，示不列於經傳。而一則稱爲立事，一則目爲品藻，亦未嘗以爲聖人之言。然則子雲之於經學，固猶是當時博士之見矣。

法言義疏十六

淵騫卷第十一

〔疏〕吴曹侍讀元忠云：「漢書藝文志：『揚雄所序三十八篇。』本注云：『法言十三。』此十三篇，即本傳之十三卷。文選班孟堅答賓戲注引作『十二卷』者，宋祁校本云：『李軌注法言本，淵騫與重黎共序。』知軌據漢世傳本，重黎、淵騫并爲一篇，故合法言序爲十三篇，可由祁校語得之。」榮按：李本自學行卷第一，至孝至卷第十三，每卷標題下皆有注語，惟淵騫卷第十一下無文，蓋重黎、淵騫本爲一篇，多論春秋以後國君、將相、卿士、名臣之事，以其文獨繁，倍於他篇，故自篇中「或問淵、騫之徒惡乎在」以下，析爲卷第十一。雖自爲一篇，然實即重黎之下半，既非別有作意，遂不爲之序。弘範知其然，故於此卷標題下亦不爲之注。藝文志「法言十三」，此據卷數言之則然，若論其作意，不數淵騫，則止十二。答賓戲注引揚雄傳：「譔十二卷，象論語，號曰法言。」此可證舊本漢書此傳承用子雲自序，其文如此。卷末所載法言序中之不得別有淵騫序，更不辯自明。淺人習見通行法言卷數皆爲十三，疑雄傳「十二卷」字爲「十三」之誤，又疑淵騫獨無序爲傳寫闕失，遂改「二」爲「三」。且妄造「仲尼之後，迄於漢道」云云二十八字，爲淵騫序，竄入傳中。於是雄傳此文不獨非子雲之真，亦竝非孟堅之舊矣。君直據選注此條，證明重黎、淵騫共序之義，至爲精覈。然謂軌據漢世傳本合法言序爲十三篇，似亦未協。李本法言序附孝至之後，明不以爲一篇。蓋重黎、淵騫之析爲二篇，漢世已然。謂法言序無淵騫序，則是；謂十三卷爲數序，不數淵騫，則非也。

法言　李軌注

或問：「淵、騫之徒惡乎在？」曰：「寢。」或曰：「淵、騫曷不寢？」曰：「攀龍鱗，附鳳翼，巽以揚之，勃勃乎其不可及也。如其寢！如其寢！」〔疏〕「淵、騫之徒惡乎在」者，學行注云：「徒猶弟子也。」淵、騫之徒，猶云七十子之弟子。仲尼弟子列傳以顏淵、閔子騫居首，故舉淵、騫以統其餘也。音義：「惡乎，音烏。」按：七十子皆身通六藝，而其弟子多不傳，故以爲問。「寢」者，廣雅釋詁：「寢，藏也。」按：謂湮没不彰也。音義：「曰寢，俗本作『曰在寢』，『在』，衍字。」司馬云：「宋、吴本作『在寢』。」按：此因未解寢字之義而妄增者。「攀龍鱗，附鳳翼」者，伯夷列傳云：「顔淵雖篤學，附驥尾而行益顯。」索隱云：「喻因孔子而名彰。」即此文所本。「巽以揚之」，集注本無「巽」字，云：「宋、吴本作『巽以揚之』，今從李本。」是温公所見監本無此字。今治平本有之，而「巽以揚之」四字占三格，明是修板擠入。秦校云：「當衍『巽』字，温公集注可證。」是也。俞云：「盧氏文弨云：『李本巽作翼。』不知翼者即涉上句『附鳳翼』而誤衍。温公但云『揚，發揚也』，不及翼字之義。是其所據本無『巽』字，亦非別有他字也。今各本皆作『巽以揚之』，蓋據宋、吴本加，非李本之舊。」榮按：舊監本固無「巽」字，然此或傳寫偶脱，非必李本如此。後漢書光武帝紀章懷太子注引此文正作「巽以揚之」，（各本皆同。）則其所據本有「巽」字，爲宋、吴本所自出，錢本亦有之，於義爲足。蓋下文勃勃乎其不可及也，即承巽字而言。巽爲風，故云勃勃。龍鱗、鳳翼喻孔子之道，巽風喻天。言七十子得孔子而師事之，天實助之，以成其名也。勃勃乎其不可及也，世德堂本作「不可及乎」。「如其寢！如其寢」者，七十子之成名皆以孔子，七十子之弟子源遠而流益分，不復能有所附麗以成其名，然則七十子之遭際，豈得與其弟子之遭際相提並論也！

七十子之於仲尼也，日聞所不聞，見所不見，文章亦不足爲矣。〔疏〕「七十子之於仲尼也」，司馬云：「宋、吴本作『七十二子』。」按：孟子云：「如七十子之服孔子也。」本書學行云：「速哉！七十子之肖仲尼也。」皆舉成數言之，此亦同。宋、吴本非。「日聞所不聞，見所不見」者，聖人之言行，如天道之日新，學者得聖人而師之，其進益無有已時也。「文章亦不足爲矣」者，司馬云：「言游孔門者，務學道德，不事文章。」按：謂七十子不必皆有著述傳於後世，非其才有所不逮，乃日有所不給，亦意有所不屑也。

君子絶德，小人絶力。或問「絶德」。曰：「舜以孝，禹以功，皋陶以謨，非絶德邪？」〔注〕是皆德之殊絶。「力」。〔注〕絶力者何？「秦悼武、烏獲、任鄙扛鼎抃牛，非絶力邪？」〔注〕此等皆以多力舉重，崩中而死，所謂不得其死然。〔疏〕「君子絶德，小人絶力」者，絶謂不可幾及。言君子小人各有其不可幾及者，君子之於德，小人之於力是也。「舜以孝」者，堯典云：「有鰥在下，曰虞舜，父頑，母嚚，象傲，克諧以孝。」中庸云：「舜其大孝也與？德爲聖人，尊爲天子，富有四海之內，宗廟饗之，子孫保之。」「禹以功」者，禹貢云：「禹錫玄圭，告厥成功。」左傳昭公篇云：「美哉禹功！明德遠矣。微禹，吾其魚乎？」「皋陶以謨」者，皋陶謨云：「曰若稽古皋陶曰：『允迪厥德，謨明弼諧。』」書序云：「皋陶矢厥謨。」「秦悼武、烏獲、任鄙扛鼎抃牛」者，秦本紀云：「惠王卒，子武王立。」索隱云：「名蕩。」按：本紀稱武王者，省言之。下云「悼武王后出歸魏」，又始皇本紀云「悼武王享國四年，葬永陵」，是以二字爲謚也。本紀又云：「武王有力好戲，力士任鄙、烏獲、孟説皆至大官。王與孟説舉鼎絶臏，八月，（按：悼武四年。）武王死，族孟説。」是烏獲、任鄙皆秦悼武王同時人。孟子云：「然則舉烏獲之任，是亦爲烏獲而已矣。」趙注云：「烏獲，古之有力人也。」則烏獲乃古有力者之稱。秦悼武王時之烏獲，以有力著，因取此名名之耳。梁氏玉繩漢書人表考云：「案文子自然篇，老子曰：『用衆人之力者，烏獲不足恃。』是古有烏獲，後人慕之，以爲號也。」樗里子甘茂列傳云：「秦人諺曰：『力則任鄙，智則樗里。』」音義：「扛鼎，音江。」司馬云：「抃牛，謂以兩牛相擊，如抃手狀。」按：張平子思玄賦舊注云：「抃，手搏也。」又通作「卞」，漢書哀帝紀贊蘇林注云「手搏爲卞」，是也。然則抃牛卽手搏牛之謂。殷本紀正義引帝王世紀云：「紂倒曳九牛。」注「是皆德之殊絶」。按：司馬長卿封禪文：「未有殊尤絶跡可考於今者也。」是殊、絶義同。注「此等皆以多力舉重，崩中而死」。按：世德堂本無「此等」二字。秦本紀：「舉鼎絶臏。」集解引徐廣云：「一作『脈』。」弘範所據史記，字蓋作「脈」，故云崩中。內經陰陽別論云：「陰虛陽搏謂之崩。」王注云：「陰脈不足，陽脈盛搏，則內崩而血流下。」卽其義。史記惟言秦武王舉鼎而死，今按告子孫疏引皇甫士安帝王世説（當作「世紀」。）云：「秦武王好多力之士，烏獲之徒竝皆歸焉。秦王於洛陽舉周鼎，烏獲兩目血出。」則烏獲蓋亦不得其死。任鄙死狀未聞。白起列傳云：「昭王十三年，穰侯相秦，舉任鄙以爲漢中守。」則鄙至昭襄王時猶存。弘範云此等皆以舉重死，或別有所本。

或問「勇」。曰：「軻也。」曰：「何軻也？」曰：「軻也者，謂孟軻也。若荆軻，君子盜諸。」請問「孟軻之勇」。曰：「勇於義而果於德，不以貧富、貴賤、死生動其心，於勇也，其庶乎！」〔注〕或人之問勇，猶衞靈公之問陳也。仲尼答以俎豆，子雲應之以德義。〔疏〕「若荆軻，君子盜諸」者，刺客列傳云：「荆軻者，衞人也。其先乃齊人，徙於衞，衞人謂之慶卿。而之燕，燕人謂之荆卿。」索隱云：「軻先齊人，齊有慶氏，則或本姓慶。春秋慶封，其後改姓賀，此亦至衞而改姓慶爾。荆、慶聲相近，故隨在國而異其號也。」又同傳正義引燕太子篇云：「荆軻神勇之人，怒而色不變。」吴云：「爲燕太子刺秦王，以君子之道類之，則大盜耳。」司馬云：「比諸盜賊。」按：義詳後文。「請問孟軻之勇」，治平本無「問」字，錢本同，今依世德堂本。「勇於義而果於德，不以貧富、貴賤、死生動其心」者，吴云：「養浩然之氣，勇之大者。」按：「孟子云：『我四十不動心。』曰：『若是，則夫子過孟賁遠矣。』」趙注云：「孟子勇於德。」又：「孟子云：『我善養吾浩然之氣。其爲氣也，至大至剛，以直養而無害，則塞於天地之間。其爲氣也，配義與道，無是餒也。』」又云：「富貴不能淫，貧賤不能移，威武不能屈，此之謂大丈夫。」「其於勇也，其庶乎」者，荀子性惡云：「天下有中，敢直其身；先王有道，敢行其義。上不循於亂世之君，下不俗於亂世之民。仁之所在亡貧窮㊀，仁之所亡無富貴。天下知之，則欲與天下共苦樂之；天下不知之，則傀然獨立天地之間而不畏。是上勇也。」注「或人」至「德義」。按：世德堂本「猶」作「若」；「應之以德義」，無「之」字。

魯仲連傷而不制，〔注〕高談以救時難，功成而不受禄賞。藺相如制而不傷。〔注〕好義崇理，屈身伸節，輔佐本國，繫時之務也。〔疏〕「魯仲連傷而不制」者，魯仲連鄒陽列傳云：「魯仲連者，齊人也，好奇偉俶儻之畫策，而不肯仕宦任職，好持高節。游於趙，會秦圍趙，聞魏將欲令趙尊秦爲帝，乃見平原君曰：『事將柰何？』平原君曰：『勝也何敢言事？前亡四十萬之衆於外，今又内圍邯鄲而不能去。魏王使客將軍新垣衍令趙帝秦，今其人在是，勝也何敢言事？』魯仲連曰：『吾始以君爲天下之賢公子也，吾乃今然後知君非天下之賢公子也。梁客新垣衍安在？吾請爲君責而歸之。』魯仲連見新垣衍曰：『昔者齊湣王欲行天子之禮於鄒、魯，鄒、魯之臣不果納。今秦萬乘之國也，梁亦萬乘之國也，俱據萬乘

㊀「亡」字原本訛作「雖」，據荀子性惡篇改。

之國，各有稱王之名，睹其一戰而勝，欲從而帝之，是使三晉之大臣不如鄒、魯之僕妾也。且秦無已而帝，則且變易諸侯之大臣。彼將奪其所不肖，而與其所賢；奪其所憎，而與其所愛。彼又將使其子女讒妾爲諸侯妃姬，處梁之宫，梁王安得晏然而已乎？而將軍又何以得故寵乎？』於是新垣衍起，再拜謝，不敢復言帝秦。適會魏公子無忌奪晉鄙軍以救趙，擊秦軍，秦軍遂引而去。於是平原君欲封魯連，魯連辭讓。使者三，終不肯受。平原君乃置酒，酒酣起，前以千金爲魯連壽。魯連笑曰：『所爲貴於天下之士者，爲人排患釋難，解紛亂而無取也。即有取者，是商賈之事也，而連不忍爲也。』遂辭平原君而去，終身不復見。其後二十餘年，燕將攻下聊城，聊城人或讒之燕，燕將懼誅，因保守聊城不敢歸。齊田單攻聊城，歲餘，士卒多死，而聊城不下。魯連乃爲書，約之矢，以射城中，遺燕將。燕將見魯連書，猶預不能自決。欲歸燕，已有隙，恐誅；欲降齊，所殺虜於齊甚衆，恐已降而後見辱，乃自殺。聊城亂，田單遂屠聊城，歸而言魯連，欲爵之。魯連逃隱於海上，曰：『吾與富貴而詘於人，寧貧賤而輕世肆志焉。』」音義：「偒與蕩同。」司馬云：「宋、吴本『偒』作『傷』，『制』作『剬』。介甫曰：『偒古蕩字，剬古制字。』」按：說文：「愓，放也。」古書多假「蕩」爲之。偒、傷皆「愓」之俗。玉篇：「偒，他莽切，直也。」非此文之義。五帝本紀：「依鬼神以剬義。」正義云：「剬古制字。」梁氏志疑云：「古制字作『制』，若『剬』，音端，與『剸』同。則『剬』乃『制』之譌矣。」按：篆文制作「𠛎」，隸變作「𠛚」，傳寫遂誤爲「剬」耳。偒謂自適，制謂自持。魯仲連偒而不制，謂其能輕世肆志，而不能仕宦任職。藺相如，見重黎疏。制而不偒，謂其能懲忿以先國家之急，而嘗爲宦者令繆賢舍人，亦降志辱身矣。司馬云：「仲連不以富貴動其心，而未能忘死生；相如不以死生動其心，而未能忘富貴，故云然。」温公意以此爲承上章而言，故釋之如此，然義似未確。注「功成而不受禄賞」。按：世德堂本作「爵賞」。注「好義崇理」。按：世德堂本作「崇禮」。

或問「鄒陽」。曰：「未信而分疑，忼辭免罿，幾矣哉！」〔注〕鳥罟謂之罿，猶人之縲紲。幾，危也。獄中出慷慨之詞，得以自免，亦已危矣。〔疏〕史記鄒陽與魯仲連同傳，既論魯仲連，故遂及鄒陽也。彼傳云：「鄒陽者，齊人也，游於梁，與故吳人莊忌夫子、淮陰枚生之徒交，上書，而介於羊勝、公孫詭之間。勝等忌鄒陽，惡之梁孝王。孝王怒，下之吏，將欲殺之。鄒陽客游，以讒見禽，恐死而負累，乃從獄中上書。書奏梁孝王，孝王使人出之，卒爲上客。」太史公曰：「鄒陽辭雖不遜，然其比物連類，有足悲者，亦可謂抗直不撓矣。」「未信而分疑」者，宋云：「言未爲梁王所信，方爲其所疑，雖能分解以免，固亦危矣。」司馬云：「孔子稱信而後諫，未信則以爲謗己也。陽初仕梁，未爲孝王所信，而深言以觸機事，分取孝王之疑，故曰未信而分疑。」吳胡部郎玉縉云：「疑，謗也。未信而分疑，未信而致與人分謗也。鄒陽云：『爲世所疑。』謂爲世所謗，楊子蓋本此。」榮按：鄒陽書云：「臣聞忠無不報，信不見疑，臣常以爲然，徒虛語耳。昔者荊軻慕燕丹之義，白虹貫日，太子畏之。衛先生爲秦畫長平之事，太白蝕昴，而昭王疑之。夫精變天地，而信不喻兩主，豈不哀哉！今臣盡忠竭誠，畢議願知。左右不明，卒從吏訊，爲世所疑。是使荊軻、衛先生復起，而燕、秦不悟也。願大王孰察之！』是書意以疑、信對舉，疑卽不信之謂。曲禮：「分争辯訟。」鄭注云：「分、辯皆别也。」然則分疑卽辯疑，似以宋義爲長。「忼辭免罿」者，音義：「忼辭，苦兩切。免罿，音衝。」按：説文：「抗，扞也。」引伸爲不詘之義。忼辭卽抗辭，史云鄒陽辭不遜，及云抗直不撓，是也。「幾矣哉」者，音義：「幾矣，音機。」按：重黎云：「如辯人，幾矣！」與此同義。注「鳥罟謂之罿」。按：説文：「罿，罬也。」；「罬，捕鳥覆車也。」爾雅釋器：「罬謂之罦。罦，覆車也。」郭云：「今之翻車也，有兩轅，中施罥以捕鳥。」王氏筠説文釋例云：「覆車，吾鄉謂之翻車，不用罔目，以雙繩貫柔條，張之如弓，繩之中央縛兩竹，竹之末箕張亦以繩貫之，而張之以機。機上繫蛾，鳥食蛾則機發，竹覆於弓，而羉其項矣。以其弓似半輪，故得車名。」注「獄中出慷慨之辭」。按：弘範讀忼如字，故以爲慷慨之辭。慷卽「忼」之俗，説文：「忼，慨也。」又「慨」篆下云：「忼慨，壯士不得志也。」然「忼辭」字明用史公鄒陽傳贊語，意非忼慨之謂，此注似失其義。

或問：「信陵、平原、孟嘗、春申益乎？」曰：「上失其政，姦臣竊國命，何其益乎！」〔注〕當此四君之時，實皆有益於其國，而楊子譏之者，蓋論上失其政，故辯明之。〔疏〕「信陵、平原、孟嘗、春申益乎」者，信陵君列傳云：「魏公子無忌者，魏昭王少子，而魏安釐王異母弟也。昭王薨，安釐王卽位，封公子爲信陵君。公子爲人仁而下士，士無賢不肖，皆謙而禮交之，不敢以其富貴驕士。士以此方數千里爭往歸之，致食客三千人。當是時，諸侯以公子賢，多客，不敢加兵謀魏十餘年。魏有隱士曰侯嬴，年七十，家貧，爲大梁夷門監者。公子聞之，從車騎，虛左，自迎夷門侯生，侯生遂爲上客。魏安釐王二十年，秦昭王已破趙長平軍，又進兵圍邯鄲。公子姊爲趙惠文王弟平原君夫人，數遺魏王及公子書，請救於魏。魏王使將軍晉鄙將十萬衆救趙。秦王使使者告魏王曰：『吾攻趙，旦暮且下，而諸侯敢救者，已拔趙，必移兵先擊之。』魏王恐，使人止晉鄙留軍壁鄴，名爲救趙，實持兩端以觀望。公子患之，因問侯生。乃屏人間語曰：『嬴聞晉鄙之兵符常在王卧內，而如姬最幸，力能竊之。公子誠請如姬，如姬必許諾，則得虎符，奪晉鄙軍，北救趙而西卻秦。』公子從其計，如姬果盜晉鄙兵符與公子。公子行，侯生曰：『臣客屠者朱亥可與俱。此人力士，晉鄙聽，大善；不聽，可使擊之。』公子遂行。至鄴，矯魏王令代晉鄙。晉鄙合符，疑之，欲無聽。朱亥袖四十斤鐵椎椎殺晉鄙，公子遂將晉鄙軍，得選兵八萬人，進兵擊秦軍，秦軍解去，遂救邯鄲，存趙。魏王怒公子之盜其兵符，矯殺晉鄙。公子亦自知也，使將將其軍歸魏，而獨與客留趙，十年不歸。秦日夜出兵東伐魏，魏王患之，使人往請公子，公子歸救魏。魏王以上將軍印授公子，公子率五國之兵破秦軍於河外。秦王患之，乃行金萬斤於魏，求晉鄙客，令毁公子於魏王。魏王日聞其毁，不能不信，後果使人代公子將。公子自知再以毁廢，乃謝病不朝，與賓客爲長夜飲。飲醇酒，多近婦女，日夜爲樂飲者四歲，竟病酒而卒。」索隱云：「地理志無信陵，或曰是鄉邑名。」又平原君虞卿列傳云：「平原君趙勝者，趙之諸公子也。諸子中，勝最賢，喜賓客，賓客蓋至者數千人。平原君相趙惠文王及孝成王，三去相，三復位，封於東武城。秦之圍邯鄲，趙使平原君求救合從於楚。平原君已定從而歸，楚使春申君將兵赴救趙，魏信陵君亦矯奪晉鄙軍往救趙，皆未至。秦急圍邯鄲，邯鄲傳舍吏子李同説平原君令夫人以下編於士卒之間，分功而作，家之所有，盡散以饗士。平原君從之，得敢死之士三千。李同遂與三千人赴秦軍，秦軍爲之卻三十里。亦會楚、魏救至，秦兵遂罷，邯鄲復存，李同戰死。平原君以趙孝成王十五年卒，子孫代後，竟與趙俱亡。」又孟嘗君列傳云：「孟嘗君名文，姓田氏。文之父曰靖郭君田嬰。田嬰者，齊威王少子，而齊宣王庶弟也。田嬰相齊十一年，宣王卒，湣王即位，封田嬰於薛。文承間問其父嬰曰：『君用事相齊，至今三王矣。齊不加廣，而君私家富累萬金，門下不見一賢者，文竊怪之。』於是嬰乃禮文，使主家，待賓客，賓客日進，名聲聞於諸侯，諸侯皆使人請薛公田嬰以文爲太子，嬰許之。嬰卒，而文果代立於薛，是爲孟嘗君。孟嘗君在薛招致諸侯賓客及亡人有罪者，皆歸孟嘗君，孟嘗君舍業厚遇之，以故傾天下之士，食客數千人，無貴賤，一與文等。秦昭王聞其賢，乃先使涇陽君爲質於齊，以求見孟嘗君。齊湣王二十五年，卒使孟嘗君入秦，昭王即以孟嘗君爲秦相。人或説秦昭王曰：『孟嘗君賢，而又齊族也，今相秦，必先齊而後秦，秦其危矣。』秦昭王乃止，囚孟嘗君，謀欲殺之。孟嘗君使人抵昭王幸姬求解。姬曰：『妾願得君狐白裘。』孟嘗君有一狐白裘，直千金，天下無雙。入秦，獻之昭王，更無他裘。客有能爲狗盜者，夜爲狗以入秦宫藏中，取所獻狐白裘至，以獻秦王幸姬。幸姬爲言昭王，昭王釋孟嘗君。孟嘗君得出，即馳去。夜半至函谷關，關法雞鳴而出客，孟嘗君恐追至，客有能爲雞鳴，而雞盡鳴，遂發傳出。出如食頃，秦追果至關，已後孟嘗君出，乃還。齊湣王不自得，以其遣孟嘗君。孟嘗君至，則以爲齊相任政。居數年，人或毁孟嘗君於齊湣王，孟嘗君因謝病歸老於薛。後齊湣王滅宋，益驕，欲去孟嘗君。孟嘗君恐，乃如魏，魏昭王以爲相，西合於秦、趙，與燕共伐破齊。齊湣王亡在莒，遂死焉。齊襄王立，而孟嘗君中立於諸侯，無所屬。齊襄王新立，畏孟嘗君，與連和復親㊀。薛公卒，謚爲孟嘗君。諸子争立，而齊、魏共滅薛，孟嘗絶嗣，無後也。」索隱云：「孟嘗襲父封薛，而號曰孟嘗君。此云謚，非也。孟，字；嘗，邑名。嘗邑在薛之旁。」按：文襲父封，本爲薛公，别號孟嘗君，死而遂以爲謚，猶父謚靖郭君之比，謚亦號也。又春申君列傳云：「春申君者，楚人也，名歇，姓黄氏。游學博聞，事楚頃襄王，使於秦。秦昭王方令白起與韓、魏共伐楚，未行而楚使黄歇適至於秦，聞秦之計。當是之時，秦已前使白起攻楚，取巫、黔中之郡，拔鄢、郢，東至竟陵。楚頃襄王東徙，治於陳縣。黄歇恐一舉而滅楚，乃上書説秦昭王，昭王乃止白起而謝韓、魏，發使賂楚，約爲與國。黄歇受約歸楚，楚使歇與太子完入質於秦，秦留之數年。楚頃襄王病，於是黄歇乃説應侯曰：『今楚王恐不起疾，秦不如歸其太子，太子得立，其事秦必重，而德相國無窮，是親與國而得儲萬乘也。』應侯以聞秦王，秦王曰：『令楚太子之傅先往問楚王之疾，返而後圖之。』黄歇爲

㊀「親」下原本有偏書小字「句」，蓋作者以示句讀，今删。

太子計，變衣服爲楚使者，御以出關，而黃歇守舍，常爲謝病。度太子已遠，秦不能追，歇乃自言秦昭王，願賜死。秦因遣黃歇。歇至楚三月，楚頃襄王卒，太子完立，是爲考烈王。以黃歇爲相，封爲春申君。是時齊有孟嘗君，趙有平原君，魏有信陵君，方争下士，招致賓客，以相傾奪，輔國持權。春申君爲楚相四年，秦破趙之長平軍四十餘萬；五年，圍邯鄲，楚使春申君將兵往救之，秦兵亦去。春申君相楚八年，北伐滅魯，以荀卿爲蘭陵令。春申君相二十二年，諸侯患秦攻伐無已時，乃相與合從西伐秦，而楚王爲從長，春申君用事。至函谷關，秦出兵攻諸侯兵，皆敗走，楚考烈王以咎春申君，春申君以此益疏。楚於是去陳，徙壽春。楚考烈王無子，趙人李園持其女弟欲進之楚王㈠，聞其不宜子，恐久無寵，求事春申君爲舍人，乃進其女弟，即幸於春申君。知其有身，乃與其女弟謀，承間以説春申君曰：『君貴，用事久，多失禮於王兄弟，禍且及身。今妾自知有身矣，誠以君之重而進妾於楚王，妾賴天有子男，則是君之子爲王也，楚國盡可得，孰與身臨不測之罪乎？』春申君大然之，乃出李園女弟謹舍，而言之楚王。楚王召入幸之，遂生子男，立爲太子。李園恐春申君語泄，陰養死士，欲殺春申君以滅口。春申君相二十五年，楚考烈王卒，李園伏死士於棘門之内，春申君入棘門園，死士俠刺春申君，斬其頭，投之棘門外，於是遂使吏盡滅春申君之家。」正義云：「四君封邑檢皆不獲，唯平原有地，又非趙境，竝蓋號謚，而孟嘗是謚。」「上失其政，姦臣竊國命，何其益乎」者，漢書游俠傳云：「古者天子建國，諸侯立家，自卿大夫以至於庶人，各有等差。是以民服事其上，而下無覬覦。孔子曰：『天下有道，政不在大夫。』百官有司，奉法承令，以脩所職。失職有誅，侵官有罰。夫然故上下相順，而庶事理焉。周室既微，禮樂征伐自諸侯出，桓、文之後，大夫世權，陪臣執命。陵夷

㈠「王」下原本有偏書小字「句」，蓋作者以示句讀，今删。

至於戰國，合從連衡，力政爭彊。繇是列國公子魏有信陵，趙有平原，齊有孟嘗，楚有春申，皆藉王公之埶，競爲游俠，雞鳴狗盜，無不賓禮。皆以取重諸侯，顯名天下，搤掔而游談者，以四豪爲稱首。於是背公死黨之議成，守職奉上之義廢矣。」按：孟堅此論，原本儒術，可爲此文之義疏。

樗里子之知也，使知國如葬，則吾以疾爲蓍龜。〔注〕疾者，樗里子之名。死葬，豫言後當有兩天子宮夾我，果如其言。使其策算國事如之，則吾以疾爲蓍龜者，有爲有行動而問焉。〔疏〕「樗里子之知也」，世德堂本「知」作「智」。按：音義出「之知」，云：「音智，下『知國』如字。」明不作「智」。樗里子甘茂列傳云：「樗里子者，名疾，秦惠王之弟也。樗里子滑稽多智，秦人號曰智囊。秦惠王卒，太子武王立，以樗里子、甘茂爲左、右丞相。秦武王卒，昭王立，樗里子又益尊重。昭王七年，樗里子卒，葬於渭南章臺之東，曰：『後百歲，是當有天子之宮夾我墓。』樗里子疾室在於昭王廟西，渭南陰鄉樗里，故俗謂之樗里子。至漢興，長樂宮在其東，未央宮在其西，武庫正直其墓。秦人諺曰：『力則任鄙，智則樗里。』」索隱云：「樗，木名也，音攄。高誘曰：『其里有樗樹，故曰樗里。』然疾居渭南陰鄉之樗里，故號曰樗里子。又紀年則謂之緒里疾。」「使知國如葬，則吾以疾爲蓍龜」者，世德堂本作「使知國如知葬」。樗里子爲秦相，未聞有所益於國，而獨以知葬聞，是其智不足稱也。蓋謂樗里子知葬云云者，本秦人傳言之妄，此不斥其妄，而惜樗里子之不能用其智於國，明傳言即非妄，亦不可以爲智也。袁彥伯三國名臣序贊㊀：「思同蓍蔡。」李注引此文作「樗里之智也，使知國若葬，吾以疾爲蓍蔡也」。似舊本「龜」作「蔡」。論語：「臧文仲居蔡。」苞云：「蔡，國君之守龜也。出蔡地，因以爲名焉。」注「疾者」至「問

㊀「彥伯」二字原本互倒，據文選改。

焉」。按：世德堂本此注全删。「策算」錢本作「算策」。

「周之順、赧，以成周而西傾；秦之惠文、昭襄，以西山而東并，孰愈？」曰：「周也羊，秦也狼。」「然則狼愈與？」曰：「羊、狼一也。」〔注〕過猶不及，兩不與也。〔疏〕「周之順、赧，以成周而西傾」者，音義：「周之順、赧，諸本皆作『順、赧』，順靚王及赧王也。俗本作『周之傾』，字之誤也。史記作『慎靚王』，索隱作『順靚王』，或是『慎』轉爲『順』。赧，奴板切。」司馬云：「宋、吳本作『周之傾赧』。」按：周本紀：「顯王崩，子慎靚王定立。」梁氏志疑云：「晉常璩華陽國志作『慎王』，而路史前紀注引志作『靜王』，又作『順王』，蓋單稱之耳。靚卽静字，順與慎通。」按：逸周書謚法：「慈和徧服曰順。」別無「慎」字，明慎卽順也。作「傾」者，順、傾形近，兼涉下文「西傾」字而誤。本紀又云：「慎靚王立六年崩，子赧王延立。」按：詳重黎疏。成周，周敬王至順靚王所都之東周也。自春秋至戰國，東周凡三：其一，平王以後所都之王城也。詩黍離序鄭箋云：「宗周，鎬京也，謂之西周。周，王城也，謂之東周。」是也。其二，敬王以後所都之成周也。公羊傳昭公篇云：「王城者何？西周也。成周者何？東周也。」是也。其三，考王之弟之孫所封之鞏也。周本紀索隱云：「西周，河南也。東周，鞏也。」是也。漢時，王城爲河南縣，成周爲雒陽縣，鞏爲鞏縣，竝屬河南郡。宋云：「平王東遷於洛，卽周公所營之王城，是謂成周。」此誤以河南縣與雒陽縣牽合爲一也。周本紀：「王赧徙都西周。」正義云：「敬王從王城東徙成周，十世至王赧，從成周西徙王城。」然則王赧之時已去成周而復都王城，此云以成周西傾者，因兼舉順靚王，從其前者言之耳。西傾謂王赧奔秦，（本紀書「西周君」。正義以爲西周武公，誤也。）盡獻其邑三十六，口三萬，是也。「秦之惠文、昭襄以西山而東并」者，秦本紀：「孝公卒，子惠文君立。」索隱云：「名駟。」又本紀：「武王取魏女爲后，無子，立異母弟，是爲昭襄王。」索隱云：「名則，一名稷，武王弟。」按：武王即悼武王，爲惠文君子，昭襄爲悼武弟，亦惠文子也。吳云：「秦都雍州，西山在焉，而東滅周，故曰東并。」本紀曰：「文公卒，葬西山。」按：秦文公葬地，據集解引皇甫謐云，在今隴西之西縣，則當今甘肅鞏昌府西和縣境。此文西山，不當指此。易隨「上六，王用亨于西山」，又升「六四，王用亨于岐山」，毛氏奇齡仲氏易云：「西山者，岐山也。」焦氏循易章句亦云：「岐山猶西山也。」然則此即用易文，西山猶云岐山耳。地理志：「右扶風美陽，禹貢岐山在西北中水鄉，周太王所邑。」音義：「東并，音併。」新書過秦云：「孝公既没，惠文、武、昭襄蒙故業，因遺策南取漢中，西舉巴蜀，東割膏腴之地，北收要害之郡，諸侯恐懼。」秦本紀云：「昭襄王五十一年，西周君走來自歸，頓首受罪。」按：不云莊襄、始皇者，以周之亡在昭襄之世也。「孰愈」者，問道云：「或問：『狙詐與亡孰愈？』曰：『亡愈。』」故復發此問。「周也羊，秦也狼」者，國策楚策云：「夫秦虎狼之國也。」「然則狼愈與」者，既無許周之文，故更疑強勝於弱也。「羊、狼一也」者，宋云：「言周以不道而弱，秦以不道而強，強與弱雖異，而不道一也。」

或問：「蒙恬忠而被誅，忠奚可爲也？」曰：「塹山堙谷，起臨洮，擊遼水，力不足而死有餘，忠不足相也。」〔注〕相，助也。雖盡一身之節，而殘百姓之命，非所以務民之義。〔疏〕「蒙恬忠而被誅」者，蒙恬列傳云：「蒙恬者，其先齊人也。恬大父蒙驁自齊事秦昭王，官至上卿。驁子武，武子曰恬，蒙恬弟毅。始皇二十六年，蒙恬因家世得爲秦將，攻齊，大破之，拜爲内史。秦已并天下，乃使蒙恬將三十萬衆北逐戎狄，收河南，築長城。因地形用險制塞，起臨洮，至遼東，延袤萬餘里。於是渡河據陽山，逶蛇而北，暴師於外十餘年，居上郡。是時蒙恬威振匈奴，始皇甚尊寵蒙氏，信任賢之而親近。蒙毅位至上卿，恬任外事，而毅常爲内謀，名爲忠信。故雖諸將相，莫敢與之争焉。始皇欲游天下，道九原，直抵甘泉。乃使蒙恬通道，自九原抵甘泉，壍山堙谷，千八百里，道未就。始皇三十七年冬行出游會稽，竝海上，北走瑯邪。道病，使蒙毅還禱山川。未反，始皇至沙丘崩。中車府令趙高乃與丞相李斯、少子胡亥陰謀，立胡亥爲太子。太子已立，遣使者以罪賜公子扶蘇、蒙恬死。扶蘇已死，蒙恬疑而復請之。使者還報。毅還至，趙高因爲胡亥忠計，欲以滅蒙氏。胡亥聽而繫蒙毅於代，前已囚蒙恬於陽周。喪至咸陽，已葬，太子立，爲二世皇帝。而趙高親近，日夜毁惡蒙氏。胡亥令蒙毅曰：『先主欲立太子，而卿難之，今丞相以卿爲不忠，罪及其宗。朕不忍，乃賜卿死，亦甚幸矣。』遂殺之。二世又遣使者之陽周，令蒙恬曰：『君之過多矣，而卿弟毅有大罪，法及内史。』恬曰：『自吾先人及至子孫，積功信於秦三世矣。今臣將兵三十餘萬，身雖囚繫，其勢足以倍畔。自知必死而守義者，不敢辱先人之教，以不忘先主也。恬之宗世無二心，而事卒如此，是必孽臣逆亂，内陵之道也。』使者曰：『臣受詔行法於將軍，不敢以將軍言聞於上也。』蒙恬喟然太息曰：『我何罪於天，無過而死乎！』良久，徐曰：『恬罪固當死矣。起臨洮，屬之遼東，城壍萬餘里，此其中不能無絶地脈哉，此乃恬之罪也。』乃吞藥自殺。」「壍山堙谷」者，音義：「壍山，七豔切。」按：世德堂本作「塹」。說文：「塹，阬也。」壍即塹之别體，史記亦作「壍」。說文：「垔，塞也。」俗字作「湮」。「起臨洮，擊遼水」者，音義：「臨洮，音叨㊀。」按：地理志：「隴西郡臨洮，洮水出西羌中，北至抱罕，東入河。禹貢西傾山在縣西㊁，南部都尉治也。今甘肅鞏昌府岷州，秦長城起州西。秦校云：『擊』當作『繫』。繫，屬也。史記云屬之遼東，不作『擊』，可知。但各本皆誤，或治平初刻已如

㊀「叨」字原本作「洮」，音近，且涉上文「臨洮」而訛，今據音義改。

㊁「西」下原本有偏書小字「句」，蓋作者以示句讀，今删。

此。」俞云：「擊字無義，疑『罄』字之誤。爾雅釋詁：『罄，盡也。』言起臨洮，而盡遼水也。史記作『起臨洮，至遼東』，『至』即盡義。」按：秦説是也。地理志：「遼東郡望平，大遼水出塞外，南至安市入海，行千二百五十里。」按：今遼河有東、西二源，自邊外合流而南，逕開原、鐵嶺縣西，又逕承德、遼陽、海城之西，又南入海。「力不足而死有餘」，司馬依宋、吴本，「死」作「屍」。俞云：「力者，功也。周官司勳『治功曰力』，是也。言蒙恬爲秦築長城，無救於秦之亡，以論功則不足，以致死則有餘矣。故曰力不足而死有餘。宋、吴本『死』作『屍』，誤也。温公從之，非是。」按：宋、吴本固非，俞義亦未安。力不足而死有餘，謂用民之力而不惜民之死，民力匱而死者多耳。太史公曰：「吾適北邊，自直道歸，行觀蒙恬所爲秦築長城亭障，塹山堙谷，通直道，固輕百姓力矣。夫秦之初滅諸侯，天下之心未定，痍傷者未瘳，而恬爲名將，不以此時彊諫，振百姓之急，養老存孤，務修衆庶使之和，而阿意興功，此其兄弟遇誅，不亦宜乎！」即此文之義。忠不足相也，音義：「相，息亮切。」按：「相」疑「稱」之駁文，傳寫誤耳。注「相，助也」。按：俞云：「説文木部：『相，省視也，從目從木，易曰：地可觀者，莫可觀於木。』是相與觀義近。忠不足相也，猶曰忠不足觀也。不曰觀而曰相，子雲好爲艱深之辭故耳。李注訓相爲助，將誰使助之乎？失楊旨矣。」榮按：弘範以相爲助，猶云贊也，義雖稍紆，然固可通。曲園訓爲觀，而以此爲子雲好作艱深之辭，尤謬。

或問：「呂不韋其智矣乎，以人易貨？」〔注〕呂不韋，陽翟賈人也，出千金以助子楚，子楚既立，不韋相之。曰：「誰謂不韋智者與？以國易宗。〔注〕雖開列封，先笑後愁；身既鴆死，宗族竄流。不韋之盜，穿窬之雄乎？〔注〕不以其道，非盜如何？穿窬也者，吾見擔石矣，未見雒陽也。」〔注〕雒陽，不韋所國地也。揭雒陽而行天下，豈徒擔石乎？〔疏〕「呂不韋其智矣乎？以人易貨」者，呂不韋列傳云：「呂不韋者，陽翟大賈人也，往來販賤賣貴，家累千金。秦昭王太子死，以其次子安國君爲太子。安國君有子二十餘人，中男名子楚，（按：本名異人。）爲秦質子於趙，車乘進用不饒，居處困不得志。呂不韋賈邯鄲，見而憐之，曰：『此奇貨可居。』乃往見子楚，說曰：『秦王老矣，安國君得爲太子。竊聞安國君愛幸華陽夫人。華陽夫人無子，能立適嗣者，獨華陽夫人耳。子貧，客於此，非有以奉獻於親及結賓客也。不韋雖貧，請以千金爲子西游，事安國君及華陽夫人，立子爲適嗣。』乃以五百金與子楚爲進用，結賓客。而復以五百金買奇物玩好，自奉而西游秦，求見華陽夫人姊，而皆以其物獻華陽夫人。因言子楚賢智，日夜泣思太子及夫人。夫人大喜，承太子閒，從容言子楚質於趙者絶賢，來往者皆稱譽之，妾不幸無子，願得子楚，立以爲適嗣，以託妾身。安國君許之。秦昭王五十年，使王齮圍邯鄲急，趙欲殺子楚。子楚與呂不韋謀，行金六百斤予守者吏，得脱，亡赴秦軍，遂以得歸。秦昭王五十六年薨，太子安國君立爲王，華陽夫人爲王后，子楚爲太子。秦王立一年薨，謚爲孝文王。太子子楚代立，是爲莊襄王。以呂不韋爲丞相，封爲文信侯，食河南洛陽十萬户。」此以人易貨之事。傳「奇貨可居」下集解云：「以子楚方財貨也。」正義引戰國策（按：秦策文。）云：「濮陽人呂不韋賈邯鄲，見秦質子異人，歸謂其父曰：『耕田之利幾倍？』曰：『十倍。』『珠玉之贏幾倍？』曰：『百倍。』『立主定國之贏幾倍？』曰：『無數。』不韋曰：『今力田疾作，不得煖衣飽食，今定國立君，澤可遺後世，願往事之。』」是其義也。「誰謂不韋智者與？以國易宗」者，傳又云：「莊襄王三年薨，太子政立爲王，尊呂不韋爲相國，號仲父。始皇九年，有告嫪毒常與太后私亂，事連相國呂不韋。九月，夷嫪毒三族。十年十月，免相國呂不韋，就國河南。歲餘，諸侯賓客使者相望於道，請文信侯。秦王恐其爲變，乃賜文信侯書曰：『君何功於秦？秦封君河南，食十萬户。君何親於秦？號稱仲父。其與家屬徙處蜀。』吕不韋自度稍侵，恐誅，乃飲酖而死。」此以國易宗之事。國謂雒陽。以國易宗，謂得雒陽之封，而終乃身誅而家族徙也。「不韋之盜」，世德堂本作「吕不韋之盜」。「穿窬之雄乎」者，音義：「窬，音踰。」論語云：「色厲而内荏，譬諸小人，其猶穿窬之盜也與！」孔注云：「穿，穿壁也；窬，窬牆也。」皇疏云：「窬，竇也。」「吾見擔石矣，未見雒陽也」者，音義：「擔石，都濫切，又都甘切。」按：説文：「儋，何也。」今字作「擔荷」。漢書蒯通傳：「守儋石之禄者，闕卿相之位。」應劭云：「齊人名小罌爲儋，受二斛。」晉灼云：「石，斗石也。」顔云：「儋，音都濫反。或曰儋者，一人之所負擔也。」地理志云：「河南郡雒陽。」顔注引「魚豢云：『漢火德忌水，故去「洛」「水」，而加「隹」。如魚氏説，則光武以後改爲「雒」字也』。」説文「洛」篆下段注云：「雍州洛水，豫州雒水，其字分别，自古不紊。許書水部下不舉豫州水，尤爲二字分别之證。後人書豫水作『洛』，其誤起於魏。裴松之引魏略曰：『黄初元年，詔以漢火行也，火忌水，故洛去水而加隹。魏於行次爲土，土，水之牡也，水得土而乃流，土得水而柔，故除隹而加水，變雒爲洛。』此丕妄言，以揜己紛更之咎，且自詭於復古。自魏至今，皆受其欺。」又「雒」篆下注云：「自魏黄初以前，伊、雒字皆作此，與雍渭、洛字迥判。」汪氏之昌青學齋集云：「洛水有二，原祇作『洛』，其作『雒』者，假借字。文選江賦：『聿經始於洛、汭。』李善注：『洛與雒通。』恐亦古有其説。就漢碑攷之，孔龢碑『奏雒陽宫』，韓勑碑『河南雒陽史晨奏銘鈎河擿雒』，此皆假『雒』爲『洛』；袁良碑『隱居河、洛』，仍作『洛』字。説文羽部『翬』注：『一曰伊、雒而南，雉五采皆備曰翬。』隹部則云：『伊、洛而南曰翬。』一作雒，一作洛，尤雒、洛兩字容得通假之一證。以例經傳之伊、雒，則古不必定作『伊、雒』也。」按：託名幖幟，本無正字，伊、雒雖水名，其文不必皆從水。古「伊、雒」字作「雒」者，所以别於「渭、洛」之「洛」，不得以「洛」爲正，而「雒」爲假也。雒陽故城在今河南河南府洛陽縣東北二十里。秦本紀：「昭襄王五十一年，秦使將軍摎攻西周，西周君走來自歸，頓首受罪，盡獻其邑三十六城，口三萬。」又：「莊襄王元年，東周君與諸侯謀秦，秦使相國呂不韋誅之，盡入其國。秦界至大梁，初置三川郡。」集解引「韋昭云：『有河、洛、伊，故曰三川。』駰按：地理志，漢高祖更名河南郡。」則莊襄王時盡有東、西周地，故得以雒陽爲不韋封國也。吴云：「穿窬者伺慢藏，而得之不過一擔一石，而不韋伺人顏色，而取雒陽之封，是其雄也。」注「呂不韋，陽翟賈人也」。按：此本史記列傳。彼索隱云：「翟，音狄，俗又音宅。地理志：縣名，屬潁川。戰國策以不韋爲濮陽人，又記其事迹亦多與此傳不同。班固雖云太史公據戰國策，然爲此傳當別有所聞見，故不全依彼說。或者劉向定戰國策時以己異聞改易彼書，遂令不與史遷記合也。」榮按：陽翟，戰國時爲韓都，今河南開封府。禹州治濮陽，爲衛都，今直隸大名府開州西南。史稱不韋「陽翟大賈」，不云「陽翟人」，則不韋乃衛人而賈於韓者。國策就生地言，史記就賈地言，本無不合。至事迹偶有異同，則史公齊整百家，不必專采一書，劉子政校書，必無據異聞改易正文之理。司馬貞說殊謬。注「雖開」至「竄流」。按：世德堂本「開」誤「聞」，此弘範以列封字釋國，謂不韋得雒陽之封而隕其宗也。吴云：「儌取國權，以易宗族。」司馬云：「貪國權而喪其宗。」則皆以國爲國權，與弘範義異。班孟堅答賓戲云：「呂行詐以賈國，秦貨既貴，厥宗亦墜。」語意本此。似孟堅解「以國易宗」亦與司封、温公同。注「非盜如何」。按：治平本作「何如」，今依世德堂本。如之爲言，而也。非盜如何，猶云非盜而何。學行注云：「賣者欲貴，買者欲賤，非異如何？」問明注云：「人所不能，非難如何？」孝至注云：「自然之美，非至如何？」文義竝同。注「雒陽」至「石乎」。按：秦策云：「子楚立，以不韋爲相，號曰文信侯，食藍田十二邑。」蓋初封藍田，及秦使不韋滅東周，乃以雒陽爲其封國也。莊子胠篋釋文引三蒼：「揭，舉也，儋也，負也。」小爾雅廣言：「荷，揭擔也。」揭雒陽而行天下，喻以雒陽爲擔石也。

「秦將白起不仁，奚用爲也？」「長平之戰，四十萬人死，蚩尤之亂，不過於此矣。原野厭人之肉，川谷流人之血，將不仁，奚用爲！」〔注〕奚，何。「翦？」〔注〕問王翦何將也。曰：「始皇方獵六國，而翦牙欸。」〔注〕咀噬用牙，言其酷也。欸者，絕語，歎聲。〔疏〕「秦將白起」者，音義：「秦將，子亮切，下同。」按：白起王翦列傳云：「白起者，郿人也，善用兵，事秦昭王。昭王十三年，爲左庶長。其明年，爲左更，遷爲國尉。明年，爲大良造。後遷爲武安君。四十八年，韓、趙使蘇代厚幣說秦相應侯曰：『武安君所爲秦戰勝攻取者七十餘城，南定鄢、郢、漢中，北禽趙括之軍，雖周、召、呂望之功不益於此矣。今趙亡，秦王王，則武安君必爲三公，君能爲之下乎？』於是應侯言於秦王，許韓、趙之割地以和，且休士卒。正月，皆罷兵。武安君聞之，由是與應侯有隙。其九月，秦復使王陵攻趙。四十九年正月，秦王欲使武安君代陵，武安君終辭不肯行，遂稱病。秦圍邯鄲不能拔，軍多失亡，秦王彊起武安君。武安君遂稱病篤，應侯請之不起，於是免武安君爲士伍，遷之陰密。武安君病未能行，秦王乃使人遣白起不得留咸陽中。武安君既行，至杜郵，秦昭王與應侯、羣臣議曰：『白起之遷，其意尚怏怏不服，有餘言。』乃使使者賜之劍自裁，武安君遂自殺。武安君之死也，以秦昭王五十年十一月㊀。死而非其罪，秦人憐之，鄉邑皆祭祀焉。」「長平之戰，四十萬人死」者，列傳云：「四十七年，秦使王齕攻韓，取上黨，上黨民走趙。趙軍長平，齕因攻趙。趙使廉頗將，廉頗堅壁以待秦，秦數挑戰，趙兵不出。趙王數以爲讓，而秦相應侯又使人行千金於趙爲反間，曰：『秦之所畏，獨畏馬服子趙括將耳，廉頗易與，且降矣。』趙王因使趙括代廉頗將，以擊秦。秦乃陰使武安君白起爲上將軍。趙括至則出兵擊秦軍，秦軍詳敗而走。趙軍逐

㊀「月」下原本有偏書小字「句」，蓋作者以示句讀，今刪。

勝，追造秦壁。壁堅，拒不得入，而秦奇兵二萬五千人絶趙軍後，又一軍五千騎絶趙壁間。趙軍分而爲二，糧道絶，而秦出輕兵擊之，趙戰不利，因築壁堅守，以待救至。秦王聞趙食道絶，發年十五以上悉詣長平，遮絶趙救及糧食，至九月，趙卒不得食四十六日，皆内陰相殺食。趙括出鋭卒自搏戰，秦軍射殺趙括，括軍敗卒四十萬人降武安君。武安君計曰：『前已拔上黨，上黨民不樂爲秦而歸趙，趙卒反覆，非盡殺之，恐爲亂，乃挾詐而盡阬殺之，遺其小者二百四十人歸趙。前後斬首虜四十五萬人，趙人大震。」彼集解云：「長平在泫氏。」索隱云：「地理志泫氏在上黨郡也。」正義云：「長平故城在澤州高平縣西北一里也。」水經注沁水篇引上黨記云：「長平城在郡之南，秦壘在郡之西，二軍共食流水，澗相去五里。秦坑趙衆，收頭顱築臺於壘中，因山爲臺，崔嵬桀起，今仍號之曰白起臺。城之左右沿山亙隄，南北五十許里，東西二十餘里，悉秦、趙故壘，遺壁舊存焉。」按：上黨，今山西澤州府地；泫氏，今澤州府高平縣。長平故城，在縣西北。四十萬人死，後漢書班固傳章懷太子注引作「坑四十萬人」，文選班孟堅東都賦李注引與今各本同。「蚩尤之亂，不過於此矣」者，呂刑云：「蚩尤惟始作亂，延及于平民。」五帝本紀云：「軒轅之時，神農氏世衰，蚩尤最爲暴，莫能伐。軒轅與炎帝戰於阪泉之野，三戰然後得其志。蚩尤作亂，不用帝命，於是黄帝乃徵師諸侯，與蚩尤戰於涿鹿之野，遂禽殺蚩尤。」正義引龍魚河圖云：「黄帝攝政，有蚩尤兄弟八十一人，竝獸身人語，銅頭鐵額，食沙，造五兵仗，刀戟大弩，威振天下。」「原野猒人之肉，川谷流人之血」者，説文：「猒，飽也。從甘，從肰。」會意，甘亦聲。古書多以「厭」爲之。東都賦用此語，後漢書班固傳作「猒」，章懷注引法言同，明舊本法言如此。世德堂本作「厭」，文選及李注引法言同。蓋校書者以少見「猒」字改之。國策秦策云：「白起北坑馬服，誅屠四十餘萬之衆，流血成川，沸聲若雷。」「將不仁，奚用爲」者，司馬云：「用將所以救亂誅暴。」是也。「翦」者，史記王翦與白起同傳，故因論起而遂及翦也。列傳云：「王翦者，頻陽東鄉人也，少而好兵，事秦始皇。始皇十八年，翦將攻趙，歲餘，遂拔趙，趙王降，盡定趙地爲郡。明年，秦王使王翦攻燕，燕王喜走遼東，翦遂定燕、薊而還。秦始皇既滅三晉，走燕王，於是王翦將六十萬人擊荆，大破荆軍，至蘄南，殺其將項燕，荆兵遂敗走，秦因乘勝略定荆地城邑。歲餘，虜荆王負芻，竟平荆地爲郡縣。」「始皇方獵六國，而翦牙」者，王翦與其子賁同時爲秦將，六國表始皇十九年，王翦拔趙，虜王遷；二十二年，王賁擊魏，得其王假，盡取其地；二十四年，王翦、蒙武破楚，虜其王負芻；二十五年，王賁擊燕，虜王喜；二十六年，王賁擊齊，虜王建，初并天下。總覈六國，惟韓爲內史勝所滅，其餘五國悉見滅於王翦父子，故太史公云：「王翦爲秦將，夷六國。」是始皇爲虎狼，而翦爲之牙也。音義：「牙欸，烏開切，又許介切。」按：説文：「欸，訾也。」朱氏通訓定聲云：「實與『誒』同字。」按：説文：「誒，可惡之詞也。」蒼頡訓詁：「欸，恚聲也。」亦以「欸」爲之，今猶有此語。南人讀烏開切，音如哀；北人讀許介切，音如譮也。注「欸者，絶語，歎聲」。按：弘範讀欸單字爲句，不與上文相連。音義出「牙欸」，乃摘正文二字爲識，非以牙欸連讀。吴云：「牙欸，謂切齒而怒也。」失之。

或問：「要離非義者與？不以家辭國。」曰：「離也，火妻灰子，以求反於慶忌，實蛛蝥之靡也，焉可謂之義也？」〔注〕義者，臣子死節乎君親之難也。離由平人而焚燒妻、子，詐爲吴讎，求信於慶忌，反而刺之，若蜘蛛之小巧耳。**「政？」**〔注〕問聶政。**「爲嚴氏犯韓，刺相俠累，曼面爲姊，實壯士之靡也，焉可謂之義也？」**〔注〕俠累，韓相名也。**「軻？」**〔注〕問荆軻。**「爲丹奉於期之首、燕督亢之圖，入不測之秦，實刺客之靡也，焉可謂之義也？」**〔注〕三士所死，皆非君親之難也。非義之義，君子不爲也。〔疏〕「要離非義者與？不以家辭國」者，音義：「要離，一遥切。」吕氏春秋忠廉云：「吴王欲殺王子慶忌，而莫之能殺，吴王患之。要離曰：『臣能之。』吴王曰：『汝惡能乎？吾嘗以六馬逐之江上矣，而不能及；射之矢，左右滿把，而不能中。今汝拔劒則不能舉臂，上車則不能登軾，汝惡能？』要離曰：『士患不勇耳，奚患於不能？王誠能助，臣請必能。』」高注云：「吴王闔閭先篡庶父僚，而卽其位。慶忌者，僚之子也，故欲殺之。慶忌有力捷疾而人皆畏之，無能殺之者。」吴越春秋闔閭内傳云：「要離曰：『臣國東千里之人，臣細小無力，迎風則僵，負風則伏，大王有命，臣敢不盡力。』王曰：『慶忌明智之人，歸窮於諸侯，不下諸侯之士。』要離曰：『臣聞安其妻子之樂，不盡事君之義，非忠也；懷室家之愛，而不除君之患者，非義也。臣詐以負罪出奔，願王戮臣妻、子，斷臣右手，慶忌必信臣矣。』」此不以家辭國之事。「離也，火妻灰子，以求反於慶忌」者，音義：「求反，俗本脱『求』字。」按：世德堂本無「求」字。公羊傳哀公篇：「其易奈何？詐反也。」解詁云：「反，報也。」求反於慶忌，謂求報償其火妻灰子之事於慶忌之身也。忠廉云：「吴王曰：『諾。』明旦，加要離罪焉，摯執妻、子而焚之，揚其灰。要離走，往見王子慶忌於衛。王子慶忌喜曰：『吴王之無道也，子之所見也，諸侯之所知也。今子得免而去之，亦善矣。』要離與王子慶忌居，有間，謂王子慶忌曰：『吴之無道也愈甚，請與王子往奪之國。』王子慶忌曰：『善。』乃與要離俱涉於江，中江，拔劒以刺王子慶忌。」畢氏沅校云：「左氏哀二十年，傳云：『慶忌適楚。』此與吴越春秋皆云在衛。」榮按：闔閭内傳云：「慶忌死，要離渡至江陵，愍然不行，遂投身於江。未絶，從者出之。要離乃自斷手足，伏劒而死。」若自衛返吴，不得遠經江陵，當依左傳作在楚也。「實蛛蝥之靡也」者，音義：「蛛蝥，俗本作『蛛蝥』，誤。賈誼新書曰：『蛛蝥作網。』蝥，音矛。」按：新書禮篇文。「蛛」亦作「鼄」。方言：「鼅鼄，鼄蝥也。」「靡」治平本作「劘」，錢本同。秦校云：「『劘』當作『靡』。」按：下文壯士之靡、刺客之靡，字皆作「靡」，此不當歧出。世德堂本作「靡」，今據改。俞云：「靡與爲古音相近，故廣雅釋詁云：『靡，爲也。』蛛蝥之靡即蛛蝥之爲，猶曰是乃蛛蝥之所爲耳。下文兩『靡』字義同。」舍弟東寶云：「左太沖吴都賦：『其鄰則有任俠之靡，輕訬之客。』劉注『靡，美也』，引法言『刺客之靡』。靡、美聲義略近，凡訓美善者，皆有雄長之義。廣雅：『英，美也。』王氏疏證引『百人曰俊，千人曰英』。然則蛛蝥之靡猶云蛛蝥之雄，與上文穿窬之雄，下文滑稽之雄同義。」按：東説是也。靡、美一聲之轉。「政」世德堂本作「政也」。按：刺客列傳云：「聶政者，軹深井里人也。」「爲嚴氏犯韓，刺相俠累，曼面爲姊」者，音義：「爲嚴，于僞切。下『爲姊』、『爲丹』同。刺相，息亮切，下『董相』同。曼面，謨官切，塗面。」按：列傳云：「濮陽嚴仲子事韓哀侯，與韓相俠累有郤，嚴仲子恐誅，亡去，游求人可以報俠累者。至齊，齊人或言聶政勇敢士也，避仇隱於屠者之間。嚴仲子至門，奉黄金百鎰，前爲聶政母壽。聶政驚怪其厚，固謝嚴仲子。嚴仲子辟人，因爲聶政言曰：『臣有仇而行游諸侯衆矣，然至齊，竊聞足下義甚高，故進百金者，將用爲大人麤糲之費，得以交足下之驩，豈敢以有求望邪？』聶政曰：『臣所以降志辱身，居市井屠者，徒幸以養老母。老母在，政身未敢以許人也。』嚴仲子固讓，聶政竟不敢受也。久之，聶政母死。既已葬，除服，乃遂西至濮陽，見嚴仲子曰：『前日所以不許仲子者，徒以親在。今不幸而母以天年終，仲子所欲報仇者爲誰，請得從事焉。』嚴仲子具告之，曰：『臣之仇韓相俠累，累又韓君之季父也，宗族甚多，居處兵衛甚設，臣欲使人刺之，衆終莫能就。今足下幸而不棄，請益其車騎、壯士可爲足下輔翼者。』聶政曰：『韓之於衛，相去中間不甚遠，今殺人之相，相又國君之親，此其勢不可以多人。』遂謝車騎、人徒，獨行仗劍至韓。韓相俠累方坐府上，持兵戟而衛侍者甚衆。聶政直入上階，刺殺俠累，左右大亂。聶政大呼，所擊殺者數十人。因自皮面、抉眼，自屠出腸，遂以死。

韓取聶政屍暴於市，購問莫知誰子。政姊榮聞人有刺韓相者，乃於邑曰：『其是吾弟與？』立起如韓之市，而死者果政也。伏屍哭極哀，曰：『是軹深井里所謂聶政者也。』嚴仲子察舉吾弟困汚之中而交之，士爲知己者死。今乃以妾尚在之故，重自刑以絶從。（索隱：「從，音蹤。」）妾其柰何畏殁身之誅，滅賢弟之名？』大驚韓市人，乃大呼天者三，卒於邑悲哀而死政之旁。」索隱引高誘云：「嚴遂，字仲子。」又云：「按表，聶政殺俠累在列侯三年。列侯生文侯，文侯生哀侯，凡更三代。哀侯六年爲韓嚴所殺，今言仲子事哀侯，恐非其實。」按：事亦見國策韓策，在烈侯時。嚴仲子，策作「嚴遂」；俠累，策作「傀」；姊榮，策作「嫈」。俞云：「曼當讀爲鏝。爾雅釋宫：『鏝謂之杇。』説文木部：『杇，所以塗也。』是鏝者，所以塗之具，故塗卽謂之鏝。鏝面者，塗面也。音義説得之。」按：傳作「皮面」，韓策同，蓋「柀」之假。説文：「柀，析也。」謂破析其面，不欲令人識之。此云曼面者，曼謂曼漶。子雲自序云：「爲其泰曼漶而不可知。」張晏云：「曼，音滿。」顔云：「曼漶，不分别貌。」是也。「軻」世德堂本作「軻也」。按：荆軻見前。「爲丹奉於期之首、燕督亢之圖，入不測之秦」者，音義：「督亢，音剛。」刺客列傳云：「荆軻既至燕，會燕太子丹質秦亡歸燕。秦日出兵山東，以伐齊、楚、三晉，稍蠶食諸侯，且至於燕。燕君臣皆恐禍之至，太子丹患之，問其傅鞠武，武對曰：『請入圖之。』居有間，秦將樊於期得罪於秦王，亡之燕，太子受而舍之。鞠武諫曰：『願太子疾遣樊將軍入匈奴以滅口。請西約三晉，南連齊、楚，北購於單于，（索隱：「購，讀與『媾』同。」）其後迺可圖也。』太子曰：『太傅之計，曠日彌久，心惛然，恐不能須臾。願太傅更慮之。』鞠武曰：『燕有田光先生，其爲人智深而勇沉，可與謀。』太子曰：『願因太傅而得交於田先生。』田光乃造焉。太子避席而請曰：『燕、秦不兩立，願先生留意也。』田光曰：『雖然，光不敢以圖國事。所善荆卿，可使也。』太子曰：『願因先生得結交於荆卿。』荆軻遂見太子，太子避席頓首，曰：『今秦有貪利之心，而欲不可足也。非盡天下之地，臣海內之王者，其意不厭。燕小弱，數困於兵，今計舉國不足以當秦，諸侯服秦，莫敢合從。丹之私計，愚以爲誠得天下之勇士使於秦，劫秦王，使悉反諸侯侵地，若曹沫之與齊桓公，則大善矣。則不可，因而刺殺之。彼秦大將擅兵於外，而內有亂，則君臣相疑。以其間諸侯得合從，其破秦必矣。此丹之上願，而不知所委命，唯荆卿留意焉。』荆軻許諾。久之，秦將王翦破趙，虜趙王，盡收入其地。進兵北略地，至燕南界。太子恐懼，乃請荆軻曰：『秦兵旦暮渡易水，則雖欲長侍足下，豈可得哉？』荆軻曰：『微太子言，臣願謁之。今行而毋信，則秦未可親也。夫樊將軍，秦王購之金千斤，邑萬家，誠得樊將軍首與燕督亢之地圖，奉獻秦王，秦王必說見臣，臣乃得有以報太子㊀。』乃遂私見樊於期曰：『今有一言可以解燕國之患，報將軍之仇者，何如？』於期乃前曰：『爲之奈何？』荆軻曰：『願得將軍之首以獻秦王，秦王必喜而見臣，臣左手把其袖，右手揕其胸，然則將軍之仇報，而燕見陵之愧除矣。』樊於期遂自剄。太子聞之馳往，既已不可奈何，乃遂盛樊於期首函封之。燕國有勇士秦舞陽，年十三，殺人，（當重「人」字，燕策可證。）不敢忤視，乃令秦舞陽爲副。於是荆軻遂至秦，持千金之資幣物，厚遺秦王寵臣中庶子蒙嘉。嘉爲先言於秦王，秦王大喜，乃朝服，設九賓，見燕使者咸陽宮。荆軻奉樊於期頭函，而秦舞陽奉地圖匣，以次進。軻既取圖奏之，秦王發圖，圖窮而匕首見，因左手把秦王之袖，而右手持匕首揕之。未至身，秦王驚，自引而起，袖絶，拔劍，劍長操其室，不可立拔。荆軻逐秦王，秦王環柱而走。左右乃曰：『王負劍！』負劍，遂拔以擊荆軻，斷其左股。荆軻廢，乃引其匕首以擿秦王，不中，中銅柱。秦王復擊軻，軻被八創，於是左右既前殺軻。秦王大怒，益發兵詣趙，詔王翦軍以伐燕。後五年，秦卒滅

㊀「子」下原本有偏書小字「句」，蓋作者以示句讀，今删。

燕。」按：亦見國策燕策。樊於期，武梁祠畫象作「樊於其」。列傳集解引「徐廣云：『方城縣有督亢亭。』駰按：劉向別録曰：『督亢，膏腴之地。』」索隱引司馬彪郡國志云：「薊縣方城有督亢亭。」正義云：「督亢坡在幽州范陽縣東南十里，今固安縣南有督亢陌，幽州南界。」燕世家集解云：「督亢之田在燕東，甚良沃，欲獻秦，故畫其圖而獻焉。」水經注巨馬水篇云：「巨馬水又東逕督亢澤，澤苞方城縣，縣故屬廣陽，後隸於涿。郡國志曰：『縣有督亢亭。』孫暢之述畫有督亢地圖，言燕太子丹使荆軻齎入秦，秦王殺軻，圖亦絶滅。」按：方城故城在今順天府固安縣南。入不測之秦，用荆軻語，彼傳云「提一匕首，入不測之彊秦」也。注「若蜘蛛之小巧耳」。按：治平本「小巧」上有「虫」字，衍也；錢本無，世德堂本亦無。弘範訓靡爲細，故云爾。小爾雅廣言：「靡，細也。」然壯士之靡、刺客之靡似不得訓爲細，則此注亦未安也。注「問聶政」。按：世德堂本無此注。注「俠累，韓相名」。按：廣韻「俠」字注云：「任俠。又姓，戰國策有韓相俠累。」則以俠爲姓，然俠累，韓君之季父，俠非其姓可知。或俠累之後以俠爲氏耳。又韓策作「傀」，廣韻誤以史記爲國策也。韓非子内儲説作「廆」，即「傀」之異文。俠累之「俠」，索隱音古挾反，則與任俠字異讀。疑俠累爲廆，猶壽夢爲乘之比，急言之曰傀，曰廆，緩言之曰俠累耳。古今人表作「俠絫」。注「非義之義，君子不爲也」。按：孟子云：「非禮之禮，非義之義，大人弗爲。」

或問：「儀、秦學乎鬼谷術，而習乎縱横言，安中國者各十餘年，是夫？」曰：「詐人也，聖人惡諸。」曰：「孔子讀，而儀、秦行，何如也？」〔注〕欲讀仲尼之書，而行蘇、張之辯。曰：「甚矣！鳳鳴而鷙翰也。」「然則子貢不爲與？」〔注〕言子貢亦行游説，抑齊、破吴以救魯。曰：「亂而不解，子貢恥諸；説而不富貴，儀、秦恥諸。」〔注〕恥國亂而不解，於義高；恥游説而不富貴，其情下。〔疏〕「儀、秦學乎鬼谷術，而習乎縱橫言」者，張儀列傳云：「張儀者，魏人也，始嘗與蘇秦俱事鬼谷先生學術，蘇秦自以不及張儀。張儀已學而游說諸侯。蘇秦已說趙王而得相㊀，約從親。張儀乃遂入秦，惠王以爲客卿，與謀伐諸侯。秦惠王十年，儀言秦復與魏，而使公子繇質於魏。儀因說魏王入上郡、少梁謝秦惠王，惠王乃以張儀爲相。儀相秦四歲，立惠王爲王。居一歲，爲秦將取陝，築上郡塞。其後二年，免相，相魏以爲秦，欲令魏先事秦，而諸侯效之。魏王不肯聽。留魏四歲而魏襄王卒，哀王立。張儀復說哀王，哀王不聽。於是張儀陰令秦伐魏，張儀復說魏王事秦，哀王乃倍從約，而因儀請成於秦。張儀歸，復相秦。三歲而魏復背秦爲從，秦攻魏，取曲沃。明年，魏復事秦。秦欲伐齊，齊、楚從親，於是張儀往相楚，說楚王閉關絕約於齊，請獻商、於之地六百里，秦、楚長爲兄弟之國。楚王大說而許之，遂閉關絕約於齊，使一將軍隨張儀至秦。齊王大怒，折節而下秦，秦、齊之交合。張儀乃謂楚使者曰：『臣有奉邑六里，願以獻大王左右。』楚使者還報楚王，楚王大怒，發兵而攻秦，秦、齊兵共攻楚，斬首八萬。楚又復益發兵而襲秦，至藍田大戰，楚大敗，於是楚割兩城以與秦平。秦要楚，欲得黔中地，欲以武關外易之。楚王曰：『不願易地，願得張儀，而獻黔中地。』張儀乃請行，曰：『臣善靳尚，尚得事楚夫人鄭袖，袖所言皆從。且臣奉王之節使楚，楚何敢加誅？假令誅臣，而爲秦得黔中之地，臣之上願。』遂使楚。楚懷王囚張儀，將殺之。於是鄭袖日夜言懷王，懷王後悔，赦張儀，厚禮之如故。張儀既出，未去，聞蘇秦死，乃說楚王請使秦太子入質於楚，楚太子入質於秦，長爲昆弟之國，終身無相攻伐。於是楚王卒許張儀與秦親。張儀去楚，因遂之韓，說韓王西面而事秦以攻楚。韓王聽儀計。張儀歸報，秦惠王封儀五邑，號曰武信君。使張儀東說齊湣王事秦，齊王曰：『齊僻陋，隱居東海

㊀「相」下原有偏書小字「句」，蓋作者以示句讀，今刪。

之上，未嘗聞社稷之長利也。』乃許張儀。張儀去，西說趙王曰：『今楚與秦爲昆弟之國，而韓、梁稱爲東藩之臣，齊獻魚鹽之地，臣竊爲大王計，莫如與秦王遇於澠池，面相見而口相結，請案兵無攻。』趙王許張儀。張儀乃去，北之燕，說燕昭王曰：『今趙王已入朝澠池，効河閒以事秦。今大王不事秦，秦下甲雲中、九原，驅趙而攻燕，則易水、長城非大王之有也。』燕王聽儀。儀歸報，未至咸陽而秦惠王卒。武王自爲太子時不說張儀，及即位，羣臣多讒張儀。張儀懼誅，乃因謂秦武王願乞其不肖之身之梁。秦王乃具革車三十乘，入儀之梁。張儀相魏一歲，卒於魏也。」索隱云：「年表云張儀以安王十年卒，紀年云梁哀王九年五月卒。」蘇秦列傳云：「蘇秦者，東周雒陽人也，東事師於齊，而習之於鬼谷先生。出游數歲，大困而歸。出其書徧觀之，得周書陰符，伏而讀之。期年，求說周顯王，顯王弗信。乃西至秦，說惠王。秦王方誅商鞅，疾辯士弗用。乃東至趙，趙肅侯令其弟成爲相，號奉陽君。奉陽君弗說之，去游燕，歲餘而後得見，說燕文侯與趙從親。文侯資蘇秦車馬金帛以至趙，而奉陽君死，即因說趙肅侯一韓、魏、齊、楚、燕、趙以從親，以畔秦，令天下之將相會於洹水之上，通質，刳白馬而盟。諸侯有不如約者，以五國之兵共伐之，六國從親以賓秦，（按：賓讀爲「擯」。）則秦甲必不敢出於函谷，以害山東矣。趙王乃飾車百乘，黃金千鎰，白璧百雙，錦繡千純，以約諸侯。於是說韓宣王，又說魏襄王，因東說齊宣王，西南說楚威王㊀，六國從合而并力焉。蘇秦爲從約長，并相六國。北報趙王，趙肅侯封爲武安君，乃投從約書於秦，秦兵不敢闚函谷關十五年。其後秦使犀首欺齊、魏與共伐趙，欲敗從約。齊、魏伐趙，趙王讓蘇秦，蘇秦恐，請使燕，必報齊。蘇秦去趙而從約皆解。秦惠王以其女爲燕太子婦。文侯卒，太子立，是爲燕易王。易王初立，齊宣王因燕喪伐燕，

㊀「西」字原本作「東」，涉上文「東說齊宣王」而訛，今據史記本傳改。

取十城。蘇秦大慙，曰：『請爲王取之。』蘇秦見齊王，於是乃歸燕之十城。人有毁蘇秦者，曰：『左右賣國，反復之臣也，將作亂。』蘇秦恐得罪，歸，燕王益厚遇之。易王母，文侯夫人也，與蘇秦私通，蘇秦恐誅，乃説燕王詳爲得罪於燕而亡走齊。齊宣王以爲客卿。齊宣王卒，湣王卽位，説湣王厚葬以明孝，高宫室，大苑囿，以明得意。欲破敝齊而爲燕。其後齊大夫多與蘇秦争寵者，而使人刺蘇秦，不死，殊而走。蘇秦且死，乃謂齊王曰：『臣卽死，車裂臣以狥於市，曰：蘇秦爲燕作亂於齊。如此，則臣之賊必得矣。』於是如其言，而殺蘇秦者果自出，齊王因而誅之。」集解於「習之於鬼谷先生」下引徐廣云：「潁川陽城有鬼谷，蓋是其人所居，因爲號。」又引風俗通義云：「鬼谷先生，六國時從横家。」索隱云：「鬼谷，地名也。扶風池陽、潁川陽城竝有鬼谷墟，蓋是其人所居，因爲號。又樂臺注鬼谷子書云：『蘇秦欲神秘其道，故假名鬼谷。』」按：今河南河南府登封縣東南有鬼谷。「縱横」古書多作「從横」，或作「從衡」。淮南子覽冥云：「晚世之時，七國異族，諸侯制法，各殊習俗，縱横間之，舉兵而相角。」高注云：「蘇秦約從，張儀連横，南與北合爲從，西與東合爲横。」周本紀：「西周恐，倍秦與諸侯約從。」集解引文潁云：「關東爲從，關西爲横。」又引孟康云：「南北爲從，東西爲横。」又引臣瓚云：「以利合爲從，以威勢相脅曰横。」正義云：「按：諸説未允。關東地南北長，長爲從，六國共居之；關西地東西廣，廣爲横，秦獨居之。」漢書藝文志有蘇子三十一篇、張子十篇，今竝不存。「詐人也，聖人惡諸」者，張儀列傳云：「太史公曰：『三晉多權變之士，夫言從横彊秦者，大抵皆三晉之人也。夫張儀之行事，甚於蘇秦，然世惡蘇秦者，以其先死。而儀振暴其短，以扶其説，成其衡道。要之，此兩人真傾危之士哉！』」音義：「惡諸，烏路切。」「孔子讀，而儀、秦行」者，音義：「秦行，下孟切。『美行』同。」按：秦行之「行」，當讀如字，説見問明「聖讀庸行」疏。「鳳鳴而鷙翰」者，音義：「鷙翰，胡安切，又侯旰切。」同馬云：「鶩，鷹隼也；翰，羽翼也。」「然則子貢不爲與」者，此據弟子列傳子貢傳設難，言子貢卽讀孔子之書而爲蘇、張之祖者也。世德堂本此句上有「曰」字。「亂而不解，子貢恥諸」者，論語云：「子貢問曰：『何如斯可謂之士矣？』子曰：『行己有恥，使於四方，不辱君命，可謂士矣。』」皇疏引李充云：「古之良使者，受命不受辭，事有權宜，則與時消息，排患釋難，解紛挫鋭者，可謂良也。」卽其義。「説而不富貴，儀、秦恥諸」者，音義：「説而，失贅切。」按：蘇秦列傳云：「蘇秦游數歲，大困而歸，兄弟、嫂妹、妻妾竊笑之。蘇秦聞之而慚自傷，曰：『夫士業已屈首受書，而不能以取尊榮，雖多亦奚以爲？』」又云：「蘇秦爲從約長，并相六國，北報趙王。乃行過雒陽，車騎輜重，諸侯各發使送之甚衆，疑於王者。蘇秦之昆弟、妻、嫂側目不敢仰視，俯伏侍取食。蘇秦喟然歎曰：『此一人之身，富貴則親戚畏懼之，貧賤則輕易之，況衆人乎？』」又張儀列傳云：「蘇秦已説趙王，而得相約從親，然恐秦之攻諸侯，敗約後負，念莫可使用於秦者，乃使人微感張儀曰：『子始與蘇秦善，今秦已當路，子何不往游以求通子之願？』張儀於是之趙上謁，求見蘇秦。蘇秦乃誡門下人不爲通，又使不得去者數日。已而見之，坐之堂下，賜僕妾之食，因而數讓之曰：『以子之材能，乃自令困辱至此，吾寧不能言而富貴子，子不足收也。』謝去之。張儀之來也，自以爲故人求益，反見辱，怒，念諸侯莫可事，獨秦能苦趙，乃遂入秦。」此皆儀、秦以不富貴爲恥之事。注「言子貢亦行游説，抑齊、破吴以救魯」。按：世德堂本「説」上無「行」字。弟子列傳云：「田常欲作亂於齊，憚高、國、鮑、晏，故移其兵，欲以伐魯。子貢遂行至齊，説田常不如伐吴。田常曰：『吾兵已加魯矣，去而之吴，大臣疑我，柰何？』子貢曰：『君按兵無伐，臣請使吴王，令之救魯而伐齊，君因以兵迎之。』田常許之，使子貢南見吴王，説曰：『救魯，顯名也；伐齊，大利也，以撫泗上諸侯。名存亡魯，實困彊齊，智者不疑也。』吴王曰：『越王苦身養士，有報我心，子待我伐越而聽子。』子貢曰:『置齊而伐越,則齊已平魯矣。夫伐小越而畏彊齊,非勇也。且王必惡越,臣請東見越王,令出兵以從。』吴王大悦,乃使子貢之越。越王遂問子貢,子貢曰:『吴王爲人猛暴,羣臣不堪,國家敝於數戰,士卒弗忍,百姓怨上,大臣内變。今王誠發士卒佐之,其伐齊必也。彼戰不勝,王之福矣。戰勝,必以兵臨晉,臣請北見晉君,令共攻之,弱吴必矣。其鋭兵盡於齊,重甲困於晉,而王制其敝,此滅吴必矣。』越王大説,許諾。子貢遂行報吴王。於是吴王乃遂發九郡兵伐齊。子貢因去之晉,謂晉君曰:『齊與吴將戰,彼戰而不勝,越亂之必矣。與齊戰而勝,必以其兵臨晉,脩兵休卒以待之。』晉君許諾。子貢去而之魯,吴王果與齊人戰於艾陵,大破齊師,果以兵臨晉,與晉人相遇黄池之上。吴、晉争彊,晉人擊,大敗吴師。越王聞之,涉江襲吴。吴王去晉而歸,與越戰,不勝,越遂破吴。故子貢一出,存魯,亂齊,破吴,彊晉而霸越。子貢一使,使勢相破,十年之中,五國各有變。」司馬云:「子貢存魯,亂齊,破吴,彊晉,霸越,考其年與事皆不合,蓋六國時游説之士託爲之詞。太史公不加考校,因而記之,楊子亦據太史公書發此語。」梁氏志疑云:「子貢説齊、晉、吴、越一節,家語屈節、越絶陳恆傳、吴越春秋夫差内傳竝載之,昔賢歷辯其謬。墨子非儒下篇謂孔子怒晏子沮尼谿之封于景公,適齊欲伐魯,乃遣子貢之齊,勸田常伐吴,教高、鮑毋得害田常之亂,遂勸伐吴,三年之内,齊、吴破國。其爲六國時之妄談可見,孔鮒詰墨辯之矣。或曰弟子傳皆短簡不繁,獨子貢傳榛蕪不休,疑是後人闌入,非史本文也。」榮謂史遷雜采百家,本多牴牾。子貢傳之有此語,蓋六國時盛傳之説,史遷因而收之,不必非史本文。至法言此文,乃或人據史記設難之辭,子雲但謂「亂而不解,子貢恥諸」,則即本論語「使於四方,不辱君命」爲義,非遂信史記所載爲真也。注「於義高」。按:世德堂本作「其義高」。

或曰：「儀、秦其才矣乎？迹不蹈已。」〔注〕儀不迹秦。蘇秦佩六國相印以抑彊秦，張儀入秦而復其衡，後破山東。曰：「昔在任人，帝曰難之，亦才矣。〔注〕任，佞。才乎才，非吾徒之才也。」〔疏〕「儀、秦其才矣乎？迹不蹈已」者，治平本作「跡」，而注文「儀不迹秦」作「迹」，今改一律。説文：「蹈，踐也。」論語云：「不踐迹。」按：謂儀、秦之才，敻絶一時，後有作者，不能更踐其迹。「昔在任人，帝曰難之，亦才矣」者，音義：「任，音壬；難之，乃旦切。」司馬云：「宋、吴本作『昔在任人，帝而難之，不以才矣』。難讀如字。佞者，口才也。舜謂知人安民，惟帝其難之；能哲而惠，何畏乎巧言令色孔壬。楊子言驩兜之徒能以巧言惑聖人，其才亦不在人下矣。」按：温公説是也。皋陶謨之「知人，惟帝其難之」，即堯典之「難任人」，僞傳訓堯典之「難」爲拒，而以皋陶謨之「難」爲如字。釋文因於堯典「難」字音乃旦反，於皋陶謨無音，此妄生區别，非古義也。此文「昔在任人，帝曰難之」，明以堯典之「難任人」與皋陶謨之「帝其難之」爲一事。難之爲言，憚也。説文：「憚，忌難也。一曰難也。」蓋不易謂之難，知其不易而戒慎恐懼以臨之，亦謂之難。問神云：「大聖之與大佞，難也。」即任人難知之謂。此引書以明才之不盡可貴，謂佞人之爲佞，雖聰明如堯猶難於别之其才爲何如。儀、秦之才，亦佞人而已，何足算哉！「才乎才，非吾徒之才也」者，司馬云：「口才，君子所不貴。」按：自「或問淵、騫之徒」至此，皆論先秦之事。自「美行園公」云云以下，則論漢事也。注「儀不迹秦」。錢本「迹」作「跡」，今依治平本。世德堂本無此語。按：弘範解此謂儀、秦不相蹈襲，秦言縱，而儀言横也。吴云：「儀、秦雖同術，秦則務縱横，儀則務解之，二人之迹，各不相蹈。」即李義之引伸，惟當云「秦則務縱」，衍「横」字耳。然二人不相蹈襲，不必即爲才。或人以爲儀、秦之行事非後人所能企及，故謂之才。迹不蹈，即行事不可企及之意。宋云：「言儀、秦之才術超卓自然，不踐循舊人之迹。」亦非其義。注「蘇秦」至「山東」。按：治平本此注惟有「儀不迹秦」四字，以下全删。世德堂本無此四字，而有「蘇秦以下」云云。錢本竝有之，今據補。「復其衡」錢本、世德堂本作「復其衛」，乃形近而誤。此用史記「成其衡道」語，作「衛」無義，今訂正。注「任，佞」。按：爾雅釋詁文。世德堂本無此注。

法言義疏十七

美行，園公、綺里季、夏黄公、角里先生。〔注〕避秦之亂，隱居商山，不朝高祖，而從太子，帝客禮之。言辭，婁敬、陸賈。〔注〕婁敬説高祖都關中；陸賈説尉佗爲漢臣，又作新語，高祖善之。執正，王陵、申屠嘉。〔注〕吕后欲王諸吕，陵執意不從，免陵，乃得封。文帝愛幸鄧通，至使慢禮，嘉收通；晁錯犯憲，嘉奏誅錯。折節，周昌、汲黯。〔注〕折節謂直諫。高祖欲易太子，周昌面争，以爲不可。武帝時，公孫弘爲丞相，汲黯面折弘於上前，以爲弘諛不忠。守儒，轅固、申公。〔注〕轅固守正，以得辠於竇太后，后使入圈擊彘。申公守正，以事楚王，卒爲所亨。此二人終不屈其道。菑異，董相、夏侯勝、京房。〔注〕董仲舒、夏侯勝、京房皆善推陰陽，知菑異。〔疏〕「美行」，音義見前。「園公、綺里季、夏黄公、角里先生」者，音義：「園公，史記留侯世家作『東園公』。角里，上音鹿，漢書作『甪里』。」按：世德堂本作「甪里」。司馬云：「甪，盧谷切；或作『角』，音同。」留侯世家云：「上欲廢太子，立戚夫人子趙王如意。吕后乃使建成侯吕澤劫留侯，曰：『君常爲上謀臣，今上欲易太子，君安得高枕而卧乎？』留侯曰：『此難以口舌争也。顧上有不能致者，天下有四人。今公誠能無愛金玉璧帛，令太子爲書，卑辭安車，因使辯士固請，宜來。來以爲客，時時從入朝，令上見之，則必異而問之。問之，上知此四人賢，則一助也。』於是吕后令吕澤使人奉太子書，卑辭厚禮，迎此四人。四人至，客建成侯所。漢十一年，黥布反，上病，欲使太子將往擊之。四人相謂曰：『凡來者，將以存太子。太子將兵，事危矣。』乃説建成侯請呂后承間爲上泣言，於是上自將兵而東。漢十二年，上從擊破布軍歸，疾益甚，愈欲易太子。及燕，置酒，太子侍。四人從太子，年皆八十有餘，鬚眉皓白，衣冠甚偉。上恠之，問曰：『彼何爲者？』四人前對，各言名姓，曰東園公、甪里先生、綺里季、夏黄公。（按：此文當在上文「上有不能致者，天下有四人」下，不當在此處，前漢紀高祖紀可證。漢書張良傳述此，惟云「四人前對，各言其姓名」，無「曰東園公」云云。蓋今本史記多爲後人竄改。梁氏志疑云：「侍宴時各言姓名，必有真敷奏，乃對以號，又自稱曰公，曰先生，草野倨侮，必無此理。」卮林嘗辨之，似以此爲史遷之妄，則亦忘今本史記之多非史遷舊文也。）上乃大驚，曰：『吾求公數歲，公辟逃我，今公何自從吾兒游乎？』四人皆曰：『陛下輕士善罵，臣等義不受辱，故恐而亡匿。竊聞太子爲人仁孝，恭敬愛士，天下莫不延頸欲爲太子死者，故臣等來耳。』上曰：『煩公幸卒調護太子。』四人爲壽已畢，趨去，上目送之。召戚夫人，指示四人者，曰：『我欲易之，彼四人輔之，羽翼已成，難動矣。』」按：法言此文，敍四人先後，與世家不同。東園公作園公，亦與世家異。漢書王貢兩龔鮑傳云：「漢興，有園公、綺里季、夏黄公、甪里先生。此四人者，當秦之世，避而入商雒深山，以待天下之定也」云云，姓字及次第竝與法言合，蓋子雲、孟堅所見史記如此。世家索隱引陳留志云：「園公姓唐，（隸釋十六引作「庾」。）字宣明，居園中，因以爲號。夏黄公姓崔，名廣，字少通，齊人，隱居夏里脩道，故號曰夏黄公。甪里先生，河内軹人，太伯之後，姓周，名術，字元道，京師號曰霸上先生，一曰甪里先生，孔父祕記作禄里。皆王劭據崔氏、周氏世譜及陶潛四八目（按：即聖賢羣輔録。）而爲此説。」王貢兩龔鮑傳顔注云：「四皓稱號，本起於此，更無姓名可稱知。此蓋隱居之人，匿跡遠害，不自標顯，祕其氏族，故史傳無得而詳。至於後代，皇甫謐、圈稱之徒，及諸地理書説，競爲四人施安姓字，自相錯互，語又不經，班氏不載於書，諸家皆臆說，今竝弃略，一無取焉。」梁氏志疑云：「索隱引陳留志、崔、周世譜、四八目載園公等姓名及字，師古王貢等傳注竝棄略無取，是也。又有以『園』爲『圈』者，東觀餘論據漢世石刻作『圈』，以『園』是冊牘傳寫之差。圈稱陳留風俗傳自序云：『圈公之後。』匡謬正俗辨之曰：『四皓有園公，非圈公。』又有以綺里季夏爲一人，黄公爲一人者，見周密齊東野語，而後書康成傳孔融即稱夏黄公。周密歷引諸書以證『綺里季夏』之非。又有以角里之『角』當作兩點下『用』者，見宋史儒林傳，而『甪』無其字，路史發揮四皓辨已言其誤矣。」胡部郎玉縉云：「東園一祇作『園』，又作『圈』。圈爲邑名，玉篇及廣韻二十五願言之；又爲國名，二十阮言之。東園之爲地名既有明證，則知綺里、夏黄、甪里亦地名。綺里、甪里尤與樗里、槐里、戚里類也。曰公，曰季，曰先生，皆所以尊之。季即士冠禮『伯、仲、叔、季，唯其所當』之『季』，所謂且字者也。」榮按：隸釋十六載四老神坐、神祚機，有圈公神坐，圈公神祚機，甪里先生神坐，綺里季神祚機，而夏黄公竝闕。廣韻「圈」字注云：「後漢末，圈稱字幼舉，撰陳留風俗傳。」圈氏本氏於其國，證以四老神坐、神祚機，則幼舉自序以爲圈公之後，固非無據。公羊傳文公篇：「楚子伐圈。」元和姓纂云：「圈，風俗通云楚鬻熊之後。一本云姓卷氏，鄭穆公之後，秦末爲博士，避難改爲圈氏。」陳士元姓觿五引國名紀云：「圈國，芊姓後，因氏。」然則圈公以國爲氏，或作「園」者，託名幖幟，本無正字，聲近通用，古書常例。師古據班書作「園」，遂以幼舉爲非，良爲疏陋。以此推之，綺里、夏黄、甪里亦皆其人之姓氏。古來託名幖幟字往往多存舊讀，如『蕒陽』讀『射陽』，『允吾』讀『鉛牙』，其例非一。此『角里』相承讀如『鹿里』，俗以其與『角』之今音不同，欲竝異其文，故或書『角』爲『用』，而據四老神坐觀之，則隸變爲已久。崔偓佺以作『甪』爲是，作『用』爲非（宋史儒林傳。），尤爲無稽。又綺里季者，季即其字。然則四皓名雖不詳，而姓字未嘗盡祕。後人不知『園』爲

『圖』之異文，妄謂居園中，故號園公，因疑綺里季等亦皆是號，若漢陰丈人、河上公之比。好事者遂別撰邑里姓名，列之譜諜，其爲虚妄，本不足辨。而師古乃謂隱居之人祕其氏族，正與諸家同爲臆説耳。」「言辭，婁敬、陸賈」者，劉敬叔孫通列傳云：「劉敬者，齊人也。漢五年，戍隴西，過洛陽，高帝在焉。婁敬脱輓輅，衣其羊裘，見，説曰：『陛下都洛陽，豈欲與周室比隆哉？』上曰：『然。』婁敬曰：『秦地被山帶河，四塞以爲固，卒然有急，百萬之衆可具也。因秦之故，資甚美膏腴之地，此所謂天府者也。陛下入關而都之，山東雖亂，秦之故地可全而有也。』高祖問羣臣，羣臣皆山東人，爭言周王數百年，秦二世即亡，不如都周。上疑未能決。及留侯明言入關便，即日車駕西都關中。於是上曰：『本言都秦地者，婁敬。婁者，乃劉也。』賜姓劉氏，拜爲郎中，號爲奉春君。漢七年，上使人使匈奴。匈奴匿其壯士、肥牛馬，但見老弱及羸畜。使者十輩來㈠，皆言匈奴可擊。上使劉敬復往使匈奴，還報曰：『兩國相擊㈡，此宜夸矜見所長。今臣往，徒見羸瘠老弱，此必欲見短，伏奇兵以爭利。愚以爲匈奴不可擊也。』上怒駡曰：『齊虜！以口舌得官，今迺妄言沮吾軍。』械繫敬廣武。遂往，至平城。匈奴果出奇兵圍高帝白登，七日然後得解。高帝至廣武，赦敬曰：『吾不用公言，以困平城。』迺封敬二千户，爲關内侯，號爲建信侯。當是時，冒頓爲單于，兵彊，控弦三十萬，數苦北邊。上患之，問劉敬。劉敬對曰：『誠能以長公主妻之，冒頓在，固爲子壻，死則外孫爲單于，兵可無戰以漸臣也。』上取家人子，名爲長公主，妻單于，使劉敬往結和親約。劉敬從匈奴來，因言匈奴去長安近者七百里，輕騎一日一夜可以至秦中。臣願陛下徙齊諸田，楚昭、屈、景、燕、趙、韓、魏後

㈠「輩來」原本訛作「相國」，據史記本傳改。
㈡「國相」原本訛作「輩來」，據史記本傳改。

及豪桀名家居關中。無事可以備胡，諸侯有變，亦足率以東伐。此彊本弱末之術也。』上迺使劉敬徙所言關中十餘萬口。」藝文志有劉敬三篇，入儒家，今不傳。酈生陸賈列傳云：「陸賈者，楚人也。以客從高祖定天下，名爲有口辯士，居左右，常使諸侯。及高祖時，中國初定，尉他平南越，因王之。高祖使陸賈賜尉他印爲南越王。陸生至，因進說他曰：『秦失其政，諸侯豪桀竝起，唯漢王先入關，據咸陽。項羽倍約，然漢王起巴、蜀，鞭笞天下，劫略諸侯，遂誅項羽，滅之。五年之間，海内平定，此非人力，天之所建也。天子聞君王王南越，遣臣授君王印，剖符通使。君王宜郊迎，北面稱臣，迺欲以新造未集之越，屈彊於此。漢誠聞之，掘燒王先人冢，夷滅宗族，使一偏將將十萬衆臨越，則越殺王降漢，如反覆手耳。』於是尉他謝陸生曰：『居蠻夷中久，殊失禮義。』因問陸生曰：『我孰與皇帝賢？』陸生曰：『皇帝起豐沛，討暴秦，誅彊楚，爲天下興利除害，繼五帝三皇之業，統理中國。今王崎嶇山海間，譬若漢一郡，何迺比於漢？』尉他大笑曰：『使我居中國，何渠不若漢？』迺大說陸生。陸生卒拜尉他爲越王，令稱臣，奉漢約。歸報，高祖大悦，拜賈爲太中大夫。陸生時時前說稱詩、書。高帝罵之曰：『迺公居馬上而得之，安事詩、書？』陸生曰：『居馬上得之，寧可以馬上治之乎？』高帝迺謂陸生曰：『試爲我著秦所以失天下，吾所以得之者何？及古成敗之國。』陸生迺粗述存亡之徵，凡著十二篇。每奏一篇，高帝未嘗不稱善，號其書曰新語。孝惠時，呂太后用事，欲王諸呂。陸生自度不能争之，迺病免家居。呂太后時王諸呂，諸呂擅權，欲劫少主，危劉氏。陸生爲陳平畫呂氏數事，呂氏謀益衰。及誅諸呂，立孝文帝，陸生頗有力焉。孝文帝卽位，陸生爲太中大夫，往使尉他，令尉他去黄屋稱制，令比諸侯，皆如意旨。陸生竟以壽終。」藝文志春秋家有楚漢春秋九篇，陸賈所記。又儒家有陸賈二十三篇。按：今存新語十二篇。「執正，王陵、申屠嘉」者，音義：「執正，俗本作『執政』，誤。」司馬云：「宋、吴本『正』作『政』。」按：執正猶云持正，正、政古雖通用，然此不必假「政」字爲之，宋、吴本蓋傳寫之誤。陳丞相世家云：「孝惠帝六年，以安國侯王陵爲右丞相。王陵者，故沛人，始爲縣豪，高祖微時兄事陵。陵少文任氣，好直言。及高祖起沛，入至咸陽，陵亦自聚黨數千人居南陽，不肯從沛公。及漢王之還攻項籍，陵乃以兵屬漢，卒從漢王定天下，封爲安國侯。安國侯既爲右丞相，二歲，惠帝崩，高后欲立諸吕爲王，問王陵，王陵曰：『不可。』吕太后怒，乃詳遷陵爲帝太傅，實不用陵。陵怒，謝疾免，杜門，竟不朝請，七年而卒。」史記張丞相列傳云：「申屠丞相嘉者，梁人，以材官蹶張從高帝擊項籍，遷爲隊率。從擊黥布軍，爲都尉。孝惠時，爲淮陽守。孝文帝元年，張蒼已爲丞相，嘉遷爲御史大夫。張蒼免相，乃以御史大夫嘉爲丞相，封爲故安侯。嘉爲人廉直，門不受私謁。是時太中大夫鄧通方隆愛幸，賞賜累巨萬。文帝嘗燕飲通家，其寵如是。是時丞相入朝，而通居上傍，有怠慢之禮。丞相奏事畢，因言曰：『陛下愛幸臣則富貴之，至於朝廷之禮，不可以不肅。』上曰：『君勿言，吾私之。』罷朝，嘉爲檄召鄧通詣丞相府，不來，且斬通㊀。通恐，入言文帝。文帝曰：『汝第往，吾今使人召若㊁。』通至丞相府㊂，免冠徒跣頓首謝。嘉責曰：『夫朝廷者，高皇帝之朝廷也。通小臣，戲殿上，大不敬，當斬。吏今行斬之。』通頓首，首盡出血，不解。文帝度丞相已困通，使使者持節召通，而謝丞相曰：『此吾弄臣，君釋之。』鄧通既至，爲文帝泣曰：『丞相幾殺臣。』孝景帝即位，二年，鼂錯爲内史，貴幸用事㊃，諸法令多所請變更，議以謫罰

㊀「來且」原本訛作「若通」，據史記本傳改。
㊁「若」字原本訛作「來」，據史記本傳改。
㊂「通」字原本訛作「且」，據史記本傳改。
㊃「貴幸」原本訛作「丞相」，據史記本傳改。

侵削諸侯，而丞相嘉自絀所言不用㊀，疾錯。錯爲内史，門東出，不便，更穿一門南出。南出者，太上皇廟堧垣，嘉聞之，欲因此以法錯擅穿宗廟垣爲門，奏請誅錯。錯恐，夜入宫上謁，自歸景帝。至朝，丞相奏請誅内史錯。景帝曰：『錯所穿非眞廟垣，乃外堧垣，故他官居其中，（按：官謂官署，若今言衙門。）且又我使爲之，錯無罪。』罷朝，嘉謂長史曰：『吾悔不先斬錯，乃先請之，爲錯所賣。』至舍，因歐血而死，謚爲節侯。」「折節周昌、汲黯」者，音義：「折節，之設切。」俞云：「『折』『抗』字之誤，言其能抗節而不撓也。隸書『亢』字或作『亣』，華山碑『禮與岱亣』是也。凡從『亢』之字亦或作『亣』，劉寬碑『伒浮雲之志』，『伒』即『伉』字，殽阬神祠碑『於是殽阠以爲之畜』，『阠』即『阬』字，竝其證也。此文『抗』字從隸體作『扸』，形與『折』似，因誤爲『折』。」按：俞説至覈，折節無義，必「抗節」之誤。張丞相列傳云：「周昌者，沛人也，秦時爲泗水卒史。及高祖起沛，擊破泗水守、監，於是周昌自卒史從沛公。沛公立爲漢王，以周昌爲中尉。漢王四年，拜爲御史大夫。以六年中，與蕭、曹等俱封，封周昌爲汾陰侯。昌爲人彊力，敢直言，自蕭、曹等皆卑下之。昌嘗燕時入奏事，高帝方擁戚姬，昌還走。高帝逐得，騎周昌項，問曰：『我何如主也？』昌仰曰：『陛下即桀、紂之主也。』於是上笑之，然尤憚周昌。及帝欲廢太子，而立戚姬子如意爲太子，周昌争之彊。上問其説，昌爲人吃，又盛怒，曰：『臣口不能言，然臣期期知其不可。陛下雖欲廢太子，臣期期不奉詔。』上欣然而笑。既罷，吕后側耳於東廂聽，見昌，爲跪謝曰：『微君，太子幾廢。』是後戚姬子如意爲趙王，年十歲，高祖憂即萬歲之後不全也。趙堯年少，爲符璽御史，侍高祖，曰：『陛下獨宜爲趙王置貴彊相，及吕后、太子、羣臣素所敬憚，乃可。』高祖曰：『羣臣誰可者？』堯曰：『御史大夫周昌，其人有堅忍質直，且自吕后、太子及大臣

㊀「丞相」原本訛作「貴幸」，據史記本傳改。

皆素敬憚之，獨昌可。』於是徙御史大夫周昌爲趙相。高祖崩，吕太后使使召趙王，其相周昌令王稱疾不行。使者三反，周昌固爲不遣趙王。乃使使召周昌，昌既徵，高后使使召趙王，趙王果來，月餘，飲藥而死。周昌因謝病不朝見，三歲而死。」汲鄭列傳云：「汲黯，字長孺，濮陽人也。孝景時，爲太子洗馬，以莊見憚。孝景帝崩，太子卽位，黯爲謁者，遷爲滎陽令，病歸田里。召拜爲中大夫，以數切諫，不得久留内，遷爲東海太守。歲餘，東海大治。召以爲主爵都尉，列於九卿。黯爲人性倨少禮，面折不能容人之過，合己者善待之，不合己者不能忍見，士亦以此不附焉。然好學游俠，任氣節，内行脩絜，好直諫，數犯主之顔色。天子方招文學儒者，黯曰：『陛下内多欲而外施仁義，柰何欲效唐、虞之治乎？』上默然怒，變色而罷朝，謂左右曰：『甚矣！汲黯之戇也。』黯多病，上常賜告者數。最後，莊助爲請告，上曰：『汲黯何如人哉？』助曰：『使黯任職居官，無以踰人。然至其輔少主，守城深堅，招之不來，麾之不去，雖自謂賁、育，亦不能奪之矣。』上曰：『然。古有社稷之臣，至如黯，近之矣。』張湯方以更定律令爲廷尉，黯數質責湯於上前。上方向儒術，尊公孫弘，而黯常毁儒，面觸弘等徒懷詐飾智，以阿人主取容。弘、湯深心疾黯。弘爲丞相，請徙黯爲右内史，數歲，官事不廢。淮南王謀反，憚黯，曰：『好直諫，守節死義，難惑以非。』後黯坐小法，會赦免官，於是黯隱於田園。居數年，召拜黯爲淮陽太守，七歲而卒。」「守儒，轅固、申公」者，「轅固」世德堂本作「袁固」。儒林列傳云：「清河王太傅轅固生者，齊人也。以治詩，孝景時爲博士。竇太后好老子書，召轅固生問老子書，固曰：『此是家人言耳。』太后怒曰：『安得司空城旦書乎？』乃使固入圈刺豕。景帝知太后怒，而固直言無罪，乃假固利兵下圈刺豕，正中其心，一刺，豕應手而倒。太后默然，無以復罪，罷之。居頃之，景帝以固爲廉直，拜爲清河王太傅。久之，病免。今上初卽位，復以賢良徵固，時固已九十餘矣。固之徵也，薛人公孫弘亦徵，側目而視固，固曰：『公孫子，務正學以言，無曲學以阿世。』自是之後，齊言詩皆本轅固生也。」又：「申公者，魯人也。高祖過魯，申公以弟子從師入見高祖于魯南宮。呂太后時，申公游學長安，與劉郢同師。已而郢爲楚王，令申公傅其太子戊。戊不好學，疾申公。及王郢卒，戊立爲楚王，胥靡申公。申公恥之，歸魯，弟子自遠方至，受業者百餘人。蘭陵王臧，今上初卽位爲郎中令，及代趙綰爲御史大夫，請天子，欲立明堂以朝諸侯㊀，不能就其事，乃言師申公。於是天子使使束帛加璧㊁，安車駟馬，迎申公。至，問治亂之事。申公時已八十餘，老，對曰：『爲治者不在多言，顧力行何如耳！』天子默然。然已招致，則以爲太中大夫，議明堂事。太皇竇太后好老子言，不說儒術，得趙綰、王臧之過，以讓上，上因下趙綰、王臧吏，後皆自殺。申公亦疾免以歸，數年，卒。」「菑異董相、夏侯勝、京房」者，音義：「菑與災同。」按：世德堂本作「災異」，劉孝標辯命論李注引亦作「災異」。董仲舒見修身疏。漢書眭兩夏侯京翼李傳：「夏侯始昌族子勝，字長公，東平人，少孤好學，從始昌受尚書及洪範五行傳，說災異。後事蕳卿，又從歐陽氏問，爲學精孰，所問非一師也。徵爲博士、光禄大夫，用尚書授太后，（按：上官太后。）遷長信少府，賜爵關内侯。宣帝初卽位，欲襃先帝，詔丞相、御史，孝武皇帝廟樂未稱，其與列侯、二千石、博士議。羣臣大議廷中，皆曰宜如詔書。長信少府勝獨曰：『詔書不可用也。人臣之誼，宜直言正論，非苟阿意順指。』於是丞相義、（蔡義。）御史大夫廣明（田廣明。）劾奏勝非議詔書，毁先帝，不道。下獄。至四年夏，關東四十九郡同日地動，下詔大赦，勝出，爲諫大夫、給事中，復爲長信少府，遷太子太傅，受詔撰尚書、論

㊀「堂以」原本訛作「束帛」，據史記儒林列傳改。

㊁「束帛」原本訛作「堂以」，據史記儒林列傳改。

語說，賜黃金百斤。年九十，卒。」又：「京房，字君明，東郡頓丘人也，治易，事梁人焦延壽，其説長於災變，分六十卦，更直日用事，以風、雨、寒、温爲候，各有占驗。房用之尤精。好鍾律，知音聲。初元四年，以孝廉爲郎。永光、建昭間，西羌反，日蝕，又久青亡光，陰霧不精。房數上疏言其將然。所言屢中，天子説之。房奏考功課吏法，上令公卿朝臣與房會議温室，皆以房言煩碎，不可許。是時中書令石顯顓權，顯友人五鹿充宗爲尚書令，二人用事。房嘗宴見，因免冠頓首曰：『春秋紀二百四十二年災異，以視萬世之君。今陛下卽位已來，春秋所記災異盡備，今所任用者誰與？明主宜自知之。』房指謂石顯，上曰：『已諭。』石顯、五鹿充宗皆疾房，欲遠之，建言宜試以房爲郡守，元帝於是以房爲魏郡太守。房去月餘，顯告房與張博通謀，非謗政治，歸惡天子，詿誤諸侯王。房、博皆棄市。房本姓李，推律自定爲京氏，死時年四十一。」

注「避秦之亂，隱居商山」。按：今陝西商州山中。梁氏志疑云：「四人或聚隱一處，亦未可知。然史但言逃匿山中，不詳何山。王貢等傳序云商雒深山，後書鄭康成傳云南山，四八目云上洛商山，水經丹山注云隱上洛西南楚山。夫商、楚在關中，寧有避秦謝漢而反居近地乎？是説未可信。」按：水經注丹水篇云：「楚水源出上洛縣西南楚山，昔四皓隱于楚山，卽此山也。其水兩源，合舍于四皓廟東。」然則四皓隱居楚山，信而有徵。楚山在今商州西南，爲商雒諸山之一，商雒諸山皆終南之支脈，故亦謂之商山，亦謂之南山，非有異也。圈公嘗爲博士，則始固仕秦，避亂入山，以待天下之定，何必不在近地？梁氏疑其所不當疑，其説殊不足取。注「免陵，乃得封」。世德堂本「封」下有「之」字。注「文帝愛幸鄧通，至使慢禮，嘉收通」。按：「愛幸」，各本皆作「佞幸」，義不可通。此謂文帝愛幸通，而使通有怠慢之禮於朝。語本史記。妄人以通在佞幸列傳，遂改爲「佞幸」，則與「至使慢禮」句不相銜接矣。又「嘉收通」世德堂本作「嘉折之」。注「晁錯犯憲」。按：世德堂本「晁錯」上有「又」字。　注「折節謂直諫」。按：此李本「折節」作「抗節」之證。字惟作「抗」，故以直諫釋之。錢本「謂」作「爲」，則以正文及注「抗」皆誤「折」，折節之與直諫義有不同，故不云「謂」而云「爲」耳。世德堂本無此注。　注「高祖」至「不忠」。按：治平本無此注，今據世德堂本補。　注「卒爲所亨」。世德堂本作「卒爲楚王所烹」。按：儒林傳作「胥靡申公」，彼集解引徐廣云：「腐刑。」傳稱申公自楚歸魯，年八十餘見徵，安有爲楚王戊所亨之事？此注「亨」字必「刑」字之誤。　注「善推陰陽，知菑異」。按：治平本、世德堂本皆作「災異」；錢本作「菑異」，與正文一律，今據改。漢書眭兩夏侯等傳贊云：「漢興，推陰陽，言災異者，孝武時有董仲舒、夏侯始昌，昭、宣則眭孟、夏侯勝，元、成則京房、翼奉、劉向、谷永，哀、平則李尋、田終術。」又按：辯命論李注引此文李軌注云：「董相，江都相董仲舒也。」當在此注之首。今各本皆無此語。

或問「蕭、曹」。曰：「蕭也規，曹也隨。」〔注〕蕭何規創於前如一，曹參奉隨於後不失。「滕、灌、樊、酈」。曰：「俠介。」〔注〕滕公、灌嬰、樊噲、酈商，此四人前後輔介高帝。「叔孫通」。曰：「槧人也。」〔注〕叔孫通，秦博士，避二世之亂，遇高祖起兵，從之。天下既定，還復從儒，見事敏疾。「爰盎」。曰：「忠不足而談有餘。」〔注〕説景帝斬晁錯以謝七國，實挾私怨而不爲國。「晁錯」。曰：「愚。」〔注〕畫策削諸侯王，七國既反，令盎得行其説，智而不能自明，朝服斬於東市。「酷吏」。曰：「虎哉！虎哉！角而翼者也。」〔注〕郅都、甯成、張湯、杜周之徒。「貨殖」。曰：「蚊。」曰：「血國三千，使捋踈，飲水，褐博，没齒無愁也。」或問「循吏」。曰：「吏也。」〔注〕鄭子産、公儀休、孫叔敖之徒。「游俠」。曰：「竊國靈也。」〔注〕靈，命也。朱家、田仲、郭解、劇孟、原涉之徒。「佞幸」。曰：「不料而已。」〔注〕籍孺、鄧通、周仁、韓王孫、李延年之徒。〔疏〕「問『蕭、曹』。曰：『蕭也規，曹也隨』」者，蕭相國世家云：「蕭相國何者，沛豐人也，爲沛主吏掾。高祖起，爲沛公，何常爲丞，督事。沛公至咸陽，諸將皆爭走金帛財物之府分之，何獨先入收秦丞相、御史律令圖書藏之。沛公爲漢王，以何爲丞相。漢王所以具知天下阸塞，户口多少，彊弱之處，民所疾苦者，以何具得秦圖書也。何進言韓信，漢王以信爲大將軍。漢王引兵東定三秦，何以丞相留收巴、蜀，填撫諭告，使給軍食。漢二年，漢王與諸侯擊楚，何守關中，侍太子治櫟陽，爲法令約束，立宗廟、社稷、宫室、縣邑，計户口轉漕給軍。漢王數失軍遁去，何常興關中卒輒補缺，上以此專屬任何關中事。漢五年，定天下，論功行封，高祖以蕭何功最盛，封爲酇侯，賜帶劍履上殿，入朝不趨。漢十一年，拜丞相何爲相國。何素不與曹參相能，及何病，孝惠自臨視相國病，因問曰：『君卽百歲後，誰可代君者？』對曰：『知臣莫如主。』孝惠曰：『曹參何如？』何頓首曰：『帝得之矣，臣死不恨矣。』孝惠二年，相國何卒，謚爲文終侯。」又曹相國世家云：「平陽侯曹參者，沛人也，秦時爲沛獄掾。高祖爲沛公而起也，參以中涓從。沛公爲漢王，封參爲建成侯。高祖三年，拜爲假左丞相。漢王爲皇帝，以長子肥爲齊王，而以參爲齊相國。以高祖六年賜爵列侯，與諸侯剖符，世世勿絶，食邑平陽，號曰平陽侯。參功凡下二國，縣一百二十二，得王二人、相三人、將軍六人、大莫敖、郡守、司馬、候、御史各一人。孝惠帝元年，除諸侯相國法，更以參爲齊丞相。相齊九年，齊國安集，大稱賢相。惠帝二年，蕭何卒，參聞之，告舍人趣治行，吾將入相。居無何，使者果召參。參始微時，與蕭何善，及爲將相，有郤。至何且死，所推賢唯參。參代何爲漢相國，舉事無所變更，一遵蕭何約束。擇郡國吏木詘於文辭，重厚長者，卽召除爲丞相史。吏之言文刻深，欲務聲名者，輒斥去之。日夜飲醇酒。惠帝怪相國不治事，以爲豈少朕與？至朝時，惠帝讓參，參免冠謝曰：『陛下自察聖武孰與高帝？』上曰：『朕乃安敢望先帝乎？』曰：『陛下觀臣能孰與蕭何賢？』上曰：『君似不及也。』參曰：『陛下言之是也。且高帝與蕭何定天下，法令既明，今陛下垂拱，參等守職，遵而勿失，不亦可乎？』參爲漢相國，出入三年，卒，謚懿侯。」解嘲云：「蕭規曹隨。」顏注云：『言蕭何始作規模，曹參因而從之。』按：規謂定法令，隨謂無所變更。規、隨亦韻語。「『滕、灌、樊、酈』。曰：『俠介』」者，音義：「樊、酈，音歷。」樊酈滕灌列傳云：「汝陰侯夏侯嬰，沛人也。高祖之初與徒屬欲攻沛也，嬰時以縣令史爲高祖使。上降沛，高祖爲沛公，以爲太僕。從擊秦軍，賜爵封，轉爲滕公。項羽立沛公爲漢王，漢王賜嬰爵列侯，號昭平侯。從擊項籍至彭城，漢王敗不利，馳去，見孝惠、魯元，載之。漢王急，馬罷，虜在後，常蹶兩兒，欲棄之，嬰常收，竟載之，卒得脱。漢王既至滎陽，賜嬰食祈陽。至魯，益食茲氏。漢王立爲帝，嬰更食汝陰，剖符世世勿絶。嬰自上初起沛，常爲太僕，竟高祖崩，以太僕事孝惠。孝惠帝及高后德嬰之脱孝惠、魯元於下邑之閒也，乃賜嬰縣北第第一，曰：『近我，以尊異之。』卒，謚爲文侯。」集解云：「漢書曰：『嬰爲滕令，奉車，故號滕公。』」正義云：「滕即公丘故城，是在徐州滕縣西南十五里。」又：「潁陰侯灌嬰者，睢陽販繒者也。高祖之爲沛公，嬰初以中涓從。沛公立爲漢王，拜嬰爲郎中。十月，拜爲中謁者，賜爵列侯，號昌文侯，食杜平鄉。拜爲中大夫，遷爲御史大夫。漢王立爲皇帝，剖符世世勿絶，食潁陰，號曰潁陰侯。凡從得二千石二人，別破軍十六，（按：「別」與「從」對文，從謂從高帝，別謂自率一部。）降城四十六，定國一、郡二、縣五十二，得將軍二人、柱國、相國各一人、二千石十人。高帝崩，嬰以列侯事孝惠帝及呂太后，孝文皇帝三歲，嬰爲丞相。後歲餘，卒，謚曰懿侯。」又：「舞陽侯樊噲者，沛人也，以屠狗爲事，與高祖俱隱。初從高祖起豐，攻下沛。高祖爲沛公，以噲爲舍人，以卻敵先登，賜爵封，號賢成君。項羽在戲下，欲攻沛公，沛公從百餘騎因項伯面見項羽謝。羽既饗軍士，中酒，亞父謀欲殺沛公。樊噲在營外，聞事急，乃持鐵盾入，到營，營衞止噲，噲直撞入，立帳下。項羽目之，問爲誰。張良曰：『沛公參乘樊噲。』項羽曰：『壯士。』賜之巵酒、彘肩。噲曰：『沛公先入定咸陽，暴師霸上，以待大王。大王今日至，聽小人之言，與沛公有隙。臣恐天下解心，疑大王也。』項羽默然。沛公歸，使張良謝項羽，項羽亦因遂已。是日微樊噲，沛公事幾殆。項羽立沛公爲漢王。漢王賜噲爵爲列侯，號臨武侯。遷爲郎中，攻城先登，遷郎中騎將，卻敵，遷爲將軍，賜食邑杜之樊鄉，益食邑平陰。漢王爲帝，更賜爵列侯，與諸侯剖符，世世勿絶，食舞陽，號爲舞陽侯。遷爲左丞相。從斬首百七十六級，虜二百八十八人，別破軍七，下城五，定郡六，縣五十二，得丞相一人、將軍十二人、二千石以下至三百石十一人。孝惠六年，卒，謚爲武侯。」又：「曲周侯酈商者，高陽人。陳勝起時，商聚少年東西略人，得數千。沛公略地至陳留，商以將卒四千人屬沛公於岐。項羽立沛公爲漢王。漢王賜商爵信成君，以將軍爲隴西都尉，賜食邑武成。漢王爲帝，遷爲右丞相，賜爵列侯，與諸侯剖符，世世勿絶，食邑涿，號曰涿侯，更食曲周。凡別破軍三，降定郡六、縣七十三，得丞相、守、相、大將各一人，小將二人、二千石已下至六百石十九人。商卒，謚爲景侯。」俞云：「俠與夾通。尚書多方篇：『爾曷不夾介乂我周王。』此即楊子所本。」按：俞説是也。子雲於書歐陽，此作「俠介」，疑亦歐陽之異文。規、隨疊韻，夾、介雙聲。吳王吏部仁俊云：「規隨、夾介，一縱一横。規隨者，言乎其相先後也；夾介者，言乎其相左右也。」「『叔孫通』。曰：『槧人也』」者，叔孫通見五百疏。音義：「槧人，七豔切。」按：槧讀爲「憸」，義詳後。「『爰盎』。曰：『忠不足而談有餘』」者，「爰」世德堂本作「袁」。按：史記作袁盎，漢書作爰盎，袁、轅、爰同爲一氏。陳胡公之裔名諸，字伯爰。其孫濤塗以王父字爲氏，左傳僖公篇作轅濤塗，公羊、穀梁作袁濤塗。音義：「盎，烏浪切。」袁盎鼂錯列傳云：「袁盎者，楚人也，字絲。孝文帝卽位，盎爲中郎。絳侯爲丞相，上禮之恭，袁盎進曰：『臣主失禮，竊爲陛下不取也。』後朝，上益莊，丞相益畏。及絳侯免相之國，國人上書告以爲反，徵繫清室。宗室諸公莫敢爲言，唯袁盎明絳侯無罪，絳侯得釋，盎頗有力。淮南厲王驕甚，袁盎曰：『諸侯大驕，必生患。』及棘蒲侯柴武太子謀反事覺，治連淮南王，上遷之蜀，轞車傳送。袁盎時爲中郎將，乃諫曰：『淮南王爲人剛，如有遇霧露行道死，陛下有殺弟之名，柰何？』上弗聽。淮南王至雍病死，上哭甚哀。盎曰：『陛下有高世之行三，此不足以毁名。陛下居代時，太后嘗病，三年陛下不交睫，不解衣，湯藥非口所嘗弗進，過曾參孝遠矣。諸呂用事，大臣專制，陛下從代馳不測之淵，雖賁、育之勇不及陛下。陛下至代邸，西向讓天子位者再，南面讓者三；許由一讓，而陛下五以天下讓，過許由四矣。』於是上乃解。宦者趙同以數幸，常害袁盎。孝文帝出，趙同參乘，袁盎伏車前曰：『臣聞天子所與共六尺輿者，皆天下豪英。陛下獨柰何與刀鋸餘人載？』上笑，下趙同。文帝從霸陵上，欲西馳下峻坂，袁盎曰：『聖主不乘危而徼幸，陛下縱自輕，柰高廟、太后何？』上乃止。上幸上林，皇后、愼夫人從。袁盎引卻愼夫人坐，因前説曰：『臣聞尊卑有序，則上下和。今陛下既已立后，愼夫人乃妾，妾主豈可與同坐哉？陛下所以爲愼夫人，適所以禍之，獨不見人彘乎？』於是上語愼夫人，愼夫人賜盎金五十斤。然袁盎亦以數諫不得久居中，調爲隴西都尉，遷爲齊相，徙爲吴相。吴王厚遇盎。盎告歸，道逢丞相申屠嘉，下車拜謁，丞相從車上謝袁盎，袁盎乃之丞相舍上謁，卽説曰：『君爲丞相，自度孰與陳平、絳侯？且陛下從代來，每朝，郎官上書疏，未嘗不止輦受其言。言不可用，置之；言可受，採之，未嘗不稱善，何也？則欲以致天下賢士大夫。上日聞所不聞，明所不知，日益聖智。君今自閉鉗天下之口，而日益愚。夫以聖主責愚相，君受禍不久矣。』

丞相乃再拜，引入與坐，爲上客。盎素不好鼂錯，兩人未嘗同堂語。及孝景帝卽位，鼂錯爲御史大夫，使吏案袁盎受吴王財物，抵罪。詔赦以爲庶人。吴、楚反聞，鼂錯欲請治盎。人有告袁盎者，袁盎入見，請辟人賜問，具言吴所以反狀以錯故，獨急斬錯以謝吴，吴兵乃可罷。及鼂錯已誅，袁盎以太常使吴，吴王欲使將，不肯，欲殺之，袁盎馳去，遂歸報。吴、楚已破，上更以平陸侯禮爲楚王，袁盎爲楚相。嘗上書有所言，不用，病免居家，景帝時時使人問籌策。梁王欲求爲嗣，袁盎進説，其後語塞。梁王以此怨盎，使人刺殺盎安陵郭門外。」「『晁錯』。曰：『愚』」者，「晁」史記、漢書列傳皆作「鼂」，史記孝景本紀及漢書景帝紀皆作「晁」，史記酷吏傳作「鼂」，太史公自序作「朝」。廣韻：「鼂，亦姓。」引風俗通云：「衛大夫史鼂之後，漢有鼂錯。」直遥切，又陟遥切，晁上同，鼂古文。按：説文：「鼂，匽鼂也，讀若朝。從黽，從旦。」「鼂」卽「鼂」之俗。「晁」亦説文所無，蓋「朝」之别體，今晁氏字皆作「晁」。袁盎鼂錯列傳云：「鼂錯者，潁川人也，以文學爲太常掌故。孝文帝時，太常遣錯受尚書伏生所㊀。還，因以書稱説。詔以爲太子舍人、門大夫、家令，以其辯，得幸太子，太子家號曰『智囊』。遷爲中大夫。景帝卽位，以錯爲内史。錯常數請間言事，輒聽，寵幸傾九卿，法令多所更定。遷爲御史大夫，請諸侯之罪過，削其地，收其枝郡。錯所更令三十章，諸侯皆諠譁，疾鼂錯。錯父聞之，從潁川來，謂錯曰：『上初卽位，公爲政用事，侵削諸侯，何也？』鼂錯曰：『不如此，天子不尊，宗廟不安。』錯父曰：『劉氏安矣，而鼂氏危矣。』遂飲藥死，曰：『吾不忍見禍及吾身。』吴、楚七國果反，以誅錯爲名。及竇嬰、袁盎進説，上令鼂錯衣朝衣㊁，斬東市。鼂錯已死，謁者僕射鄧

㊀「所」下原本有偏書小字「句」，蓋作者以示句讀，今删。

㊁「鼂」字原本訛作「錯」，據史記本傳改。

公爲校尉，擊吴、楚軍爲將。還，上書言軍事曰：『吴王爲反數十年矣，發怒削地，以誅錯爲名，其意非在錯也。夫鼂錯患諸侯彊大不可制㊀，故請削地以尊京師，萬世之利也。計畫始行，卒受大戮，内杜忠臣之口，外爲諸侯報仇，臣竊爲陛下不取也。』於是景帝默然，良久，曰：『公言善，吾亦恨之。』」音義：「晁錯曰愚，天復本作『由忠』。」司馬云：「天復本『愚』作『由忠』，今從諸家。錯知諸侯太彊，必爲亂，故削之。而七國尋反，身死東市。不若主父偃從諸侯所欲，分國邑侯子弟，而諸侯自弱也。故以錯爲愚。」陶氏鴻慶讀法言札記云：「上文論爰盎，曰：『忠不足而談有餘。』是以盎之挾私害錯爲不忠也。又以錯之盡忠爲愚，豈君子善善從長之義乎？天復本作『由忠』，當從之。『由』與『猶』同。禮記檀弓注：『猶，尚也。』說文：『尚，庶幾也。』言庶幾其忠也。許其忠而愚自見，義較今本爲長。」按：温公說是也。盎之請誅錯，誠爲挾私，然其事由於錯之挾私而欲請治盎，二人心術相似，盎特先發以制人耳。太史公曰：「鼂錯爲家令時，數言事不用。後擅權，多所變更。諸侯發難，不急匡救，欲報私讐，反以亡軀。」然則盎固忠不足矣，錯亦豈得謂庶幾其忠哉？李注「智而不能自明」，正釋愚字之義，是舊本不作「由忠」，可知也。「『酷吏』。曰：『虎哉！虎哉！角而翼者也』」者，自酷吏至佞幸，皆史記列傳名。先酷吏而後循吏者㊁，酷吏列傳云：「孝景時，鼂錯以刻深，頗用術輔其資，而七國之亂發怒於錯，錯卒以被戮。其後有郅都、甯成之屬。」是史以錯爲開酷吏之先，故此文因論錯而遂及酷吏也。司馬云：「不仁之人而得勢位，如虎之得角翼。」俞氏樾羣經平議云：「角字之義，自來皆屬獸言。說文角部：『角，獸角也。』其實角字本義當爲鳥喙，漢書董仲

㊀「鼂錯」二字原本互倒，據史記本傳改。

㊁「循吏」原本訛作「循史」，據本段正文改。

舒傳：『予之齒者去其角，傅之翼者兩其足。』此二句以鳥、獸對言。予之齒者去其角，謂獸有齒以齧，卽不得有角以啄；傅之翼者兩其足，謂鳥有兩翼以飛，卽不得有四足以走也。若以角爲獸角，則牛、羊、麋、鹿之類有齒復有角者多矣，安得云『予之齒者去其角』乎？文選射雉賦：『裂嘴破觜。』注曰：『觜，喙也。』觜爲鳥喙，而其字從角，可知角字之義矣。」按：俞說至覈。大戴禮易本命：「四足者無羽翼，戴角者無上齒。」此亦因不得角字之義，而曲爲之說。虎而角翼，謂以猛獸而兼鷙鳥之利，其搏噬不可當也。世德堂本作「角而翼也」，無「者」字。「『貨殖』。曰：『蚊』者」，論語：「賜不受命而貨殖焉。」貨殖列傳之名本此。論語集解云：「賜不受教命，唯財貨是殖。」劉疏云：「廣雅釋詁：『殖，積也。』周語：『財蕃殖。』韋昭解：『殖，長也。』子貢貨殖，謂居貨財以生殖也。」是解貨殖爲貨財蕃殖之義。皇疏云：「財物曰貨，種藝曰殖。」則以貨、殖爲平列字。按：中庸云：「貨財殖焉。」然則貨以殖言，古人常語，不得以爲二事也。宋云：「蚊之爲蟲，喙人而求生，可鄙惡者也。貨殖之徒，兼并聚斂，非義是存，亦所謂喙人而求生矣。」「曰：『血國三千，使捋疎，飲水，褐博，没齒無愁也』」者，音義：「捋疎，上音郎活切，俗本作『將』，誤。没齒無愁也，俗本誤作『没齒然也』。」按：宋、吴本「捋疎」作「將疏」，「無愁」作「然」，司馬從之，世德堂本承之，今悉依治平本。此引伸前義之辭，故更著「曰」字。吴云：「楊恐未諭，故再釋之。」俞云：「上文已有『曰』字，而此復有『曰』字者，乃更端之語。」是也。宋云：「或以是言難之，下無答文者，蓋鄙其不諭教而彊見難，故不對之。」司馬云：「『蚊』下『曰』，衍字。」皆未得其說。宋云：「三千國者，昔禹會塗山，執玉帛者萬國，於商、周之世，已漸并之矣，故至漢但可三千而已。」吴云：「周一千八百國，而漢郡國一百三、縣邑千三百一十四，云三千者，蓋貨殖之人倍取於國，且言其多歟？」司馬云：「三千，言其衆也。」俞云：「漢書王莽傳：『始建國四年，授諸侯茅土，諸侯之員千有八百，附城之數亦如之。』是合諸侯與附城凡三千六百國。血國三千，依莽制言之，舉成數耳。楊子此文，蓋亦有譏焉。是時以圖簿未定，未授國邑，且令受奉都内，月錢數千，諸侯皆困乏，至有庸作者。楊子因或問貨殖，而應之曰蚊，又復爲此言，若謂彼貨殖者，亦猶蚊之爲蟲，食人之血以生耳。今天下建國三千，彼得國者亦將血之以自肥也。乃使之捋疏，飲水，褐博，没齒無愁邪？句末『也』字當讀爲『邪』，楊子書多有此文法，學行篇『衆人所能踰也』、『其樂可量也』，並以『也』爲『邪』，説已見前矣。」按：宋、吴解此，固爲曲説。俞據莽制爲釋，亦紆回難通。温公謂三千言其衆，是也。吾子云：「緑衣三百，色如之何矣？紵絮三千，寒如之何矣？」此三千義與彼同，皆侈言之以見其多。汪氏中釋三九，發明此義，最爲通論。三千國，猶詩、書所謂萬邦、萬國之比，必求其數以實之，則惑矣。説文：「捋，取易也。」按：與采同詁。詩桑柔云：「捋采其劉。」周禮太宰：「八曰臣妾，聚斂疏材。」鄭注云：「疏材，百草根實可食者。」「疎」即「疏」之别體。孟子：「不受於褐寬博。」焦疏云：「詩七月篇：『無衣無褐，何以卒歲？』箋云：『人之貴者無衣，賤者無褐。』是褐爲賤者所服。『褐寬博』，蓋當時有此稱也。」論語云：「問管仲。曰：『人也，奪伯氏駢邑三百，飯蔬食，没齒無怨言。』」孔云：「伯氏食邑三百家，管仲奪之，使至蔬食，而没齒無怨言，以當其理故也。」按：此言貧而無怨，恆情所難；聚斂爲富，天下必有受其困者。今貨殖之徒，皆務朘天下之脂膏以自肥，則天下之受其困者能惡衣惡食，終無所怨乎？此聖人不患貧而患不安之意，明貨殖之術，徒足以致天下之不安而已。「或問『循吏』。曰：『吏也』」者，説文：「循，順行也。」循吏列傳云：「奉職循理，亦可以爲治。」按：吏者，治人者也，奉職循理，則無忝於治人者之名，故曰吏也。新書大政云：「吏之爲言，理也。」「『游俠』。曰：『竊國靈也』」者，游俠列傳集解引荀悦云：「立氣齊，作威福，結私交，以立彊於世者，謂之游俠。」（按：前漢紀武帝紀文。「氣齊」彼文作「氣勢」，此文宋注引亦作「氣勢」。）前篇云：「人無爲秦也，喪其靈久矣。」孫氏詒讓云：「靈謂威福之柄。」此文「國靈」，亦謂國家威福之柄也。漢書游俠傳云：「古之正法：五伯，三王之辠人也；而六國，五伯之辠人也。夫四豪者，又六國之辠人也，況於郭解之倫，以匹夫之細，竊殺生之權，其辠已不容於誅矣。」竊國靈卽竊殺生之權之謂。「『佞幸』。曰：『不料而已』」者，佞幸列傳云：「此兩人，（按：謂籍孺、閎孺。）非有材能，徒以婉佞貴幸。」然則佞幸者，謂以佞見幸也。國策秦策高注云：「料，數也。」不料，謂不數之，猶云何足算也。司馬云：「不自料其才德不稱其寵禄而貪竊之，以取禍敗。」似失其義。注「蕭何」至「不失」。按：曹相國世家云：「參爲漢相國，百姓歌之曰：『蕭何爲法，斠若畫一。曹參代之，守而勿失，載其清淨，民以寧一。』」注「滕公」至「高帝」。按：治平本作「此四人前後輔夾高帝」，乃校者删改，今依世德堂本補。注「叔孫」至「敏疾」。按：治平本此注惟存「見事敏疾」四字，今依世德堂本補。俞云：「李注謂見事敏疾，未詳其義。據五百篇楊子以魯兩生爲大臣，則其不滿於叔孫通也，甚矣！不當如李氏說也。祕曰：『叔孫通采古禮與秦儀，雜著漢儀，簡牘之人也。槧猶牘也。』此說亦殊未安。『槧』疑當爲『鏩』，太玄上：『初一，挫厥鏩鏩。』温公解爲挫其鋭進躁急之志。叔孫通不知禮樂百年而後興，而急欲爲之，豈非所謂鏩鏩者乎？故楊子以爲鏩人。『鏩』字依說文本作『鏨』，兹作『槧』者，或亦如『鎜』之與『槃』，古本一字耳。」平議所引李注，似僅據治平本删節之語，而失檢世德堂本此注全文，故云未詳其義。今觀全注，則見事敏疾云者，承上文而言，謂通見高祖方事力征，則姑舍所學，專言斬將搴旗之士；及天下已定，乃更汲汲請起朝儀。迎合巧捷，故以「槧」爲敏疾之義。胡部郎云：「槧當讀爲倢。說文：『倢，佽也』；『佽，便利也』。方言：『虔儇，慧也。宋、楚之間謂之倢。』郭注：『倢，言便利也。』廣雅釋詁：『倢，疾也。』倢卽倢字，今以捷爲之。叔孫通爲人機警，故楊子以爲倢人，而李注卽以見事敏疾釋之。『敏疾』疑本作『敏捷』，蓋讀『㨗』爲『捷』，猶寡見篇：『援我手之鶉兮。』注云：『言其純美。』卽讀『鶉』爲『純』也。」綏之此説，甚得李義，然讀「㨗」爲「倢」，「倢人」連文，亦嫌無據。榮謂説文：「憸，險陂也，憸利于上，佞人也。」盤庚云：「相時憸民。」馬云：「憸利，小小見事之人也。」又立政云：「國則罔有立政用憸人。」馬云：「憸利，佞人也。」釋文兩引徐邈音竝七漸反，是讀與「㨗」同，則㨗人卽憸人，用尚書語。字作「㨗」者，當亦三家異文。弘範云見事敏疾，正本馬義也。　注「説景」至「爲國」。按：治平本此注刪節爲「挾私斬錯」四字，事既疏漏，文亦未洽，今依世德堂本補。　注「畫策」至「東市」。按：此注亦依世德堂本增補。治平本作「削諸侯以危身」，則於愚字之義無所發明，不知原注「智而不能自明」一語，正釋愚義。荀子子道云：「顏淵入，子曰：『回，知者若何？仁者若何？』顏淵對曰：『知者自知，仁者自愛。』子曰：『可謂明君子矣。』」然則智莫大於自知，晁錯有智囊之號，而無自知之明，則愚而已矣，何智之有？漢書錯傳贊云：「鼂錯鋭於爲國遠慮，而不見身害。」又敘傳云：「錯之瑣材，智小謀大。」皆智而不能自明之義。　注「郅都、甯成、張湯、杜周之徒」。按：「甯成」世德堂本誤「甯戚」，郅都以下均見酷吏列傳，傳作「寧成」，集解引徐廣云：「『寧』一作『甯』。」　注「鄭子産、公儀休、孫叔敖之徒」。按：竝見循吏列傳。　注「靈，命也」。按：李訓靈爲命者，讀爲「令」也。前文論信陵、平原、孟嘗、春申云：「上失其政，姦臣竊國命，何其益乎？游俠之風，成於四豪，此云「竊國靈」，正猶前文之義。故知靈卽是命，命謂國之號令，亦卽威福之柄之謂。　注「朱家、田仲、郭解、劇孟、原涉之徒」。按：竝見游俠列傳。「朱家」世德堂本誤「朱亥」。　注「籍孺、鄧通、周仁、韓王孫、李延年之徒」。按：竝見佞幸列傳。「周仁」，世德堂作「周仁文」，傳云：「景帝時，中無寵臣，然獨郎中令周文仁。」索隱云：「案：仁字文。」又傳云：「今天子中寵臣，士人則韓王孫嫣。」又云：

「嫣者，弓高侯孽孫也。」集解引徐廣云：「韓王信之子頹當也。」則嫣爲韓王信之孫，故稱曰王孫，非其字也。

或問「近世社稷之臣」。曰：「若張子房之智，〔注〕用行舍藏，功成身退。陳平之無悟，〔注〕內明奇畫，外無違悟。絳侯勃之果，〔注〕誅諸呂，立文帝也。霍將軍之勇，〔注〕處廢興，無所懼。終之以禮樂，則可謂社稷之臣矣。」〔注〕此數公遭漢初定，倉卒之制，權應當時，苟以救世，不能與稷、契、伊、周同風，未終先王禮樂。或問：「公孫弘、董仲舒孰邇？」〔注〕欲知此二人用心誰近聖人之道。曰：「仲舒欲爲而不可得者也，弘容而已矣。」〔注〕利在安身。〔疏〕「社稷之臣」者，孟子云：「有安社稷臣者，以安社稷爲悅者也。」袁盎列傳云：「社稷臣，主在與在，主亡與亡。」按：孟子云：「民爲貴，社稷次之，君爲輕。」社稷臣以國家之安危爲己任，不必與一君共存亡，盎說非古義。「張子房之智」者，留侯世家云：「留侯張良者，其先韓人也。秦滅韓，良年少，未宦事韓。韓破，良悉以家財求客刺秦王，爲韓報仇，得力士擊秦皇帝博浪沙中，誤中副車。秦皇帝求賊甚急，良乃更姓名亡匿下邳，爲任俠。後十年，陳涉等起兵，良亦聚少年百餘人。景駒自立爲楚假王，在留，良欲往從之，道遇沛公，遂屬焉。沛公拜良爲廄將，良數以太公兵法說沛公，沛公善之，常用其策。漢六年正月封功臣，良未嘗有戰鬭功，高帝曰：『運籌策帷帳中，決勝千里外，子房功也，自擇齊三萬户。』良曰：『始臣起下邳，與上會留，此天以臣授陛下。陛下用臣計，幸而時中，臣願封留足矣，不敢當三萬户。』乃封張良爲留侯。留侯所與上從容言天下事甚衆。留侯乃稱曰：『家世相韓，及韓滅，不愛萬金之資，爲韓報讎彊秦，天下振動。今以三寸舌爲帝者師，封萬户，爲列侯，此布衣之極，於良足矣。願棄人間事，欲從赤松子游耳。』乃學辟穀、道引、輕身。會高帝崩，呂后乃彊食之，曰：『人生一世，如白駒過隙，何至自苦如此？』留侯不得已彊聽而食。

後八年，卒，謚爲文成侯。」漢書張陳王周傳：「張良，字子房。」「陳平之無悟」者，陳丞相世家云：「陳丞相平者，陽武户牖鄉人也。少時家貧，好讀書。爲人長，美色。陳涉起而王陳，立魏咎爲魏王。陳平從少年往事魏王咎於臨濟，魏王以爲太僕，説魏王不聽，人或讒之，陳平亡去。久之，項羽略地至河上，陳平往歸之。殷王反楚，項羽以平爲信武君，往擊降殷王而還。居無何，漢王攻下殷王。項王怒，將誅定殷者將吏，陳平懼誅，間行杖劒亡，渡河，至修武，降漢，因魏無知求見漢王，乃拜平爲都尉。絳侯、灌嬰等咸讒陳平曰：『平反覆亂臣也，願王察之。』漢王召讓平，平曰：『臣事魏王，魏王不能用臣説，故去，事項王。項王所任愛非諸項卽妻之昆弟，雖有奇士，不能用，平乃去楚。聞漢王之能用人，故歸大王。誠臣計畫有可采者，顧大王用之；使無可用者，得請骸骨。』漢王乃謝，拜爲護軍中尉，盡護諸將，諸將乃不敢復言。漢六年，與平剖符，世世勿絶，爲户牖侯。平辭曰：『此非臣之功也。』上曰：『吾用先生謀計，戰勝剋敵，非功而何？』平曰：『非魏無知，臣安得進㊀？』上乃復賞魏無知。高帝南過曲逆㊁，曰：『壯哉縣！』乃詔御史更以陳平爲曲逆侯。凡六出奇計，輒益邑，凡六益封。奇計或頗秘，世莫能聞也。孝惠帝六年，以陳平爲左丞相。孝惠帝崩，吕太后徙平爲右丞相。吕太后立諸吕爲王，陳平僞聽之。及吕太后崩，平爲太尉勃合謀㊂，卒誅諸吕，立孝文皇帝，陳平本謀也。孝文帝立，以絳侯勃爲右丞相，位次第一，平徙爲左丞相，位次第二。居頃之，絳侯謝病，請免相，陳平專爲一丞相。孝文帝二年，丞相陳平卒，謚爲獻

㊀「進」字原本作「追」，據史記留侯世家改。
㊁「過」字原本作「遏」，據史記留侯世家改。
㊂「爲」字史記留侯世家作「與」。

侯。」「無悟」世德堂本作「無悮」，此承集注依宋、吳本改。吳云：「所舉必行，無謬誤。」司馬云：「李本『悮』作『悟』，今從宋、吳本。悮與忤同。」按：悟者，「牾」之假。說文：「牾，逆也。」陳平之無牾，謂其不事面折廷爭，曲從應變，終全社稷也。太史公曰：「陳丞相平，少時本好黃帝、老子之術，傾側擾攘楚、魏之間，卒歸高帝，出奇計救紛糾之難，振國家之患。及呂后時，事多故矣，然平竟自脫，定宗廟，以榮名終，稱賢相，豈不善始善終哉！非知謀，孰能當此者乎？」即無牾之義。「絳侯勃之果」者，絳侯周勃世家云：「絳侯周勃者，沛人也，以織薄曲爲生，常爲人吹簫給喪事，材官引彊。高祖之爲沛公，初起，勃以中涓從。楚懷王封沛公號安武侯，爲碭郡長，拜勃爲虎賁令。項羽以沛公爲漢王，漢王賜勃爵爲威武侯，拜爲將軍。項籍已死，賜爵列侯，剖符世世勿絕，食絳，號絳侯。最從高帝，（索隱：「最，都凡也。謂總舉其從高祖攻戰克獲之數也。」）得相國一人，丞相二人，將軍、二千石各三人，別破軍二，下城三，定郡五、縣七十九，得丞相、大將各一人。勃爲人木彊敦厚，高帝以爲可屬大事。勃不好文學，每召諸生、說士，東鄉坐而責之：『趣爲我語。』其椎少文如此。高祖已崩，以列侯事孝惠帝。孝惠帝六年，置太尉官，以勃爲太尉。十歲，高后崩，勃與平謀，卒誅諸呂，而立孝文皇帝。文帝既立，以勃爲右丞相。居月餘，人或說勃曰：『君既誅諸呂，立代王，威震天下，而君受厚賞，處尊位以寵。久之，即禍及身矣。』勃懼，亦自危，乃謝，請歸相印。上許之。歲餘，丞相平卒，上復以勃爲丞相。十餘月，免相就國。其後人有上書告勃欲反，下廷尉。廷尉下其事長安逮捕勃治之。薄昭爲言薄太后，太后亦以爲無反事。文帝朝㊀，太后曰：『絳侯綰皇帝璽，將兵於北軍，不以此時反，今居一小縣，顧欲反邪？』文帝於是使持節赦絳侯，復爵邑。絳侯復就國。文帝十一年，卒，謚爲

㊀「朝」下原本有「句」字，乃汪氏標注以示絕句，今刪。

武侯。」正義引括地志云：「漢絳縣在絳州曲沃縣南二里。」按：今山西平陽府曲沃縣南。論語：「由也果。」苞云：「果謂果敢決斷也。」「霍將軍之勇」者，霍光見重黎疏。「終之以禮樂，則可謂社稷之臣矣」者，吴云：「言此數公既立功之後，以禮樂自終，則社稷臣矣。」司馬云：「言雖兼數公之才業，不能修禮樂以成治平之化，亦未足謂之社稷之臣也。」按：此謂張、陳、周、霍輩皆可爲近世社稷之臣，所不足者，不能進於禮樂之治耳。司封説似較温公爲允。「公孫弘、董仲舒孰邇」者，平津侯主父列傳云：「丞相公孫弘者，齊菑川國薛縣人也，字季，年四十餘乃學春秋雜説。建元元年，弘年六十，徵以賢良，爲博士。使匈奴，還報，不合上意，病免歸。元光五年㊀，有詔徵文學，弘對策，第居下，天子擢弘對爲第一，拜爲博士。弘爲人恢奇多聞，常稱以爲人主病不廣大，人臣病不節儉。弘爲布被，食不重肉。後母死，服喪三年。每朝會議，開陳其端，令人主自擇，不肯面折庭争，於是天子察其行敦厚。辯論有餘，習文法吏事，而又緣飾以儒術，上大説之，二歲中至左内史。元朔三年，以弘爲御史大夫。汲黯曰：『弘位在三公，奉禄甚多，然爲布被，此詐也。』上問弘，弘謝曰：『有之。夫九卿與臣善者無過黯，然今日庭詰弘，誠中弘之病。且無汲黯忠，陛下安得聞此言？』天子以爲謙讓，愈益厚之，卒以弘爲丞相，封平津侯。淮南、衡山謀反，弘病甚，自以爲無功而封，位至丞相，今諸侯有畔逆之計，此皆宰相奉職不稱，乃上書願歸侯印，乞骸骨。天子因賜告牛、酒、雜帛。居數月，病有瘳，視事。元狩二年㊁，弘病，竟以丞相終。」董仲舒見修身疏。上文以張、陳、周、霍不能進於禮樂之治爲病，則近世名臣以經術見稱者無如公孫弘、董仲舒，故問其孰邇。吴云：

㊀「光」字原本作「先」，形近而譌，據史記本傳改。
㊁「元」字原本作「光」，形近而譌，據史記本傳改。

「誰近社稷之臣。」是也。「仲舒欲爲而不可得者也」，世德堂本無「者也」二字。言仲舒有社稷臣之才與志，而無其遇。漢書董仲舒傳贊云：「劉向稱董仲舒有王佐之材，雖伊、吕亡以加；筦、晏之屬，伯者之佐，殆不及也。」「弘容而已矣」者，列傳云：「弘奏事有不可，不庭辯之。常與公卿約議，至上前，皆倍其約，以順上旨。汲黯庭詰弘曰：『齊人多詐而無情實，始與臣等建此議，今皆倍之，不忠。』上問弘，弘謝曰：『夫知臣者以臣爲忠，不知臣者以臣爲不忠。』上然弘言，益厚遇之。」然則弘以容悦爲事，直事君人而已，何足以言社稷之臣哉？孟子云：「有事君人者，事是君，則爲容悦者也。」朱子集注云：「阿殉以爲容，逢迎以爲悦，此鄙夫之事，妾婦之道也。」注「内明奇畫」。世德堂本「奇」作「其」，誤。奇畫卽傳云「凡六出奇計」是也。注「外無違悟」。俞云：「按李注云云，疑其所據本作『無啎』。説文午部：『啎，逆也。』故注曰：『外無違啎。』若是『悟』字，則違悟之文不相屬矣。後人多見『悟』，少見『啎』，因改『啎』爲『悟』。宋、吴本又因悟字無義，易以『悮』字，而訓爲謬悮，愈失其真。温公反謂『悮與忤同』而從之，其失甚矣。」按：啎、悟同聲通用，李訓爲違，蓋讀爲「啎」也。音義無文，是舊本不作「悟」可知。注「誅諸吕，立文帝也」。按：治平本無「也」字，世德堂本無此注，今依錢本。注「處廢興，無所懼」。錢本作「處興廢」，世德堂本無此注。按：重黎篇論霍光云：「處廢興之分，堂堂乎忠，難矣哉！」卽注語所本。事詳彼疏。注「此數公遭漢初定」。按：霍光擁昭、立宣，不得云「遭漢初定」，此注於義疏矣。注「倉卒之制」。按：世德堂本「制」作「際」。注「欲知此二人用心誰近聖人之道」。按：弘範似以此「或問」以下別爲一章，不與上屬，不如吴説爲長。注「利在安身」。按：世德堂本「在」作「用」，此作五臣注者，據繫辭改之。然「利在安身」云者，謂弘曲學阿世，知利其身而已，與繫辭「利用安身，以崇德也」，文義不同。

或問「近世名卿」。曰：「若張廷尉之平，〔注〕張釋之惟存公平，不阿於意。雋京兆之見，〔注〕雋不疑，當昭帝時，有人自稱亡衛太子，百官莫知其所。不疑後至，收而治之，乃明巫成方遂也。尹扶風之絜，〔注〕尹翁歸清廉有節，不被滋垢。王子貢之介，〔注〕王子貢，名尊，成帝時人，治任公正，誅鋤豪彊，不避貴戚。斯近世名卿矣。」「將」。〔注〕既聞名卿，次問名將。曰：「若條侯之守，長平、冠軍之征伐，博陸之持重，可謂近世名將矣。」請問「古」。〔注〕欲知古之良將。曰：「鼓之以道德，征之以仁義，輿尸、血刃，皆所不爲也。」〔疏〕「張廷尉之平」者，張釋之馮唐列傳云：「張廷尉釋之者，堵陽人也，字季，以訾爲騎郎。事孝文帝，十歲不得調，欲自免歸。中郎將袁盎知其賢，惜其去，乃請徙釋之補謁者。於是釋之言秦、漢之間事，秦所以失，而漢所以興者，文帝稱善，乃拜釋之爲謁者僕射。上召釋之參乘，問釋之秦之敝，具以質言，上拜釋之爲公車令。頃之，拜爲中大夫，至中郎將。其後，拜釋之爲廷尉。上行出中渭橋，有一人從橋下走出，乘輿馬驚，使騎捕，屬之廷尉。廷尉奏當罰金。文帝怒曰：『此人親驚吾馬，而廷尉乃當之罰金！』釋之曰：『法者，天子所與天下公共也。今法如此，而更重之，是法不信於民也。且方其時，上使立誅之則已，今既下廷尉，廷尉，天下之平也，一傾而天下用法皆爲輕重，民安所錯其手足？唯陛下察之。』上曰：『廷尉當是也。』其後，有人盜高廟坐前玉環，下廷尉，釋之案律奏當棄市。上大怒曰：『人之無道，乃盜先帝廟器，吾屬廷尉者，欲致族之，而君以法奏之，非吾所以共承宗廟意也。』釋之謝曰：『法如是，足也。今盜宗廟器而族之，假令愚民取長陵一抔土，陛下何以加其法乎？』文帝與太后言之，乃許廷尉當。（按：當謂處斷。前云「廷尉當是也」，義同。）張廷尉由此天下稱之。後文帝崩，張廷尉事景帝，歲餘，爲淮南王相，久之，卒。」百官公卿表：「廷尉，秦官，掌刑辟。」顔注云：「廷，平也。治獄貴平，故以爲號。」按：表書中郎將張釋之爲廷尉在孝文三年，與列傳諸紀事多不合，梁氏志疑謂當依大事記書爲廷尉于文之後三年，或得其實也。「雋京兆之見」者，音義：「雋京，徂兗切。」漢書雋不疑傳云：「雋不疑，字曼倩，勃海人也。治春秋，爲郡文學，名聞州郡。武帝末，暴勝之爲直指使者，督課郡國㊀。勝之素聞不疑賢，至勃海，請與相見，深接以禮意，問當世所施行，遂表薦不疑，徵詣公車，拜爲青州刺史。昭帝即位，擢爲京兆尹。始元五年，有一男子乘黃犢車，建黃旐，衣黃襜褕，著黃帽，詣北闕，自謂衛太子。公車以聞，詔使公卿、將軍、中二千石雜識視。長安中吏民聚觀者數萬人，右將軍勒兵闕下，以備非常。丞相、御史、中二千石至者立，莫敢發言。京兆尹不疑後到，叱從吏收縛。或曰：『是非未可知，且安之。』不疑曰：『昔蒯聵違命出奔，輒距而不納，春秋是之。衛太子得罪先帝，亡不即死，今來自詣，此罪人也。』遂送詔獄。天子與大將軍霍光聞而嘉之㊁，曰：『公卿大臣當用經術，明於大誼。』繇是名聲重於朝廷，在位者皆自以不及也。久之，以病免，終於家。廷尉驗治何人，竟得姦詐，本夏陽人，姓成名方遂，居湖以卜筮爲事。有故太子舍人嘗從方遂卜，謂曰：『子狀貌甚似衛太子。』方遂心利其言，幾得以富貴，即詐自稱，詣闕。廷尉逮召鄉里識知者張宗祿等，方遂坐誣罔不道，要斬東市。一姓張，名延年。」（昭帝紀作「夏陽男子張延年」。）京兆解見前。百官公卿表：「孝昭始元元年，青州刺史雋不疑爲京兆尹；五年，病免。」見猶明也。謂其明於大誼，臨事不惑。「尹扶風之絜」者，伊翁歸傳云：「尹翁歸，字子兄，河東平陽人也。會田延年爲河東太守，行縣至平陽，悉召故吏，延年親臨見，次及翁歸，召上辭問，甚奇其對，除

㊀「課」字原本作「謀」，形近而訛，據漢書本傳改。

㊁「光」字原本作「先」，形近而訛，今據漢書本傳改。

補卒史。徙署督郵，所舉應法。舉廉，爲緱氏尉，遷補都内令。舉廉，爲弘農都尉，徵拜東海太守。翁歸治東海，明察郡中吏民賢不肖及姦邪罪名盡知之。以高第入守右扶風，滿歲爲真，選用廉平疾姦吏以爲右職，接待以禮，好惡與同之，扶風大治，盜賊課常爲三輔最。翁歸爲政雖任刑，其在公卿之間清絜自守，語不及私，然温良嗛退，不以行能驕人，甚得名譽於朝廷。視事數歲，元康四年病卒，家無餘財。」百官公卿表：「主爵中尉，秦官。武帝太初元年，更名右扶風，治内史右地，與左馮翊、京兆尹是爲三輔。」服虔注云：「皆治在長安中。」顔注云：「長安以東爲京兆，長陵以北爲左馮翊，渭城以西爲右扶風也。」按：表孝宣元康元年，東海太守尹翁歸爲右扶風；四年，卒。絜猶清也，今字作「潔」，詳問明疏。「王子貢之介」者，王尊傳云：「王尊，字子贛，涿郡高陽人也。治尚書、論語，略通大義。舉幽州刺史從事，補遼西鹽官長。初元中，舉直言，遷虢令，以高第擢爲安定太守，坐殘賊免。起家復爲護羌將軍，轉校尉。坐擅離部署，會赦，免歸家。涿郡太守徐明薦尊不宜久在閭巷，上以尊爲郿令，遷益州刺史。博士鄭寬中使行風俗，舉奏尊治狀，遷爲東平相。是時，東平王以至親驕奢不奉法度，尊謂王曰：『尊來爲相，人皆弔尊也，以尊不容朝廷，故見使相王耳。天下皆言王勇，顧但負貴，安能勇？如尊，乃勇耳。』太后徵史，奏尊爲相倨慢不臣，尊竟坐免爲庶人。大將軍王鳳奏請尊補軍中司馬，擢爲司隸校尉。元帝崩，成帝初卽位，尊劾奏丞相衡、（匡衡。）御史大夫譚（張譚。）附下罔上，懷邪迷國，無大臣輔政之義。有詔左遷尊爲高陵令。數月，以病免。會南山羣盜數百人爲吏民害，歲餘不能禽，或說大將軍鳳獨選賢京兆尹乃可㊀。於是鳳薦尊，徵爲諫大夫，守京輔都尉，行京兆尹事。旬月間，盜賊清。遷光禄大夫，守京兆尹，後爲真，凡三歲，御史大夫中（宋祁云：

㊀「軍」字原本無，據漢書本傳增。

「諸本作『忠』，謂張忠也。」）奏尊暴虐不改，外爲大言，倨嫚姍上，威信日廢，不宜備位九卿。尊坐免，吏民多稱惜之。天子復以尊爲徐州刺史，遷東郡太守。久之，河水盛溢，泛浸瓠子金隄，尊躬率吏民，祀水神河伯，因止宿，廬居隄上。及水盛隄壞，吏民皆奔走，唯一主簿泣在尊旁。吏民嘉壯尊之勇節，奏其狀，秩尊中二千石，加賜黄金二十斤。數歲，卒官。」顔注云：「贛音貢。」百官公卿表建始四年，守京輔都尉王遵爲京兆尹。傳作「尊」，表作「遵」者，古字通用。前文張釋之、雋不疑、尹翁歸並稱以官，此不爾者，尊子伯亦爲京兆，見本傳；而尊之前有王昌，其後有王章、王駿、王建、王嘉之屬，均見表，故王吉傳云：「吉子駿爲京兆尹。先是，京兆有趙廣漢、張敞、王尊、王章，至駿，皆有能名。故京師稱曰：『前有趙、張，後有三王。』」是則但稱京兆，嫌於無别，故字之也。孟子云：「柳下惠不以三公易其介。」音義引陸善經注云：「介謂特立之行。」「斯近世名卿矣。」世德堂本無「近世」二字。音義：「將，子亮切，下同。」「條侯之守」者，絳侯周勃世家云：「文帝擇絳侯勃子賢者河内守亞夫，封爲條侯。文帝之後六年，匈奴大入邊，以河内守亞夫爲將軍，軍細柳以備胡。月餘，拜亞夫爲中尉。孝文且崩時，誡太子曰：『即有緩急，周亞夫真可任將兵。』文帝崩，拜亞夫爲車騎將軍。孝景三年，吴、楚反，亞夫以中尉爲太尉，東擊吴、楚，因自請上曰：『楚兵剽輕，難與争鋒，願以梁委之，絶其糧道，乃可制。』上許之。太尉既會兵滎陽㊀，吴方攻梁，梁急請救，太尉引兵東北走昌邑㊁，深壁而守。梁日使使請太尉，太尉守便宜不肯往。梁上書言景帝，景帝使使詔救梁，太尉不奉詔，堅壁不出，而使輕騎兵絶吴、楚兵後食道。吴兵乏食飢，數欲挑戰，終不出。夜，軍中驚，内相攻擊

㊀「滎」字原本作「榮」，形近而訛，據史記絳侯周勃世家改。

㊁「走」字原本作「是」，形近而訛，據史記絳侯周勃世家改。

擾亂，至於太尉帳下，太尉終卧不起。頃之，復定。吴奔壁東南陬，太尉使備西北，已而其精兵果奔西北，不得入。吴兵既餓，乃引而去。太尉出精兵追擊，大破之。凡相攻守三月而吴、楚破平。五歲，遷爲丞相。景帝中三年，以病免相。條侯子爲父買工官尚方甲楯五百被可以葬者，庸知其盗買縣官器，上變告子，事連汙條侯，召詣廷尉，嘔血而死。」按：條侯，漢書功臣表作「修」，顔注云：「修讀曰條。」絳侯世家集解引徐廣云：「表皆作『脩』字。」服虔云：「脩音條。」地理志：「勃海郡脩市，侯國。」應劭云：「音條。」條侯之守，謂其威重堅忍。太史公曰：「亞夫之用兵，持威重，執堅忍，穰苴曷有加焉？」即其義。「長平、冠軍之征伐」者，衛將軍驃騎列傳云：「大將軍衛青者，平陽人也，字仲卿。建元二年，青姊子夫得入宫幸上，乃召青爲建章監，侍中。子夫爲夫人，青爲太中大夫。元光五年，青爲車騎將軍，擊匈奴。出上谷，至蘢城，斬首虜數百騎。元朔元年，衛夫人有男，立爲皇后。青出鴈門三萬騎擊匈奴，斬首虜數千人。明年，青出雲中以西，至高闕，遂略河南地，至于隴西，捕首虜數千，畜數十萬，走白羊樓煩王，遂以河南地爲朔方郡，封青爲長平侯。元朔五年，青將三萬騎出高闕，匈奴右賢王當衛青等兵，以爲漢兵不能至此，飲醉，漢兵夜至，圍右賢王，右賢王潰圍北去，得右賢裨王十餘人，衆男女萬五千餘人，畜數千百萬，引兵而還。至塞，天子使使者即軍中拜青爲大將軍，諸將皆以兵屬大將軍，大將軍立號而歸。其明年，大將軍青出定襄，斬首數千級而還。月餘，復出定襄，斬首虜萬餘人。是歲也，大將軍姊子霍去病年十八，幸爲天子侍中，善騎射，再從大將軍爲剽姚校尉，斬捕首虜過當，封去病爲冠軍侯。元狩二年春，以冠軍侯去病爲驃騎將軍，將萬騎出隴西，有功。其夏，驃騎將軍踰居延，至祁連山，捕首虜甚多。由此驃騎日以親貴，比大將軍。其秋，單于怒渾邪王居西方數爲漢所破，亡數萬人，欲召誅渾邪王。渾邪王與休屠王等謀欲降漢，使人報天子。天子令驃騎將軍將兵往迎之，遂獨遣渾邪王乘傳先詣行在所，盡將其衆渡河，降者數萬。元狩四年春，上令大將軍青、驃騎將軍去病將各五萬騎，咸擊匈奴。大將軍出塞千餘里，遂至窴顏山，凡斬捕首虜萬九千級。驃騎將軍出代、右北平千餘里，所斬捕功已多大將軍。既還，定令驃騎將軍秩禄與大將軍等。自是之後，大將軍青日退，而驃騎日益貴。驃騎將軍自四年軍後三年，元狩六年而卒，謚曰景桓侯。其後大將軍青卒，（徐廣云：「元封五年。」）謚爲烈侯。」地理志汝南郡有長平，即青封地，與泫氏之長平同名異實。又南陽郡有冠軍，武帝置，故穰盧陽鄉、宛臨駣聚。應劭云：「武帝以封霍去病。去病仍出征匈奴，功冠諸軍，故曰冠軍。」史記項羽本紀集解引張晏云：「霍去病功冠三軍，因封爲冠軍侯，至今爲縣名。」音義：「冠軍，古亂切。」「博陸之持重」者，霍光事詳重黎疏。光傳云：「遺詔封光爲博陸侯。」文穎注云：「博大陸平，取其嘉名，無此縣也。」顏注云：「蓋亦取鄉聚之名以爲國號，非必縣也。」按：史記建元以來侯者年表補引臣瓚云：「漁陽有博陸城。」則顏説是也。持重者，光傳云：「光爲人沈静詳審，每出入，下殿門，止進有常處，郎、僕射竊識視之，不失尺寸，其資性端正如此。」是其義也。「可謂近世名將矣」，世德堂本無「近世」字。按：無此二字，則下文「請問古」語不相承矣。「鼓之以道德，征之以仁義」者，俞云：「『征』乃『鉦』字之誤。詩采芑篇：『鉦人伐鼓。』傳曰：『鉦以静之，鼓以動之。』是鉦、鼓相對爲文。鼓之以道德，鉦之以仁義，猶言以道德動之，以仁義静之耳。今誤作『征』，殊失其義。」按：邱希範與陳伯子書李注引班孟堅涿邪山祝文「征人伐鼓」，用采芑語，而字作「征」，蓋魯詩如此。此以「征」爲「鉦」，即本魯詩。俞讀得之，但不必以爲誤文耳。「輿尸血刃，皆所不爲也」者，易師：「六三，師或輿尸，凶。」又「六五，長子帥師，弟子輿尸，貞凶。」荀子議兵云：「兵不血刃，遠邇來服。」按：輿尸者，敗創之事；血刃者，斬獲之事。仁人之師，不戰而勝，糜爛其子弟固不可，克敵而多殺傷亦不

爲也。注「不阿於意」。按：世德堂本作「無阿」。注「收而治之，乃明巫成方遂也」。按：世德堂本「收」誤「取」，又脱

「明」字。注「欲知古之良將」。按：下文推論用兵之事，與名卿無預，故知此專承近世名將而言。

張騫、蘇武之奉使也，執節没身，不屈王命，雖古之膚使，其猶劣諸！〔注〕膚，美。〔疏〕「張騫、蘇武之奉使也，執節没身，不屈王命」者，漢書張騫傳云：「張騫，漢中人也。建元中，爲郎，應募使月氏，與堂邑氏奴甘父俱出隴西，徑匈奴，匈奴得之，傳詣單于，留騫十餘歲，予妻有子。然騫持漢節不失，居匈奴西，騫因與其屬亡鄉月氏。至大宛，大宛爲發譯道抵康居，康居傳至大月氏。騫從月氏至大夏，竟不能得月氏要領。留歲餘還，竝南山，欲從羌中歸，復爲匈奴所得。留歲餘，單于死，國内亂，騫與胡妻及堂邑父俱亡歸漢，拜騫爲太中大夫。初騫行時百餘人，去十三歲，唯二人得還。騫身所至者大宛、大月氏、大夏、康居，而傳聞其旁大國五、六，具爲天子言其地形所有。初，漢欲通西南夷，費多，罷之。及騫言可以通大夏，迺復事西南夷。騫以校尉從大將軍擊匈奴，封騫爲博望侯，是歲元朔六年也。後二年，騫爲衞尉，出右北平，擊匈奴，後期當斬，贖爲庶人。後二年，天子數問騫大夏之屬，拜騫爲中郎將。騫既至烏孫，致賜諭指，未能得其決。即分遣副使使大宛、康居、月氏、大夏，烏孫發譯道送騫。騫還，拜爲大行。歲餘，騫卒。」蘇建傳云：「武字子卿，少以父任，兄弟竝爲郎，稍遷至移中廄監。天漢元年，遣武以中郎將使持節送匈奴使留在漢者，因厚賂單于。武與副中郎將張勝及假吏常惠等俱，既至匈奴，置幣遺單于。會緱王與長水虞常等謀反匈奴中。虞常在漢時，素與副張勝相知，私候勝曰：『聞漢天子甚怨衞律，常能爲漢伏弩射殺之，吾母與弟在漢，幸蒙其賞賜。』張勝許之。月餘，單于出獵，虞常等七十餘人欲發，其一人夜亡，告之。單于子弟發兵與戰，緱王等皆死，虞常生得。單于使衞律治其事，張勝聞之，以狀語武。武

欲自殺，勝、惠共止之。虞常果引張勝，單于使衞律召武受辭。武謂惠等，屈節辱命，雖生，何面目以歸漢？引佩刀自刺，氣絶半日復息。單于壯其節，朝夕遣人候問武，而收繫張勝。勝請降，武不動。單于愈益欲降之，迺幽武置大窖中，絶不飲食。天雨雪，武臥齧雪與旃毛并咽之，數日不死。乃徙武北海上無人處，使牧羝。武杖漢節牧羊，臥起操持，節旄盡落。初武與李陵俱爲侍中，武使匈奴，明年，陵降。久之，單于使陵至海上，爲武置酒設樂，因謂武：『人生如朝露，何久自苦如此？』武曰：『武父子亡功德，皆爲陛下所成就，位列將，爵通侯。兄弟親近，常願肝腦塗地，今得殺身自效，雖蒙斧鉞湯鑊，誠甘樂之。』陵見其至誠，喟然歎曰：『嗟乎！義士。陵與衞律之罪，上通於天。』因泣下霑衿，與武決去。昭帝即位數年，匈奴與漢和親。漢求武等，單于召會武官屬，凡隨武還者九人。武以始元六年春至京師，詔武奉一太牢謁武帝園廟，拜爲典屬國。武留匈奴凡十九歲，始以彊壯出，及還，鬚髮盡白。武年八十餘，神爵二年病卒。」音義：「奉使，色吏切。『膚使』同。」司馬云：「没身者，久留匈奴，不顧其死。」注「膚，美。」按：詩狼跋：「公孫碩膚。」文王：「殷士膚敏㊀。」毛傳竝云：「膚，美也。」

世稱東方生之盛也，言不純師，行不純表，其流風遺書，蔑如也。或曰：「隱者也。」曰：「昔之隱者，吾聞其語矣，又聞其行矣。」〔注〕昔之隱者，文王拘於羑里，而重易六爻；箕子隱於殷朝，而爲周陳洪範；接輿之在楚，而歌鳳兮。或曰：「隱道多端。」曰：「固也！聖言聖行，不逢其時，聖人隱也。賢言賢行，不逢其時，賢者隱也。談言談行，而不逢其時，談者隱也。昔者箕子之漆其身

㊀「敏」字原本作「黝」，形近而訛，據毛詩文王改。

也，狂接輿之被其髮也，欲去而恐罹害者也。箕子之洪範，接輿之歌鳳也哉！」或問：「東方生名過實者，何也？」曰：「應諧、不窮、正諫、穢德。〔注〕由此四事得名。應諧似優，〔注〕似倡優。不窮似哲，正諫似直，穢德似隱。」請問「名」。曰：「詼達。」「惡比？」〔注〕欲知誰比。曰：「非夷尚容，依隱玩世，其滑稽之雄乎！」〔注〕非夷、齊，是柳下惠，戒其子以尚同，依隱玩世，飽食安坐，以仕易農，此滑稽之雄者也。或問：「柳下惠非朝隱者與？」〔注〕此問發於東方朔也。曰：「君子謂之不恭。古者高餓顯，下祿隱。」〔注〕孟子曰：「伯夷隘㊀，柳下惠不恭，隘與不恭，君子不由也。」然則餓顯不獨高，祿隱未爲下，今發高下之談，蓋有厲乎素飡也。〔疏〕「世稱東方生之盛也」云云者，東方朔傳云：「東方朔，字曼倩，平原厭次人也。武帝初即位，徵天下舉方正、賢良、文學、材力之士，待以不次之位。四方士多上書言得失，自衒鬻者以千數。朔初來上書，文辭不遜，高自稱譽，上偉之，令待詔公車。久之，使待詔金馬門，稍得親近。時有幸倡郭舍人，滑稽不窮，常侍左右。舍人所問，朔應聲輒對，變詐鋒出，莫能窮者，左右大驚。上以朔爲常侍郎，遂得愛幸。上使太中大夫吾丘壽王與待詔能用算者二人，舉籍阿城以南，盩厔以東，宜春以西，提封頃畝，及其賈直，欲除以爲上林苑，屬之南山。又詔中尉、左、右內史表屬縣草田，欲以償鄠、杜之民。吾丘壽王奏事，上大稱善。時朔在傍，進諫，上拜朔爲太中大夫，給事中。然遂起上林苑，如壽王所奏云。帝姑館陶公主號竇太主，寡居，年五十餘矣，近幸董偃。上爲竇太主置酒宣室，使謁者引內董君。是時朔陛戟殿下，辟戟而前曰：『董偃有斬罪三，安得入乎？夫宣室者，先帝之正處也，非法度之正不得入焉。故淫亂之漸，其變爲

㊀「夷」字原本作「益」，據孟子公孫丑上改。

篡，是以豎貂爲淫，而易牙作患；慶父死而魯國全，管、蔡誅而周室安。』上曰：『善。』董君之寵，由是日衰。時天下侈靡趨末，百姓多離農畝，上從容問朔：『吾欲化民，豈有道乎？』朔對：『願近述孝文皇帝之時，以道德爲麗，以仁義爲準，天下望風成俗，昭然化之。陛下誠能用臣朔之計㊀，推甲乙之帳，燔之於四通之衢，卻走馬，示不復用，則堯、舜之隆，宜可與比治矣。』朔雖詼笑，然時觀察顏色，直言切諫，上常用之。自公卿在位，朔皆敖弄，無所爲屈。時方外事胡、越，内興制度，國家多事，自公孫弘以下，至司馬遷，皆奉使方外，或爲郡國守相，至公卿。而朔嘗至太中大夫，後常爲郎，與枚皋、郭舍人俱在左右，詼啁而已。久之，朔上書陳農戰彊國之計，因自訟獨不得大官，欲求試用。其言專商鞅、韓非之語也，指意放蕩，頗復詼諧，辭數萬言，終不見用。」「行不純表」，傳贊引作「行不純德」。司馬云：「朔言行駁雜，所師表者不能純壹。」榮謂「言不純師，行不純表」，謂言而不皆足爲法，行而不皆足爲率，故漢書引「表」作「德」，其義亦同。若如溫公説，則「行不純德」，不可通矣。傳贊又云：「朔之詼諧，逢占射覆，其事浮淺，行於衆庶，童兒牧豎，莫不炫燿。而後世好事者因取奇言怪語，附著之朔。」按：此卽世人盛稱東方朔之所由。藝文志東方朔二十篇，入雜家。本傳載答客難及非有先生論，云：「朔之文辭，此二篇最善。其餘有封泰山、責和氏璧及皇太子生禖、屏風、殿上柏柱、平樂觀賦獵、八言、七言上下、從公孫弘借車，凡劉向所録朔書具是矣。世所傳他事，皆非也。」此流風遺書蔑如之説，謂其書不副其名之盛也。「或曰：『隱者也』」者，司馬云：「宋、吳本『或曰』作『或問』。」史記滑稽傳補云：「朔行殿中郎，謂之曰：『人皆以先生爲狂。』朔曰：『如朔等，所謂避世於朝廷間者也。』」然則朔以隱者自居，故或以爲言。「昔之隱者」云云者，卽下文所稱箕子、接輿是也。「隱道多端」者，宋云：「或言

㊀ 原本「朔之」下衍「之」字，據漢書本傳删。

隱之道多端，如朔者，亦其一也。」「曰：『固也』」者，宋云：「固，實也。」「聖言聖行，不逢其時」，錢本「不逢」上有「而」字。逢讀爲逢君之惡之「逢」，下皆同。方言云：「逢，迎也。」聖人隱謂箕子，賢者隱謂接輿。「談言談行，而不逢其時，談者隱也」者，「談」皆「詼」字之誤。下文「詼達」，音義云：「本或作『談達』。」按：隸書「詼」或作「[illegible]」，與「談」形相似，傳寫每易致誤。公孫弘傳「詼笑多聞」，今本作「談笑」，顔注云：「或作『詼』。」是其證。史記滑稽列傳：「談言微中，亦可以解紛。」「談言」疑亦「詼言」之誤。玉篇：「詼，調戲也。」詼言詼行而不逢其時，卽朔所云「依隱玩世，詭時不逢」，乃詼者之隱，非聖賢之隱也。此言隱有三品，上者聖隱，次者賢隱，最下詼隱。若朔之所謂隱，則詼隱而已。世德堂本「不逢」上無「而」字。「昔者箕子之漆其身也，狂接輿之被其髮也，欲去而恐罹害也」者，箕子見問明疏。論語云：「箕子爲之奴。」馬云：「箕子佯狂爲奴。」韓詩外傳云：「紂作炮烙之刑，箕子曰：『知不用而言，愚也；殺身以彰君之惡，不忠也。遂被髮佯狂而去。」文選東方曼倩非有先生論李注引尸子云：「箕子胥餘漆體而爲厲，被髮佯狂。」論語云：「楚狂接輿歌而過孔子曰：『鳳兮，鳳兮，何德之衰？往者不可諫，來者猶可追，已而！已而！今之從政者殆而。』」孔云：「接輿，楚人也，佯狂而來歌，欲以感孔子也。」皇疏云：「接輿，楚人也，姓陸，名通，字接輿。昭王時，政令無常，乃被髮佯狂不仕，時人謂之楚狂也。」按：狂接輿猶直躬之比，躬與接輿皆其名，而以直與狂爲號。論語稱楚者，特著其國，猶云鄭子産、吴季札耳。皇疏以「楚狂」連讀，又别撰姓名，此襲皇甫謐高士傳之謬。莊子應帝王云「肩吾見狂接輿」與此文「狂接輿之被其髮」，皆可證論語「狂」字不上屬於「楚」也。國策秦策云：「箕子、接輿漆身而爲厲，被髮而爲狂。」然則此漆身、被髮亦互文也。「箕子之洪範，接輿之歌鳳也哉」者，箕子當紂之時，在父師之位，典洪範之書，懼其遺亂亡失，故全身遠害以存之。接輿當昭王之時，晦迹不仕，知孔子有聖德，懼其非時見辱，故作歌以感之。今朔既非有斯文之寄，亦非有治見亂隱之志，詼嘲取容，固與昔賢異趣。然其作非有先生論云：「接輿避世，箕子被髮陽狂，此二人者，皆避濁世以全其身者也。使遇明王聖主，得賜清燕之閑，寬和之色，發憤畢誠，圖畫安危，揆度得失，上以安主體，下以便萬民，則五帝三王之道可幾而見也。」是朔之意乃欲竊比二子，以己之避世於朝廷間爲合於二子之義，故此即用其語以詰之，言朔於此兩無所處也。「應諧、不窮、正諫、穢德」云云者，朔傳：「安爲諧語。」顏注云：「諧者，和韻之言也。」説文：「薉，蕪也。」引伸之爲汙，爲濁，俗作「穢」。穢德謂自汙濁其行，託於陽狂之爲以示高。夏侯孝若東方朔畫贊所謂「潔其道而穢其迹，清其質而濁其文」是也。「應諧似優」者，俳優之爲術，或滑稽多辯，或笑言而合於道，非專精其業者不能工。而朔之應聲輒對，變詐鋒出，雖專於爲俳優者無以過，故謂之似優，明其不學而能也。「不窮似哲」，司馬云：「吴本『哲』作『智』。」按：傳贊作「智」，疑司封即據漢書改之。不窮謂朔逢占射覆無所不通，故有似乎智也。「請問名。曰：『詼達』」者，音義：「詼達，上音恢。舊本皆作『詼達』。漢書曰：『朔詼達多端，不名一行。』本或作『談達』，又作『名字達』，皆誤。」按：詼達即承上文「詼言詼行」云云而言。音義知「談達」之誤，而不知「談言談行」之亦爲誤，則以舊本「詼言詼行」、「詼者隱也」，字皆已誤「談」，無作「詼」者故也。詼達謂詼而能通，即下文所謂滑稽之雄也。「惡比」者，音義：「惡比，音烏。」按：問朔何所比擬也。「非夷尚容，依隱玩世」，今各本皆作「非夷、齊而是柳下惠，戒其子以尚容，首陽爲拙，柱下爲工，飽食安坐，以仕易農，依隱玩世，詭時不逢」。按：司馬云：「李、宋、吴本皆云：『非夷尚容，依隱玩世，其滑稽之雄乎？』按：漢書具載揚子之言，恐諸家脱悮也。今從漢書。」是今本此文皆温公據漢書朔傳贊增補。後作五臣注者承之，而翻刻治平本者亦依之攙入，非舊本如此。顧氏廣圻石研齋藏宋本法言跋云：「何義門學士校李軌注十三卷，云絳雲舊藏。竊疑其校與司馬温公所見李本頗有不同。如第十一卷，温公云：『李本非夷尚容，依隱玩世，其滑稽之雄乎？今從漢書。』明文顯然，而何以義門之校全反此言耶？今年再至揚州，過石研齋主人，出示新得此書，按而稽之，在本卷第三葉，（按：當作第五葉。）首七行行字較前後獨多，而修板添補痕迹尤宛然。方悟温公所言者，其初板也；義門所校者，其後來修改者也。」按：錢本正作「非夷尚容，依隱玩世」，黄太史集任淵注引法言此文亦然，所據皆未經修改之本。此八字乃節取朔誡子之語，全文見藝文類聚二十三及御覽四百五十九引。「非夷」即彼文所云「首陽爲拙」，「尚容」即彼文所云「明者處世，莫尚于中」。（類聚引如此，御覽「中」作「忠庸」。）此作「容」者，蓋子雲所見朔詩如此。傳贊亦作「上容」。尚、上義同，顔云：「容身避害也。」按：傳贊此文雖用子雲語，然以法言文簡，恐人不憭，故還取朔語增成其辭。自師古不注所出，而温公見前後皆引法言文，遂疑此亦揚子之言，而以諸家爲脱悮矣。「滑稽之雄」者，音義：「滑稽，音骨。」史記有滑稽列傳，彼索隱引楚辭崔浩注云：「滑，音骨，稽，流酒器也。轉注吐酒，終日不已，言出口成章，詞不窮竭，若滑稽之吐酒。故揚雄酒賦云：『鴟夷滑稽，腹大如壺，盡日盛酒，人復籍沽。』是也。」按：詼嘲謂之滑稽，猶鄙細謂之斗筲，皆取器物以喻人事，蓋古語有然。若訓滑爲亂，訓稽爲同，而以爲能亂同異；或讀滑如字，而以爲諧語滑利；讀稽爲計，而以爲智計疾出，皆望文生義之陋也。「柳下惠非朝隱者與」者，朔非夷、齊而是柳下惠，柳下惠不羞汙君，不卑小官，或以朔之所爲有類於此，故以爲問。音義：「朝隱，直遥切。」按：即朔所謂避世於朝廷之意。夏侯孝若東方朔畫贊云「染迹朝隱」，語本此文。「君子謂之不恭」者，孟子文。言雖柳下惠，亦非君子所當取法者也。「古者高餓顯，下禄隱」者，司馬云㊀：「餓顯謂伯夷、叔齊餓于首陽之下，民到于今稱之。」按：論語云「飯疏食，飲水，曲肱而枕之，樂亦在其中矣」，是高餓顯也；「邦有道穀，邦無道穀，恥也」，是下祿隱也。　注「文王拘於羑里，而重易六爻」。按：詳問明疏。　正文惟言箕子、接輿，而此注更引及文王，似無所取。　注「似倡優」。按：俞云：「此説非也。下文『不窮似哲，正諫似直，穢德似隱』，哲也，直也，隱也，皆美名，不應首句言似倡優也。　且似倡優矣，尚何名過其實之有？與問意亦不相應也。此『優』字乃優游之義。　論語憲問篇皇侃疏曰：『優猶寬閑也。』左氏春秋序：『優而柔之。』正義曰：『優、柔俱訓爲安，寬舒之意也。』皆可説此優字之義。」不知詼諧正俳優之事，解爲安閑，則與「應諧」字義不相承。　古俳優不必爲賤業，優孟、優旃竝以諷諫成名，朔之應諧似優，乃其不名一行之真，正世人所豔稱。　以爲與問意不相應，亦失其旨。漢書敍傳云：「東方贍辭，詼諧倡優，譏苑扞偃，正諫舉郵，懷肉汙殿，（按：汙殿謂醉入殿中，小遺殿上。見朔傳。）弛張沈浮。」詼諧倡優，即應諧似優之義；正諫舉郵，即正諫似直之義；懷肉汙殿，弛張沈浮，即穢德似隱之義。　班語全本法言，是班亦解優爲倡優。弘範此解即據敍傳，俞説失之。　注「非夷、齊，是柳下惠」。按：語本傳贊，即朔詩「首陽爲拙，柳下爲工」之義。今傳贊「柳下」作「柱下」，則與上文「是柳下惠」語義不相應。　御覽引朔詩作「柳下」，必所據朔書舊本如此。　類聚引直作「柳惠」，益可證明「柱下」之誤。　注「戒其子以尚同」。按：「同」疑「容」字之誤。　注「飽食安坐」。按：傳贊作「安步」，類聚、御覽引竝同。　注「孟子」至「飧也」。按：所引孟子公孫丑文。　彼趙注云：「柳下惠輕忽時人，禽獸畜之，無欲憚正之心，言其大不恭敬也。　聖人之道，不取於此。」詩伐檀：「彼君子兮，不素飧兮。」毛傳云：「熟食曰飧。」釋文：「飧，素門反。」説文：「飧，餔也，從夕、食。」會意。

㊀「馬」字原本作「高」，訛。　據五臣注本，明此下引文均出自司馬光，今改。

妄譽，仁之賊也；妄毁，義之賊也。賊仁近鄉原，賊義近鄉訕。〔注〕同乎流俗，合乎汙世，衆皆説之以爲是，而不可與入堯、舜之道者，德之賊也。孔子惡似而非者，孟軻論之備矣。〔疏〕「妄譽，仁之賊也；妄毁，義之賊也」者，音義：「妄譽，音餘。」司馬云：「仁以褒善，義以貶惡，而妄以毁譽加人，是賊傷仁義者也。」「賊仁近鄉原，賊義近鄉訕」者，司馬云：「鄉原，謂所至之鄉，徇衆隨俗，求媚於人者。鄉訕，謂所至之鄉，喜造謗訕，使人畏其口者。」按：論語：「鄉原，德之賊也。」集解引周生烈云：「所至之鄉，輒原其人情而爲己意以待之，是賊亂德者也。」此讀「原」如字，而以爲察度之意。孟子：「一鄉皆稱原人焉，無所往而不爲原人。」趙注云：「人皆以爲原善所至，亦謂之善人。」此讀「原」爲「愿」，而以爲謹厚之稱。論語劉疏云：「前篇『侗而不愿』，鄭注：『愿，善也。』『原』與『愿』同。中論考僞篇：『鄉愿無殺人之罪，而仲尼深惡之。』字直作『愿』，與趙訓同矣。一鄉皆稱善，而其忠信廉潔皆是假託，故足以亂德，所謂色取仁而行違者也。」按㊀：劉説是也。鄉原閹然媚世，已多妄譽，而人亦譽之爲善，故曰「賊仁近鄉原」也。説文：「訕，謗也。」是訕即妄毁之謂。無所往而不爲訕謗，以取憎於人，行與鄉原相反，而賊德則同，故名之曰「鄉訕」，而以爲義之賊也。原、訕韻語。注「同乎」至「備矣」。按：此約孟子盡心文爲説。弘範似以「衆皆説之以爲是」七字爲句，與趙本不同。

或問：「子，蜀人也，請人。」曰：「有李仲元者，人也。」〔注〕蜀有嚴君平，豈伊仲元？君平已顯，仲元未聞。「其爲人也，奈何？」曰：「不屈其意，不累其身。」曰：「是夷、惠之徒與？」曰：「不夷不惠，可否之間也。」〔注〕隨時之義，治亂若鳳。「如是，則奚名之不彰也？」曰：「無仲尼，則西山之餓夫

㊀「按」字原本作「接」，形近而訛，今改。

與東國之絀臣惡乎聞？」〔注〕餓夫，夷、齊；絀臣，柳下惠也。曰：「王陽、貢禹遇仲尼乎？」曰：「明星皓皓，華藻之力也與？」〔注〕星雖皓皓有華藻，然非能自顯耀也，要須著天而後天下見之，曰：「若是，則奚爲不自高？」曰：「皓皓者，已也；引而高之者，天也。〔注〕星，著天而後天下見；王陽、貢禹，時主所揚，而後名顯也。仲元雖有賢德㊀，而時不高之，故不彰。子欲自高邪？〔注〕君子行德俟命而已。仲元，世之師也。見其貌者，肅如也；聞其言者，愀如也；觀其行者，穆如也。鄲聞以德詘人矣，未聞以德詘於人也。仲元，畏人也。」〔注〕言可畏敬。或曰：「育、賁。」〔注〕言夏育、孟賁亦使人畏也。曰：「育、賁也，人畏其力，而侮其德。」「請條。」〔注〕問其目也。曰：「非正不視，非正不聽，非正不言，非正不行。夫能正其視聽言行者，昔吾先師之所畏也。〔注〕所畏，謂言不慚，行不恥，孔子憚焉。如視不視，聽不聽，言不言，行不行，雖有育、賁，其猶侮諸！」〔疏〕「子，蜀人也」者，子雲自序云：「揚雄，字子雲，蜀郡成都人也。楚、漢之興也，揚氏遡江上處巴江州，而揚季官至廬江太守。漢元鼎間，避仇，復遡江上處岷山之陽，曰郫。有田一壥，有宅一區，世世以農桑爲業。自季至雄五世而傳一子，故雄亡它揚於蜀。」按：成都，今四川成都府成都縣；郫，今成都府郫縣。揚氏田宅皆在郫，而自序云成都人者，蓋揚季始家於郫，其後復遷成都。方言載子雲答劉歆書云：「雄始能草文，作成都城四隅銘。」明子雲必家成都里中也。「請人」者，人謂賢才。論語：「子游爲武城宰，子曰『汝得人焉耳乎哉？』」皇疏引袁宏云：「謂得其邦之賢才不也。」是請人謂請言其鄉之賢才也。「有李仲元者，人也」

㊀「雖有」二字原本誤倒，據法言疏證改。

者，高士傳云：「李弘，字仲元，蜀人也，成都里中化之，班白不負擔，男女不錯行。弘嘗被召爲縣令，鄉人共送之，仲元無心就行，因共酣飲，月餘不去。刺史使人喻之，仲元遂游奔不之官。」華陽國志蜀郡士女讚云：「仲元抑抑，邦家儀形。」自注云：「李弘，字仲元，成都人，少讀五經，不爲章句，處陋巷，淬勵金石之志，威儀容止，邦家師之。以德行爲郡功曹，一月而去。子贅以見辱殺人，太守曰：『賢者之子，必不殺人。』放之。贅自以枉語家人，弘遣亡命。太守怒，讓弘，弘對曰：『贅爲殺人之賊㊀，明府私弘枉法，君子不誘而誅也。石碏殺厚，春秋譏之。孔子稱父子相隱，直在其中。弘實遣贅。』太守無以詰也。州命從事，常以公正諫争爲志。」「不屈其意，不累其身」者，華陽國志引揚子雲、御覽二百六十五引益部耆舊傳引揚雄、意林引法言「意」均作「志」。音義：「不累，良爲切。」論語云：「不降其志，不辱其身，伯夷、叔齊與？」「不夷不惠，可否之間」者，即論語云「無可無不可」也。後漢書黄瓊傳載李固遺瓊書云：「蓋君子謂伯夷隘，柳下惠不恭，故傳曰：『不夷不惠，可否之間。』蓋聖賢居身之所珍也。」章懷太子注云：「論語：『孔子曰伯夷、叔齊不降其志，不辱其身，謂柳下惠、少連降志辱身。我則異於是，無可無不可。』」鄭玄注云：「不爲夷、齊之清，不爲惠、連之屈，故曰異於是也。」然則「不夷不惠，可否之間」，謂願學孔子也。子堅引此以爲「傳曰」者，蓋古有是語，法言此文亦引古之辭也。華陽國志引作「不夷不惠，居於可否之間」，此以意增益之。「無仲尼，則西山之餓夫、東國之絀臣惡乎聞」者，史記伯夷列傳云：「及餓且死，作歌，其辭曰：『登彼西山兮，采其薇兮。』」索隱云：「西山即首陽山。」音義：「絀臣，與『黜』同。」按：論語云：「柳下惠爲士師，三黜。人曰：『子未可以去乎？』曰：『直道而事人，焉往而不三

㊀「賊」字原本作「賦」，形近而訛，據華陽國志改。

黜？枉道而事人，何必去父母之邦？』」「絀臣」字本此，蓋子雲所據論語作「三絀」也。書序「湯既黜夏命」，又「成王既絀殷命」，明黜、絀互用。説文：「黜，貶下也」；「絀，絳也」。是「黜」正字，「絀」假字也。任彦昇王文憲集序李注引作「夷、齊無仲尼，則西山餓夫」。意林引作「柳下，東國之逐臣；夷、齊，西山之餓夫」。吴曹侍讀元忠云：「後漢紀太尉袁湯曰㈠：『不值仲尼，夷、齊西山餓夫，柳下東國絀臣，致聲名不泯者，篇籍使然也。』疑晉時流傳別本如此。」榮按：梁書劉顯傳載劉之遴啟皇太子云：「夷、叔、柳惠，不逢仲尼一言，則西山餓夫，東國黜士，名豈施於後世？」此皆引用者自以己意增損，不必盡合原文也。司馬云：「『惡』音『烏』。」胡部郎云：「史記伯夷列傳：『伯夷、叔齊雖賢，得夫子而名益彰。』又云：『砥行立名者，非附青雲之士，惡能施於後世？』楊子蓋本此而推衍。」「王陽、貢禹遇仲尼乎」者，王貢兩龔鮑傳云：「王吉，字子陽，琅邪皋虞人也。少好學，明經，以郡吏舉孝廉爲郎，補若盧右丞，遷雲陽令。舉賢良，爲昌邑中尉，甚得輔弼之義，雖不治民，國中莫不敬重焉。久之，昭帝崩，亡嗣，大將軍霍光秉政，遣大鴻臚、宗正迎昌邑王。即位二十餘日，以行淫亂廢，昌邑，羣臣皆下獄誅，惟吉與郎中令龔遂以忠直數諫正，得減死，髡爲城旦。起家復爲益州刺史，病，去官。復徵爲博士、諫大夫。是時，宣帝頗修武帝故事，宮室車服盛於昭帝時，外戚許、史、王氏貴寵，而上躬親政事，任用能吏。吉上疏言得失，上以其言迂闊，不甚寵異也。吉遂謝病歸琅邪。吉與貢禹爲友，世稱『王陽在位，貢公彈冠』，言其取舍同也。元帝初即位，遣使者徵貢禹與吉。吉年老，道病卒。貢禹，字少翁，琅邪人也。以明經絜行著聞，徵爲博士、涼州刺史，病，去官。復舉賢良，爲河南令。歲餘，以職事爲府官所責，遂去官。元帝初即位，徵禹爲諫大夫，數虚己問以政事。是時年歲不

㈠「袁」字原本作「哀」，形近而訛，據後漢紀改。

登，郡國多困，禹奏言『古者宮室有制』云云，天子納善其忠，乃下詔令太僕減食穀馬，水衡減食肉獸，省宜春、下苑以與貧民，又罷角抵諸戲及齊三服官，遷禹爲光禄大夫。頃之，禹上書願乞骸骨，天子報曰：『生其強飯慎疾以自輔。』月餘，以禹爲長信少府。會御史大夫陳萬年卒，禹代爲御史大夫，列於三公。自禹在位，數言得失，書數十上。天子下其議，令民産子七歲乃出口錢，自此始。（按：武帝以來，民産子三歲則出口錢。）又罷上林宮館希幸御者，及省建章、甘泉宮衛卒。減諸侯王廟衛卒，省其半。餘雖未盡從，然嘉其質直之意。禹又奏欲罷郡國廟，定宗廟迭毁之禮，皆未施行。爲御史大夫數月卒。」司馬云：「言王、貢力學絜己而名著海内，豈必遇仲尼？」「明星皓皓，華藻之力也與」者，説文：「皓，日出貌。」俗從「白」。廣雅釋訓：「皓，皓明也。」華藻猶言光采。後漢書孟嘗傳載楊喬薦嘗書云：「嘗匿景藏采，不揚華藻。」義本此文。言星之所以明見天下者，非獨星體之光采使然，由其位置之高也；王、貢之名所以彰於仲元者，非獨其節行使然，由其仕宦之顯也。「若是，則奚爲不自高」者，司馬云：「言仲元何不仕。」「皓皓者，己也；引而高之者，天也。子欲自高邪」者，言節行在己，登用在君、相，士雖有節行，豈能自爲登用耶？「仲元，世之師也」御覽四百四引作「李仲元，一世之師也」。「見其貌者，肅如也」云云者，音義：「愀如，親小切；舊本皆作『俶如』，昌六切。動色貌。」按：益部耆舊傳引作「戚如」。哀公問：「孔子愀然作色。」鄭注云：「愀然，變動貌也。」説文無「愀」有「敊」，云：「敊然也。」引孟子曰：「曾西敊然。」即「愀」字。秋聲、尗聲古讀相近也。本作「俶」者，即「敊」之假。華陽國志引「觀其行者，穆如也」在「聞其言者，愀如也」之上。「鄲聞以德詘人矣，未聞以德詘於人也」者，音義：「鄲音丹，猶但也。或古鄲、但通用，亦音但。本或作『但』。」按：世德堂本承集注從宋、吴本作「但」。鄲、但同部，故得通用。此類語辭，以聲爲義，多無正字。但之本義爲裼，假爲承轉之辭，後人習見，故不疑耳。司馬云：「言仲元德能服人而未嘗屈節。」「仲元，畏人也」者，廣雅釋言：「畏，威也。」逸周書謚法「猛以彊果曰威」，又「彊義執正曰威」。「或曰：『育、賁』」者，音義：「育賁，音奔。」史記范雎列傳：「成荆、孟賁、王慶忌、夏育之勇焉而死。」集解引漢書音義云：「夏育，衛人，力舉千鈞。」又蔡澤列傳：「夏育、太史噭叱呼駭三軍，然而身死於庸夫。」索隱引高誘云：「夏育爲田搏所殺。」「育」亦作「鬻」，王子淵洞簫賦：「桀、跖、鬻、博，傴以頓顇。」李注云：「鬻，夏育也，古字同。博，申博也，未祥其始。陸機夏育贊曰：『夏育之猛，千載所希；申博角勇，臨難奮椎。』」申博卽田搏，史記袁盎列傳索隱引高誘戰國策注作「申繻」。又范雎傳集解引許慎云：「孟賁，衛人。」袁盎傳索隱引尸子云：「孟賁水行不避蛟龍，陸行不避虎兕。」按：此問勇者之所以爲威，與仁者之所以爲威，其異同若何也。「育、賁也，人畏其力，而侮其德」者，宋云：「非心服之畏。」「『請條。』曰：『非正不視』」云云者，論語：「顏淵曰：『請問其目。』子曰：『非禮勿視，非禮勿聽，非禮勿言，非禮勿動。』」鄭注云：「此四者，剋己復禮之目也。」注「蜀有」至「未聞」。按：世德堂本此注無「豈伊仲元」四字，「君平已顯」上有「然」字㊀。經傳釋詞云：「伊，是也，有也。」注意謂子雲之時，蜀之賢才無過嚴君平，何云仲元？然君平之名已著，而仲元之德未彰，子雲旨在表微闡幽，故不舉君平，而舉仲元也。三國志秦宓傳云：「如李仲元不遭法言，令名必淪，其無虎豹之文故也，可謂攀龍附鳳者矣。」注「隨時之義，治亂若鳳」。按：卽可以仕則仕，可以止則止之謂。「治亂若鳳」，本書問明篇文。注「君子行德俟命而已」。按：孟子云：「君子行法以俟命而已矣。」法、德草形相近，疑此注「德」字乃「法」之誤，或弘範所據孟子作「德」也。注「言不慙，行不恥，孔子憚焉」。按：本書修身篇文。

㊀「君平」二字原本訛作「仲元」，今改正。

法言義疏十八

君子卷第十二

〔注〕夫君子之所以爲美，布護蔓延，在乎衆篇，豈惟於此？而表其篇目者，絶筆在平孝至，無以加之而已。〔疏〕注「夫君」至「而已」。按：法言篇目，皆摘篇首語二字爲之。此以君子命篇，不必別有意義也。布護、蔓延竝疊韻連語，分散周匝之謂。

法言　李軌注

或問：「君子言則成文，動則成德，何以也？」曰：「以其弸中而彪外也。〔注〕弸，滿也；彪，文也。積行内滿，文辭外發。般之揮斤，羿之激矢，君子不言，言必有中也；不行，行必有稱也。」

〔疏〕「以其弸中而彪外也」者，音義：「弸中，蒲萌切，又普耕切。」司馬云：「學成道充，言行皆美。」「般之揮斤，羿之激矢」云云者，音義：「般，音班；有中，丁仲切。」按：般、羿竝詳學行疏。吳云：「輸般之揮斤，后羿之激矢，猶如君子之言行，素習於内，發中繩準。」「行必有稱」，音義無音，似讀如字。司馬云：「稱，尺證切。稱者，得事之宜。」按：温公音是也。稱亦中也，荀子禮論：「貧富輕重皆有稱者也。」楊注云：「稱謂當其宜。」中、稱竝訓當，故此以爲互文。中、稱亦韻語。注「弸，滿也」。按：說文：「弸，弓彊皃。」引伸爲凡彊之稱。司隸校尉魯峻碑云：「弸中獨斷，以效其節。」「弸中」字用此，似卽以爲彊中之意，疑本侯芭注舊義。弘範訓爲滿者，甘泉賦云：「帷弸環其拂汨兮。」孟康云：「弸環，風吹帷帳鼓皃。」是弸有充滿之意。古亦以「憑」爲之。離騷：「憑不厭乎求索。」王注云：「楚人名滿曰憑。」憑即弸也，聲轉爲「彭」，易大有：「九四，匪其彭。」釋文引干云：「彭亨，驕滿貌。」俗字作「膨」。廣韻：「膨脝，脹貌。」注「彪，文也」。按：説文：「彪，虎文也，從虎，彡象其文也。」引伸爲凡文之稱。易蒙：「九二，苞蒙。」釋文引鄭云：「『苞』當作『彪』。彪，文也。」注「積行内滿，文辭外發」。按：急就篇云：「積行上究爲牧人。」「文辭」當作「文德」。此承「言則成文，動則成德」而言，不專指文辭。文辭者，言之文；德行者，行之文也。樂記云：「和順積中，英華發外。」

或問「君子之柔剛」。曰：「君子於仁也柔，於義也剛。」〔注〕仁愛大德，故柔屈其心；節義大業，故剛厲其志。〔疏〕「君子於仁也柔，於義也剛」者，司馬云：「柔於愛人，剛於去惡。」按：後漢書吴祐傳論云：「夫剛烈表性，鮮能優寬；仁柔用情，多乏貞直。仁以矜物，義以退身，君子哉！」即此文之義。彼章懷太子注引法言云：「君子於仁也柔，於義也剛。」

或問：「航不漿，衝不薺，有諸？」〔注〕樓航不挹漿，衝車不載薺。曰：「有之。」或曰：「大器固不周於小乎？」曰：「斯械也，君子不械。」〔注〕械，器也。航衝之器充大，則不能小矣。君子不器，無所不施。〔疏〕「航不漿，衝不薺」者，説文：「䡴，陷敶車也。」經傳通作「衝」，隸變作「衝」。淮南子覽冥高注云：「衝車，大鐵著其轅端，馬被甲，車被兵，所以衝於敵城也。」俞云：「『薺』當爲『齏』。周官醢人：『以五齊、七醢、七菹、三臡實之㊀。』鄭注曰：『齊當爲齏。凡醯醬所和，細切爲齏。』然則航不漿，衝不齏，謂樓航不可挹酒漿，衝車不可盛齏醢也。漿與齏以類相從，作『薺』

㊀「三」原本作「之」，形近而訛，據周禮改。

者，假字耳。」按：俞説是也。此亦古舊相傳之語，故云「有諸」。其以「薺」爲「齎」者，原文然也。「大器固不周於小」者，後漢書邊讓傳載蔡邕薦讓書云：「此言大器之於小用，固有所不宜也。」蓋亦古有是語也。注「械，器也」。按：説文：「械，一曰器之總名。」注「航衙」至「不施」。按：世德堂本脱「充大，則不能小矣。君子不器」十一字，此承宋、吴本之誤。宋云：「航衙之器，主一而用。注謂航衙無所不施，反矣。」此據脱誤本妄生駁義也。論語：「君子不器。」苞云：「器者，各周不用，至於君子，無所不施也。」注語本此。

或問「孟子知言之要，知德之奥」。曰：「非苟知之，亦允蹈之。」〔注〕允，信也；蹈，履也。或曰：「子小諸子，孟子非諸子乎？」曰：「諸子者，以其知異於孔子也。孟子異乎？不異。」〔注〕道同於仲尼也。〔疏〕「知言之要」者，廣雅釋言：「要，約也。」孟子云：「博學而詳説之，將以反説約也。」「知德之奥」者，國語周語韋注云：「奥，深也。」孟子云：「君子深造之以道，欲其自得之也。」「非苟知之，亦允蹈之」者，經傳釋詞云：「苟猶但也。易繫辭傳曰：『苟錯諸地而可矣，藉之白茅，何咎之有？』言但置諸地而已可矣，而必藉之以白茅，謹慎如此，復何咎之有乎？桓五年左傳曰：『苟自救也，社稷無隕多矣。』襄二十八年傳曰：『小適大，苟舍而已，焉用壇？』苟字竝與但同義。」然則此亦謂非但知之而已，又誠能履而行之也。要、奥、蹈韻語。「孟子非諸子乎」者，孟子題辭云：「孟子既没之後，大道遂絀。逮至亡秦焚滅經術，坑戮儒生，孟子徒黨盡矣。其書號爲諸子，得不泯絶。」藝文志凡諸子百八十九家，孟子十一篇，入儒家。「諸子者，以其知異於孔子也」者，音義：「其知，音智。」司馬云：「以其小知，立異於孔子之道。」按：温公讀知如字，是也。問明云：「師之貴也，知大知也。」李云：「大知者，聖道。」「孟子異乎？不異」者，孟子題辭云：「衛靈公問陳於孔子，孔子答以俎豆；梁惠王問利國，孟子對以仁義。宋桓魋欲害孔子，孔子稱：『天生德於予。』魯臧倉毀鬲孟子，孟子曰：『臧氏之子焉能使予不遇哉？』旨意合符，若此者衆。」焦疏云：「以孟子似續孔子，自趙氏發之。其後，晉咸康三年，國子祭酒袁瓌、太常馮懷上疏云：『孔子恂恂，道化洙、泗；孟軻皇皇，誨誘無倦。是以仁義之聲，於今猶存；禮讓之風，千載未泯。』見宋書禮志。韓愈原道云：『斯道也，堯以是傳之舜，舜以是傳之禹，禹以是傳之湯，湯以是傳之文、武、周公，文、武、周公以是傳之孔子，孔子以是傳之孟軻。』皆本諸趙氏。」按：孟子荀卿列傳有「仲尼菜色陳、蔡，孟軻困於齊、梁。衛靈公問陳，而孔子不答；梁惠王謀欲攻趙，孟軻稱太王居邠」之語，已以孔、孟竝稱；此文云云，直謂孟子之道同於孔子，皆在邠卿以前。然則以孟子似續孔子不自趙氏始，理堂説疏矣。注「允，信也；蹈，履也」。按：「允，信」屢見，「蹈，履」廣雅釋詁文。世德堂本此注入宋咸注中，又「履」作「行」。

或曰：「孫卿非數家之書，侻也；〔注〕彈駁數家，侻合於教。至于子思、孟軻，詭哉！」〔注〕譏此則謬。曰：「吾於孫卿與？見同門而異户也，〔注〕同出一門而户異，同述一聖而乖詭。惟聖人爲不異。」〔注〕前聖後聖，法制玄合，大同仁義。〔疏〕「孫卿」，世德堂本作「荀卿」。按：孟子荀卿列傳云：「荀卿，趙人，年五十始來游學於齊。齊襄王時，荀卿最爲老師。齊尚脩列大夫之缺，而荀卿三爲祭酒焉。齊人或讒荀卿，荀卿乃適楚，而春申君以爲蘭陵令。春申君死而荀卿廢，因家蘭陵。李斯常爲弟子，已而相秦。荀卿嫉濁世之政，亡國亂君相屬不遂大道，而營於巫祝，信禨祥。鄙儒小拘如莊周等，又滑稽亂俗。於是推儒、墨道德之行事興壞序列，著數萬言而卒。」索隱云：「名況。卿者，時人相尊而號爲卿也。後亦謂之孫卿子者，避漢宣帝諱也。」漢書藝文志孫卿子三十三篇，入儒家。顏注云：「本曰荀卿，避宣帝諱，故曰孫。」謝氏墉荀子序云：「荀卿又稱孫卿，自司馬貞、顔師古以來，相承以爲避漢宣帝諱，故改『荀』爲『孫』。考漢宣帝名詢，漢時尚不諱嫌名。且如後漢李恂與荀淑、荀爽、荀悦、荀彧俱書本字，詎反於周時人名見諸載籍者而改稱之，若然，則左傳自荀息至荀瑶多矣，何不改邪？且即前漢書任敖、公孫敖俱不避元帝之名『驁』也。蓋荀音同孫，語遂移易。如荆軻在衞，衞人謂之慶卿，而之燕，燕人謂之荆卿。又如張良爲韓信都，潛夫論云：『信都者，司徒也，俗音不正，曰信都，或曰申徒，或勝屠，然其本一司徒耳。』然則『荀』之爲『孫』，正如此比。以爲避宣帝諱，當不其然。」胡氏元儀郇子别傳考異云：「謝東墅駁郇卿之稱孫卿，不因避諱，足破千古之惑。以爲俗音不正，若司徒、信都，則仍非也。郇卿之爲郇伯後，以國爲氏，無可疑矣。且郇卿，趙人。古郇國在今山西猗氏縣境，其地於戰國正屬趙，故爲趙人。又稱『孫』者，蓋郇伯公孫之後以孫爲氏也。王符潛夫論志姓氏篇云：『王孫氏、公孫氏，國自有之。孫氏者，或王孫之班，或公孫之班也。』是各國公孫之後皆有孫氏矣。由是言之，郇也，孫也，皆氏也。戰國之末，宗法廢絶，姓氏混一，故人有兩姓并稱者，實皆古之氏也。如陳完奔齊，史記稱田完，陳恆見論語。史記作田常，陳仲子見孟子。郇卿書陳仲、田仲互見。田駢見郇卿書，吕覽作『陳駢』，陳、田皆氏，故兩稱之。推之荆卿之稱慶卿，亦是類耳。若以俗語不正，二字同音，遂致移易爲言，尚未達其所以然之故也。」榮按：謝説是也。託名幖幟，但取音近，本無正、假可言。荀卿之爲孫卿，正猶「宓」之爲「伏」，「圈」之爲「園」，「楊」之爲「揚」，「袁」之爲「轅」，爲「爰」，其例至繁，不勝枚舉。胡氏據元和姓纂荀卿乃郇侯之後，以國爲氏，直書荀卿，字爲郇卿。不知荀卿即出自郇國，其文亦不必作「郇」，蓋國名之施「邑」旁，多後起之字，非本來如此。至援陳、田互稱諸例，以爲戰國之末人有兩姓，並稱荀卿之稱孫卿，蓋郇伯公孫之後，以孫爲氏，尤爲臆説。陳、田古音相同，陳之或爲田，亦聲近通用，非二氏也。「孫卿非數家之書，侻也」者，荀子非十二子謂它囂、（韓詩外傳四作「范睢」。）魏牟、陳仲、史鰌、（外傳作「田文、莊周」。）墨翟、宋鈃、慎到、田駢、惠施、鄧析、子思、孟軻也。音義：「侻也，他括切，可也。」按：廣雅釋詁：「侻，可也。」説文無「侻」有「娧」，好也。當與「侻」同字。宋、吴本「侻」作「脱」。「至于子思、孟軻，詭哉」者，荀子非十二子云：「略法先王而不知其統，猶然而材劇志大，聞見雜博。案往舊造説，謂之五行，甚僻違而無類，幽隱而無説，閉約而無解。案飾其辭而祇敬之曰：『此真先君子之言也。』子思唱之，孟軻和之，世俗之溝猶瞀儒嚾嚾然不知其所非也，遂受而傳之，以爲仲尼、子游爲茲厚於後世。是則子思、孟軻之罪也。」困學紀聞云：「荀卿非十二子，韓詩外傳引之，止云十子，而無子思、孟子。愚謂荀卿非子思、孟子，蓋其門人如韓非、李斯之流，託其師説，以毁聖賢，當以韓詩爲正。」四庫全書總目云：「況之著書，主於明周、孔之教，崇禮而勸學。其中最爲口實者，莫過於非十二子。王應麟困學紀聞據韓詩外傳所引卿但非十子，而無子思、孟子，以今本爲其徒李斯等所增。不知子思、孟子後來論定爲聖賢耳，其在當時固亦卿之曹偶，是猶朱、陸之相非，不足訝也。」説文：「恑，變也。」引伸爲譎詐怪異之義。經傳通以「詭」爲之。淮南子本經：「詭文回波。」高注云：「奇異之文也。」「吾於孫卿與？見同門而異户也」者，司馬云：「言荀卿亦述孔子之道，而所見不能無小異。」四庫總目云：「卿之學源出孔門，在諸子之中最爲近正，是其所長；主持太甚，詞義或至於過當，是其所短。韓愈『大醇小疵』之説，要爲定論。餘皆好惡之詞也。」注「譏此則謬」。按：世德堂本「謬」作「乖詭」。注「同出」至「乖詭」。按：世德堂本「户異」作「異其户」，「乖詭」上有「有」字。注「前聖」至「仁義」。按：孟子云：「先聖後聖，其揆一也。」

牛玄騂白，睟而角，其升諸廟乎？是以君子全其德。〔注〕色純曰睟。〔疏〕「牛玄騂白，睟而角」

者，音義：「牛玄騂白，俗本作『玄牛騂白』，誤。騂，息營切。睟而，『睟』與『粹』同。」按：宋、吴本作「玄牛騂白」，義不可通；又「睟」作「粹」。檀弓：「夏后氏尚黑，牲用玄。殷人尚白，牲用白。周人尚赤，牲用騂。」鄭注云：「玄，黑類也。騂，赤類也。」説文無「睟」，蓋即「粹」之或體。太玄以睟準乾，即取乾德純粹之義。玄衝云：「睟君道也。」范注云：「陽氣純也。」又玄錯云：「睟文之道，或淳或班。」注云：「淳睟其道，班有文也。」明「睟」即「粹」也。論語：「犂牛之子騂且角。」集解云：「角者，角周正，中犧牲也。」王制云：「祭天地之牛角繭栗，宗廟之牛角握，賓客之牛角尺。」公羊傳僖公篇解詁引禮云：「祭天牲角繭栗，社稷、宗廟角握，六宗、五嶽、四瀆角尺。」論語劉疏云：「繭栗者，言其堅細。角以細小爲貴，故握大於繭栗，尺又大於握也。」「君子全其德」，世德堂本無「其」字。按：宋、吴皆以此章與上章相連説之。宋云：「荀卿學聖人之道而非孔、孟，亦不粹矣。」吴云：「韓吏部曰『大醇小疵』，此之謂歟？」陶氏鴻慶讀法言札記云：「上文言聖人道大，不分門户。此文義不相屬，蓋錯簡也。『牛玄騂白』以下四句，疑當在『君子不械』之下，合爲一章。試連上文讀之云：『或問：航不漿，衝不薺，有諸？曰：有之。或曰：大器固不周於小乎？曰：斯械也，君子不械。牛玄騂白，睟而角，其升諸廟乎？是以君子全其德。』言君子德行純粹，非器械可比。即孔子以尚德許子賤，而以汝器稱子貢之意。『或問君子似玉』又與『君子全德』之義相承。自篇首至此凡四章，皆論君子當以類相從也。至下文『或曰仲尼之術』云云，當在上章『惟聖人爲不異』句下，或人因揚子此言，疑聖人之道大無所施，故有是問。自『或問孟子』以下，歷舉孫卿、淮南、長卿、子長諸家之書，而折衷於仲尼，亦以類相從也。」榮謂此數語自爲一章，本不與上文相屬。宋、吴穿鑿求通，固失其旨。陶以爲錯簡，尤誤。注「色純曰睟」。按：説文：「粹，不雜也。」廣雅釋詁：「粹，同也。」又釋言：「粹，純也。」

或問「君子似玉」。曰：「純淪温潤，柔而堅，玩而廉，隊乎其不可形也。」〔注〕君子於玉比德焉，禮記論之備矣。〔疏〕「君子似玉」者，詩小戎云：「言念君子，温其如玉。」鄭箋云：「念君子之德温然如玉，玉有五德也。」「純淪温潤」者，釋名釋水云：「淪，倫也。水文相次，有倫理也。」淪本謂水之文理，引伸爲凡文理之稱。淮南子覽冥「純温以淪」，義與此同。彼高注云：「淪，没也。」失之。「柔而堅」者，柔謂玉色，堅謂玉質。聘義云：「夫昔者君子比德於玉焉，温潤而澤，仁也；縝密以栗，知也。」鄭注云：「色柔，温潤似仁也。栗，堅貌。」是也。「玩而廉」者，司馬云：「『玩』當作『刓』，音完，謂廉而不劌。」俞云：「如温公説，則當改『玩而廉』謂『廉而不玩』矣，殆亦未得也。蓋温公雖知『玩』爲『刓』之假字，而未得其義。凡物刓之則圜，楚辭懷沙篇『刓方以爲圜兮』是也。故史記酈生陸賈傳：『刻印刓而不能授。』集解引孟康曰：『刓，刓斷無復廉鍔也。』然則刓而廉正與刓斷無廉鍔相反。漢書陳平傳：『士之頑鈍者利無恥者。』如淳曰：『頑鈍，謂無廉隅也。』孟子萬章篇曰：『頑夫廉。』頑與廉對。足證此文之義以物言之爲刓而廉，以人言之爲頑而廉矣。」榮按：説文：「劌，利傷也。」義與刓斷相反，不正劌卽刓斷之謂。刓而廉，猶云不劌而廉，用聘義文義而轉易其辭耳。温公以廉而不劌釋刓而廉，證據精確，曲園乃謂未得其義，殊不可解。「隊乎其不可形也」者，音義：「隊乎，直類切。」吴云：「隊乎，猶言垂之如隊。」司馬云：「隊與墜同，謂垂之如墜。」俞云：「説文心部：『㥟，深也。』『隊』疑『㥟』之假字。或學者多見隊，少見㥟，而改之也。惟其深，故不可得而形矣。」榮謂「隊」當讀爲詩柏舟「威儀棣棣」之「棣」，彼毛傳云：「富而閑習也。」新書容經云：「棣棣，富也。」孔子閒居引詩作「逮逮」，彼鄭注云：「安和之貌也。」注「君子」至「備矣」。按：聘義文。

或曰：「仲尼之術，周而不泰，大而不小，用之猶牛鼠也。」〔注〕使牛捕鼠，雖大無施。曰：「仲尼之道，猶四瀆也，經營中國，終入大海。它人之道者，西北之流也，綱紀夷貉，或入于沱，或淪于漢。」〔疏〕「或曰」世德堂本作「或問」。「仲尼之術，周而不泰，大而不小」者，易序卦傳云：「泰，通也。」周而不泰，謂廣博而有所不能通也。「用之猶牛鼠也」者，言聖之與庸，猶牛之與鼠。用聖道於庸衆，猶以牛入鼠，大小縣殊，終不可合。方言載子雲答劉歆書云：「恐雄爲太玄經，由鼠坻之與牛場也。」謂以玄擬易，猶以鼠擬牛也，義與此近，蓋當時有此語也。「仲尼之道，猶四瀆也」者，殷本紀引湯誥云：「古禹、皋陶久勞於外，東爲江，北爲濟，南爲淮，西爲河，四瀆已修，萬民乃有居。」白虎通巡狩云：「瀆者，濁也。中國垢濁發源東注海，故稱瀆也。」釋名釋水云：「天下大水四，謂之四瀆，江、河、淮、濟是也。瀆，獨也，各獨出其所而入海也。」風俗通山澤云：「瀆，通也，所以通中國垢濁，民陵居，植五穀也。」水經注河水篇云：「自河入濟，自濟入淮，自淮達江，水經周通，故有四瀆之名。」「經營中國，終入大海」者，地理志：「金城郡河關，積石山在西南羌中，河水行塞外，東北入塞內，至章武入海。過郡十六，行九千四百里。」按：十六郡者，金城、朔方、五原、雲中、西河、上郡、左馮翊、弘農、河東、河南、河內、陳留、濟陰、（宣帝更名定陶。）東郡、平原、勃海也。又志：「蜀郡湔氐道，禹貢嶓山在西徼外，江水所出，東南至江都入海。過郡九，行七千六百六十九里。」（按：「九」今本誤「七」，「七千」今本誤「二千」，兹據説文繫傳所引正。）九郡者，蜀郡、犍爲、巴郡、南郡、長沙、江夏、廬江、丹陽、廣陵國也。又志：「南陽郡平氏，禹貢桐柏、大復山在東南，淮水所出，東南至淮陵入海。過郡四，行三千二百四十里。」按：四郡者，南陽、汝南、九江、臨淮也。胡氏渭禹貢錐指引易氏云：「淮自桐柏縣東流二百八十里至真陽，又三百里至汝陰，又二百里至下蔡，又五百里至蘄縣，又二百四十里至臨淮，又二百七十里至漣水縣入海，通計一千八百里。」又引金吉甫云：「自桐柏至海，凡千七百里。」二說近是。漢志云至淮陵入海。淮陵故城在今盱眙縣西北八十五里，此地距海甚遥，淮何得於縣界入海？淮陵乃淮陰之訛。「三千」字亦謬也。又志：「河東郡垣，禹貢王屋山在東北，沇水所出，東南至武德入河，軼出滎陽北地中，又東至琅槐入海。過郡九，行千八百四十里。」按：沇者，濟之異名。說文：「沇水出河東垣王屋山，東爲泲。」又云：「泲，沇也。」四瀆之濟當作「泲」，經傳通假常山濟水字爲之。九郡者，河東、河内、陳留、梁國、濟陰、泰山、濟南、齊郡、千乘也。以今地言之，黄河源出新疆巴顔哈喇山之麓，爲阿勒坦郭勒水，東渟爲札淩湖、鄂陵湖。自鄂陵湖引長東行，經甘肅之西寧府、蘭州府、寧夏府。自寧夏北行，經内蒙古之西二盟，自西二盟南行，經山西、陝西交界之處。凡經山西之歸化城、保德州、太原府、汾州府、隰州、平陽府、蒲州府，陝西之榆林府、綏德州、延安府、同州府。自蒲、同之間出而東行，經山西之解州，河南之陝州、河南府、懷慶府、衛輝府、開封府。自開封府北行，經山東之曹州府、東昌府、濟南府，爲大清河入海。舊自開封府東南行，經山東之曹州府，江蘇之徐州府、淮安府入海，今爲淤道。其江、淮入海之道，則江水出今四川龍安府松潘廳北二百三十里大分水嶺，卽古㟭山，流經茂州、成都府、眉州、嘉定府、敍州府、瀘州、重慶府、忠州、夔州府，湖廣之宜昌府、荆州府、岳州府、武昌府、漢陽府、黄州府，江西之九江府，江南之安慶府、池州府、大平府、江寧府、鎮江府、常州府諸境，至北岸通州、南岸蘇州府昭文縣境入海。淮水出河南桐柏縣桐柏山，東流經羅山縣、真陽縣、息縣、固始縣、光州，又入江南界，經潁州府霍丘縣、潁上縣、壽州懷遠縣、鳳陽府臨淮縣、五河縣、盱眙縣、泗州，至清河縣，曩合於河，經山陽縣、阜寧縣、安東縣，至雲梯關入海。今河於山東入海，不與淮合。河雖未復禹時之故道，而淮則與古無殊矣。若泲水之道，則變遷最劇。今河南懷慶府濟源縣王屋山有東、西二池，合流至温縣東南入河。不特入河以後禹貢舊迹不可考，卽所謂東流爲泲者，自王莽時温之故瀆枯絶，其流亦非禹迹之舊。今山東大清河、小清河蓋有泲水混淆其間，而名實俱異矣。「它人之道者，西北之流也」者，「它」治平本作「他」。按：問道篇「他」字均作「它」，此文世德堂本亦作「它」，今據改。「綱紀夷貉，或入于沱，或淪于漢」者，綱紀亦經營之意。説文：「沱，江別流也。」按：江水行至今四川成都府灌縣西，別流爲沱，東經郫縣北，又東經新繁縣南，又東經成都縣北，又東經新都縣南，又南經金堂縣南，又東南經簡州北，又東南經資陽縣西，又南經資縣西，又南經富順縣東，又東南經瀘州北，又東南與江水合。其西北諸流之入于沱者，會典四川水道圖説云：「沱江又分數道而東合綿陽河，雒水又東南逕資州曰中江，合珠溪，又曰雒江。又經敍州府，合榮溪橋河是也。」説文：「漢，漾也，東爲滄浪水。」按：漢水有二，一出今陝西漢中府寧羌州北嶓冢山者，爲漾，至南鄭縣西爲漢，東流至湖北襄陽府均州爲滄浪水，又東南流至漢陽府漢陽縣合於江，此爲禹貢「嶓冢導漾，東流爲漢」之漢。一出今甘肅秦州嶓冢山者，其下流爲嘉陵江，今謂之西漢水。因而禹貢之漢謂之東漢水。此文之漢，當指禹貢之漢而言。西北諸流之淪于漢者，戴氏祖啓陝甘資政録云「南山之南，經流爲漢，其支流之大者爲灙水、沮水、褒水、廉水、壻水、洋水、木馬河、饒風河、月河、閭河、洵河、丹水、甲水，而皆入於漢」是也。吴云：「西北之流水，經夷貉而不返，或向東者，亦入沱、漢而已。言其異而小也。」司馬云：「言諸子之道雖時有小用，而非順正，不可以致遠。」按：「綱紀夷貉」，對「經營中國」生文；「或入于沱，或淪于漢」，對「終入大海」生文。綱紀夷貉，喻其所灌溉者陋；入于沱，淪于漢，喻其所歸宿者小，意義相承。司封以爲二事，失之。注「使牛捕鼠，雖大無施」。按：莊子逍遥游云：「今夫斄牛其大若垂天之雲，此能爲大矣，而不能執鼠。」御覽九百十二引尸子云：「使牛捕鼠，不如猫狌之捷。」注義本此。然正文止云牛鼠，注增「捕」字爲解，於義未安。

淮南説之用，不如太史公之用也。太史公，聖人將有取焉；〔注〕實録不隱，故可采擇。淮南，鮮取焉爾。〔注〕浮辯虚妄，不可承信。必也，儒乎！乍出乍入，淮南也；〔注〕或出經，或入經。文麗用寡，長卿也；多愛不忍，子長也。〔注〕史記敍事，但美其長，不貶其短，故曰多愛。仲尼多愛，愛義也；子長多愛，愛奇也。

〔疏〕「淮南説之用，不如太史公之用也」者，本書問神云：「或曰：『淮南、太史公者，其多知與？曷其雜也！』曰：『雜乎？雜！人病以多知爲雜，惟聖人爲不雜。』」是淮南、太史公皆不合於聖人，而於二家之中求其言有可用者，則太史公爲善也。「太史公，聖人將有取焉；淮南，鮮取焉爾」者，音義：「鮮取，悉踐切。下『鮮儷』同。」宋云：「司馬遷雖雜，尚有禮樂儒學之説，於聖人之道可取而用之。如（各本作「於」，誤。）劉安，溺異端之痼者也，故曰鮮取焉。」吴云：「太史公實録，猶如魯史舊文，聖人將有取焉，以正褒貶。淮南劉安之書，雜而不典，少有可採。」司馬云：「今之所以知古，後之所以知先，史不可廢。空言雖辯博，而駁雜迂誕，可取者少。」榮按：史記於本紀則斷自五帝，而不取洪荒之前支離之説；於列傳則以老、莊與申、韓同篇，而云申、商慘礉少恩，原於道德之意。又述周末諸子則推崇孟、荀，而於騶衍諸家多有微辭。於自序述春秋之義，則元本董生。又諸敍論往往折衷於孔子。凡此之屬，皆是史公特識，故云：「聖人將有取焉。」謂聖人復起，將有取於是也。若淮南雜家，其文雖富，然泛濫而無所歸，僅足爲吕覽之儔，去史公遠矣，故云：「鮮取焉爾。」「必也，儒乎」者，吾子云：「衆言淆亂，則折諸聖。」問道云：「適堯、舜、文王者爲正道，非堯、舜、文王者爲它道。」然則評論百家之是非，惟以六藝之言，孔子之術爲斷。合乎此者有取，不合乎此者則無取也。「乍出乍入，淮南也」者，謂淮南之言，時而近正，時而乖詭，近正者入於儒，乖詭者出於儒也。淮南子要略自述其著書之旨云：「若劉氏之書，觀天地之象，通古今之論，權事而立制，度形而施宜。原道之心，合三王之風，以儲與扈治㊀，玄眇之中，精搖靡覽，棄其畛挈，斟其淑静，以統天下，理萬物，應變化，通殊類，非循一跡之路，守一隅之指，拘繫牽連於物，而不與世推移也。」此淮南不專一家之意。彼自謂應變通類，正子雲所謂「乍出乍入」者也。西京雜記云：「淮南王安著鴻烈二十一篇，自云『字中皆挾風霜』，揚子雲以爲一出一入，字直百金㊁。」彼文「一出一入」，謂其行文之或顯或幽，猶解嘲云「深者入黄泉，高者出蒼天」，與此文「出入」字異義。然則同爲子雲評淮南之語，而褒貶不同者，彼自賞其文辭，此則裁以義理故也。「文麗用寡，長卿也」者，史記司馬相如列傳云：「司馬相如者，蜀郡成都人也，字長卿。」漢書司馬相如傳贊引「揚雄以爲靡麗之賦，勸百而諷一，猶騁鄭、衛之聲，曲終而奏雅」。即文麗用寡之義。漢書敍傳云：「文豔用寡，子虚烏有。」班語本此。「多愛不忍，子長也」者，宋云：「遷之學不專純於聖人之道，至於滑稽、日者、貨殖、游俠，九流之技皆多愛而不忍棄之。」吴云：「不可以垂世立教者，司馬遷皆序而録之，是多愛不忍也。」「仲尼多愛，愛義也；子長多愛，愛奇也」者，司馬云：「仲尼稱管仲爲仁，史魚爲直，蘧伯玉爲君子之類，亦多愛。」榮謂仲尼多愛，謂信而好古；愛義，謂多聞擇其善者而從之。

或曰：「甚矣！傳書之不果也。」曰：「不果則不果矣，〔注〕苟非所能，自可爾。又以巫鼓。」〔注〕巫鼓猶妄説也，妄説傷義，甚於不言。一曰巫鼓之儔，奚徒不果而已，乃復寄詼誕以自大，假不學而高通，故揚子既吐緺情之談，又發巫鼓之義。〔疏〕「甚矣！傳書之不果也」者，宋云：「非經謂之傳。」按：音義於「傳書」無音，似讀如字。依宋

㊀「扈」字原本作「雇」，形近而訛，據淮南子要略改。

㊁據今本西京雜記，「字直百金」四字，蓋公孫弘自稱其所著公孫子之言，疑汪氏誤入，當删。

說，則當讀直戀切，宋讀是也。孟子云：「於傳有之。」詩靈臺孔疏引作「書傳有之」，傳書即書傳耳。俞云：「說文木部：『果，木實也。』木實謂之果，故果與實同義。淮南子道應篇高誘注曰：『果，誠也。』誠即實也。傳書之不果，言傳記之書多失實也。」按：俞說是也。廣雅釋詁：「果，信也。」信、實同義。「不果則不果矣，又以巫鼓」者，「又」各本皆作「人」。音義：「人以巫鼓，天復本作『又以巫鼓』。」按：此形誤之顯然者，今據訂正。巫讀爲誣，誣鼓謂誣妄鼓扇。言僅僅不實則亦已矣，又從而誣妄鼓扇焉，故其害爲尤甚也。注「苟非所能，自可爾」。按：孟子：「君是以不果來也。」趙注云：「果，能也。」弘範訓不果爲不能，故云爾。然「傳書之不能」，於義未洽，當以俞解爲長。注「巫鼓猶妄說也」。按：曾子問：「故誣於祭也。」鄭注云：「誣猶妄也。」巫、誣古通。注「一曰」至「之義」。按：弘範以「乃復」云云釋「又以巫鼓」，是其所據本「人」作「又」之證。「觸情」，見學行。

或問：「聖人之言，炳若丹青，有諸？」曰：「吁！是何言與？〔注〕吁者，駭歎之聲。丹青初則炳，久則渝。渝乎哉？」〔注〕丹青初則炳然，久則渝變，聖人之書，久而益明。〔疏〕「聖人之言，炳若丹青」，後漢書來歙傳章懷太子注引「炳」作「明」。按：此蓋因後漢避沖帝諱所改。王元長曲水詩序李注引作「炳」，下文「初則炳」同。此。亦古有是語，故以爲問。「丹青初則炳，久則渝，渝乎哉」者，爾雅釋言：「渝，變也。」

或曰：「聖人之道若天，天則有常矣，奚聖人之多變也？」曰：「聖人固多變。〔注〕天縱之也。子游、子夏得其書矣，未得其所以書也；宰我、子貢得其言矣，未得其所以言也；顏淵、閔子騫得其行矣，未得其所以行也。〔注〕聖人以妙外往，諸賢以方中來。聖人之書、言、行，天也。天其少變乎？」〔注〕所以應無方也。〔疏〕「奚聖人之多變也」者，宋云：「言五經支離，萬物錯綜。」「聖人固多變」者，司馬云：「聖人志道秉常，隨時應物，此天之陰陽五行，變化無窮。」按：繁露竹林云：「春秋之道固有常有變。變用於變，常用於常，各止其科，非相妨也。」「子游、子夏得其書也」者，論語云：「文學，子游、子夏。」皇疏引范甯云：「文學，謂善先王典文。」「未得其所以書也」者，公羊傳昭公篇徐疏引春秋説云：「孔子作春秋，一萬八千字，九月而書成，以授游、夏之徒，游、夏之徒不能改一字。」「宰我、子貢得其言矣」者，論語云：「言語，宰我、子貢。」范云：「言語，謂賓主相對之辭也。」孟子云：「宰我、子貢，善爲説辭。」「未得其所以言也」者，論語云：「子貢曰：『夫子之文章，可得而聞也。夫子之言性與天道，不可得而聞也。』」「顔淵、閔子騫得其行矣」者，「閔子騫」，世德堂本無「騫」字。音義：「其行，下孟切。下『以行』、『言行』同。」論語云：「德行，顔淵、閔子騫、冉伯牛、仲弓。」范云：「德行，謂百行之美也。」孟子云：「冉牛、閔子、顔淵，善言德行。」按：此惟稱顔、閔，不及二冉者，辭之省。猶孟子舉冉牛、閔子、顔淵，而不及仲弓也。「未得其所以行也」者，本書問神云：「顔淵亦潛心於仲尼矣，未達一間耳。」司馬云：「六子皆學於孔子，而未達其本原，故雖各有所得，而未能盡其變通。」按：此言孔子之與天合德，雖七十子之秀者，猶不能神而明之。所以極形生民未有之盛，非謂六子學而未達其本原也。「聖人之書、言、行，天也。天其少變乎」者，吴云：「夫天之高也，及其變，則二氣推移，四時更迭，三辰運行，萬物生瘁，不爲少也。」注「天縱之也」。按：論語文。劉疏云：「風俗通窮通篇引『固天縱之，莫盛於聖』，似以『縱之』爲句。」按：此注亦以「縱之」爲句，是古讀如此。注「聖人以妙外往，諸賢以方中來」。按：吴胡部郎玉縉云：「注文聖人二句，未詳所出。竊謂聖人大而化之，至於不可知之之謂神，是爲以妙外往，猶云超以象外也。諸賢亦步亦趨，遊方之内，是爲以方中來，猶云得其環中也。

方者，道也，常也。下注『應無方』，謂無常道即方中之方，無方即妙外矣。」

或曰：「聖人自恣與？何言之多端也！」曰：「子未覩禹之行水與？一東一北，行之無礙也。君子之行，獨無礙乎？如何直往也！水避礙則通於海，君子避礙則通于理。」〔疏〕「聖人自恣與？何言之多端也」者，太玄文：「次六，鴻文無范恣于川。測曰：『鴻文無范，恣意往也。』」范注云：「如川之流，從所投也。」然則自恣謂恣意所之，無復常範。司馬云：「問同答異，理或相違。」榮謂聖人言之多端，謂若三世異辭之類，所謂春秋無通辭也。「子未覩禹之行水與？一東一北，行之無礙也」者，孟子云：「禹之行水也，行其所無事也。」一猶或也，詳重黎疏。或東或北，言有曲也。「君子之行，獨無礙乎？如何直往也」者，繁露楚莊王云：「義不訕上，智不危身，故遠者以義諱，近者以智畏。畏與義兼，則世逾近而言逾謹矣。此定、哀之所以微其辭。以故用則天下平，不用則安其身，春秋之道也。」此君子立言不欲直往之義也。「水避礙則通于海，君子避礙則通于理」者，水直往則有決溢之患，君子直情徑行則有顛蹶之憂。水不逆防，則紆迴曲折而終可以至於海；言不召禍，則婉約遜順而終得以通於道也。

君子好人之好，〔注〕嘉其善也。而忘己之好；〔注〕若不足也。小人好己之惡，〔注〕我惡而不自知。而忘人之好。〔注〕物好而不識彼。〔疏〕音義：「好人，呼報切。下同。」「小人好己之惡」，世德堂本作「好己之好」。注「我惡而不自知」。按：世德堂本「我惡」作「我名」。注「物好而不識彼」。按：世德堂本「物好」作「物物」。皆誤。

或曰：「子於天下則誰與？」曰：「與夫進者乎！」或曰：「貪夫位也，慕夫祿也，何其與？」曰：「此貪也，非進也。夫進也者，進於道，慕於德，殷之以仁義，進而進，退而退，日孶孶而不自知勸者也。」或曰：「進進則聞命矣，請問退進。」曰：「昔乎，顔淵以退爲進，〔注〕後名而名先也。天下鮮儷焉。」〔注〕言少雙也。或曰：「若此，則何少於必退也？」曰：「必進易儷，必退易儷也。〔注〕必，苟也。苟進則貪禄利，苟退則慕僞名也。進以禮，退以義，難儷也。」〔注〕進退不失其正者，君子也。〔疏〕「子於天下則誰與」者，司馬云：「與，許也。」按：論語：「子路曰：『子行三軍則誰與？』」孔注解爲當誰與己俱㈠。皇疏引沈居士云：「子路聞孔子許顔之遠，悦而慕之，自恨己才之近，唯强而已，故問：『子行三軍則誰與？』言必與許己也，言許己以羸近也。」此文擬論語，正以與爲與許之義，即沈説所本。「與夫進者乎」者，老氏之學，貴止，貴退，故曰：「進道若退。」又曰：「知止不殆。」此欲明其蔽，故設論以起問。「貪夫位也，慕夫禄也，何其與」者，老子云：「跂者不立。」河上公注云：「跂，進也。謂貪權慕名，進取功榮也，則不可久立身行道也。」即此或問之意。「進而進，退而退」者，吴云：「禮進則進，義退則退。」司馬云：「『退而退』當作『退而進』。言不以禄位之進退，務進於道德而已。故下文云『請問退進』」。按：温公説是也。下云「進進則聞命矣」，此承進而進言之也；云「請問退進」，此承退而進言之也。日孳孳而不自知勸者也，世德堂本無「自」字。音義：「勸，與倦同。」進進則聞命矣，世德堂本「進進」作「進退」，誤。「昔乎，顔淵以退爲進，天下鮮儷焉」者，音義：「儷，音麗。」吴云：「人不堪其憂，回也不改其樂；終日如愚，而回也不愚。是以退爲進，少有其偶。」司馬云：「顔回在陋巷，不苟仕，好學不倦，是以退爲進。」按：以退爲進，謂在陋巷之中而有爲邦之問，孔子謂唯我與爾有是夫。故曰：「天下鮮儷焉。」「何少於必退也」，世德堂本「少」作「小」。按：少、小義同。司馬云：「楊子謂聖人不遁於世，不離於羣，是

㈠「誰」字原本作「唯」，形近而訛，據論語述而改。

小必退。」按：必退者，老氏之旨，上文言「與夫進者」，即少必退之謂。言以退爲進，則與老子同符，何故少之？「必進易儷，必退易儷也」，世德堂本兩句皆有「也」字，錢本兩句皆無「也」字，今依治平本。「進以禮，退以義，難儷也」者，孟子云：「孔子進以禮，退以義，得之不得，曰有命。」按：論語：「我則異於是，無可無不可。」馬云：「亦不必進，亦不必退，唯義所在也。」季長語本此。注「後名而名先」。按：老子云：「是以聖人後其身而身先。」注「言少雙也」。按：世德堂本無此注。士昏禮：「儷皮。」鄭注云：「儷，兩也。」故以鮮儷爲少雙。注「必，苟也」。按：論語：「毋必。」集解云：「用之則行，舍之則藏，故無專必。」是必有專義。苟猶但也，詳經傳釋詞，與專義近，故訓必爲苟也。胡云：「『必，苟也。』乃从芊省之『苟』，非从艸之『苟』。廣雅釋詁：『必，敕也。』說文部首『苟』，自急敕也。爾雅釋詁：『亟，速也。』釋文：『字又作苟，同，居力反。經典亦作棘，同』。李訓必爲苟，蓋謂急於進、急於退者也。」按：綏之說亦通。注「進退不失其正者，君子也」。按：文言云：「知進退存亡而不失其正者，其唯聖人乎？」

或曰：「人有齊死生，同貧富，等貴賤，何如？」〔注〕齊死生者，莊生所謂齊物者，非好死惡生之謂也，而或者不諭，故問。**曰：「作此者其有懼乎？」**〔注〕懼者，畏義也。此章有似駮莊子，莊子之言，遠有其旨，不統其遠旨者，遂往而不反，所以辨之也。各統其所言之旨，而兩忘其言，則得其意也。**信死生齊，貧富同，貴賤等，則吾以聖人爲囂囂。」**〔疏〕「人有齊死生，同貧富，等貴賤」者，齊、同、等皆互文，齊、等亦同也。司馬云：「莊、列之論如是。」按：莊子天地云：「藏金於山，藏珠於淵，不利貨財，不近貴富，不樂壽，不哀夭，不榮通，不醜窮，不拘一世之利以爲己私分，不以王天下爲己處顯，顯則明，萬物一府，死生同狀。」列子仲尼云：「吾鄉譽不以爲榮，國毀不以爲辱，得而不喜，失而弗憂，視生如死，視富如貧。」皆齊死生，同貧富，等貴賤之說。「作此者其有懼乎」者，司馬云：「懼，謂有憂患不可避，故作此論以自寬。」「信死生齊，貧富同，貴賤等，則吾以聖人爲囂囂」者，音義：「囂囂，五刀切。」司馬云：「人好生惡死，苦貧樂富，重貴輕賤，乃其常情。聖人因之以設勸沮，立政教。若信然齊等，則聖人號令、典、謨徒囂囂然煩言耳。」注「齊死」至「故問」。按：世德堂本無此注。莊子内篇齊物論第二，嵇叔夜卜疑云：「將如莊周之齊物變化，洞達而放逸乎？」（嵇中散集。）夏侯孝若莊周贊云：「遁時放言，齊物絶尤。」（藝文類聚三十八引。）劉越石答盧諶書云：「遠慕老、莊之齊物，近嘉阮生之放曠。」（文選。）皆以「齊物」連讀，與此注同。困學紀聞云：「齊物論非欲齊物也，蓋謂物論之難齊也。」引張文潛云：「莊周患夫彼是之無窮而物論之不齊也，而託之於天籟。」王氏先謙莊子集解云：「天下之物之言，皆可齊一視之。」又引蘇輿云：「天下之至紛莫如物論。」則皆以「物論」連讀。榮按：齊物論云：「萬物一馬也。」又云：「萬物與我爲一。」正齊物之義。謂之論者，猶荀子天論、正論、禮論、樂論耳。當以舊解爲正。注「懼者」至「意也」。按：此亦弘範右道左儒之常言。

通天、地、人曰儒，〔注〕道術深奥。**通天、地而不通人曰伎。**〔注〕伎藝偏能。〔疏〕「通天、地、人曰儒」者，繁露立元神云：「天、地、人，萬物之本也。天生之，地養之，人成之。天生之以孝悌，地養之以衣食，人成之以禮樂。三者相爲手足，合以成體，不可一無也。」又王道通三云：「古之造文者，三畫而連其中謂之王。三畫者，天、地與人也；而連其中者，通其道也。取天、地與人之中以爲貫而參通之，非王者孰能當是？」按：仲舒云「通天、地、人謂之王」，子雲云「通天、地、人曰儒」者㊀，學記云：「師也者，所以學爲君也。」本書學行亦云：「學之爲王者事，其已久矣。」即其義。「通天地

㊀「地」字原本無，據章首正文增。

而不通人曰伎」者，說文：「技，巧也。」古通作「伎」。伎謂一端之長。荀子解蔽云：「凡人之患，蔽於一曲，而闇於大理。」楊注云：「一曲，一端之曲說也。」伎卽曲也。此承上章而言。解蔽云：「莊子蔽於天而不知人。」本書問神云：「言天、地、人經，德也；否，愆也。」齊死生，同貧富，等貴賤，卽蔽於天而不知人之說，乃一曲之論，非經德之言也。注「道術深奧」。世德堂本「道術」作「道業」。按：「道術」字屢見莊子天下，作「道業」，誤也。

人必先作，然後人名之；先求，然後人與之。〔注〕人理云云，萬物動靜，無不由我以名彼者。人必其自愛也，而後人愛諸；人必其自敬也，而後人敬諸。自愛，仁之至也；自敬，禮之至也。未有不自愛敬而人愛敬之者也。〔疏〕「人必先作，然後人名之；先求，然後人與之」者，司馬云：「作爲善惡，而人以善惡名之；自求禍福，而人以禍福與之。」按：此起下文之辭。愛、敬者，己之所爲也；仁與禮者，人之所名也。自愛自敬者，己之所以求愛敬也。人愛之，人敬之者，人之所以報自愛自敬也。「人必其自愛也，而後人愛諸；人必其自敬也，而後人敬諸」，世德堂本「而後」字皆作「然後」。「自愛，仁之至也」云云，荀子子道云：「子路入，子曰：『由，仁者若何？』子路對曰：『仁者使人愛己。』子曰：『可謂士矣。』子貢入，子曰：『賜，仁者若何？』子貢對曰：『仁者愛人。』子曰：『可謂士君子矣。』顏淵入，子曰：『回，仁者若何？』顏淵對曰：『仁者自愛。』子曰：『可謂明君子矣。』」是自愛者，仁之極致。推之於敬，義亦同也。注「人理云云」。按：老子云：「夫物芸芸，各復歸其根。歸根曰靜，是謂復命。」河上公注云：「芸芸者，華葉盛。」云云卽芸芸，言蕃變也。注「無不由我以名彼者」。按：世德堂本「名」作「明」。

或問：「龍、龜、鴻、鵠不亦壽乎？」曰：「壽。」曰：「人可壽乎？」曰：「物以其性，人以其仁。」

〔注〕物性之壽，其質生存，延年長也。仁者之壽，死而不亡，名無窮也。〔疏〕「龍、龜、鴻、鵠不亦壽乎」者，淮南子墬形云：「食氣者神明而壽。」意林引此下有「龜、蛇之類，王喬、赤松是也。」桂氏説文義證「龍」篆下引莊述祖云：「鐘鼎文龍字從辰巳之『巳』，巳爲蛇象，龍、蛇同類。」抱朴子對俗引玉策記云：「蛇有無窮之壽。」初學記三十引洪範五行傳云：「龜之言久也，千歲而靈，此禽獸而知吉凶者也。」説文：「鴻，鴻鵠也。」又：「鵠，鴻鵠也。」王氏句讀云：「鴻鵠二字爲名，與黄鵠別。此鳥色白，異於黄鵠之蒼黄也。」博物志云：「鴻鵠千歲者，皆胎產。」按：爾雅翼云：「鵠即是鶴音之轉，後人以鵠名頗著，謂鶴之外別有所謂鵠，故埤雅既有『鶴』，又有『鵠』。蓋古之言鵠不日浴而白，白即鶴也。鵠鳴哠哠，哠哠鶴也。以龜、龍、鴻、鵠爲壽，壽亦鶴也。故漢昭時黄鵠下建章宮太液池而歌，則名黄鶴。神異經鶴國有海鵠。其餘諸書文或爲『鶴』，或爲『鵠』者甚多。以此知鶴之外無別有所謂鵠也。」不知「鴻鵠」合二言爲一名，與鶴異物。書傳或單言鴻，或單言鵠，則猶鳳皇之單言鳳，麒麟之單言麟，乃文辭之省。劉孝標辨命論云：「龜鵠千歲。」李注引養生要論（今本脱「論」字。）云：「龜鵠壽千百之數，性（今本誤作「注」。）壽之物也。」後人習聞鶴壽，每以「鵠」爲「鶴」字之誤，然此文「鴻鵠」連稱，明不得以爲鴻、鶴，羅説殊謬。「物以其性，人以其仁」者，論語：「仁者壽。」申鑒嫌俗云：「或問：『仁者壽，何謂也？』曰：『仁者内不傷性，外不傷物，上不違天，下不違人，處中居正，形神以和，故咎徵不至而休嘉集之，仁之術也。』曰：『顔、冉何？』曰：『命也。』」中論夭壽云：「或問孔子稱仁者壽，而顔淵早夭，豈聖人之言不信，而欺後人耶？故司空潁川荀爽論之，以爲古人有言，死而不朽。謂太上有立德，其次有立功，其次有立言。其身既殁，其道猶存，故謂之不朽。夫形體者，人之精魄；

（按：「精」疑「糟」之形誤，下同。）德義令聞者，精魄之榮華也。君子愛其形體，故以成其德義也。夫形體固自朽弊銷亡之物，壽與不壽不過數十歲。德義立與不立，差數千歲。豈可同日言也哉？顔淵時有百年之人，今寧復知其姓名耶？詩云：『萬有千歲，眉壽無有害。』人豈有萬壽千歲者？皆令德之謂也。由此觀之，仁者壽，豈不信哉！北海孫翺以爲死生有命，非他人之所致也。若積善有慶，行仁得壽，乃教化之義，誘人而納於善之理也。幹以爲二論皆非其理也。夫壽有三：有王澤之壽，有聲聞之壽，有行仁之壽。書曰：『五福：一曰壽。』此王澤之壽也。詩云：『其德不爽，壽考不忘。』此聲聞之壽也。孔子曰：『仁者壽。』此行仁之壽也。孔子云『爾者，以仁者利養萬物，萬物亦受利矣，故必壽也。昔者帝嚳已前，尚矣。唐、虞、三代，厥事可得略乎聞。自堯至於武王，自稷至於周、召，皆仁人也，君臣之數不爲少矣，考其年壽不爲夭矣，斯非仁者壽之驗耶？又七十子豈殘酷者哉？顧其仁有優劣耳。其夭者爲顔回㊀，據一顔回而多疑其餘，無異以一鉤之金權於一車之羽，云金輕於羽也。」按：悅、幹二書竝解仁者壽爲自然感應之理，義甚精卓，然下文或問「壽可益乎？曰德」云云，則與爽說同符。此文人以其仁，亦即死而不朽之謂，不必指形體言也。注「物性」至「窮也」。按：此即中論所引荀爽之說，深得子雲之旨。

或問：「人言仙者，有諸乎？」「吁！吾聞虙羲、神農歿，黄帝、堯、舜殂落而死。文王，畢；孔子，魯城之北。獨子愛其死乎？非人之所及也。仙亦無益子之彙矣！」〔注〕彙，類。或曰：「聖人不師仙，厥術異也。聖人之於天下，恥一物之不知；仙人之於天下，恥一日之不生。」

㊀「爲」字今本中論作「惟」，疑是。

曰：「生乎！生乎！名生而實死也。」或曰：「世無仙，則焉得斯語？」曰：「語乎者，非囂囂也與？惟囂囂爲能使無爲有。」或問「仙之實」。曰：「無以爲也。有與無，非問也。問也者，忠孝之問也。〔注〕言惟問忠與孝之事耳。忠臣孝子，偟乎不偟。」〔注〕偟，暇。

〔疏〕「人言仙者，有諸乎」者，釋名釋長幼云：「老而不死曰仙。仙，遷也，遷入山也，故其制字人旁作山也。」按：説文作「僊，長生遷去也。從人，䙴聲」。「有諸乎」，秦校云：「『乎』當作『曰』。」按：此以下爲子雲答問之語，故秦疑「乎」爲「曰」字之誤。然各本「有諸」下皆有「乎」字，似非誤文。古書有兩人之辭而中省「曰」字例，説已詳前。「吁！吾聞虙羲、神農殁」云云者，世德堂本「吁」字上有「曰」字，此不解古書義例而臆增者。「虙羲」，治平本作「宓羲」，世德堂本作「伏羲」。按：音義出「虙，音伏」。是舊本作「虙」，今據改。問道作伏犧，説詳彼疏。繫辭云：「庖犧氏没，神農氏作。神農氏没，黄帝、堯、舜氏作。」此作「殁」者，「殁」正字，「没」通用字。爾雅釋詁：「殂落，死也。」今云「殂落而死」者，「而」之言，與也，及也。詳見經傳釋詞。堯典於堯稱「放勳乃殂落」，於舜稱「陟方乃死」，故兩舉之。書不及黄帝，今云黄帝、堯、舜者，推類言之。白虎通崩薨云：「禮始於黄帝，至堯、舜而備。易言没者，據遠也。書云殂落死者，各自見義，堯見憯痛之，舜見終，各一也。」孟子云：「文王生於岐周，卒於畢郢。」趙注云：「書曰：『太子發上祭於畢，下至於盟津。』畢，文王墓，近於酆、鎬也。」周本紀云：「武王上祭於畢。」集解引馬融云：「畢，文王墓地名也。」又太史公曰：「畢在鎬東南杜中。」按：在今陝西西安府咸寧縣南。或誤以爲在咸陽畢陌，則秦悼武王葬地，前人辨之已詳，具見焦疏。後漢書蘇竟傳載竟與劉龔書云：「畢爲天網，主網羅無道之君，故武王將伐紂，上祭於畢，求天助也。」陳氏今文經説考云：「竟通今文尚書，此所引正説此經之事。馬用古文家説，故與今文家解異。」按：

子雲説經，俱用今文。此云「文王，畢」，卽本今文太誓，明以畢爲文王墓地。郃卿亦用今文，其説與法言同。則季長此義之非古文家説可知。蘇竟天網之解，疑出大、小夏侯氏，夏侯氏長於災異之學，故好以天文爲説。子雲於書用歐陽，下篇「螭虎桓桓」可證。則以畢爲文王墓，乃歐陽書説。樸園以爲古文，誤矣。水經注泗水篇引説題辭云：「孔子卒，以所受黄玉葬魯城北。」按：白虎通崩薨文同，惟「黄玉」作「魯君之璜玉」。御覽五百六十引皇覽冢墓記云：「孔子冢魯城北便門外，南去城十里。冢塋方百畝，南北廣十步，東西十步，高丈二尺也。」金樓子志怪云：「孔子冢在魯城北，塋中樹以百數，皆異種，魯人世世無能名者。」按：魯城，今山東兗州府曲阜縣，孔林在今縣北二里。據以上所引，則虙羲、神農歿本繫辭，堯、舜殂落而死本堯典，文王畢本太誓説，孔子魯城之北本春秋緯，竝經典明文，信而可徵者。故統云「吾聞」也。「獨子愛其死乎」者，愛猶吝也。孟子：「百姓皆以王爲愛也。」趙注云：「愛，嗇也。」朱子集注云：「愛猶吝也。」「非人之所及也」者，孟子云：「是謀非吾所能及也。」卽其義。「仙亦無益子之彙矣」者，司馬云：「借使有仙，亦如龍、龜等，非人類所能學也。」按：中鑒俗嫌云：「或問神僊之術。曰：『誕哉！末之也已矣，聖人弗學，非惡生也。終始，運也；短長，數也。運數非人力之爲也。』曰：『亦有僊人乎？』曰：『僬僥桂莽，産乎異俗，就有仙人，亦殊類矣。』」荀語全本此文。「生乎！生乎！名生而實死也」者，吴云：「神仙者，謂之羽化蟬蜕而升天，是名生也。其實則降年盡而死耳，故曰實死。」司馬云：「安期、羨門，徒有其名，而人未嘗見，實死也。」「世無仙，則焉得斯語」者，嵇叔夜養生論云：「夫神仙雖不目見，然記籍所載，前史所傳，較而論之，其有必矣。」與此或問意同。「語乎者，非囂囂也與？惟囂囂爲能使無爲有」者，「囂囂」音見前。吴云：「囂囂然方士之虚語爾。囂囂之多，則能使無爲有也。」司馬云：「多言之人喜妄説。」「或問仙之實」者，承上文名生實死而復發問，以窮其説也。「無以爲也」者，論語云：「叔孫武叔毁仲尼，子貢曰：『無以爲也，仲尼不可毁也。』」朱子集注云：「無以爲猶言無用爲此。」「有與無，非問也」者，宋云：「謂之有，謂之無，皆不當問。」「問也者，忠孝之問也」者，論語云：「季路問事鬼神。子曰：『未能事人，焉能事鬼。』」忠孝者，事人之大本，學者之所當問惟此而已。「忠臣孝子，偟乎不偟」者，音義：「偟，音皇。」宋云：「忠臣謇謇於事君，孝子汲汲於事父，何暇其仙乎？」按：此章亦譏王莽之辭。莽傳：「天鳳二年㊀，或言黄帝時建華蓋以登僊。莽乃造華蓋九重，高八丈一尺，金瑵羽葆，載以祕機四輪車，駕六馬，力士三百人，黄衣幘，車上人擊鼓，輓者皆呼登仙。莽出，令在前。百官竊言此似輀車，非僊物也。」然則莽晚年頗好神仙之事，亦子雲所及見，故有此文。言莽色取仁而行違，不惜倒行逆施，躬爲簒弑。及至毒流海内，民欲與之偕亡，而乃晏然用狂人之言，思保其一日之命。人倫道絶而獨愛其死，則真非人之所及矣。注「彙，類」。按：易泰：「初九，拔茅茹，以其彙。」虞注云：「彙，類也。」世德堂本無此注，乃因宋注有此語，而删李注此條也。注「偟，暇」。按：爾雅釋言文。今毛詩多作「遑」。偟、遑竝説文所無，表記引詩「皇恤我後」，則「偟，暇」字古止以「皇」爲之也。

或問：「壽可益乎？」曰：「德。」曰：「回、牛之行德矣，曷壽之不益也？」曰：「德，故爾。如回之殘，牛之賊也，焉得爾？」〔注〕言復甚也。曰：「殘、賊或壽。」曰：「彼妄也，君子不妄。」〔注〕論語曰：「人之生也，直；罔之生也，幸而免。」楊子之談，亦猶此義。〔疏〕「壽可益乎？曰：『德』」者，司馬云：「惟修德可以益壽。」按：此即不朽有三，太上立德之義，中論所謂聲聞之壽也。修短，數也，非人力所能爲。而聲聞之壽，則可以令德致

㊀ 漢書王莽傳，「天鳳」作「地皇」。

之，是惟德可以益壽也。「回、牛之行德矣，曷壽之不益也」者，語詳問明疏。「德，故爾」者，宋云：「庸以長生爲壽，聖以不朽爲壽。顔、冉有德，故不朽爾。」「如回之殘㊀，牛之賊也，焉得爾」者，孟子云：「賊仁者謂之賊，賊義者謂之殘。」「焉得爾」，世德堂本「得」作「德」，俞云：「當作『焉得爾』。咸曰：『言假令顔行之殘，冉行之賊，則安得不朽之壽如是哉？』正釋焉得爾之義，因涉上文『德故爾』而誤耳。」按：治平本正作「得」，纂圖互注本亦同，竝不誤。曲園僅據世德堂本爲説，疏矣。「殘、賊或壽」者，論衡命義云：「盜跖、莊蹻横行天下，聚黨數千，攻奪人物，斷斬人身，無道甚矣，宜遇其禍，乃以壽終。」是殘、賊或壽也。按此文「殘、賊」字亦有所指，莽以地皇四年誅死，年六十八。此文如發於天鳳二年莽造華蓋、言登仙之時㊁，則莽年已六十，行甚於一夫，而誅伐之事未至，似天道有不可盡知者，故設此問。「彼妄也，君子不妄」者，言殘、賊之人縱得壽考，亦幸免而已。幸免之生，非君子所貴也。注「言復甚也」。按：胡云：「李意回、牛而如殘、賊，將并所得之壽而益少之，故曰言復甚也。」注「論語」至「此義」。按：法言此文正用論語義爲説，而字作「妄」者，蓋讀罔爲妄也。彼苞注云：「誣罔正直之道而亦生。」以罔爲誣罔，與子雲義異。朱子集注引程子云：「罔，不直也。」則讀爲枉。榮按：孟子：「此亦妄人也已矣。」趙注云：「妄人，妄作之人無知者。」然則妄之生即無知之生，所謂與禽獸奚擇也。

有生者必有死，有始者必有終，自然之道也。〔注〕因論神仙之事，遂至原始要終，以知死生之説也。〔疏〕論衡道虚云：「有血脈之類，無不有生，生無不死。以其生，故知其死也。天地不生，故不死；陰陽不生，故不

㊀「之」字原本作「云」，形近而訛，據本章正文改。

㊁漢書王莽傳「天鳳」作「地皇」。

死。死者，生之效；生者，死之驗也。夫有始者必有終，有終者必有始。惟無終始者，乃長生不死。人之生，其猶冰也㊀。水凝而爲冰，氣積而爲人。冰極一冬而釋，人竟百年而死。人可令不死，冰可令不釋乎？諸學仙術爲不死之方，其必不成，猶不能使冰終不釋也。」按：仲任此説，反復詳明，足證法言此文之義。注「因論」至「説也」。按：繫辭云：「原始反終，故知死生之説。」孔疏云：「言用易理原窮事物之初始，反復事物之終末，始終吉凶，皆悉包羅。以此之故，知生死之數也。」又繫辭云：「易之爲書也，原始要終，以爲質也。」虞注云：「以乾原始，以坤要終，謂原始及終，以知死生之説。」彼釋文：「要，于遥反。」

君子忠人，況己乎？小人欺己，況人乎？〔注〕夫至人其猶先存諸己而後存諸人者，言乎有其真然後可以訓物。況乃其身之不諭，又安能諭諸人哉？〔疏〕司馬云：「盡誠於人曰忠。」按：荀子禮論：「其忠至矣。」楊注云：「忠，誠也。」反於誠謂之欺。此文忠、欺對舉，故温公以誠釋忠。注「夫至」至「人哉」。按：大學：「是故君子有諸己，而后求諸人；無諸己，而后非諸人。所藏乎身不恕，而能喻諸人者，未之有也。」

㊀「冰」字原本訛作「水」，據宋孝宗乾道三年原刻，元、明二代遞修本論衡改。

法言義疏十九

孝至卷第十三

〔注〕始於學行，而終於孝至，始終之義，人倫之事，畢矣。〔疏〕困學紀聞云：「論語終於堯曰篇，孟子終於堯、舜、湯、文、孔子，而荀子亦終堯問，其意一也。」翁氏元圻注云：「揚子法言終以孝至篇，亦及堯、舜、夏、殷、周、孔子。其以孝至名篇，蓋以堯、舜之道，孝弟而已矣。孔子曰：『吾志（按：當作「行」。）在孝經。』自謂得與於斯道之傳，與荀子一也。然則何解於語焉不精，擇焉不詳哉？」（按：「語」、「擇」字互誤。）按：法言象論語，故始學行而終孝至，朱氏一新謂子雲以是寓依歸聖人之意，是也。道者，天下之公器，人人得而有之。古代學者樸謹，初未嘗立道統之説，而自謂得預其傳。至韓文公作原道，始有此意。其詆斥荀、揚者，殆欲擯之而自與。實則所譏不精、不詳，固未可以爲定論。戴青謂法言義同孟、荀，是也；謂無解於不精、不詳，則篤信韓公之過也。

法言　李軌注

孝，至矣乎！〔注〕將欲言其美，所以歎其至。一言而該，聖人不加焉。〔注〕一言而孝，兼該百行，聖人無以加之，是至德也。〔疏〕「孝，至矣乎」，世德堂本無「乎」字。按：問明云：「聰明，其至矣乎！」本篇云：「不爲名之名，其至矣乎！」又云：「麟之儀儀，鳳之師師，其至矣乎！」文與此同，皆本繫辭「易，其至矣乎」，論語「中庸之爲德也，其至矣乎」。無

「乎」字，非。「一言而該」者，說文：「晐，兼日也。」引伸爲凡兼包之稱。古書通以「該」爲之。「聖人不加焉」者，孝經云：「聖人之德，又何以加於孝乎？」注「將欲言其美」。按：世德堂「美」作「義」。注「一言而孝，兼該百行」。按：一言而孝，義不可通。疑此注本作「一言而該，孝兼百行」，傳寫誤倒耳。一言謂孝，該謂兼百行。孝兼百行，正釋「一言而該」之義。注「是至德也」。按：孝經云：「先王有至德要道，以順天下。」釋文引王肅云：「孝爲德之至也。」

父母，子之天地與？〔注〕天縣象，地載形，父受氣，母化成。**無天何生？無地何形？天地裕於萬物乎？萬物裕於天地乎？**〔注〕裕，足也。言萬物取足於天地，天地不取足於萬物也。**裕父母之裕，不裕矣。**〔注〕養父母自以爲足者，乃不足也。**事父母自知不足者，其舜乎？**〔注〕自知不足，則是舜。〔疏〕「父母，子之天地與」者，繁露順命云：「父者，子之天也。」漢書武五子傳載壺關三老茂上書云：「臣聞父者猶天，母者猶地，子猶萬物也。」「天地裕於萬物乎？萬物裕於天地乎？」世德堂本無兩「乎」字。宋云：「正文當云『萬物非裕於天地』，疑脱其『非』字。裕，饒裕也。天地生萬物，非冀其報，故能饒裕於萬物，而萬物不能饒裕於天地也。」俞云：「觀宋咸注云云，是宋所據本亦無兩『乎』字。不然則豈不知其爲疑問之辭，而顧疑其脱『非』字乎？」按：世德堂本卽承宋注本之誤。司馬云：「裕謂饒益優厚也。楊子設爲疑問，以明天地則能裕萬物，萬物豈能裕天地乎？」似温公所據本有兩「乎」字。榮按：此兩句乃詰難之語。學行云：「子爲道乎？爲利乎？」先知云：「天先秋而後春乎？將先春而後秋乎？」本篇云：「寧先病而後瘳乎？寧先瘳而後病乎？」文例皆同。萬物之不能有厚於天地，乃盡人所明之理，子於父母則亦猶是。謂子能裕於父母者，是謂萬物能裕於天地矣。明無是理也。宋據誤本增字爲解，固失其旨；温公謂設爲疑問，亦未吻合。「裕父母之裕，不裕矣」

者，子於父母之德，無厚薄可論，猶萬物於天地之施，無多寡可校。以父母之愛己而厚之者，必有以父母之不慈而薄之者矣。若是，則儕父子之道於朋友之交，雖自謂知所厚，而適見其薄而已。「事父母自知不足者，其舜乎」者，孟子云：「大孝終身慕父母，五十而慕者，予於大舜見之矣。」自知不足，即終身慕之謂。舜父頑、母嚚，克諧以孝，雖極人倫之變，無改烝烝之行。是裕父母之不裕者，乃真裕也。注「裕足」至「物也」。按：説文：「裕，衣物饒也。」引伸爲凡富足之稱，又引伸之爲優厚。弘範訓裕爲足者，蓋以下文「事父母自知不足者，其舜乎」即承此文而言，故疑裕當爲足。然謂萬物取足於天地，天地不取足於萬物，則以裕爲取足之意。但足與取足義實不同。裕可以訓足，不可以訓取足。愚謂下文云云，雖以舜之事父母自知不足引證「裕父母之裕，不裕矣」之義，而非以不足釋不裕。此兩句當以温公解爲長。言天地厚於萬物耳，豈有萬物厚於天地之理耶？注「養父母自以爲足者，乃不足也」。按：足父母之足，於義難通，故變其文曰「養父母自以爲足」，然義與正文迥殊矣。注「自知不足，則是舜」。按：正文「其舜乎」，即孟子「予於大舜見之矣」之謂，此解爲有爲者亦若是，似亦非此文之旨。

不可得而久者，事親之謂也。孝子愛日。〔注〕無須臾懈於心。〔疏〕韓詩外傳引曾子云：「往而不可還者，親也；至而不可加者，年也。是故孝子欲養而親不待也，木欲直而時不待也。」「愛日」義見五百。

孝子有祭乎？有齊乎？〔注〕祭嚴、齊敬，孝子之事。夫能存亡形，屬荒絶者，惟齊也。〔注〕亡形復存，荒絶復屬者，謂祭如在。故孝子之於齊，見父母之存也，是以祭不賓。〔注〕夫齊者，交神明之至，故致齊三日，乃見所爲齊者。禮記之論齊備矣，而發斯談者，有慨乎時人。人而不祭，豺獺乎！〔注〕九月豺祭獸，正月獺祭魚。豺、獺猶有所先，人而不祭，豺、獺之不若也。〔疏〕音義：「有齊，側皆切，下同。」按：世德堂本作「齋」，下同。説文：「齋，戒潔也。」經傳通以「齊」爲之。「孝子有祭乎？有齊乎」者，言齋、祭皆孝子之事，惟孝子爲能行之。祭義云：「唯聖人爲能饗帝，孝子爲能饗親。」「夫能存亡形，屬荒絶者，惟齊也」云云者，音義：「屬荒，音燭。」廣雅釋詁：「屬，續也。」祭義云：「致齊於内，散齊於外。齊之日，思其居處，思其笑語，思其志意，思其所樂，思其所嗜。」「齊三日乃見其所爲齊者」，祭統云：「及時將祭，君子乃齊。齊之爲言，齊也。齊不齊，以致齊者也。是故君子之齊也，專致其精明之德也。故散齊七日以定之之謂齊。齊者精明之至也，然後可以交於神明也。」「祭不賓」者，宋云：「孝子盡精極思而存夫親，何暇乎賓之接也？」吴云：「專乎所親。」司馬云：「賓謂敬多而親少，如待賓客。」俞云：「以儀禮言之，則祭必有賓。楊子此言，非古制矣。『祭』疑『齊』字之誤。上文曰『夫能存亡形，屬荒絶者，惟齊也』。故孝子之於齊，見父母之存也』，此云『是以齊不賓』，義正相應。謂方齊之時，不接見賓客也。『齊』誤作『祭』，義不可通。」宋、吴之解，與禮不合。光曰㊀：『賓謂敬多而親少，如待賓客。』則曲爲之説矣。」按：温公義是也。祭義云：「仲尼嘗，（鄭注：「嘗，秋祭。」）奉薦而進，其親也慤，（鄭注：「親，謂身親執事時。」）其行也趨趨以數。已祭，子贛問曰：『子之言祭，濟濟漆漆然。今子之祭，無濟濟漆漆，何也？』子曰：『濟濟，客也，遠也；漆漆者，容也，自反也。客以遠，若容以自反也。夫何神明之及交？夫何濟濟漆漆之有乎？反饋樂成，薦其薦俎，序其禮樂，備其百官，君子致其濟濟漆漆，夫何慌惚之有乎？夫言豈一端而已，夫各有所當也。』」鄭注云：「行祭宗廟者，賓客濟濟漆漆，主人慤而趨趨。」釋文：「客也，口白反，賓客也。下『客以遠』同。」然則賓者賓客之容，即所謂濟濟漆漆

㊀「光」字原本訛作「先」，據法言疏證改。

者也。不賓謂不爲賓客之容，正本祭義。曲園妄據儀禮「祭必有賓」，而謂楊子此言非古制，乃以「祭」爲「齊」之誤。夫齊者心不苟慮，手足不苟動，豈但不接賓客而已耶？「人而不祭，豺獺乎」者，豺祭獸，獺祭魚，夏小正、月令、呂氏春秋孟春紀、季秋紀及淮南子時則竝有其文。説文：「獺，如小狗，水居，食魚。」月令鄭注云：「漢始亦以驚蟄爲正月中，此時魚肥美，獺將食之，先以祭也。」淮南子高注云：「獺取鯉魚於水邊，四面陳之，謂之祭魚也。豺祭獸，四面陳之，世謂之祭獸。」注「祭嚴、齊敬，孝子之事」。按：孝經云：「君子之事親也，祭則致其嚴。」詩采蘋：「有齊季女。」毛傳云：「齊，敬也。」注「夫齊」至「齊者」。按：見上引祭義，彼孔疏云：「齊三日乃見其所爲齊者，謂致齊思念其親，精意純熟，目想之若見其所爲齊之親也。」注「禮記之論齊備矣」。按：世德堂本作「論之備矣」。注「有慨乎時人」。按：世德堂本「人」作「也」。注「九月豺祭獸」。按：此月令，若夏小正則隸之十月。洪氏震煊疏義云：「月令季秋之月，豺乃祭獸。乃者，急辭也，故視此爲蚤。」呂氏春秋、淮南子竝同月令。注「正月獺祭魚」。按：諸書皆同。注「豺、獺猶有所先」。按：夏小正傳於「獺祭魚」下云㊀：「祭也者，得多也。美其祭而後食之。」於「豺祭獸」下亦云：「善其祭而後食之也。」公羊傳昭公篇解詁云：「食必祭者，謙不敢便嘗，示有所先也。」月令：「鷹乃祭鳥。」鄭注云：「鷹祭鳥者，將食之，示有先也。」孔疏云：「謂鷹欲食鳥之時，先殺鳥而不食，與人之祭食相似。猶若供祀先神，不敢卽食，故云示有先也。」

或問「子」。曰：「死生盡禮，可謂能子乎！」〔注〕生事愛敬，死事哀戚。〔疏〕「或問子」，世德堂本無「問子」二字，此承宋、吴本之誤，温公不言李本異同，蓋所據本亦已誤脱也。「問子」者，問爲子之道。「死生盡禮」二句，乃答

㊀「獺」下原本衍「獸」字，據夏小正刪。

問之語。論語云：「生，事之以禮；死，葬之以禮，祭之以禮。」即死生盡禮之義。不直云「可謂能子矣」，而云「可謂能子乎」者，「乎」是庶幾之辭，言爲子如此，庶可謂之能也。校書者誤以「乎」爲疑辭，遂以此二句皆或問之語，因删「問子」字，以與下章併合，而語意不相銜接矣。司馬云：「此問答不類，疑下有脱文。」不知脱在上，不在下也。治平本、錢本竝不脱。

注「生事愛敬，死事哀戚」。按：孝經文。

曰：「石奮、石建，父子之美也。無是父，無是子；無是子，無是父。」或曰：「必也，兩乎？」曰：「與堯無子，舜無父，不如堯父舜子也。」〔注〕必不得雙於斯二者，當如堯之爲父，舜之爲子。〔疏〕此别爲一章，不與上章相屬。章首「曰」字，亦俗本妄增。蓋既於上章删「問子」字，以「死生盡禮」云云爲或問之語，因以「石奮、石建」云云爲答問之語，而於其上增「曰」字也。治平本「曰石」二字占一格，增補之迹顯然，此舊監本無「曰」字之證。石奮、石建者，萬石君張叔列傳云：「萬石君名奮，其父趙人也，姓石氏。趙亡，徙居温。奮年十五爲小吏，侍高祖。高祖以奮爲中涓，受書謁。至孝文時，積功勞至大中大夫。無文學，恭謹無與比。時東陽侯張相如爲太子太傅，免。奮爲太子太傅。及孝景即位，徙奮爲諸侯相。奮長子建，次子甲，次子乙，次子慶，皆以馴行孝謹官至二千石，於是景帝號奮爲萬石君。孝景帝季年，萬石君以上大夫禄歸老於家，子孫爲小吏，來歸謁，萬石君必朝服見之，不名。子孫有過失，不誚讓，爲便坐㊀，對案不食，然後諸子相責，因長老肉袒固謝罪改之，乃許。子孫勝冠者在側，雖燕居必冠，申申如也，僮僕訢訢如也㊁，唯謹。其執喪哀戚甚悼，子孫遵教亦如之。萬石君家以孝謹聞乎郡國，雖齊、魯諸儒質行，皆自以爲不及也。建元

㊀「坐」字原本與下文「對」互倒，據史記萬石張叔列傳改。

㊁「訢訢」原本訛作「訴訴」，據史記萬石張叔列傳改。

二年，皇太后以爲儒者文多質少，今萬石君家不言而躬行，乃以長子建爲郎中令，少子慶爲內史。建老白首，萬石君尚無恙。建爲郎中令，每五日洗沐歸謁親，入子舍，竊問侍者取親中裙，廁牏身自浣滌，復與侍者，不敢令萬石君知，以爲常。建爲郎中令，事有可言，屏人恣言極切，至廷見，如不能言者。萬石君以元朔五年中卒，長子郎中令建哭泣哀思，扶杖乃能行。歲餘，建亦死。諸子孫咸孝，然建最甚，甚於萬石君。」按：「石奮、石建父子之美也」九字連讀，歎美起下之辭。秦校云：「『石奮、石建』衍下『石』字。」按：有「石」字語自完足，各本皆有，秦說未知何見。「無是父」云云者，司馬云：「言父子孝謹相成也。」「必也，兩乎」者，吳云：「言人必須父子孝謹方爲美乎？」「與堯無子，舜無父，不如堯父舜子也」者，五帝本紀云：「堯知子丹朱之不肖，不足授天下。」索隱引皇甫謐云：「堯娶散宜氏之女曰女皇，生丹朱，又有庶子九人，皆不肖也。」本紀又云：「舜父瞽叟頑。」吳云：「與堯之無子，舜之無父，不若使堯爲父，而舜爲子，不必兩也。堯子丹朱不肖，舜父瞽叟頑，雖有如無。」司馬云：「父子俱聖尤美。」按：經傳凡言「與」，言「不如」者，多彼善於此，或與恒情相反之辭。如檀弓：「喪禮，與其哀不足而禮有餘也，不若禮不足而哀有餘也。祭禮，與其敬不足而禮有餘也，不若禮不足而敬有餘也。」晉語：「與余以狂疾賞也，不如亡。」呂氏春秋貴直：「與吾得革車千乘也，不如聞行人燭過之一言。」堯父舜子乃曠代未有之盛事，而云「不如」，義似可疑。蓋此文不如猶云豈若。孟子「與我處畎畝之中，由是以樂堯、舜之道，吾豈若使是君爲堯、舜之君哉」云云，即此文之比。言聖如堯、舜而遭遇人倫之變，猶有所憾，豈若父子俱爲堯、舜之善？所以申明父子之美必也兩之說。與檀弓諸文異例。注「必不」至「爲子」。按：弘範此解未得「與」與「不如」之意，似非子雲本旨。

「子有含菽緼絮而致滋美其親，將以求孝也，人曰僞，如之何？」〔注〕含，食也。菽，豆也。曰：

「假儒衣書，服而讀之，三月不歸，孰曰非儒也？」或曰：「何以處僞？」曰：「有人則作，無人則輟之謂僞。觀人者，審其作輟而已矣。」〔注〕視其所以，觀其所由，人焉廋哉！〔疏〕「子有含菽縕絮」云云者㊀，音義：「含菽，本亦作『唅』，音同。」按：「唅」即「含」之俗。説文無「唅」。「縕」讀爲「藴」，説文：「藴，積也。」字亦作「韞」，廣雅釋詁：「韞，裹也。」説文：「絮，敝緜也。」玉藻孔疏云：「好者爲緜，惡者爲絮。」按：縕絮與含菽對文，義當爲裹，若讀爲論語「衣敝緼袍」之「緼」，則緼、絮二字同詁，與「含菽」字不相協矣。「假儒衣書，服而讀之」云云者，論語：「回也，其心三月不違仁。」朱子集注云：「三月，言其久。」孟子云：「久假而不歸，惡知其非有也。」章指云：「言仁在性體，其次假借，用而不已，實何以易？在其勉之也。」司馬云：「服儒衣，讀儒書，經時不輟，斯亦儒矣。」「何以處僞」者，俞云：「物居其所謂之處，使物各得其所亦謂之處。魯語『夫仁者講功，而知者處物』，是其義也。故處即有審察之義。文十八年左傳：『則以觀德，德以處世。』大戴禮文王官人篇：『以其聲，處其氣。』漢書谷永傳：『臣愚不能處也。』淮南子主術篇：『援白黑而示之，則不處焉。』其義竝同。何以處僞，謂何以辨別其僞也。」榮按：處者，斷決之謂。谷永傳顔注云：「處，斷決也。」今言處分，亦即此意。「有人則作，無人則輟之謂僞」云云者，世德堂本「作」、「輟」下皆有「之」字。宋云：「禮云道不可斯須離其身，可離，非道也，所以君子慎其獨矣。故有人則修而作之，無人則輟而止之，非僞而何？君子恥之！」按：此亦刺王莽之辭。莽傳云：「莽事母及寡嫂，行甚敕備。莽子納婦，賓客滿堂。須臾，一人言太夫人苦某痛，當飲某藥。比客罷者，數起焉。」所謂有人則作也。傳又云：「居攝元年九月，莽母功顯君死，意不在哀，令太后詔議其服。劉歆與諸儒博士皆曰：『禮，庶子

㊀「子」字原本訛作「人」，據本章首句正文改。

爲後，爲其母緦，攝皇帝當爲功顯君緦。』莽遂行焉。」所謂無人則輟也。　注「含，食也」。按：説文：「含，嗛也。」「嗛，口有所銜也」。管子弟子職：「同嗛以齒。」房注云：「食盡曰嗛。」吕氏春秋仲夏紀：「羞以含桃。」高注云：「鶯鳥所含食，故言含桃。」是含、食同義。　注「菽，豆也」。按：説文：「尗，豆也。」經傳多以「叔」爲之。後又以叔爲伯叔字所專，故别作「菽」。檀弓：「啜菽飲水。」釋文本作「叔」，云：「『叔』或作『菽』，音同，大豆也。」　注「視其」至「廋哉」。按：論語文。彼孔注云：「廋，匿也。言觀人之終始，安有所匿其情也。」

不爲名之名，其至矣乎！〔注〕太上以德，自然之美，非至如何？爲名之名，其次也。〔注〕力行近仁，斯亦次矣。〔疏〕「不爲名之名，其至矣乎」，音義：「爲名，于僞切。」世德堂本無「乎」字，非。説見上。「爲名之名，其次矣」者，孟子云：「好名之人，能讓千乘之國。苟非其人，簞食豆羹見於色。」趙注云：「好不朽之名者，能讓千乘，伯夷、季札之類是也。誠非好名者，争簞食豆羹，變色訟之致禍，鄭公子染指黿羹之類是也。」錢氏大昕養新録云：「愚謂孔子疾歿世而名不稱，孟子亦惡人之不好名，名謂不朽之名也。不好名必專於好利，雖簞食豆羹且不能讓，況千乘乎？」　注「太上」至「如何」。左傳襄公篇云：「太上有立德，其次有立功，其次有立言，雖久不廢，此之謂不朽。」「非至如何」世德堂本作「非至而何」。按：如，而古通。　注「力行近仁」。按：中庸文。

或問「忠言嘉謀」。曰：「言合稷、契之謂忠，謀合皋陶之謂嘉。」或曰：「邵如之何？」曰：「亦勗之而已。〔注〕勗，勉。庳則秦、儀、鞅、斯亦忠嘉矣。」〔注〕庳，下也。此所以微言貶乎漢臣而爲王莽之將相者。〔疏〕「忠言嘉謀」，錢本、世德堂本作「嘉謨」，下「謀合皋陶」作「謨合」，此校書者因皋陶謨乃尚書篇名，故改

「謀合皋陶」字爲「謨」，而併改「或問嘉謀」字爲「嘉謨」也。治平本兩「謨」字皆作「謀」，今浙江局翻刻秦氏影宋本乃皆作「謨」，此又校者用世德堂本改之。漢書匈奴傳贊「忠言嘉謀之士」，語即本此，明法言舊本作「謀」也。「言合稷、契之謂忠」者，周本紀：「周后稷名棄，其母姜原，爲帝嚳元妃。棄爲兒時，屹如巨人之志，其游戲好種樹麻菽，麻菽美。及爲成人，遂好農耕，相地之宜，宜穀者稼穡焉，民皆法則之。帝堯聞之，舉棄爲農師，天下得其利，有功。帝舜封棄於邰，號曰后稷，別姓姬氏。」又殷本紀：「殷契，母曰簡狄，爲帝嚳次妃。契長而佐禹治水有功，帝舜乃命契爲司徒，敬敷五教，封于商，賜姓子氏。契興於唐、虞、大禹之際，功業著於百姓，百姓以平。」按：書序：「皋陶矢厥謨，禹成厥功，帝舜申之，作大禹、皋陶謨、棄稷。」今僞孔本分皋陶謨爲兩篇，其所分之下篇改題益稷，孔疏云：「馬、鄭、王所據書序此篇名爲棄稷㊀，又合此篇於皋陶謨，謂其別有棄稷之篇，皆由不見古文，妄爲說耳。」王氏鳴盛後案云：「蔡邕獨斷云：『漢明帝詔有司采尚書皋陶篇制冕旒。』今其制正在益稷內，可見不可分篇。且孔穎達於書疏以馬、鄭、王合爲一篇，別有棄稷爲妄說，及作詩齋譜疏，又引皋陶謨『弼成五服』，一人之作，自相矛盾。據法言云：『言合稷、契之謂忠。』若如晚晉本，稷、契無一遺言，子雲何以遽立此論？知楊所見真棄稷篇中多稷、契之言也。此篇至晉而亡，今之割皋陶謨下半篇以爲益稷者，乃晚晉人所分也。」西莊此說甚允。子雲說經雖皆用今文，然固非不見古文者。重黎云：「或問『周官』。曰：『立事。』『左氏』。曰：『品藻』。」苟非親見二書，必不妄作此語。此云言合稷、契之謂忠，亦正據尚書棄稷逸篇爲說，非想當然語也。「謀合皋陶之謂忠」者，皋陶見問明疏。皋陶謨：「允迪厥德，謨明弼諧。」夏本紀作「信道其德，（今本「道」、「其」二字互倒。）謀明輔和」。段氏

㊀「序」字原本訛作「據」，據尚書益稷篇孔疏改。

玉裁考異云：「『信道其德，謀明輔和』，即『允迪厥德，謨明弼諧』之詁訓也。」此云「謀合皋陶之謂嘉」，亦用經訓爲答，其字不必作「謨」也。司馬云：「言不以聖人之正道佐其君者，皆非忠嘉。」按：即孟子云「使是君爲堯、舜之君」，及云「我非堯、舜之道不敢陳於王前」之義。「邰如之何」，錢本作「邵」。按：説文：「邵，高也。」邵，正字；邰，通假字。修身「公儀子、董仲舒之才之邰也」，下文「年彌高而德彌邰」，字皆作「邵」，錢本亦同。司馬云：「問稷、契、皋陶道高不可及，柰何？」「庳則秦、儀、鞅、斯亦忠嘉矣」者，音義：「庳音婢，下也。」按：説文：「庳，屋卑。」引伸爲凡卑之稱。庳對邵爲高而言也。秦、儀見淵騫疏。斯見問明及重黎疏。商君列傳云：「商君者，衞之庶孽公子也，名鞅，姓公孫氏。鞅少好刑名之學，事魏相公叔痤，爲中庶子。公叔既死，公孫鞅聞秦孝公下令國中求賢者，迺遂西入秦，因孝公寵臣景監以求見孝公，語事良久，弗聽。後五日，復見孝公，益愈，然而未中旨。復見孝公，善之而未用也。復見，語數日不厭。景監曰：『子何以中吾君？吾君之驩甚也！』鞅曰：『吾説君以帝王之道比三代，而君曰：久遠，吾不能待。且賢君者，各及其身顯名天下，安能邑邑待數十百年以成帝王乎？故吾以彊國之術説君，君大説之耳。然亦難以比德於殷、周矣。』孝公既用衞鞅，以爲左庶長，卒定變法之令。行之十年，秦民大説。於是以鞅爲大良造，封之於、商十五邑，號爲商君。商君相秦十年，宗室貴戚多怨望者。秦孝公卒，太子立，車裂商君以徇，遂滅商君之家。」司馬云：「若嫌論太高而卑之，則陷入於狙詐矣。」按：正文「矣」猶「乎」也。言苟不能取法乎上，而唯同流合汙之是務，則如秦、儀、鞅、斯之言與謀，亦可以爲忠嘉乎。注「勗，勉」。按：爾雅釋詁文。言稷、契、皋陶之道雖高，然非不可幾及，苟能勉而行之，則亦稷、契、皋陶也。注「庳，下也」。按：漢書司馬相如傳顔注云：「庳，下地也。」

堯、舜之道皇兮，〔注〕皇，美。夏、殷、周之道將兮，〔注〕將，大。而以延其光兮。〔注〕二帝、三王，光延至今。或曰：「何謂也？」曰：「堯、舜以其讓，夏以其功，〔注〕平水土也。殷、周以其伐。〔注〕聖德同而禪伐異者，隨時之義一也。此又寄言以明其旨焉，五君應乎天，順乎人；王莽違乎人，逆乎天。〔疏〕「堯、舜之道皇兮」云云者，皇、將互文，「而以延其光兮」總承上二句，皇、將、光爲韻。「堯、舜以其讓」云云者，司馬云：「盡美盡善。」注「皇，美」。按：詩烈文：「繼序其皇之。」毛傳云：「皇，美也。」注「將，大」。按：爾雅釋詁文。以上二注世德堂本竝冠以「祕曰」字。注「平水土也」。按：堯典云：「帝曰：『俞！咨禹，汝平水土，惟時懋哉！』」又呂刑云：「禹平水土，主名山川。」注「聖德同而禪伐異」。按：世德堂本「禪伐」誤「禪代」。

或曰：「食如螘，〔注〕言精細也。衣如華，〔注〕服文彩也。朱輪駟馬，金朱煌煌，無已泰乎？」曰：「由其德，舜、禹受天下不爲泰。〔注〕言當理也。不由其德，五兩之綸，半通之銅，亦泰矣。」〔注〕綸如青絲繩也。五兩之綸，半通之銅，皆有秩嗇夫之印、綬，印、綬之微者也。言不由其德而佩此亦泰，況可滔天乎？〔疏〕「食如螘」者，音義：「螘，與蟻同。」御覽八百四十九，又九百四十七引竝作「蟻」。按：「食如蟻」於義難通，疑當作「皚」。說文：「皚，霜雪之白也。」「食如皚」，猶云食如霜雪狀，精米之潔白也。「皚」誤爲「螘」，傳寫遂改爲「蟻」耳。世德堂本誤作「嵦」。「衣如華」者，檀弓：「華而睆，大夫之簀與！」鄭注云：「華，畫也。」孔疏云：「凡繪畫五色，必有光華，故云：『華，畫也。』」「朱輪駟馬」者，續漢書輿服志注引古今注云：「武帝天漢四年，令諸侯王大國朱輪㊀，特虎居前，左兕右麋；小國

㊀「令」字原本作「今」，形近而訛，據續漢書輿服志注引古今注改。

朱輪，畫特熊居前，寢麋居左右。」（按：今本古今注無此文。）又引逸禮王度記云：「天子駕六馬，諸侯駕四，大夫三，士二，庶人一。」「金朱煌煌」者，金謂印，朱謂綬。與服志注引徐廣云：「太子及諸王皆金印，纁朱綬。」然則朱輪、駟馬、金印、朱綬，皆漢時諸侯王之儀也。宋、吴本於「駟馬」字下、「金朱」字上有「受天」字。吴云：「受天子之金朱煌煌然。」按：此涉下文「舜、禹受天下」而誤衍。「無以泰乎」，御覽九百四十七引「無以」作「不以」，又八百四十九引「泰」作「太」。孟子云：「後車數十乘，從者數百人，以傳食於諸侯，不以泰乎？」趙注云：「泰，甚也。」朱子集注云：「泰，侈也。」焦疏云：「荀子王霸篇云：『縣樂奢泰，游抏之修㊀。』注云：『泰與汰同。』奢泰連文，是泰亦奢也。」「由其德，舜、禹受天下不爲泰」者，孟子云：「如其道，則舜受堯之天下不以爲泰。」「五兩之綸，半通之銅」者，兩，古「緉」字。說文：「緉，一曰絞也。」方言：「緉、緛，絞也。關之東西，或謂之緉，或謂之緛。絞，通語也。」音義：「之綸，古頑切，又音綸。」按：綸從糸，侖聲，音當如「倫」。徐氏灝說文注箋云：「綸舊讀古還切，非其本音。釋名曰：『綸，倫也，作之有倫理也。』是本讀與倫同。廣韻亦諄、山兩收。其古還一音，未知起於何時。蓋綸繫於腰，以貫佩印；綸巾以繩貫巾，其義皆與綈相近，故讀爲綈音。注家相承，遂併絲繩之綸概讀古還切，其誤甚矣。」按：以綸貫印，或以綸貫巾，不得遂有綈音，此皆俗讀之陋，不足爲訓。古今注云：「漢舊制：百石，青紺綸，一采，宛轉繆織。」段氏說文「綸」篆注云：「自黄綬以上，綬之廣皆尺六寸，皆計其首。（按：古今注四絲爲一扶，五扶爲一首，五首成一文。）首多者系細，首少者系粗，皆必經緯織成。至百石而不計其首，合青絲繩辮織之，有經無緯，謂之宛轉繩，若今人用絲繩如箸粗爲帶者也。」然則綸蓋辮合五股爲之，故謂之五緉也。困學紀聞云：「半通之銅。」注云：「半通，

㊀「抏」字原本作「抗」，形近而訛，據荀子王霸篇改。

闕。」（按：謂温公注。）今按仲長統昌言曰：「身無半通青綸之命。」注：「十三州志曰：『有秩嗇夫得假半章印。』」半通，半章也。（後漢書仲長統傳。）按：漢制官印多正方，然都尉等印亦有長方者，若鄉印則皆長方。錢塘陳大令漢第藏留浦、都鄉、柜鄉三印，京師尊古齋主人黄百川藏西立鄉、樂鄉二印，竝同。其廣略半於修，卽所謂半章印，正有秩嗇夫所佩也。注「言精細也」。按：論語：「食不厭精，膾不厭細。」然以如蟺爲喻精細，似未安。注「服文彩也」。按：臯陶謨以五彩章施於五色作服。注「言當理也」。按：注以不泰爲當理，蓋亦訓泰爲甚。甚者，過當之謂。事當其理，則不爲甚也。注「綸如青絲繩也」。按：宋云：「綸，青絲綬也。諸本注皆作『青絲繩』，蓋傳之誤也。」似宋所據本無「如」字。説文：「綸，青絲綬也。」段注本作「糾，青絲綬也」，云：「各本無『糾』字，今依西都賦李注、急就篇顔注補。糾，三合繩也。糾青絲成綬，是爲綸。郭璞賦云『青綸競糾』，正用此語。緇衣注曰：『綸，今有秩嗇夫所佩也。』釋草：『綸，似綸。』郭曰：『今有秩嗇夫所帶糾青絲綸。』法言：『五兩之綸。』李軌曰：『綸，青絲綬也。』（按：各本此注皆作『如青絲繩』，不作『綬』。）今本法言改『糾』爲『如』，不可通矣。」按：糾之駁形近「如」，故傳寫致誤。注「皆有秩嗇夫之印、綬」。按：百官公卿表：「百石以下有斗食佐史之秩，是爲少吏。大率十里一亭，亭有長；十亭一鄉，鄉有三老、有秩嗇夫、游徼，三老掌教化，嗇夫職聽訟、收賦税，游徼徼循禁賊盜。」注「佩此亦泰」。按：世德堂本作「佩猶爲泰矣」。注「況可滔天乎」。按：世德堂本無「可」字。滔天謂王莽。漢書莽傳贊云：「滔天虐民，窮凶極惡。」又敍傳云：「巨滔天而泯夏兮。」又云：「咨爾賊臣，篡漢滔天。」

天下通道五，所以行之一，〔注〕五，謂仁、義、禮、智、信也。曰勉。〔注〕勉，勵。〔疏〕「天下通道五」，世德堂本作「天下之通道五」。按：中庸云：「天下之達道五，曰君臣也，父子也，夫婦也，昆弟也，朋友之交也。」通道卽達道也。「所以行之一」，世德堂本作「所以行之者一」。勉者，謂爲君臣則勉於義，爲父子則勉於親，爲夫婦則勉於別，爲昆弟則勉於序，爲朋友則勉於信也。注「五，謂仁、義、禮、智、信也」。按：正文「天下通道五」，不言其目，蓋以用中庸文，故省略之。此別以五常之道爲釋，似於文理未協。注「勉，勵」。按：說文：「勱，勉力也。」今字相承作「勵」。

或曰：「力有扛洪鼎，揭華旗。知、德亦有之乎？」曰：「百人矣。」〔注〕此力百人便能敵之。德諧頑嚚，〔注〕諧，和也。頑嚚，舜父母。讓萬國；〔注〕以禪禹也。知情天地，〔注〕與天地合其德，知鬼神之情狀。形不測，百人乎？」〔注〕人見其形而不能測其量，非百人之倫也。〔疏〕「力有扛洪鼎，揭華旗。知、德亦有之乎」者，「力有」論衡效力、王元長曲水詩序李注引竝作「力能」。音義：「扛，音江。」「洪鼎」論衡、選注引竝作「鴻鼎」。音義：「揭，渠列切。」按：說文：「揭，高舉也。」「知、德」各本皆作「智、德」。按：下文「德諧頑嚚，讓萬國；知情天地，形不測」，即分承此句知、德字而言，而以知爲智，則此「智」字當亦作「知」，論衡、選注引竝作「知德」，今據改。「百人矣」者，謂百倍於常人。白虎通聖人云：「百人曰俊。」義與此同。扛鼎、揭旗之力，可謂百倍於常人矣，然至此而止，不能更有所加也。「德諧頑嚚，讓萬國」者，左傳僖公篇云：「心不則德義之經爲頑，口不道忠信之言爲嚚。」堯典云：「有鰥在下，曰虞舜。父頑，母嚚，象傲，克諧以孝。」按諧頑嚚、讓萬國同爲舜事，舉舜以爲例也。「知情天地，形不測」者，司馬云：「『知』與『智』同。陰陽不測之謂神，惟聖人能形容之。」俞云：「『知情天地，形不測』，與上文『德諧頑嚚，讓萬國』相對爲文。天地不能匿其情，是謂情天地。不測者無所隱其形，是謂形不測。」按：情、形竝以名詞爲動詞，謂智足以知天地之情，窮不測之形也。情天地、形不測，若伏羲、文王、孔子，作易之聖人是也。國、測亦韻語。「百人乎」者，言智德如此，何止百人而已。白虎通聖人云：

「萬人曰傑，萬傑曰聖。」然則力之絶者，百倍常人而止；智、德之絶者，萬萬於常人而未已也。注「此力百人便能敵之」。按：謂一能當百，即百倍常人之意。注「與天地合其德，知鬼神之情狀」。按：文言及繫辭文。弘範引此爲釋，似讀「知」如字，未得其義。注「人見其形而不能測其量」。按：此似用問神篇「形其不可得而制」及「聖人以不手爲聖人」語意而推演之，然實非此文之旨，曲園糾之當矣。

或問「君」。曰：「明光。」問「臣」。曰：「若禔。」〔注〕若，順也；禔，安也。「敢問何謂也？」曰：「君子在上，則明而光其下；在下，則順而安其上。」〔注〕明而光其下，堯所以爲君也；順而安其上，舜所以爲臣也。王莽之事漢，則傾覆其上；篡位居攝，則暴亂其下也。〔疏〕「問『臣』。曰『若禔』」者，音義：「若禔，是支切，又音支，又音題。」按：修身云：「士何如斯可以禔身？」音、義竝與此同。「君子在上，則明而光其下；在下，則順而安其上」者，吳云：「明而光其下，法天也；順而安其上，法地也。」司馬云：「光謂能顯忠遂良，安謂能順美救惡。」注「若，順也；禔，安也」。按：世德堂本無此注，因司封注有此語而删之也。「若，順」常訓。「禔，安」見修身疏。注「明而」至「臣也」。按：世德堂本兩「所以」字皆作「之」。莊子天道云：「明此以南鄉，堯之爲君也；明此以北面，舜之爲臣也。」注語本此。注「王莽」至「下也」。按：「篡位居攝」當作「居攝篡位」。

或曰：「聖人事異乎？」曰：「聖人德之爲事，異亞之。故常修德者，本也；見異而修德者，末也。本末不修而存者，未之有也。」〔注〕惑此之甚者，必亡而已矣。〔疏〕「聖人事異乎」者，白虎通災變云：「災異者何謂也？春秋潛潭巴曰：『災之言傷也，隨事而誅；異之言怪也，先發感動之也。』繁露必仁且智云：『天地之物有不常之變者，謂之異；小者，謂之災。災常先至，而異乃隨之。災者，天之譴也；異者，天之威也。譴之而不知，乃畏之以威。詩云：「畏天之威。」殆此謂也。』」初學記二十一引春秋握成圖：「孔子作春秋，陳天人之際，記異考符。」明聖人事異，故以爲問。「聖人德之爲事」云云者，荀子天論云：「天行有常，不爲堯存，不爲桀亡。應之以治則吉，應之以亂則凶。彊本而節用，則天不能貧。養備而動時，則天不能病。修道而不貳，則天不能禍。故水旱不能使之饑渴，寒暑不能使之疾，祅怪不能使之凶。」又云：「星隊、木鳴，國人皆恐，曰：『是何也？』曰：『無何也。是天地之變，陰陽之化，物之罕至者也。怪之，可也；而畏之，非也。日月之有蝕，風雨之不時，怪星之黨見，是無世而不常有之。上明而政平，則是雖竝世起，無傷也。上闇而政險，則是雖無一至者，無益也。』」此「常修德者，本也」之説。繁露五行變救云：「五行變至，當救之以德，施之天下，則咎除。」漢書谷永傳載建始三年永對云：「臣聞災異皇天所以譴告人君過失，猶嚴父之明誡。畏懼敬改，則禍銷福降；忽然簡易，則咎罰不除。」此「見異而修德者，末也」之説。按：此問答亦爲王莽而發。莽傳：「天鳳元年四月，隕霜，殺艸木，海瀕尤甚。六月，黄霧四塞。七月，大風拔樹，飛北闕直城門屋瓦；雨雹，殺牛羊。二年二月，日中見星。三年二月，地震，大司空王邑上書乞骸骨。五月戊辰㊀，長平館西岸崩，邕涇水不流，毁而北行。羣臣上壽，以爲河圖所謂以土填水，匈奴滅亡之祥也。十月，王路朱鳥門鳴，晝夜不絶。崔發等曰：『虞帝闢四門，通四聰。門鳴者，明當修先聖之禮，招四方之士也。』於是令羣臣皆賀。」然則天鳳之世，災異疊出，而莽且以爲祥，所謂凶人吉其凶者，此皆子雲所見，故曰：「本末不修而能存者，未之有也。」亦及汝偕亡之意矣。注「惑此之甚者，必亡而已矣」。按：當作「此惑之甚者」，惑之

㊀「月」字原本訛作「年」，據漢書王莽傳改。

甚卽謂本末不修者也。世德堂本無「而已」字。

天地之得，斯民也；〔注〕得養育之本，故能資生斯民也。斯民之得，一人也；〔注〕得資生之業，是故係之一人也。一人之得，心矣。〔注〕一人之得統御天下者，以百姓之心爲心。〔疏〕司馬云：「天地因人而成功，故天地之所以得其道者，在民也。民之所以得其道者，在君也。君之所以得其道者，在心也。」注「一人」至「爲心」。按：漢書董仲舒傳載仲舒對策云：「故爲人君者，正心以正朝廷，正朝廷以正百官，正百官以正萬民，正萬民以正四方。」卽一人之得在心之義。弘範謂以百姓之心爲心，似非此文之旨。

吾聞諸傳㊀，老則戒之在得。年彌高而德彌卲者，是孔子之徒與？〔注〕王莽少則得師力行，老則詐僞篡奪，故楊子寄微言而歎慨焉。〔疏〕「吾聞諸傳」，音義：「諸傳，直戀切。」按：引論語而謂之傳者，孟子題辭云：「孝文皇帝欲廣游學之路，論語、孝經、孟子、爾雅皆置博士。後罷傳記博士，獨立五經而已。」是漢時以論語等書爲傳記也。劉向荀子序云：「其書比於五經，可以爲法。」謂比於論、孟也。「老則戒之在得」者，論語云：「及其老也，血氣既衰，戒之在得。」孔注云：「得，貪得也。」釋文云：「在得，或作『德』，非。」按：子雲以年彌高而德彌卲釋此文之義，是其所據論語正作「戒之在德」。戒猶謹也。凡人於少壯之時，多能彊學力行；及衰老，則志體懈惰，不復能有所進益，所謂「靡不有初，鮮克有終」者，故曰：「及其老也，戒之在德。」謂晚暮之年，當益謹於德，以成有終之美也。義較孔注爲長。下章「德有始而無終」云云，卽反覆申明此旨。則此章「戒之在得」，字當作「德」無疑。今各本皆作「得」，乃校書者據通行論語改之。「年彌

㊀「聞」字原本作「問」，據本章義疏改。

高而德彌卲」者，宋云：「卲，美也。」吳云：「卲亦高也。」按：義詳修身疏。德彌卲卽老而益謹其德之效，此能躬行孔子之所戒者，故曰「孔子之徒」。注「王莽少則得師力行」。按：莽傳：「莽受禮經，師事沛郡陳參，勤身博學，被服如儒生。事母及寡嫂，養孤兄子，行甚敕備。又外交英俊，內事諸父，曲有禮意。」注「老則詐僞篡奪」。按：莽年五十一居攝，五十四卽真。

或問：「德有始而無終，與有終而無始也，孰寧？」曰：「寧先病而後瘳乎？寧先瘳而後病乎？」〔注〕病篡之深，故有先瘳之喻。〔疏〕「德有始而無終，與有終而無始也」，司馬云：「宋、吳本作『有始而無終歟？有終而無始歟』？」按：「有始而無終」句絕，「與」字屬下讀。音義：「與有終而無始，『與』如字。」是也。「孰寧」者，寧猶願也。說文：「寧，願辭也。」音義：「孰寧，天復本作『孰愈』。」「寧先病而後瘳乎？寧先瘳而後病乎」者，先病謂無始，後病謂無終。吳云：「德寧有終也？」注「故有先瘳之喻」。按：世德堂本「喻」誤作「愈」。

或問「大」。曰：「小。」問「遠」。曰：「邇。」未達。曰：「天下爲大，治之在道，不亦小乎？〔注〕道至微妙，故曰小也。四海爲遠，治之在心，不亦邇乎？」〔疏〕注「道至微妙」。按：秦氏石硯齋影宋治平本「妙」作「渺」；錢本、世德堂本作「妙」，浙江翻刻秦本同。今檢治平原本，正作「妙」。說文：「秒，禾芒也。」引伸爲凡微細之稱。經傳通以渺、妙字爲之。先知：「忽、眇、緜作昞。」忽、眇、緜皆微也。「渺」卽「眇」之俗。老子：「故常無欲以觀其妙。」王注云：「妙，微之極也。」又老子：「古之善爲士者，微妙玄通，深不可識。」是妙亦微也。注語用老子，當以作「妙」爲是。

或問「俊哲、洪秀」。曰：「知哲聖人之謂俊，〔注〕深識聖義，是俊傑也。秀穎德行之謂洪。」〔注〕禾之秀其穎，猶人之洪其道也。禾秀穎則實結，人崇道則德闡洪大。〔疏〕「俊哲、洪秀」者，俊讀爲峻。大學：「克明峻德。」鄭注云：「峻，大也。」今堯典作「俊德」。古俊、峻、駿三字通用。俊與洪同義。爾雅釋詁：「洪、駿，大也。」「俊哲、洪秀」，疑當時制科有是名，故以爲問。「知哲聖人之謂俊，秀穎德行之謂洪」者，音義：「知哲，上音智。」司馬云：「『知哲』當爲『哲知』，言哲能知聖人之道，不溺於異端，智之俊者也。秀謂材秀，能修德行，使穎出於衆，秀之大者也。」按：知哲、秀穎，皆文異而詁同，上用如名詞，下用如動詞。言知足以知聖人，斯爲俊矣；秀足以秀出於羣行之宗，斯爲洪矣。古無「智」字，知聞爲知，仁知亦爲知，哲義亦然。洪範云：「明作哲。」此仁知之哲也。本書問明云：「允哲堯儃舜之重。」先知序云：「中和之發，在於哲民情。」此知聞之哲也。溫公未知哲有知聞之訓，又因問語哲、秀對文，哲乃仁知之哲，則答說當與相應，故疑「知哲」字互倒。然古人屬辭，錯綜見義，不必如後世行文之整齊。知哲聖人，義自可通，不須倒置。少儀孔疏云：「禾之秀穗，謂之爲穎。」是秀、穎亦同詁。言智德如此，乃始無忝此名，豈俗學所能冒濫乎？注「深識聖義，是俊傑也」。按：如弘範義，則俊哲猶云傑出之智。注「禾秀穎則實結」。按：論語：「秀而不實者有以夫？」劉疏云：「凡禾、黍先作華，華瓣收卽爲稃而成實，實卽稃中之仁也。」

君子動則擬諸事，事則擬諸禮。〔注〕事不來則不動，動非禮則不擬。〔疏〕宋云：「『擬』或作『凝』，非也。擬，據也。言君子不妄其動，乃據事而後動；不僞其事，乃擬禮而後事。」按：吳本作「凝」，吳云：「凝，成也。君子不妄動，動則成於事，事則成於禮。」司馬云：「擬，度也。動則度其事之可否，事則度於禮爲是爲非。」按：溫公義是也。動則擬諸事，謂撰之事情，必得其宜而後動也。事則擬諸禮，謂舉事則準之禮制，必有合焉而後爲也。

或問「羣言之長，羣行之宗」。曰：「羣言之長，德言也；羣行之宗，德行也。」〔疏〕陸士衡文賦李注引此文。宋衷注云：「羣，非一也。」音義：「之長，丁上切。羣行，下孟切。『德行』同。」按：宗亦長也。初學記五引五經通義云：「泰山，一曰岱宗。宗，長也，言爲羣岳之長。」

或問「泰和」。曰：「其在唐、虞、成周乎？觀書及詩温温乎，其和可知也。」〔注〕發號出令而民説之。〔疏〕「或問『泰和』。曰：『其在唐、虞、成周乎？』」曹子建七啓，又求自試表，又顏延年宋文皇帝元皇后哀策文，李注三引此文，竝作「太和」。求自試表注引「乎」作「也」，讀與「邪」同。「觀書及詩温温乎，其和可知也」者，宋云：「言觀書二典，詩小、大雅，見唐、虞、成周之盛信泰和矣。」司馬云：「言千載之後，觀其詩、書，猶温温然和樂，況生其世乎？」注「發號出令而民説之」。按：選注三引此文，竝引李軌曰：「『天下太和』在『其在唐、虞、成周乎』之下。」今各本皆無此注。經解云：「發號出令而民説，謂之和。」

周康之時，頌聲作乎下，關雎作乎上，習治也。齊桓之時緼，而春秋美邵陵，習亂也。〔注〕緼亦亂也。故習治則傷始亂也，〔注〕傷，悼。習亂則好始治也。〔注〕好，樂。〔疏〕「周康之時，頌聲作乎下，關雎作乎上，習治也」者，周本紀云：「成王興，正禮樂㊀，度制於是改，而民和睦，頌聲興。成王崩，太子釗立，是爲康王。成、康之際，天下安寧，刑錯四十餘年不用。」公羊傳宣公篇：「什一行而頌聲作矣。」解詁云：「頌聲者，太平歌頌之

㊀「樂」下原本有偏書小字「句」，蓋作者以示句讀，今删。

聲，帝王之高致也。」詩譜周頌譜：「令頌之言容。天子之德，光被四表，格于上下，無不覆燾，無不持載，此之謂容。於是和樂興焉，頌聲乃作。」十二諸侯年表云：「周道缺，詩人本之衽席，關雎作。」列女傳仁智載魏曲沃負上書云：「周之康王，夫人晏出，朝。關雎起興，思得淑女，以配君子。夫雎鳩之鳥，猶未嘗見乘居而匹處也。」漢書杜欽傳載欽上疏云：「后妃之制，夭壽治亂，存亡之端也。是以佩玉晏鳴，關雎歎之。知好色之伐性短年，離制度之生無厭，天下將蒙化，陵夷而成俗也，故詠淑女，冀以配上。忠孝之篤，仁厚之作也。」李奇云：「后夫人鷄鳴佩玉去君所，周康王后不然，故詩人歌而傷之。」臣瓚云：「此魯詩也。」論衡謝短云：「周衰而詩作，蓋康王時也。康王德缺於房，大臣刺晏，故詩作。」後漢紀靈帝紀載楊賜上書云：「昔周康王承文王之盛，一朝晏起，夫人不鳴璜，宮門不擊柝，關雎之人見機而作。」任彥昇齊竟陵王行狀李注引風俗通云：「昔周康王一旦晏起，詩人以爲深刺。」張超誚青衣賦云：「周漸將衰，康王晏起，畢公喟然深思古道，感彼關雎性不雙侶，願得周公，配以窈窕，防微消漸，諷諭君父。孔氏大之，列冠篇首。」（古文苑。）陳氏喬樅魯詩遺說考云：「此以關雎爲畢公作，與論衡『大臣刺晏』之語相合，蓋魯詩所傳如此。」按：子雲説詩，皆用魯義，故此以關雎爲刺康王之詩，而云「作乎上」，亦卽大臣刺晏之説。吳云：「習治，習見治世之事。」按：謂康王之時，詩人習於文、武無逸之教，故晏起雖小節，卽以爲刺也。「齊桓之時緼，而春秋美邵陵，習亂也」者，公羊傳僖公篇云：「楚屈完來盟于師，盟于召陵。曷爲再言盟？喜服楚也。何言乎喜服楚？楚有王者則後服，無王者則先叛，夷狄也，而亟病中國。南夷與北狄交，中國不絶若綫。桓公救中國，而攘夷狄，卒怗荆，以此爲王者之事也。」邵陵，今三傳皆作召陵，此作「邵」者，蓋子雲所據公羊經如此。鹽鐵論執務亦作邵陵，下引公羊傳「予積也」，（今本作「序績」。）明公羊經作「邵」。水經注潁水篇云：「齊桓公師于召陵，闞騶曰：『召者，高也。其地丘墟，井深數丈，故以名焉。』」解召爲高，是亦以「召」爲「邵」，（「卲」之假。）蓋皆本公羊。今公羊作「召」者，乃後人據左傳改之。召陵故城在今河南許州郾城縣東三十五里。吴云：「言齊桓之時，下陵上替，而春秋美邵陵之會能服楚也。習亂，亦謂習見亂世之事。」榮按：按：習亂者，春秋本據亂而作，隱、桓、莊、閔、僖五世皆傳聞世，傳聞世爲亂世也。「習治則傷始亂也」者，今本列女傳「關雎起興」，文選范蔚宗後漢書皇后紀論李注引作「關雎豫見」，王氏念孫云：「作豫見者，是也。漢書杜欽傳贊言『關雎見微』㊀，後漢書楊賜傳言『關雎見幾』，即此所謂豫見也。今本作『起興』者，後人不曉魯詩之義，而妄改之耳。」按：此云「傷始亂」，即豫見之説。「習亂則好始治也」者，此以齊桓之後爲治世，乃謂僖公之後當入所聞無所聞世，爲治升平世也。孝經緯説以僖十九年即入治升平世，（公羊傳大題下引援神契。）此邵陵之役在僖公四年，下距所聞世爲近，故云「好始治」。又所謂始治始亂者，皆賢人君子先覩治亂之萌，時實未至於治亂。僖公世之未即爲治升平，猶康王時之未即爲亂世也。注「緼亦亂也」。按：説文：「緼，紼也」；「紼，亂系也」。引伸爲凡亂之稱。廣雅釋詁：「緼，亂也。」注「傷，悼」。按：説文：「慯，𢝊也。」經典皆以「傷」、「憂」字爲之。注「好，樂」。按：詩彤弓「中心好之。」毛傳：「好，説也。」説、樂同義。依以上各篇音義例，此當有「好始，呼報切」語。

㊀「欽」字原本訛作「預」，據漢書杜欽傳改。

法言義疏二十

漢德其可謂允懷矣。〔注〕允，信；懷，至。黄支之南，大夏之西，東鞮、北女，來貢其珍。漢德其可謂允懷矣，世鮮焉。〔注〕明此奕世之所致，而莽一旦行詐以取之。〔疏〕「黄支之南」者，漢書平帝紀：「元始二年春，黄支國獻犀牛。」應劭云：「黄支在日南之南，去京師三萬里。」地理志：「自日南障塞徐聞、合浦船行可五月，有都元國。又船行可四月，有邑盧没國。又船行可二十餘日，有諶離國。步行可十餘日，有夫甘都盧國。自夫甘都盧國船行可二月餘，有黄支國，民俗略與珠厓相類。其州廣大，户口多㈠，多異物，自武帝以來皆獻見。平帝元始中，王莽輔政，欲燿威德，厚遺黄支王，令遣使獻生犀牛。自黄支船行可八月，到皮宗，船行可二月，到日南象林界云。黄支之南有已程不國，漢之譯使自此還矣㈡。」「大夏之西」者，史記大宛列傳云：「大宛之跡，見自張騫。騫身所至者，大宛、大月氏、大夏、康居，而傳聞其旁大國五六，具爲天子言之，曰：『大夏在大宛西南二千餘里媯水南。其俗土著有城、屋，與大宛同。俗無大王長，往往城邑置小長。其兵弱，畏戰。善賈市。及大月氏西徙攻敗之，皆臣畜大夏。大夏居民多可百餘萬，其都曰藍市城，有市，販賈諸物。其東南有身毒國。』天子乃令騫發間使四道竝出。其後，騫所遣使通大夏之屬者皆頗與其

㈠「口多」下原本有偏書小字「句」，蓋作者以示句讀，今删。

㈡「還」字原本作「遠」，據漢書地理志改。

人倶來，於是西北國始通於漢矣。」「東鞮、北女」者，音義：「東鞮，都奚切。」按：地理志：「會稽海外有東鯷人，分爲二十餘國，以歲時來獻見云。」孟康云：「音題。」晉灼云：「音鞮。」東鞮即東鯷也。北女未聞。司馬云：「女，女國也。」按：後漢書東夷傳：「又説海中有女國，無男人。或傳其國有神井，窺之輒生子云。」此東夷之女國也。文獻通考四裔：「東女亦曰蘇伐剌拏瞿咀羅，羌別種也，東與吐蕃、党項、茂州接，西屬三波訶，北距于闐，南屬雅州、羅女蠻、白狼夷。又西女國在葱嶺之西，其俗與東女略同。」此西羌之東、西女國也。三者竝不得謂之「北女」。惟山海經海外西經：「女子國在巫咸北。」又大荒西經：「西北海之外，大荒之中，有女子之國。」其地域不可考。或以在西北陬，而有北女之稱。然事涉荒誕，不足置信。法言此文，皆據當時史事爲言，信而可徵，非若瀛談稗説，浮夸無實。今以事實方輿度之，於北當言匈奴。王莽傳：「元始五年，莽奏云『太后秉統數年，恩澤洋溢，和氣四塞，絶域殊俗，靡不慕義。越裳氏重譯獻白雉，黄支自三萬里貢生犀，東夷王度大海奉國珍，匈奴單于順制作，去二名，今西域良願等復舉地爲臣妾』云云。」於北惟舉匈奴，是其明證。吴胡部郎玉縉云：「北女者，北匈奴也，省稱曰北奴。『奴』字斷爛，脱右旁，遂爲『女』耳。匈奴在光武時分南、北二庭。東觀漢記有匈奴南單于列傳，范曄後漢書仍之，爲南匈奴列傳。南對北立文。今楊子稱北奴者，疑匈奴此時已分南、北，後南單于始求内附耳。楊子單舉北匈奴，所以明其遠也。然匈奴之分南、北，自奥鞬日逐王比自立爲南單于始，事在建武二十四年冬，見後漢書光武帝紀及南匈奴傳。前此雖有五單于争立之亂，固無南、北匈奴分立之事，則以『北女』乃『北奴』之誤，而爲北匈奴之省稱者，亦與史未合。」榮按：下文「詾詾北夷，被我純繢，帶我金犀」云云，稱匈奴爲北夷，疑此文「北女」或即「北夷」之誤。「夷」字漫漶，傳寫因改爲「女」歟？來貢其珍，珍與西爲韻。古音西讀如「先」，與「參」聲相近。

尚書大傳：「西方者，鮮方也。」白虎通五行：「西方，遷方也。」此漢時讀西如先之證。匡謬正俗：「今俗呼東西之『西』音爲『先』。」按：王延壽靈光殿賦云：「朱柱黝儵于南北，蘭芝阿那于東西。祥風翕習以颯灑，激芳香而常芬。神靈扶其棟宇，歷千載而彌堅。」晉灼漢書音義反西爲洗，是知西有先音也。則此音至唐時猶存矣。再言「漢德其可謂允懷矣」者，與下文「鳥夷、獸夷，郡勞王師。漢家不爲也」及「漢興二百一十載而中天，其庶矣乎」云云意同，皆於王莽篡國以後盛稱漢德，以明人心之攸在。舊君故國之思，有不覺長言之不足者也。「世鮮焉」者，音義：「世鮮，息淺切。」注「允，信；懷，至」。按：並爾雅釋詁文。僞伊訓：「惟我商王，布昭聖武，代虐以寬，兆民允懷。」傳云：「兆民以此皆信懷我商王之德。」則訓懷爲思。弘範解此允、懷字絶不據彼爲説，此亦僞書晚出之一證矣。

芒芒聖德，遠人咸慕，上也；〔注〕芒芒，大也。武義璜璜，兵征四方，次也；宗夷猾夏，蠢迪王人，屈國喪師，無次也。〔注〕宗夷者，四方羣夷也。〔疏〕「芒芒聖德」，秦氏影宋本作「荒荒」，注同。按：音義：「芒芒，謨郎切。下同。」是音義所據本此與下文「芒芒天道」字同。司馬云：「李本『芒芒』作『荒荒』，今從宋、吴本。」則温公所見李本與音義本不同。錢本亦作「荒荒」，蓋當時所傳李注別本如此。今檢治平原本，此正文及注均作「芒芒」，正與音義合。秦本作「荒荒」者，蓋據集注語改之耳。「武義璜璜」者，音義：「璜璜，音黄。」吴云：「璜璜，猶言煌煌也。」王云：「爾雅曰：『洸洸，武也。』釋文：『洸，舍人本作「僙」。』詩谷風篇：『有洸有潰。』江漢篇：『武夫洸洸。』毛傳並與爾雅同。鹽鐵論繇役篇引詩作『武夫潢潢』。洸、潢、僙、璜古同聲通用。」陳氏喬樅魯詩遺説考云：「考古文苑班固車騎將軍竇憲北征頌『光光神武』，注引詩『武夫僙僙』；又舞陽侯樊噲贊『尡⿺尢黃將軍』，注亦引詩『武夫僙僙』，是三家詩『洸洸』皆作『潢潢』。桓寬鹽鐵論繇役篇引詩『武夫潢潢』，段氏玉裁云：『蓋僙僙之誤。法言孝至篇：武義璜璜，兵征四方。喬樅謹按：此作『璜璜』，疑卽『僙僙』轉寫之誤。』榮按：重言形況，以聲爲義，本無正字。僙、潢、璜竝一聲，子雲說詩皆用魯義，此作「璜璜」，蓋亦魯詩異文。「宗夷猾夏」者，堯典：「蠻夷猾夏。」此云「宗夷」者，湘鄉曾編修廣鈞云：「魏英義夫人碑書『蠻』作『宗』，與『宗』形相近。此文本作『宗夷』，傳寫誤作『宗』耳。」吳王吏部仁俊云：「宗讀爲賨。說文：『賨，南蠻賦也。』因以爲南蠻人之稱。晉書音義：『巴人呼賦爲賨，因謂之賨人。』是也。故左太沖蜀都賦『奮之則賨旅』，注引風俗通云：『巴有賨人慓勇。』然則賨夷卽蠻夷也。」按：堯典「於變時雍」，孔宙碑作「於亣時廱」。書蠻爲「宗」，猶書變爲「亣」，皆俗書之省也。五帝本紀集解引鄭云：「猾夏，侵亂中國也。」「蠢迪王人」者，迪讀爲妯。爾雅釋詁：「蠢、妯，動也。」左傳昭公篇：「今王室蠢蠢焉。」杜注云：「蠢蠢，動擾貌。」方言：「妯，擾也，人不靜曰妯。」是蠢、妯皆動擾之義。妯本有迪音，方言郭音云：「妯音迪。」爾雅釋文云：「妯郭，盧篤反，又徒歷反。」徒歷卽迪字之音也。「屈國喪師」者，屈猶竭也，詳重黎「漢屈羣策，羣策屈羣力」疏。「無次」者，司馬云：「言最下也。」按：此文亦爲王莽而發。漢書匈奴傳：「莽大分匈奴爲十五單于，遣中郎將藺苞、副校尉戴級將兵萬騎，多齎珍寶，至雲中塞下，招誘呼韓邪單于諸子，欲以次拜之。單于聞之，怒曰：『先單于受漢宣帝恩，不可負也。今天子非宣帝子孫，何以得立？』遣左骨都侯、右伊秩訾王呼盧訾及左賢王樂將兵入雲中益壽塞，大殺吏民。是歲，建國三年也。是後，單于歷告左、右部都尉、諸邊王入塞寇盜，大輩萬餘，中輩數千，少者數百，殺鴈門、朔方太守、都尉，略吏民畜產不可勝數，緣邊虛耗。莽新卽位，怙府庫之富欲立威，迺拜十二部將率，發郡國勇士、武庫精兵，各有所屯守，轉委輸於邊。議滿三十萬衆，齎三百日糧，同時十道竝出，窮追匈奴，内之于丁零，因分其地，立呼韓邪十五子。莽將嚴尤諫曰：

『臣聞匈奴爲害，所從來久矣，未聞上世有必征之者也。後世三家周、秦、漢征之，然皆未有得上策者也。周得中策，漢得下策，秦無策焉。當周宣王時，獫允內侵，至於涇陽，命將征之，盡境而還。其視戎狄之侵，譬猶蟁蝱之螫，敺之而已。故天下稱明，是爲中策。漢武帝選將練兵，約齎輕糧，深入遠戍，雖有克獲之功，胡輒報之，兵連禍結三十餘年，中國罷耗，匈奴亦創乂，而天下稱武，是爲下策。秦始皇不忍小恥，而輕民力，築長城之固，延袤萬里，轉輸之行，起於負海，疆境既完，中國內竭，以喪社稷，是爲無策。』」此文卽本嚴尤語而約言之，所謂無次，卽無策之說。匈奴傳又云：「初北邊自宣帝以來，數世不見烟火之警，人民熾盛，牛馬布野。及莽撓亂匈奴，與之搆難，邊民死亡係獲。又十二部兵久屯而不出，吏士罷弊。數年之間，北邊虛空，野有暴骨矣。」此真所謂動擾天人，竭國喪師者也。注「芒芒，大也」。按：詩長發：「洪水芒芒。」又玄鳥：「宅殷土芒芒。」毛傳竝云：「芒芒，大貌。」注「宗夷，四方羣夷也」。按：陶氏鴻慶讀法言札記云：「廣雅釋詁：『宗，衆也。』李注正得其義。」

麟之儀儀，鳳之師師，其至矣乎！螭虎桓桓，〔注〕仁少威多。鷹隼⿰犭戔⿰犭戔，〔注〕攫撮急疾。未至也。〔注〕未合至德。〔疏〕「麟之儀儀，鳳之師師」者，廣雅釋訓：「儀儀，容也。師師，衆也。」司馬云：「儀儀、師師皆和整尚德之貌，以喻德服四夷。」按：卽芒芒聖德之喻。胡云：「皋陶謨僞傳、漢書敘傳鄧展注、東京賦薛綜注，皆訓師師爲相師法。然則鳳之師師，謂鳳飛，羣鳥隨以萬數，如相師法也。」「螭虎桓桓」者，音義：「螭，丑知切。」按：此用今文書牧誓語也。僞孔本作「尚桓桓，如虎、如貔，如熊、如羆。」周本紀作「如虎、如羆，如豺、如離。」集解引徐廣云：「此訓與螭同。」字亦作「螭」。班孟堅西都賦李注引歐陽書說云：「螭，猛獸也。」說文作「离」，云：「山神獸也。」引歐陽喬說：「离，猛獸也。」段氏撰異云：「歐陽尚書，唐初已不存，李蓋於各家注記得之，與説文引歐陽喬説正合，正牧誓説也。『禼』正字，離、螭皆假借字。」陳氏今文經説考云：「説文所引歐陽喬説，即歐陽章句也。歐陽尚書今文作『禼』，説文所稱，其正字也；文選注引歐陽説作『螭』，其假借字也。螭爲龍之無角者，與龍同類；禼爲獸之淺毛者，與虎同類也。」按：禼者，古文；螭者，今文。許引歐陽説作「禼」者，以歐陽書之「螭」即古文書之「禼」也。此作「螭虎桓桓」，正與選注引歐陽書説合，此子雲用歐陽尚書之明證也。「鷹隼𤞤𤞤」者，易解集解引九家易云：「隼，鷙鳥也。」今捕食雀者，其性疾害。音義：「𤞤，財千切，又側板切。」廣雅釋訓：「桓桓、𤞤𤞤，武也。」司馬云：「以喻用兵，威服遠方。」按：即「武義璜璜」之喻。桓、𤞤亦韻語。注「攫撮急疾」。按：淮南子説山高注云：「攫，撮也。」是攫、撮同詁。李斯列傳索隱云：「凡鳥翼擊物曰搏，足取曰攫。」

或曰：「訩訩北夷，被我純繢，〔注〕純，繒；繢，畫。帶我金犀，〔注〕金，金印；犀，劍飾。珍膳寧餬，〔注〕寧餬，餬其口也。不亦享乎？」〔注〕嫌禮胡如此，太盛也。曰：「昔在高、文、武，實爲兵主。今稽首來臣，稱爲北蕃，是爲宗廟之神，社稷之靈也，可不享？」〔注〕言如此不可不以盛禮待之也。〔疏〕「訩訩北夷」者，音義：「訩訩，許容切，又翔拱切。」按：説文：「訩，訟也。」（據六書故引唐本，今本作「説」。）哅哅，重言形況，喧譁之意。字亦作「哅」，荀子解蔽：「聽漠漠而以爲哅哅。」楊注云：「哅哅，喧聲也。」亦以「匈」爲之，荀子天論：「君子不爲小人匈匈也輟行。」注云：「匈匈，喧譁之聲。」漢書高帝紀：「天下匈匈。」顔注云：「喧擾之意。」「被我純繢，帶我金犀」者，匈奴傳：「呼韓邪單于款五原塞，願朝三年（按：宣帝甘露三年。）正月㊀，漢遣車騎都尉韓昌迎㊁。單于正月朝天子於甘泉

㊀「正月」下原本有偏書小字「句」，蓋作者以示句讀，今删。
㊁「迎」下原本有偏書小字「句」，蓋作者以示句讀，今删。

宮，漢寵以殊禮，位在諸侯王上，贊謁稱臣而不名，賜以冠帶、衣裳，黄金璽，盭綬，玉具劍，佩刀，弓一張，矢四發，棨戟十，安車一乘，鞍勒一具，馬十五匹，黄金二十斤，錢二十萬，衣被七十七襲，錦、繡、綺、縠、雜帛八千匹，絮六千斤。又明年，（按：黄龍元年。）呼韓邪單于復入朝，禮賜如初，加衣百一十襲，錦帛九千匹，絮八千斤。竟寧元年，單于復入朝，禮賜如初，加衣服、錦帛、絮皆倍於黄龍時。呼韓邪死，復株絫若鞮單于（呼韓邪子。）立，上書願朝，河平四年正月，遂入朝。加賜錦繡、繒帛二萬匹，絮二萬斤，它如竟寧時。烏珠留單于（復株絫弟。）立，元壽二年，單于來朝，加賜衣三百七十襲，錦繡、繒帛三萬疋，絮三萬斤，它如河平時。」「珍膳寧餬」，御覽八百四十九引作「曼餬」。按：「寧餬」於義難通，當依御覽作「曼」。楚辭招魂王注云：「曼，澤也。」後漢書杜篤傳章懷太子注云：「曼，美也。」世德堂本「餬」誤作「錭」，注文同。按：爾雅釋言：「餬，饘也。」莊子人間世釋文引李云：「餬，食也。」然則曼餬謂精米之食，與珍膳對文，曼、寧形近而誤。宣帝紀：「甘露三年，置酒建章宮，饗賜單于。」是也。「不亦享乎」者，俞云：「享字無義，乃『厚』字之誤。隸書『厚』字或作『厚』，婁壽碑『高位厚禄』是也。亦或作『庨』，度尚碑『惠以庨下』是也。厚、庨二形均與隸書享字作『享』者相似，因誤爲『享』耳。此言單于來臣，禮之太厚也。」按：俞説是也，御覽八百四十九引正作「厚」。「昔在高、文、武，實爲兵主」者，謂三朝以來，匈奴常爲兵禍之主，承「訩訩北夷」爲答，故省「匈奴」字也。匈奴傳載子雲諫哀帝勿許單于朝書云：「北地之狄，五帝所不能臣，三王所不能制。漢初興，以高祖之威靈，三十萬衆困於平城，士或七日不食。時奇譎之士，石畫之臣甚衆，卒其所以脱者，世莫得而言也。及孝文帝時，匈奴侵暴北邊，候騎至雍甘泉，京師大駭，發三將軍屯細柳、棘門、霸上以備之，數月迺罷。孝武即位，設馬邑之權，欲誘匈奴。使韓安國將三十萬衆，徼於便墜，匈奴覺之而去，徒費財勞師，一虜不可得見，況單于之面乎？其後深惟社稷之計，規恢萬載之策，迺大興師數十萬，使衛青、霍去病操兵，前後十餘年。於是浮西河，絶大幕，破寘顏，襲王庭，窮極其地，追奔逐北。封狼居胥山，禪於姑衍，以臨翰海，虜名王、貴人以百數。自是之後，匈奴震怖，益求和親，然而未肯稱臣也。至本始之初，匈奴有桀心，欲掠烏孫，侵公主。迺發五將之師十五萬騎獵其南，而長羅侯以烏孫五萬騎震其西，皆至質而還。時鮮有所獲，故北狄不服，中國未得高枕安寢也。」此高、文、武三朝，匈奴常爲兵主之事也。「今稽首來臣，稱爲北蕃」云云者，匈奴傳載竟寧元年郎中令侯應對云：「今聖德廣被，天覆匈奴，匈奴得蒙全活之恩，稽首來臣。」宣帝紀：「甘露二年，詔曰：『今匈奴單于稱北藩臣，朝正月。朕之不逮，德不能弘覆，其以客禮待之。」又匈奴傳載光禄大夫谷永等議云：「今單于詘體稱臣，列爲北藩。」蕃卽藩也。説文：「藩，屏也。」經典通以「蕃」爲之。子雲諫哀帝書又云：「逮至元康、神爵之間，大化神明，鴻恩博洽，而匈奴内亂，五單于争立，日逐呼韓邪攜國歸死，扶伏稱臣。自此之後，欲朝者不距，不欲者不强。今單于歸義，懷款誠之心，欲離其庭，陳見於前，此迺上世之遺策，神靈之所想望，國家雖費，不得已者也。」卽此文之義。「可不享」世德堂本作「可不享乎」，御覽八百四十九引作「不可不厚也」。司馬云：「高帝得天下之後，文帝、武帝承平之時，兵所以不得息者，正以匈奴之故也。今幸而得其臣服，豈可不厚撫之，使之離叛，愛小費而就大患乎？」按：此章亦追論漢事，以見莽之輕開邊隙，爲馭夷失道之至也。注「純，繒；繢，畫」。按：説文：「純，絲也；繒，帛也。」故訓純爲繒，謂雜帛也。説文：「繢，織餘也；繪，五采繡也。」經典多以繢爲繪，此訓繢爲畫，亦讀爲繪也。繪謂錦繡也。注「金，金印；犀，劍飾」。按：上文「金朱煌煌」，金謂金印，朱謂朱綬，故此亦解金、犀爲二事。匈奴傳：「賜黄金璽、玉具劍。」金卽謂璽，則犀當是以犀角爲劍飾也。然玉具劍摽、首、鐔、衛盡用玉爲之，（彼傳孟康注。）不得以角爲飾。弘範此注，亦想當然語。榮謂犀者，犀毗之略。孝文前六年，遺單于服物有黄金犀毗一，見匈奴傳。彼顔注云：「犀毗，胡帶之鉤也。亦曰鮮卑，亦謂師比，總一物也，語有輕重耳。」史記匈奴列傳作「胥紕」，索隱云「胥、犀聲相近」，引班固與竇憲箋云「賜犀比金頭帶」是也。然則金犀卽黄金犀毗，謂帶鉤，故云「帶我金犀」也。注「寧餬，餬其口也」。按：注未及「寧」字之義，當作「餬，餬其口也」，「寧」字乃後人妄增。御覽引正文作「曼餬」，當是舊本如此，則李本不必作「寧」也。

龍堆以西，〔注〕白龍堆也。大漢以北，鳥夷、獸夷，〔注〕鳥夷、獸夷者，衣鳥獸皮毛。郡勞王師，漢家不爲也。〔注〕皆在荒忽之外，不爲郡屬者也。若使勞王師而郡縣之，漢家不爲此也。〔疏〕「龍堆以西」者，漢書西域傳贊云：「且通西域，近有龍堆，遠則葱嶺。」匈奴傳孟康注云：「龍堆形如土龍，身無頭尾㊀，高大者二三丈，埤者丈餘，皆東北向，相似也，在西域中。」按：亦作「隴堆」，王逸九思：「踰隴堆兮渡漠。」注：「隴堆，山名。」徐氏松西域傳補注云：「卽今順沙磧千餘里，無水草。」「大漠以北」者，説文：「漠，北方流沙也。」古書亦以「幕」爲之。史記匈奴列傳云：「信教單于益北絶幕。」漢書武帝紀：「衛青復將六將軍絶幕。」應劭云：「幕，沙幕，匈奴之南界也。」臣瓚云：「沙土曰幕。」子雲諫哀帝書云：「浮西河，絶大幕。」「鳥夷、獸夷，郡勞王師，漢家不爲也」者，王云：「郡，仍也。仍，重也，數也。言數勞王師於荒服之外，漢家不爲也。」爾雅云：「郡、仍、乃也。」乃與仍同。小雅正月篇：「又窘陰雨。」鄭箋云：「窘，仍也。」窘與郡同。按：此與上數章義同。莽傳云：「始建國元年，五威將奉符命，齎印綬，外及匈奴、西域，徼外蠻夷，皆卽授新室印綬。其東出者至

㊀ 漢書匈奴傳「身無頭尾」作「身無頭有尾」。

玄菟、樂浪、高句驪、夫餘。南出者踰徼外，歷益州，貶句町王爲侯。西出者至西域，盡改其王爲侯。北出者至匈奴庭，授單于印，改漢印文，去『璽』曰『章』。單于欲求故印，陳饒椎破之，單于大怒。而句町、西域後卒以此皆畔。」此莽搆怨四裔，重勞師旅之事。云「漢家不爲」，則子雲之痛心於新室者，深矣。注「白龍堆也」。按：西域傳：「樓蘭國最在東垂，近漢，當白龍堆，乏水草。」是龍堆乃白龍堆之略言也。注「鳥夷、獸夷者，衣鳥獸皮毛」。按：錢本作「衣鳥獸皮也」。禹貢：「島夷皮服。」夏本紀、地理志引皆作「鳥夷」。夏本紀集解引鄭注云：「鳥夷，東北之民，賦食鳥獸者㊀。」地理志顔注云：「此東北之夷，搏取鳥獸，食其肉而衣其皮也。」竝與弘範義同。王制：「西方曰戎，被髮衣皮。北方曰狄，衣羽毛，穴居。」孔疏云：「以無絲麻，惟食禽獸，故衣皮。東北方多鳥，故衣羽。正北多羊，故衣毛。」注「皆在」至「此也」。按：「荒忽」世德堂本作「荒服」，又「不爲」下無「此」字。周語：「戎、狄荒服。」韋注云：「荒忽無常之言也。」匈奴傳贊引蕭望之云：「戎、狄荒服，言其來服，荒忽無常，時至時去。」是荒忽卽荒服之謂。但解郡爲郡縣屬之，於義似未安。

朱崖之絶，捐之之力也。〔注〕朱崖，南海水中郡。元帝時背叛不臣，議者欲往征之。賈捐之以爲無異禽獸也，棄之不足惜，不擊不損威。元帝聽之。事在漢書。否則介鱗易我衣裳。〔注〕否，不也。言不然，則介鱗之類易我衣裳之民也。〔疏〕「朱崖之絶，捐之之力也」者，朱崖，漢書作「珠厓」。武帝紀顔注引應劭云：「崖岸之邊出真珠，故曰珠厓。」又引張晏云：「珠崖，言珠若崖矣。」按：前漢紀武帝紀亦作「朱崖」，與此同。音義：「捐之，與專切。」地理志：「自合浦、徐聞南入海，得大州，東西南北方千里，武帝元封元年，略以爲儋耳、珠厓郡。民皆服布，如單被，穿中央爲貫

㊀ 史記夏本紀集解引鄭玄曰「賦」作「搏」。

頭。男子耕農，種禾稻、紵麻，女子桑蠶、織績。亡馬與虎，民有五畜，山多麈、麖。兵則矛盾刀木，弓弩竹矢，或骨爲鏃。自初爲郡縣，吏卒中國人多侵陵之，故率數歲壹反。元帝時遂罷棄之。」賈捐之傳云：「賈捐之，字君房，賈誼之曾孫也。元帝初即位，上疏言得失，待詔金馬門。初，武帝征南越，元封元年立儋耳、珠厓郡，皆在南方海中洲居，廣袤可千里，合十六縣，户二萬三千餘。其民暴惡，自以阻絶，數犯吏禁，吏亦酷之，率數年壹反，殺吏，漢輒發兵擊定之。自初爲郡，至昭帝始元元年，二十餘年間，凡六反叛。至其五年，罷儋耳郡，并屬珠厓。至宣帝神爵三年，珠厓三縣復反。反後七年，甘露元年，九縣反，輒發兵擊定之。元帝初元元年，珠厓又反，發兵擊之，諸縣更叛，連年不定。上與有司議大發軍，捐之建議以爲不當擊。上使侍中駙馬都尉樂昌侯王商詰問捐之曰：『珠厓内屬爲郡久矣，今背畔逆節，而云不當擊，長蠻夷之亂，虧先帝功德，經義何以處之？』捐之對云云。對奏，上以問丞相、御史。御史大夫陳萬年以爲當擊。丞相于定國以爲前日興兵，擊之連年，護軍、都尉、校尉及丞凡十一人，還者二人，卒士及轉輸死者萬人以上，費用三萬萬餘，尚未能盡降，今關東困乏，民難摇動，捐之議是。上迺從之。遂下詔罷珠厓郡，民有慕義欲内屬，便處之；不欲，勿彊。珠厓由是罷。」「否則介鱗易我衣裳」者，言病中國以事蠻夷，是棄冠帶之族，以求魚鼈之民，所得不償所失也。捐之對云：「今陛下不忍悁悁之忿，欲驅士衆擠之大海之中，快心幽冥之地，非所以校助饑饉，保全元元也。駱越之人，顓顓獨居一海之中，其民譬猶魚鼈，何足貪也？臣愚以爲非冠帶之國，禹貢所及，春秋所治，皆可且無以爲。」即此文之義。後漢書楊終傳載終上書云：「孝元棄珠崖之郡，光武絶西域之國，不以介鱗易我衣裳。」語本此文。彼章懷太子注引此，「朱崖」作「珠崖」，「介鱗」作「鱗介」。注「朱崖，南海水中郡」。按：今廣東瓊州府地。朱崖故郡治，在今府治瓊山縣東南三十里。注「賈捐之以爲無異禽獸也，棄之不足惜，不擊不損威」。按：皆捐之對語。

君人者，務在殷民阜財，〔注〕殷，富；阜，盛。明道信義，致帝者之用，成天地之化，使粒食之民粲也，晏也。〔注〕粲，文采；晏，和柔。享于鬼神，不亦饗乎？〔注〕實受其福。〔疏〕明道信義，「信」讀爲「伸」。本書五百：「詘身，將以信道也。如詘道而信身，雖天下不爲也。」又重黎：「親屈帝尊，信亞夫之軍。」竝以信爲伸，此亦同伸義，謂伸大義於天下也。「使粒食之民粲也，晏也」者，司馬云：「粒食謂中國之民。」按：王制云：「西方曰戎，北方曰狄，有不粒食者矣。」鄭注云：「不粒食，地氣寒，少五穀。」大戴禮少閒云：「粒食之民，昭然明視。」吴云：「粲然明盛，晏然安和。」按：廣雅釋詁：「粲，明也。」説文：「晏，安也。」經傳多以「宴」或「晏」爲之。粲也、晏也，謂能明上之教化而各安其業也。粲、晏亦韻語。「享於鬼神，不亦饗乎」者，説文：「享，獻也。」爾雅釋詁：「享，孝也。」廣雅釋言：「享，祀也。」左傳哀公篇：「其使終饗之。」杜注云：「饗，受也。」此承上文而言，謂王者能使其民既明且安，如是而後孝祀鬼神，則鬼神受之也。享、饗字古亦互通。孟子云：「使之主祭，而百神享之。」吴云：「民，神之主也。民之豐阜，則神饗其祀也。」按：此亦刺莽不能務民之義，而妄言符命之事。注「殷，富；阜，盛」。按：説文：「殷，作樂之盛稱殷。」引伸爲凡盛之稱。殷、阜同詁。詩：「大叔于田，火烈具阜。」毛傳云：「阜，盛也。」張平子西京賦云：「百物殷阜。」注「粲，文采；晏，和柔」。按：廣雅：「粲，文也。」文、明義同。爾雅釋訓：「晏晏，柔也。」故注以晏爲和柔。注「實受其福」。按：禮器云：「我戰則克，祭則受福。」

天道勞功。或問「勞功」。曰：「日一曰勞，考載曰功。」〔注〕日一，猶日日也。考，成也；載，歲也。

周而復始，以成其歲，故曰功。**或曰：「君逸臣勞，何天之勞？」**〔注〕言於人事則君逸臣勞。天爲君，四時行，百物生，以喻無勞也。**曰：「於事則逸，於道則勞。」**〔注〕於事則逸，無功可名；於道則勞，運轉機衡。〔疏〕「日一日勞」，各本皆誤作「日一日勞」。按：此承上文「天道勞功」而分釋其義。日一日勞，是釋勞義也；考載曰功，是釋功義也。二句相偶爲文。各本作「日一日勞」，義不可通，此形誤之顯然者，今訂正。「日一日勞」者，乾象曰：「天行健，君子以自强不息。」虞云：「天一日一夜過周一度，故自彊不息。」李氏道平篹疏云：「周天三百六十五度四分度之一，日行一晝一夜，不及天一度，故曰天一日一夜過周一度也。」「考載曰功」者，堯典云：「以閏月定四時成歲。」白虎通巡狩云：「天道時有所生，歲有所成。三歲一閏，天道小備；五歲再閏，天道大備。」「於事則逸，於道則勞」者，司馬云：「天則無爲自然，而萬物生成；君則垂衣端拱，而百姓乂安，是其事逸也。天則陰陽往來，生生日新；君則求賢訪道，一日萬機，是其道勞也。」注「日一，猶日日也」。按：「日一」各本皆作「日一日」，此因正文既誤，遂併改注文以應之也。天一日過周一度，日日各過周一度，故云「日一，猶日日」。若正文本作「日一日」，則日一日之爲日日，又何煩解釋耶？注「考，成也；載，歲也」。按：穀梁傳隱公篇云：「考仲子之宮。考者，成之也。」白虎通四時云：「或言歲，或言載，或言年，何？言歲者以紀氣物，帝王共之。載之言成也，載成萬物，終始言之也。二帝爲載，三王爲年。」是考載卽成歲也。司馬云：「載，事也。天運行不息，是其勞也；成造化之事，是其功也。」訓載爲事，義固可通，然李義爲優矣。注「周而」至「曰功」。按：世德堂本割裂正文，自「或問勞功」至「考載」爲一段，以「曰功」二字爲一段，因割裂此注「日一」至「歲也」，次正文「考載」之下，而以「周而」至「曰功」次正文「曰功」字下。此因正文既有誤字，乃至失其句讀，强析注文，分隸之也。注「四時行，百物生，以喻無勞也」。按：世德堂本「無勞」作「其勞」。論語：「天何言哉？四時行焉，百物生焉，天何言哉？」無言即不勞之義，故云喻無勞也。作「其勞」，誤。注「於事」至「機衡」。按：名、衡韻語。

周公以來，未有漢公之懿也，勤勞則過於阿衡。〔注〕漢公，王莽也。或以此爲媚莽之言，或以爲言遜之謂也，吾乃以爲箴規之深切者也。稱其漢公，以前之美耳，然則居攝之後，不貶而惡可知，楊子所以玄妙也。發至言於當時，垂忠教於後世，言蔽天地而無慚，教關百代而不恥，何遜媚之有乎？〔疏〕「周公以來，未有漢公之懿」者，王莽傳：「元始元年，羣臣盛稱莽功德，致周成白雉之瑞，千載同符。聖王之法，臣有大功，則生有美號，故周公及身在而記號於周，莽有定國安漢家之大功，宜賜號曰安漢公，益户疇爵邑，上應古制，下準行事，以順天心。太后乃下詔以莽爲太傅，斡四輔之事，號曰安漢公，以故蕭相國甲第爲安漢公第，定著於令㊀，傳之無窮。莽受太傅、安漢公號，讓還益封疇爵邑事。」是漢公者，安漢公之略言也。「勤勞則過於阿衡」者，詩長發：「實維阿衡，實左右商王。」鄭箋云：「阿，倚；衡，平也。伊尹，湯所依倚而取平，故以爲官名也。」莽傳：「元始四年，有司請采伊尹、周公稱號，加公爲宰衡，位上公。」音義引柳宗元云：「伊尹之事，不可過也，過則反矣。」宋云：「成王幼，太甲昏，勢亦殆矣。然周公居叔父之尊，伊尹當阿衡之重，二公可取而不取，卒以忠勤復辟而正之。夫舉其可取不取之因，明其不可取而取之事，則子雲之罪莽亦大矣。」吴云：「班固曰：『莽知漢中外殫微，本末俱弱，亡所忌憚，生其姦心，因母后之權，假伊、周之稱。』子雲因其假也，故以伊、周爲言。」司馬云：「法言之成，蓋當平帝之世，莽專漢政，日比伊、周，欲興禮樂，致太平，上以惑太后，下以欺臣民。附己者進，異己者

㊀「令」字原本訛作「今」，據漢書王莽傳改。

誅，何武、鮑宣以名高及禍，故楊子不得不遜辭以避害也。亦猶薛方云：『堯、舜在上，下有巢、由也。』當是之時，莽猶未篡，人臣之盛者，無若伊、周，故楊子勸以伊、周之美，欲其終於北面者也。或曰：『楊子爲漢臣，漢亡不能死，何也？』曰：『國之大臣，任社稷之重者，社稷亡而死之，義也。向使楊子據將相之任，處平、勃之地，莽篡國而不死，良可責也。今位不過郎官，朝廷之事，無所與聞，柰何責之以必死乎？夫死者，士之所難。凡責人者，當先恕己，則可以知其難矣。』或曰：『楊子不死，可也。何爲仕莽而不去？』曰：『知莽將篡而去者，龔勝是也。莽聘以爲太子師友，卒不食而死。楊子名已重於世，苟去而隱處，如揭日月潛於蒿萊，庸得免乎？』或曰：『楊子不去則已，何必譽莽以求媚，豈厭貧賤，思富貴乎？』曰：『昔晉袁宏作東征賦，不序桓彝、陶侃，猶爲桓温、陶胡奴所刼，僅以敏捷自免。況楊子作法言，品藻漢興以來將相名臣，而獨不及莽，莽能無耻且忿乎？此杜預所謂吾但恐爲害，不求益也。且楊子自謂『不汲汲於富貴，不戚戚於貧賤』。始爲郎，給事黄門，與王莽、劉歆竝。哀帝之初，又與董賢同官。當成、哀中間，莽、賢皆爲三公，權傾人主，所薦莫不拔擢，而雄三世不徙官，此豈非言行相副之明驗乎？古今之人能安恬如此者幾希！而子乃疑其求媚而思富貴，不亦過乎？使楊子果好富貴，則必爲莽佐命，不在劉、甄之下矣。」俞云：「王莽居攝三年，劉歆與博士諸儒議莽母功顯君服，稱『殷成湯既没，而太子蚤夭，其子太甲幼少不明，伊尹放諸桐宫而居攝，以興殷道。周武王既没，周道未成，成王幼少，周公屏成王而居攝，以成周道。是以殷有翼翼之化，周有刑錯之功。』然則伊尹、周公者，莽居攝以前所以自比者也。至始建國元年，莽曰：『王氏，虞帝之後也，出自帝嚳。劉氏，堯之後也，出自顓頊。』則不自以伊尹、周公，而以爲虞舜矣。楊子此言，與阮嗣宗爲鄭冲勸晉王箋同意。箋曰：『昔伊尹，有莘之媵臣耳，一佐成湯，遂荷阿衡之號。周公藉已成之勢，據既安之業，光宅曲阜，奄有龜、蒙。』是亦以伊、周比之也。末曰：『今大魏之德，光於唐、虞，明公盛勳，超於桓、文，然後臨滄洲而謝支伯，登箕山以揖許由，豈不盛乎？』是亦不許其爲虞舜也。此皆古人之微辭，後人鮮或能喻矣。或疑楊子既不諂莽，何必爲此言。温公釋之曰『晉袁宏作東征賦』云云，温公之論，亦屬膚淺。楊子特著此文，蓋有微意矣。法言一書，終以孝至，是篇論唐、虞、成周，而終之以漢。上文曰：『或問泰和。曰：其在唐、虞、成周乎？』又曰：『漢德其可謂允懷矣。』下文曰：『漢興二百一十載而中天，其庶矣乎？』終之曰：『唐矣夫！』蓋以漢德上媲唐堯也。中間特著此文，以見漢祚中絶之由。且上言允懷，見民心之思漢也；下言中天，見漢祚之方半也。若無此文，則前後文之微意皆不見矣。故依楊子之文觀之，自唐、虞、成周而漢，漢絶於新，新復爲莽，歷歷可數。至誠前知，楊子之謂矣。」榮按：法言此文，最爲後儒訢病。困學紀聞云：「法言末篇稱漢公，斯言之玷，過於美新矣。司馬公雖曲爲之辯，然不能滌莽大夫之羞也。」其爲子雲解脱者，或以此爲出於後人之附益，張氏澍蜀典云：「太平御覽楊子恬淡寡營，以賣文自贍。文不虚美，人多惡之。及卒，怨家取法言援筆益之曰『自周公以來』云云，繕寫多行於世，至今無有白其心跡者。按抱朴子云：『王莽之世，賣餅小人皆得等級；斗筲之徒，兼金累紫。』楊子雲確然忠貞之節形矣。亦可見莽大夫之誣題目也。」凡此皆未達古人立言之旨，而謬爲之説。竊謂欲明此文之義，有不可不最先明辯者，卽法言之成，果以何時是也。温公謂此書之成當在平帝之世，而弘範發揮本書微旨，多云病篡之辭，則以此書爲成於莽世。愚考子雲自序歷述生平著書，至譔法言而止，且此後更無它文，則法言必爲子雲晚年之作。其成書之年，去卒年當無幾。以本書各篇明文證之，如本篇稱「漢興二百一十載」，明用始建國元年，莽策命孺子嬰「昔皇天右乃太祖，歷世十二，享國二百一十載」之語。又稱「復其井、刑，免人役」，莽制井田及禁民買賣奴婢，均始建國元年事。而重黎篇稱「羲近重，和近黎」，莽之分置羲仲、和仲、羲叔、和叔，在天鳳元年，詳見重黎疏。則法言之成，乃在天鳳改元以後，辭事明白，無可疑者。是時莽盜竊已久，普天率土，同蜷伏於新皇帝威虐之下，而此乃用其居攝以前稱，稱莽爲公，繫之於漢，其立言之不苟爲何如？孟子言：「無伊尹之志，則篡也。」今謂過於阿衡，卽不啻直斥其篡逆之惡。故使此言而發於孝平之世，則不免於逐媚之譏；若發於莽稱新皇帝以後，則正名之義，謂之嚴於斧鉞，可也。

注「言蔽天地而無慚，教闡百代而不恥」。按：此用本書五百語。

漢興二百一十載而中天，其庶矣乎！〔注〕言人民衆多富盛也。辟廱以本之，校學以教之，禮樂以容之，輿服以表之，復其井、刑，勉人役，唐矣夫！〔注〕言若盡此諸美以儕勉人者，無羨唐、虞之世也。〔疏〕「漢興二百一十載而中天，其庶矣乎」者，音義引柳云：「楊子極陰陽之數，此言知漢祚之方半耳。」按：前漢起高帝己未，至平帝乙丑，凡二百十二年。後漢書張衡傳云：「衡善機巧，尤致思於天文、陰陽、曆算，常好玄經，謂崔瑗曰：『吾觀太玄，方知子雲妙極道數，乃與五經相擬，非徒傳記之屬，使人難論陰陽之事，漢家得天下二百歲之書也。復二百歲，殆將終乎？』」此卽子厚說所本，然實未當。宋云：「子雲雖學極陰陽，然亦不當逆知漢祚方半也。夫中天者，猶中興也。蓋子雲覩莽之強篡而立，復暴桀如是，天下思漢德未已，知赤氏之運未去，必有中興而王者，言庶幾乎近也。」吳云：「子雲上稱漢德之允懷，中言王莽之不正，下言漢載之中天，是覩民思漢德，莽爲不道，必有中興之義，且明德之不可已也如是。孔子曰：『其或繼周者，雖百世可知也。』以禮明之也。子雲曰：『漢興二百一十載而中天。』以德明之也。是知子雲其聖人之徒歟？」二說雖與子厚小異，然其以此文爲子雲逆知漢道之當復興則同，但不言數而言理耳。榮謂中天猶云極盛。子雲不與莽之篡漢，故雖玉步已更，猶視爲天命未改。下文辟廱、校學云云，皆聖人治致太平之事，非極盛之世不能有此而漢興二百一十載始見其盛，故云中天也。司馬云：「庶者，庶幾於治也。」「辟廱以本之」者，説文：「廱，天子饗飲辟廱。」王制云：「天子曰辟廱。」鄭注云：「辟，明也；廱，和也。」古亦通作「雍」。白虎通辟雍云：「天子立辟雍何？所以行禮樂，宣德化也。辟者，璧也，象璧圓。又以法天於雍水側，象教化流行也。」俞云：「後漢書：『世祖建武五年，初起太學。中元元年，起辟廱。』楊子之言，至是驗矣。」按，俞説非也。平帝紀：「元始四年，安漢公奏立明堂、辟廱。」莽傳：「莽奏起明堂、辟雍、靈臺。群臣奏言：『昔周公奉繼體之嗣，據上公之尊，然猶七年制度乃定。夫明堂、辟雍，墮廢千載莫能興。今安漢公起於第家，輔翼陛下，四年於兹，功德爛然。』」劇秦美新云：「明堂、雍臺，壯觀也。」「校學以教之」者，平帝紀：「元始三年，立官稷及學官，郡、國曰學，縣、道、邑、侯國曰校，校、學置經師一人。鄉曰庠，聚曰序，序、庠置孝經師一人。」「禮樂以容之」者，莽傳：「元始四年，莽奏立樂經。五年正月，祫祭明堂。於是莽上書曰：『臣以外屬，越次備位，未能奉稱。伏念聖德純茂，承天當古，制禮以治民，作樂以移風，四海奔走，百蠻竝轃。顧使臣莽得盡力畢制禮作樂事，事成以傳天下，與海內平之。』」廣雅釋詁：「容，飾也。」「輿服以表之」者，平帝紀：「元始三年，安漢公奏車服制度。」美新云：「式軨軒旂旗以示之，揚和鸞肆夏以節之，施黼黻衮冕以昭之。」「復其井、刑者」，井謂井田，刑謂肉刑。先知云：「井田之田，田也；肉刑之刑，刑也。」卽井、刑之説。莽傳：「始建國元年，莽曰：『古者設廬，井八家，一夫一婦田百畝，什一而税，則國給民富而頌聲作。此唐、虞之道，三代所遵行也。秦爲無道，厚賦税以自供奉，罷民力以極欲。壞聖制，廢井田，是以兼并起，貪鄙生，強者規田以千數，弱者曾無立錐之居。予前在大麓，始令天下公田口井，時則有嘉禾之祥，遭反虜逆賊且止。今更名天下田曰王田，皆不得賣買。其男口不盈八，而田過一井者，分餘田予九族、鄰里、鄉黨。故無田今當受田者，如制度。敢有非井田聖制，無法惑衆者，投諸四裔，以禦魑魅，如皇始祖考虞帝故事。』」此莽復井田之事。美新云「經井田」，是也。
莽復肉刑，未聞。按：先知云「夏后肉辟三千，不膠者，卓矣。」又云「肉刑之刑，刑也。」是子雲以肉刑爲刑法之正。孝文罷肉刑，其後議者，以爲名輕而實重。刑法志云㊀：「除肉刑者，本欲以全民也。今去髡鉗一等，轉而入於大辟，以死罔民，失本惠矣。」蓋當時儒者之説皆如此。莽喜言古制，必嘗有復肉刑之事。美新云：「方甫刑。」甫刑乃今文尚書呂刑之稱，爲經典言肉刑之最詳者，美新言「方甫刑」，即莽復肉刑之證，但史傳無文以實之。美新李注引漢書云：「莽分移律、令、儀法。」此誤讀莽傳文耳。彼文云：「始建國三年，莽曰：『百官改更㊁，職事分移㊂，律、令、儀法，未及悉定，且因漢律、令、儀法以從事。』」言官職更移，而法令未定，姑用漢法爲之。「更」「移」字不屬下讀。崇賢割裂文句，以當「方甫刑」之説，誤甚矣。「勉人役」者，宋云：「『勉』當爲『免』字之誤也。」按：勉、免古字通。人役謂奴婢也。孟子云：「人役而恥爲役，由弓人而恥爲弓，矢人而恥爲矢也。」是人役乃古語。莽傳：「始建國元年㊃，莽曰：『秦爲無道，又置奴婢之市，與牛馬同蘭，制於臣民，顓斷其命。姦虐之人，因緣爲利，至略賣人妻子。逆天心，誖人倫，繆於天地之性人爲貴之義。書曰：「予則奴戮女。」唯不用命者，然後被此辠矣。今更名天下奴婢曰私屬，皆不得賣買。』」美新云：「免人役。」字正作「免」。「唐矣夫」

㊀「志」字原本作「制」，音近而訛，今據漢書改。
㊁原本「更」下有小書「句」字，以示句讀，今删。
㊂原本「移」下有小書「句」字，以示句讀，今删。
㊃「元」字原本訛作「三」，據漢書王莽傳改。

者，説文：「唐，大言也。」引伸爲凡大之稱。太玄玄衡云：「唐，公而無欲。」玄錯云：「唐，蕩蕩。」皆其義。班孟堅典引：「唐哉皇哉，皇哉唐哉！」唐、皇疊韻，皆美大之辭，與此文同意。此章之旨，宋注以爲爲後之中興者而言。今以美新及漢書紀、傳諸文考之，「辟雍」以下皆謂莽制，辭事甚明。然子雲象論語爲法言，而於終篇盛稱詐僞之政，義似可疑。不知章首明言「漢興二百一十載」，見漢祚之未絶，則此辟廱、校學諸事，凡莽之所爲，皆歸之於漢，使若漢之所爲。蓋出之於莽，則爲飾六藝以文姦；出之於漢，則固王者治定功成之所宜有事也。是時莽既卽真，世已無漢，而此於國亡之後，猶著「漢興」之文，位號可移，而忠臣孝子之心終不可變，子雲著書之意，於是見矣。注「言人民衆多富盛也」。按：「其庶矣乎」，用繫辭「其庶幾乎」，非用論語「庶矣哉」，注失之。注「言若」至「世也」。按：弘範讀勉如字，而解爲「濟勉人」，則「役」字無義。又以唐爲唐、虞之世，則因唐爲託名幖幟字所專，而本義久廢，故亦不得其説。宋云：「以是道而化天下，則唐堯如矣。」吳云：「孔子删書，始於唐堯，而子雲法言以是終之，蓋百王之表則也。」司馬云：「用唐堯故事。」俞云：「蓋以漢德上媲唐堯也。」其誤皆與弘範同。

法言序

〔注〕子雲歷自序其篇中之大略耳。〔疏〕世德堂本法言序分冠各篇之首。按：古書序録皆綴篇末，或自爲一卷，如史記、漢書、潛夫論、説文之屬竝是，淮南要略亦卽其類。子雲此序總列孝至之後，其例正同。以之分冠各篇者，乃宋咸所移，而温公從之，非其舊。四庫全書總目云：「法言十卷，司馬光集注。時惟李軌、柳宗元、宋咸、吳秘之注尚存，故光裒合四家，增以己意，各以其姓別之。舊本十三篇之序列於書後，蓋自書序、詩序以來，體例如是。宋咸不知書序爲僞孔所移，詩序爲毛公所移，乃謂子雲親旨反列卷末，甚非聖賢之法，今升之章首，取

合經義。其説殊謬。」按：治平本序在書後，卷數爲十三，皆舊本相承如此，今一仍之。

天降生民，倥侗顓蒙，〔注〕倥侗，無知也；顓蒙，愚頑也。恣乎情性，〔注〕觸意而行。聰明不開，〔注〕闇塞之謂。訓諸理，〔注〕訓，導。譔學行。〔疏〕漢書揚雄傳：「法言文多不著，獨著其目。」以下全載此序，文字與今法言各本頗有異同，每篇目下皆有「第若干」字，蓋孟堅所見舊本如此。「倥侗顓蒙」，音義：「侗，音通。説文：『大貌。詩：神罔時侗。』」一曰侗，未成器之人。漢書顏注云：「倥音空，侗音同，顓與專同。」按：倥、侗疊韻，顓、蒙疊義，皆連語，不可析言。音義引詩，非此文之義。「恣乎情性」，漢書「乎」作「于」。「訓諸理」，顏云：「訓，告也。」「譔學行」，顏云：「譔與撰同。」（見「譔以爲十三卷」下。）説文無「撰」，古止以「譔」爲之。祭統：「論譔其先祖之有德善、功烈、勳勞、慶賞、聲名。」釋文：「譔音撰。」按：子雲論性，皆兼性情而言，故云：「學者，所以修性也。」又云：「人之性也，善惡混。」恣乎情性，卽不知修性之謂。不知修性，則視、聽、言、貌、思五事皆失其正，而日趨於下愚，故曰：「聰明不開。」舉視、聽以該五事耳。「學以修性」一章，爲學行一篇之要旨，故其序云爾。凡序言各篇之作意，皆舉其尤要者言之。注「倥侗，無知也；顓蒙，頑愚也」。按：漢書注引鄭氏云：「倥侗顓蒙，童蒙無所知也。」與弘範義同。注「觸意而行」。按：學行云：「鳥獸觸其情者也。」觸意卽觸情，猶云恣意。注「訓，導」。按：詩抑：「四方其訓之。」毛傳：「訓，道也。」道、導古今字。

降周迄孔，成于王道，〔注〕禮樂備也。終後誕章，〔注〕諸子應時而作詭世之言。乖離，諸子圖徽，〔注〕貴此聖人坦蕩之夷路，賤彼百家穢雜之邪路。譔吾子。〔疏〕「降周迄孔，成于王道」，音義：「迄孔，許訖切。」司馬云：「宋本『迄』作『訖』。」顏云：「言自周公以降，至于孔子設教垂法，皆帝王之道。」「終後誕章乖離，諸子圖徽」，各本「終後」並作「然後」。司馬云：「漢書及李本『然』作『終』。」是温公所見監本法言作「終後」，與漢書同。今治平本作「然」，蓋亦修板據通行本改之，今訂正。李注於「誕章」絶句，以「乖離」字屬下讀。宋云：「然後誕章乖離，當爲一句。言自仲尼之後，詭誕之章作，而乖離於道。」按：宋讀甚是，而以「誕章」爲詭誕之章，則非。劉敞云：「誕，大也；章，法也。言王道息而諸子起也。」爲得其義。漢書敍傳云：「國之誕章，博載其路。」顔注云：「誕，大也，謂憲章之大者。」班語正用此。終後大章乖離，謂仲尼没而微言絶，七十子喪而大義乖也。説文：「徽，幟也。」經傳通以「徽」爲之。禮記大傳：「殊徽號。」鄭注：「徽號，旌旗之名也。」諸子圖徽，謂諸子各圖畫徽幟，自張一軍，以與周、孔之道爲敵也。漢書作「圖微」，「微」即「徽」之誤，蓋孟堅承用舊本法言作「微」，傳寫者少見「徽」，遂改爲「微」也。注「諸子應時而作詭世之言」。按：弘範訓誕爲詭，故云「詭世之言」。顔云：「言其後澆末，虚誕益章。」亦以「誕章」絶句，與李讀同。注「賤彼百家雜穢之邪徑」。按：弘範讀「乖離諸子圖徽」六字爲句，而釋之如此。蓋解乖離爲違，爲去；讀「圖」爲「啚」，而以爲鄙陋；讀「徽」爲「微」，而以爲幽隱也。韓勑修孔廟後碑以「啚」爲「圖」，是漢時隸俗二字互通，然於義已紆。顔同李讀，而解爲「乖於七十弟子所謀微妙之言」，尤爲支離。法言用「諸子」字，從無作七十弟子解者，何得此序獨有異義耶？

事有本真，陳施於意，動不克咸，〔注〕克，能；咸，皆。本諸身，〔注〕自求之義。譔修身。〔疏〕「事有本真」者，吴云：「凡事有本有真。真，正道也。」按：古詩十九首：「識曲聽其真。」李注云：「真猶正也。」「陳施於意」，漢書作「陳施于億」，李奇云：「布陳於億萬事也。」俞云：「温公不言諸本有異同，是其所據本皆作『意』。然祕曰：『言陳施之動成萬法。』則吴司封本固作『億』也。」按：作「億」，是也。「事有本真，陳施於億」，言事得其本正，則能推行於億萬事而無不通也。「動不克咸，本諸身」者，司馬云：「咸，感也。動而不能感人者，蓋由外逐浮僞，內無本真，不能正己以正物，故當先本諸身也。」按：温公義是也。「咸，感」，易咸彖文。本諸身謂反求諸身。動而不能有所感，則當求其本於身也。注「克，能；咸，皆」。按：漢書李奇注云：「不能皆善也。」義同弘範。然與上下文意不能融洽，恐非。注「自求之義」。按：中庸云：「射有似乎君子，失諸正鵠，反求諸其身。」

芒芒天道，〔注〕洪荒混芒之初。昔在聖考，〔注〕聖人作而萬物覩，謂宓羲肇畫八卦，六位成章。過則失中，不及則不至，〔注〕二五得中，然後利見。不可姦罔，譔問道。〔疏〕「芒芒天道」，世德堂本「天道」作「大道」，此承集注依宋、吳本改。漢書亦作「天道」。「昔在聖考」，漢書作「在昔聖考」，李奇云：「聖人能成天道。」則訓考爲成。胡云：「說文：『考，老也。』獨斷：『老謂久也，舊也。』聖考猶言古聖。」按：綏之說是也。古聖謂伏羲、堯、舜、文王。問道云：「適堯、舜、文王者爲正道，非堯、舜、文王者爲它道。」又云：「法始乎伏羲，而成乎堯。匪伏匪堯，禮義哨哨，聖人不取也。」考與道爲韻。「過則失中，不及則不至」者，吳云：「河出圖也，大易明二五之中；洛出書也，洪範貴皇極之義。舜執其兩端，用其中於民。回之爲人也，擇乎中庸。孔子曰：『道之不行也，我知之矣，知者過之，愚者不及也。』」「不可姦罔」者，蘇林云：「罔，誣也。言不可作姦，誣於聖道。」司馬云：「姦謂侵壞，罔謂誣罔。言聖人大中之道，莫能易也。」按：姦謂若申、韓，問道云「由其小者作姦道」是也；罔謂若莊、鄒，問道又云「周罔君臣之義，衍無知於天地之間」是也。注「洪荒混芒之初」。按：孝至：「芒芒聖德。」彼注云：「芒芒，大也。」此以爲洪荒混芒者，劇秦美新云：「爰初生民，帝王始存，在乎混混茫茫之時，疊聞罕漫而不昭察，世莫得而云也。」混芒卽混茫也。注「聖人」至「成章」。按：宓羲，世德堂本作伏犧，又上脱「謂」字。言天道者莫備乎易，易始伏羲，故注以宓羲爲説，舉最初作易之聖人，以該後聖耳。宋以此注獨指伏羲畫卦爲謬，未達其旨。注「二五得中，然後利見」。按：此仍據易義爲言。先知云：「龍之潛亢，不獲其中矣。是以過中則惕，不及中則躍。」即此注所本。宋亦訾爲非類，可謂不善讀書。

神心忽恍，經緯萬方，事繫諸道、德、仁、義、禮，譔問神。〔疏〕「神心忽恍」，世德堂本作「惚怳」。漢書作「曶怳」。按：忽恍雙聲連語，忽、曶同聲，恍、怳同字。説文無「恍」。顔云：「曶讀與忽同。」蕭該漢書音義：「怳，韋昭：『熙放反。』今音『況』，爲是。」司馬云：「忽恍無形。」按：老子云：「其上不皦，其下不昧，繩繩不可名，復歸於無物，是謂無狀之狀，無物之象，是爲忽恍。」又云：「道之爲物，惟恍惟忽。忽兮恍兮，其中有象；恍兮忽兮，其中有物。」忽恍字用此。「經緯萬方」者，司馬云：「方，道也。」按：即問神云「潛天而天，潛地而地，天神天明，照知四方」之義，不必以方爲道也。恍、方爲韻。「事繫諸道、德、仁、義、禮」，漢書「義」作「誼」。問道云：「道、德、仁、義、禮，譬諸身乎。」彼注云：「不可無之於一。」按：儒與道之異同在此。神經萬方，儒、道之所同也；事繫諸道、德、仁、義、禮，儒之所以異於道也。説詳問道疏。子雲言神言心而必繫之於此五者，是其學之所以爲醇乎醇，而異於黄、老者也。朱子語類云：「揚雄全是黄、老。」又云：「揚雄真是一腐儒，他到急處，只是投黄、老。」又云：「雄之學似出於老子，如太玄曰：『潛心于淵，美厥靈根。測曰：潛心于淵，神不時也。』乃老子説話。」可謂一言以爲不智者也。

明哲煌煌，旁燭無疆，遜于不虞，以保天命，譔問明。〔疏〕「明哲煌煌，旁燭無疆」者，顔云：「煌煌，盛貌也。燭，照也。無疆猶無極也。」宋云：「明哲之人，逆見微隱，故施照無窮。」按：煌、疆亦韻語。「遜于不虞，以保天命」

者，李奇云：「常行遜順備不虞。」司馬云：「雖有明智，旁照無極，不能思不虞之患而預防之，使墜失上天福禄之命，猶未足以爲明也。」按：明燭無疆，處常之事也；遜于不虞，應變之道也。明足以處常，又足以應變，則能全其性，而順受其正也。程子遺書云：「『明哲煌煌，旁燭無疆』，悔其蹈亂，無先知之明也。其曰『遜于不虞，以保天命』，欲以苟容，爲全身之道也。使彼知聖賢見幾而作，其及是乎？」此於昔賢立言之意無所體會，而妄以輕薄施其謗訕，乃晚宋陋習，不足爲訓。

徦言周于天地，贊于神明，幽弘横廣，絶于邇言，譔寡見。〔注〕徦，遠；周，徧。〔疏〕「徦言」，治平本作「遐」；漢書作「假」，温公集注從之，世德堂本因承作「假」。按：寡見：「吾寡見人之好徦者也。」又：「徦則偭焉。」治平本作「徦」。音義：「好徦，音遐，下同。」漢書此序作「假」，疑本亦作「徦」，傳寫改「假」耳，今改與寡見一律。「周於天地，贊于神明」者，繫辭云：「夫易廣大配天地。」又云：「幽贊於神明而生蓍。」荀爽云：「贊，見也。」干寶云：「贊，求也。」幽弘横廣，治平本「横」作「擴」，世德堂本承集注「廣」作「度」，漢書作「横廣」。俞云：「宋、吴及温公本均作『横度』，當從之。廣即度字之誤耳。『横』與『光』同，書堯典：『光被四表。』後漢書馮異傳作『横被四表』是也。『度』與『宅』同，堯典『五流有宅』，史記五帝紀作『五流有度』；禹貢『三危既宅』，夏本紀作『三危既度』，是也。然則横度即光宅也。書序：『昔在帝堯，聰明文思，光宅天下。』此即楊子所本。」榮按：横、廣與幽，弘對文，幽、弘皆深也。修身云：「其爲中也弘深。」幽弘即弘深之謂，弘讀爲宏，説詳彼疏。横亦廣也，皆疊義連語。幽弘承「贊于神明」而言，横廣承「周于天地」而言。若依俞説，則「幽弘光宅」，義不可通矣。「絶于邇言」者，李奇云：「理過近世人之言也。」司馬云：「絶於近言，言去之遼邈也。」注「徦，遠」。按：對邇爲文，故訓爲遠。漢書作「假」，其義亦同。彼顔注云：「假，至也。」似併寡見篇首數語未見矣。注「周，偏」。按：治平本「偏」作「遍」，今依世德堂本。

聖人聰明淵懿，繼天測靈，冠乎羣倫，經諸範，〔注〕範，模。譔五百。〔疏〕「經諸範」漢書作「經諸范」，顏云：「經，常也；范，法也。」按：範者，「笵」之假。漢書作「范」，疑本作「笵」，傳寫改「范」耳。司馬云：「聖人以聰明深美之德，繼成上天之功，測知神靈之理，首出羣類，立之法度，以爲萬世之常道。」注「範，模」。按：詳學行疏。

立政鼓衆，動化天下，莫尚於中和。中和之發，在於哲民情，〔注〕哲，知。譔先知。〔疏〕「立政鼓衆，動化天下」者，鄧展云：「鼓亦動也。」司馬云：「鼓謂鼓舞。」按：先知云：「何以治國？曰：『立政。』」又云：「鼓舞萬民者，號令乎？」又云：「化其可以已矣哉！」又云：「聖人樂陶成天下之化。」此即摘取彼語，隱括爲文者也。「莫尚於中和」，漢書「尚」作「上」，古字通。先知篇自「甄陶天下」以下，皆論中和之德，義見各本文。「中和之發，在於哲民情」者，民情即思斁之事，所謂爲政有幾也。然則知幾其神者，無他道焉，知民情而已。注「哲，知」。按：「知」各本皆作「智」，誤也。本書多以哲爲知聞之「知」。問明：「允喆堯儃舜之重。」注語：「喆，知也。」喆、哲同字。孝至：「知哲聖人之謂俊。」注云：「深識聖意。」識亦知也。此文顏注云：「哲，知也。」即用李義。各本作「智」，乃校者妄改，今訂正。司馬云：「『哲』當作『晢』。晢，明也。言將發中和之政，在先明民情也。」此因不知哲有知聞之訓，故以爲「晢」之形誤耳。

仲尼以來，國君將相，卿士名臣，參差不齊，〔注〕患世論之不實，褒貶之失中。一槩諸聖，〔注〕一以聖人之道槩平之。譔重黎、淵騫。〔疏〕「參差不齊」，顏云：「言志業不同也。參音初林反。」「一槩諸聖」，漢書「一」作「壹」，顏云：「槩音工代反。」「譔重黎」下，各本皆別有淵騫序云：「仲尼之後，訖于漢道，德行顏、閔，股肱蕭、曹，爰及名將，尊卑之條，稱述品藻，譔淵騫。」此乃校法言者據漢書增補，絕非其舊。音義引柳宗元云：「按：漢書淵騫自有序，文語俗近不類，蓋後人增之，或班固所作。」宋祁校漢書，於淵騫序下云：「李軌注法言本無此序，云與重黎共序。」又引張慈云：「慈疑弘範不見漢書中序，故云共序。」是則李本別無淵騫序，較然甚明。蓋重黎、淵騫皆論春秋以後國君、將相、卿士、名臣之事，本爲一篇，以文字繁多，故中析爲二。於是淵騫雖亦爲一篇，然非別有作意，故不爲之序。漢書此文，乃淺人見此篇有目無序，疑爲缺失，遂妄撰此二十八字竄入，不獨文語俗近如子厚所云，又且意義與重黎序複重，了無所取，固非子雲舊文，亦併不得以爲班固所作也。自漢書竄入此序，後校法言者因悉據漢書增補，竝以顏注定其差品及文質也。八字厠入，而柳注、宋校所謂「淵騫無序，與重黎共序」之語不可解矣。然則子京校漢書何以於「訖于漢道」句下，又云李軌注法言本「訖」作「迄」耶？蓋當時通行法言均已補入此序，其云李本無此序者，據舊本言之；云李本「訖」作「迄」者，據通行本言之也。集注於此亦云：「宋、吳本『迄』作『訖』，今從李本。」是温公所據，正即子京所見之通行本。今治平本作「訖」，則又修板據漢書改之，非宋初之舊矣。注「一以聖人之道槩平之」。按：顏云：「以聖人大道概平。」即用李義。韓非子外儲說：「槩者，平量者也。」俞云：「舊讀皆於『齊』字絕句，非也。詩載馳篇毛傳曰：『進取一槩之義。』正義曰：『一槩者，一端。』然則此云一槩諸聖，不可通也。疑當於一『字』絕句。淮南子修務篇：『故立天子以齊一之。』是『齊一』連文之證。惟其參差不齊一，故必槩諸聖也。學行篇序曰：『訓諸理。』五百篇序曰：『經諸範。』此云：『槩諸聖。』句法正同。」榮按：孟子：「禹、稷當平世。」章指云：「上賢之士得聖一槩。」又：「魯欲使樂正子爲政。」章指云：「好善從人，聖人一槩。」似皆一端之義，足爲曲園說之證。然弘範解「一槩」固不用此義。古書中文字相同，而解釋各異者甚多，未可執一求之也。

君子純終領聞，〔注〕純，善也；領，令也；聞，名也。言善於終而有令名也。蠢迪檢柙，〔注〕蠢，動也；迪，道也；檢柙，猶隱括也。言君子舉動則當蹈規矩。旁開聖則，〔注〕開，通也；則，法也。譔君子。〔疏〕「純終領聞」者，國語周語：「純明則終。」韋注云：「終，成也。」「蠢迪檢柙」者，爾雅釋詁：「蠢、迪，作也。作，爲也。」此與孝至「蠢迪王人」異義。彼文謂動、擾，即釋詁之「蠢，妯」；此文謂作爲，則釋詁之「蠢，迪」也。「檢」治平本作「撿」，今依漢書改。「柙」各本及漢書皆作「押」，今正。司馬云：「『檢押』當作『檢柙』。檢柙猶云法式，荀子儒效：『禮者，人主之所以爲羣臣寸、尺、尋、丈檢式也。』」注「純，善也；領，令也」。按：純、善古音相近，方言：「純，美也。」美、善義同。史記漢興以來諸侯年表：「非德不純。」索隱云：「純，善也。」領、令亦同聲通用。李奇云：「領，理所聞也。」讀領爲理，於義未安。注「言善於終而有令名」。按：顏云：「言君子之道能善於終，而不失令名。」全同李義。司馬云：「君子既樂善以終，又有令名聞於後世者，以立言不朽故也。」亦與李義相似。此皆未得「終」字之義。純終領聞，謂善成其令名，非善終與令名爲二事也。注「蠢，動也；迪，道也」。按：此析蠢、迪爲二義，似亦未得。注「檢柙，猶隱括也」。按：「隱括」説文作「檃栝」，矯曲木之器。引伸之亦爲法式，説詳修身疏。故此以釋檢柙之義，顏注同。

孝莫大於寧親，寧親莫大於寧神，寧神莫大於四表之歡心，〔注〕言尊祖考，安神靈，故四方驩心。譔孝至。〔疏〕「寧親莫大於寧神」者，司馬云：「神者，祖考之神，大孝宜若周公然。」按：孝經：「孝莫大於嚴父，嚴父莫大於配天，則周公其人也。昔者周公郊祀后稷以配天；宗祀文王於明堂，以配上帝。是以四海之內，各以其職來祭。」即其義。「寧神莫大於四表之歡心」，漢書「歡」作「驩」。按：孝經：「故得萬國之懽心，以事其先王。」「歡」正字，驩、懽皆同聲通用。

注「言尊」至「驩心」。按：顔云：「安，寧也。言大孝在於尊嚴祖考，安其神靈。所以得然者，以得四方之外驩心。」即本李語而敷衍之。

附録一 楊子法言校補

劉師培

學行卷第一

仲尼駕説者也，不在茲儒乎？

李注：「駕，傳也。」　案：文選陸機弔魏武帝文注引作「仲尼之駕稅矣」；又引李軌（上脱「弘」字。）曰「稅，舍也」。是李本「駕説」作「駕稅」，上有「之」字；「者也」作「矣」。今本挩李注詁「稅」之詞，正文復異，（古「稅」字亦作「説」。或李本正文亦作「説」，選注所引，亦用正字。）知非李本之舊。　又案：注文「駕，傳也」三字如係李注，似「傳」字當讀傳遽之「傳」，今下注又云「傳言」，知非李注。

如將復駕其所説，則莫若使諸儒金口而木舌。

李注：「金寶其口，木質其舌，傳言如此，則是仲尼常在也。」　案：李本「説」字亦當作「稅」。駕其所稅，謂駕其既息之道也。今注以傳言爲訓，明係以「言」訓「説」，亦非李注。

螟蠕之子殪而逢，蜾蠃祝之曰：「類我，類我。」久則肖之矣。速哉！七十子之肖仲尼也。

李注：「肖，類也。蜾蠃遇螟蠕而受化，久乃變成蜂耳。七十子之類仲尼，又速於是。」　案：文選劉伶酒德頌注引「蠕」作

「蛉」，（太平御覽九百四十五、廣韻十五青、葉大慶考古質疑六、史容山谷詩外集注二引同。廣韻二十四果又引「蠃」作「蠃」。）引「速哉！七十子」作「速哉！若二三子」。又引李軌注云：「螟蛉，桑蟲也；蜾蠃，蜂蟲也；肖，類也。蜂蟲無子，引桑蟲蔽而殪之，幽而養之，祝曰：『類我。』久則化而成蜂蟲矣。速疾哉！二三子受學仲尼之化疾也。」據彼引，是李本「七十」作「二三」，注文亦殊。今本惟「肖，類也」三字與同，嗣外均非李注，即正文亦非李本也。

羿、逢蒙分其弓。

案：分當訓裂。

師哉！師哉！桐子之命也。

李注：「桐，洞也。桐子，洞然未有所知之時，制命於師也。」案：嘉祐本注文「洞也」作「侗也」，下「桐子」亦作「侗子」，當據正。漢書禮樂志：「桐生茂豫。」顏注訓桐爲通。劉攽刊誤云：「桐，幼稚也。楊子曰：『師哉！師哉！桐子之命。』」據彼說，蓋以「桐」誼同「僮」。俞正燮云：「桐讀爲僮。」（癸巳存稿。）本此。

師者，人之模範也。（徐養原攷異云：「一本無『也』字。」）

案：初學記十八引有「也」字，「也」非衍文。

視日月而知衆星之蔑也。

案：孟子盡心上篇疏云：「楊子云：『視日月而知衆星之蔑如，仰天庭而知天下之居卑。』」

爲其不舍晝夜與？

案：王觀國學林九引此文及問道篇「不舍」字並作「捨」，謂捨字之意與論語「不舍」不合。是所據本作「不捨」。

滿而後漸者，其水乎？

李注：「水滿坎而後進，人學博而後仕。」（考異云：「宋刻一本無。」） 案：事類賦注七引「漸」作「進」，疑涉注誤。御覽五十九引注「學博」作「博學」，當據訂。

吾未見好斧藻其德若斧藻其粢者也。（世德堂本作「歟」。）

案：文選女史箴注、王融曲水詩序注所引並無「好」字，御覽百八十八引同。（戴望校本引。）「好」疑後人所增。蓋既言斧藻，不必更著「好」字矣。

睎驥之馬，亦驥之乘也。睎顔之人，亦顔之徒也。或曰：「顔徒易乎？」曰：（世德堂本無「曰」字。）「睎之則是。昔顔常睎夫子矣。」

案：文選運命論注、御覽八百九十七引「睎」並作「希」。運命論注又引李軌云：「希，望也。言顔回嘗望孔子也。」謝朓辭隋王牋注亦引「希驥」語，復引李軌云：「希，望也。」與運命論注引同。今本並挩。

吾不覩參、辰之相比也。

案：文選蘇武古詩注引「覩」作「睹」，又引宋衷曰：「辰，龍星也；參，虎星也。我不見龍、虎俱見。」疑宋衷注本作「辰、參」。

百川學海，而至于海；丘陵學山，不（世德堂本上有「而」字。）至于山。

案：御覽六百七引「至于海」作「歸於壑」。事類賦注引「不至」作「而不至」，「而」字當有。

是故惡夫畫也。

李注：「畫，止。」案：御覽六百七引「也」上有「者」字；五十三引「畫也」作「住者」，引注「畫，止」作「住，止」。

使我懷金紆紫，其樂不可量已。（世德堂本作「也」。）

案：文選鮑明遠擬古詩注引無「不」字，「已」作「也」；宦者傳論注、讓平原内史表注及後漢書宦者傳注亦引「已」作「也」。（「也」與「邪」同，「不」字當衍。）宦者傳論注引李軌曰：「朱，紱也。」擬古詩注引李軌曰：「金，金印也。」後漢書注並引之。（「朱」字疊。）今本並挩。

顏苦孔之卓之至也。

案：温公從宋、吴本無「之至」二字，非也。脩身篇云：「公儀子、董仲舒之美之邵也。」此文句例正與彼同。之卓之至，猶云卓且至。

曰：「有教立道，無心仲尼；有學術業，無心顏淵。」（音義云：「天復本並作『無止』。一止云天復本『心』作『止』。」案：音義一本云云，蓋謂他本校引天復本。）

案：兩「心」字嘉祐本並作「止」。「無止」即下文所云「孰禦」。彼文李注云：「孔子習周公，顏回習孔子，無止之者。」是其說。（「術」與「述」同。）

吾子卷第二

童子彫蟲篆刻。

案：顔氏家訓文章篇、後漢書楊賜傳注、文選任昉爲范尚書讓吏部封侯第一表注、楊修與臨淄侯牋注並引「彫」作「雕」。（白帖八十六引同。惟王觀國學林九引此並下文「彫刻」作「彫」，引「玉不彫」作「雕」。）

或問景差。（音義云：「舊本作『景瑳』。」）

案：嘉祐本正作「瑳」。又史記屈原傳「景差」，索隱云：「楊子法言及漢書古今人表並是『景瑳』。」足考唐本異文。

詩人之賦麗以則，辭人之賦麗以淫。如孔氏之門用賦也。

案：意林引「用賦也」作「而用賦」，（御覽五百八十七引同。）引「如」作「若」，「淫」作「婬」。

或問蒼蠅紅、紫。

李注：「蒼蠅間于（世德堂本作「乎」。）白、黑，紅、紫，似朱而非朱（世德堂本作「紫」。）也。」（世德堂本「也」上有「非朱之義」四字。） 案：俞樾平議云：「蒼蠅則何間白、黑之有？疑原本本作『蒼虪』。」其説非也。李注所言本屬古訓，詩小雅青蠅鄭箋已標此誼。楚辭九嘆云：「若青蠅之僞質。」王注云：「青蠅變白成黑，變黑成白。」文選曹子建贈白馬王詩亦曰：「蒼蠅間白、黑。」蓋蠅淆白、黑，紅、紫亂朱，同爲有害于色，故楊子並言。藝文類聚九十七及御覽九百四十四並引此文入蠅部，足證李説非訛。 又案：類聚引注無「也」字，亦作「非朱」，明本注誤，疑非李本之舊。

多哇則鄭。

李注：「多哇者，淫聲繁越也。」 案：文選東京賦注、謝靈運擬陳琳詩注、養生論注並引李注云：「哇，邪也。」今本挩。（李既訓哇爲邪，或此注「淫聲繁越」亦非李注。）

如玉如瑩，爰變丹青。

李注：「如玉如（世德堂本作「之」。）瑩，磨而不磷。今屈原放逐，感激爰變，雖有文彩，丹青之倫耳。」案：龔鼎臣東原録云：「嘉祐中，予在國子監，與監長錢象先進學官，校定李軌注楊子法言。後數年，乃於唐人類書中見『如玉如瑩』一義，惜其未改正也。『或問：屈原智乎？曰：如玉如瑩，爰見丹青。』軌注云：『夫智者達天命，如玉加瑩㊀，磨而不磷。』往日不知其誤，遂改軌注以就文義耳。」據龔説，似以作「加」爲正。今考此語本于佚論語，説文引之，近儒考辨甚詳。古籍所稱，多作「如」字。如隸釋十一高陽令楊著碑云：「其德伊何？如玉如瑩。」又蔡邕集幼童胡根碑云：「實有令儀，而氣如瑩。」是「如瑩」本非誤字，故初學記廿一、山堂考索前集二十一並引此作「如」。惟李以磨而不磷爲釋，似注本作「加」。（初學記亦引作「如」。）加、如形近，惟不得以「如」爲誤字耳。又案：考索引注「之倫」作「之論」，亦通。

觀書者譬諸觀山及水。

案：文選吴質答東阿王書注引「諸」作「如」。

升東嶽而知衆山之峛崺。

案：文選褚淵碑文注引「升」作「登」，「峛崺」作「迤邐」。（答東阿王書注亦引作「迤邐」，惟袁本作「峛崺」。）據慧琳一切經音義七十八云：「『峛崺』或作『邐迤』。」（文選甘泉賦：「登降峛崺。」李注云：「邪道也。」）是兩文古通。（御覽六百十三引

㊀「加」字原本訛作「如」，形近而誤，今改。

鄒子曰：「夫觀書者，譬猶登東嶽而知丘陵之嵬壘也，浮滄海而知江河之不廣也。」意與此同。）

舍五經而濟乎道者，末矣。

李注：「末，無。」　案：御覽七百七十引注作「末，無之也」。

山⿰山巠之蹊。

案：御覽百八十八引「⿰山巠」作「徑」，（戴校引。）二字古通。

曰：「子户乎？」曰：「户哉！户哉！」

案：御覽引無上「曰」字；「户哉」作「我户哉」，無下「户哉」二字。「我户哉」與「子户乎」相應，似屬古本。

見草而説。（音義云：「天復本作『見羊而悦』。」）

案：文選棗據雜詩注、御覽七百六十六、九百二並引「説」作「悦」。

緑衣三百，色如之何矣？

李注：「緑衣雖有三百領，色雜（世德堂本作「雜色」。）不可以入宗廟。」　案：類聚十五引裴頠女史箴云：「緑衣雖多，無貴於色。」説本此。據裴説，蓋爲緑爲賤色，即詩邶風緑衣毛傳所云「緑，間色」也。李云：「領色雜。」蓋以緑衣爲緣衣。緣謂緣飾，即禮記深衣篇所云：「純袂緣純邊。」與裴似異。

震風陵雨。

李注：「陵，暴。」　案：御覽十、洪興祖楚辭九章補注引「陵」作「淩」，文選陸機連珠注引注作「陵雨，暴雨也」。

然後知夏屋之爲帲幪也。

李注：「帲（世德堂本「帲」上有「夏，大也」三字。）幪，蓋覆。」案：文選連珠注引「夏」作「厦」，御覽十引注亦有「夏，大也」三字，當从明本。又案：連珠注引此文，下有「帲，莫經切；幪，真公切」八字，亦古音。

修身卷第三

或問「治己」。曰：「治己以仲尼。」

案：御覽八百九十七引此文，夾注云：「問治己何用？益以用孔子之道。」疑李注挩文。

仲尼奚寡也。

案：御覽引此文，夾注云：「言學孔子道多，而成者何少也。」疑亦李注。

熒魂曠枯，糟（音義云：「李軌讀『糟』如字。」）**莩曠沈。**

李注：「莩，孰（考異云：「一本作『熟』。」）也。」案：「糟」字當从柳注易「精」。淮南俶真訓云：「夫人之事其神而嬈其精營㊀，慧然而有求于外，（高注「營彗」連讀，失之。）此皆失其神明，而離其宅也。」熒、營古通。（「營」即老子「營魄」。後漢書寇榮傳：「營魂識路之懷。」李注云：「老子曰：『載營魄。』猶營魂也。」）熒魂、精莩，即淮南所謂「精營」。又荀子賦篇云：「血氣之精也，志氣之榮也。」成相篇云：「思之精，志之榮。」管子內業篇曰：「精存自生，其外安榮。」精、營對文，

㊀「營」下原本有旁書小字「句」，蓋校補作者以之示句讀，今删。

亦與此文熒精意合。（李注不改字者，蓋以「糟」猶淮南道應訓「糟粕熒魂」，糟粕別精粗言之。）

敢問四輕。

案：意林引作「何謂四輕」。

問道卷第四

或曰：（音義云：「天復本無『或曰』二字。」）「事雖曲而通諸聖。」

案：「或曰」二字衍。

請問禮莫知。（音義云：「天復本作『請問莫知』。」）

李注：「言已有禮制，則有尊卑。」　案：「禮」字涉注而衍，温公从天復本，是也。

或問：「彫刻衆形者匪天與？」曰：「以其不彫刻也。」

案：北堂書鈔百四十九引「彫刻」作「刻彫」。（引「曰」作「因」，誤。）

如物刻而彫之。

案：御覽二所引疊「物」字，是也。

及搥（音義云：「舊本皆從手。」　案：據此則音義所據本不從手，當作「槌」。）提仁義。

案：宋雲緇譯名義集半滿書籍篇引「搥」作「槌」。

惟聖人爲可以開明，佗（考異云：「一本作『他』。」）則苓。

案：管子宙合篇云：「明乃哲，哲乃明，奮乃苓，明哲乃大行。」下文釋之曰：「奮，盛；苓，落也。」彼文明、苓對文，（此文「開明」，「開」與「闓」同。李注訓發，似非。）與此文同，卽此文所本。苓義詁落，當從彼說。

或問（世德堂本作「曰」。）「太古塗民耳目」。

李注：「人以爲太古不（世德堂本作「下」。）如絶禮樂以塗塞人之耳目。」

案：文選劇秦美新云：「弛禮崩樂，塗民耳目。」亦卽絶禮樂言。彼注引六韜云：「先塗民耳目。」據李云，塗塞似亦讀「塗」爲「敳」。

御失其道，則天下狙詐咸作敵。

李注：「失其御則反間（考異云：「宋刻一作『聞』。」）背叛。」　案：范祖禹唐鑑六引「敵」作「逆」，與注義合。

刀不利，筆不銛，（音義云：「或作『鈷』，誤。」）而獨加諸砥，不亦可乎？

李注：「刀鈍礪之以砥，筆秃鋌削（世德堂本作「銛之」。）以刀，申、韓行法，欲以救亂，如加（世德堂本無「欲」字、「加」字。）刀砥，亦所以利也。」　案：意林及御覽三百四十六引「獨加諸砥」作「宜加砥（御覽作「砡」。）削。」據注，以砥釋刀，以鋌削釋筆，「削」字應有。

問神卷第五

李注：「□能測乎天地之情。」　案：嘉祐本缺處乃「心」字。

天精天粹，萬物作類。

李注：「天以精粹覆萬物，各成其類。」　案：書鈔百四十九引注「類」下有「也」字。（「成」作「色」，誤。）

龍蟠於泥，蚖其肆矣。

案：玉燭寶典二云：「韋昭所注國語，一本云『化爲玄蚖』。昭解云：『蜥蜴類。』楊子法言云『龍蟠于泥，蚖其肆矣』，即是此蟲。李軌同。」今注無詁蚖之詞，疑挩。

聖人以不手爲聖人。

李注：「手者，桎梏之屬。」　案：「手」疑「手」誤，即古「𠂹」字。荀子富國篇：「垂事養民。」楊注：「垂，下也。」是𠂹爲降抑之義。蓋或人以不受拘執爲不制，楊子以志不降抑爲不制也。說苑權謀篇「東郭垂」，韓詩外傳「垂」作「牙」，「手」即「手」誤，知古籍「垂」恆作「手」也。

至書之不備過半矣，而習者不知。

李注：「本百篇，今有五（世德堂本誤「四」。）十九，故曰過半。」　案：李合僞古文數之，故曰「五十九」。若楊子所言，自指今文二十九篇，故曰「不備過半」。

今亡夫。

案：王觀國學林一引「夫」作「矣」。

周書噩噩爾。

李注：「不阿附（考異云：「宋刻作『陼』。」）也。」案：御覽六百八引注「阿附」作「可名」，是也。

下周者，其書譙（音義云：「俗本作『誰』，舊本皆作『譙』。」）乎？

李注：「下周者秦，言酷烈也。」案：御覽六百八引「譙」作「憔悴」，「悴」字疑衍。憔、譙古通。温公从宋、吴本作「誰」，誤矣。

大哉！天地之爲萬物郭，五經之爲衆説郛。

案：書鈔九十五引「郭」亦作「郛」。

君子小人見矣。

案：文心雕龍書記篇引「見」作「可見」。

人病以多知爲雜。

案：「以」字疑衍，文選景福殿賦注引無。

育而不苗者，吾家之童烏乎！

李注：「童烏，子雲之子也。」案：王楙野客叢書八云：「童烏，舊説謂楊子雲之子小名。有一老先生讀法言，謂『吾家之童』爲句，『烏』連『乎』字，作『嗚呼』字讀，謂歎聲。似亦理長。僕觀後漢鄭固碑曰：『大男有楊烏之才，年七歲而夭。』蘇順賦：『童烏何壽之不將？』是時去子雲未遠，所舉想不謬。於是知童烏爲子雲之子小名。」其説是也。童烏見御覽所引劉向書。

九齡而與我玄文。

李注：「童烏九齡而與楊子論玄。」案：音義云：「與音預。」白帖二十及八十七兩引並作「預」，預謂參預，義較李注爲長。（如李說，必增字乃通。）

或問經之艱易。

案：文選連珠注引「艱」作「難」，下同。

盍勢諸名卿，可幾也。

李注：「盍，何不也。勢，親也。名卿，親執政者也。言何不與之合勢而成名也。」案：漢書王貢兩龔鮑傳序「勢」作「執」。勢無親訓，疑李本舊作「執」字，執卽「暬」省。國語周語云：「居寢有暬御之箴。」韋注：「暬，近也。」暬有近訓，故李注詁親，謂親近名卿也。（注文「親執政」，「親」字衍。）今本作「勢」，與韓非子有度篇「暬在郎中」今作「勢在」例同。注文「言何」以下又以勢爲合勢，與親訓殊，疑非李注。漢書顏注引韋昭說云：「言有勢之名卿，庶幾可不朽。」與李異。

不屈其志。

案：文選顏延年侍游蒜山詩注引「屈」作「詘」，與漢書合。辨命論注引作「不詘其節」。

而耕乎巖石之下。

案：文選注兩引「乎」作「於」。御覽八百廿二引「巖」作「嵒」，葉夢得避暑録話上引作「巖」。

名振於京師。

案：文選侍游蒜山注引「振於」作「震乎」，避暑録話亦引作「震」，（與漢書合。蓋據温公本。）史容山谷詩外集注五引作「而名震于京師」。

愆語，君子不出其口。

李注：「欲聞其義。」案：此注應在「何謂德愆」下，今本誤移此文「愆」字下。此文「愆語」聯詞，猶云過失之語，非愆爲或人所問之詞也。

問明卷第六

匪天也夫？

案：御覽二引「匪」作「惟」。

鴻飛冥冥，弋人何慕焉？

李注：「君子潛神重玄之域，世網不能制禦之。」案：「慕」字惟宋衷本作「篡」，温公言之甚詳。後漢書逸民傳：「弋人何篡？」注謂諸本或作「慕」，法言作「篡」，又引宋衷注，訓篡爲取。文選逸民傳論注引法言作「弋者（或作「人」。）何篡」，亦引宋衷注。（音義引後漢書注所載宋注，與今選注所引悉同。）又云：「今『篡』或爲『慕』，誤也。」並據宋本。野客叢書六云：「楊子雲法言：『鴻飛冥冥，弋人何慕焉。』一本作『篡』，故退之詩云：『久嫌弋者篡。』（案：韓集酬崔十六少府三十韵詩云：「久嫌弋者篡。」字不作「簒」。王伯大音釋引方崧卿云：「楊子：『鴻飛冥冥，弋人何篡焉。』古本及後漢書均然，蓋篡取之義也。然今本楊子亦作『慕』，非也。」）僕觀後漢逸民傳序及注云云引節乃是『篡』字，非『簒』字也，故陳子昂碑曰『弋人何篡，鴻飛高雲。』張曲江詩曰『今我游冥冥，弋者何所慕』，則用元字。梁肅四皓贊曰『弋者何思，鴻飛冥冥』，又轉爲『思』字，是『何慕』宋本或作『簒』也。據李云不能制禦，與宋注訓取不同，李本自不作『篡』，類聚九十引作『慕』，自據李本。白帖九十四引作『弋者何篡』，據宋説改」。（梁肅云：「何思」亦據作「慕」之本。）

鳳鳥蹌蹌，匪堯之庭。

李注：「匪堯之庭則不降步也。」　案：周禮考工記：「且其匪色必似鳴矣。」鄭注：「故書『匪』作『飛』。」是飛、匪互通。此文「匪」字疑亦「飛」叚，若如李説，必增字而後通。

蜀莊沈冥。

案：漢書王貢兩龔鮑傳序作「蜀嚴湛冥」。（世説新語注十八引此亦作「沈」。）

舉兹以旃。

案：旃當詁表。漢書顔注云：「旃，亦之也。」非是。

靈場之威，宜夜矣乎？

李注：「靈場，鬼神之壇祠也。（世德堂本捝「祠也」二字。）靈場所以爲威，可冥（世德堂本作「宜」。）夜，而不可白日。」

案：靈場蓋即受禪靈壇。（「靈壇」見魏受禪碑。）此節謂禪讓至重，堯無輕禪許由之事。其曰「靈場之威」云云者，「威」與「嚴」同。蓋謂授禪之際，厥典至嚴，不得于幽隱行之。若如或説，不啻於昏夜私爲授受也，故曰「宜夜矣乎」？

朱鳥翾翾，歸其肆矣。

李注：「朱鳥，燕別名也。肆，海肆也。」案：御覽九百二十二引此文，又引侯苞（即侯芭。）注云：「朱鳥，燕別名；肆，恣肆也。」説與李殊。（音義亦云：「注非也。朱鳥往來以時，不累其身，放肆自遂。」與侯注同。）

而卒死於説難。

案：「難」字當衍。

寡見卷第七

説天者莫辯乎易，説事者莫辯乎書。

案：書鈔九十五引「辯」作「辨」，下同。意林引「事」作「地」。

春木之芒兮，援我手之鶉兮。

李注：「春木芒然而生，譬若孔氏啟導人心，有似援手而進。」案：温公从宋、吴本「芒」作「芚」，當從之。注云「芒然」，亦「芚然」之誤。

美言不文。

案：御覽三百九十引「美」作「至」。

古者之學耕且養，三年通一。今之學也，非獨爲之華藻也，又從而繡其鞶帨。

李注：「鞶，大帶也；帨，佩巾也。」　案：後漢書儒林傳論引「學也」作「學者」，文選齊故安陸昭王碑文注、御覽八百十五引同。後漢書注云：「『鞶』或作『幣』。」選注引注文「巾也」下有「喻今之文字煩多，非獨華藻也。巾、帶皆文之如繡也」二十字，今本並挩。　又案：「三年通一」下，李刻據盧校本無「經」字，嘉祐本有之，當據補。

雷震乎天，風薄乎山。

案：文選顏延年曲水詩序注引「乎」作「于」。

使起之用兵每如斯。

案：溫公从宋、吴本無「用」字，疑非。史記吴起傳集解引有「用」字，「如」作「若」。

航人無楫，如航何？

李注：「雖有舟航，而無楫櫂，不能濟難；雖有人民，而無禮樂，不能熙化。」　案：御覽七百七十一引「楫」作「檝」，引注作「喻有民無禮樂治也」，係約引，「治」上有挩字。（疑今注「熙化」，「化」本作「治」。）

航安，則人斯安矣。

案：類聚七十一引「則人」作「而民」，御覽七百七十亦引作「人」。

五百卷第八

李注：「五百□□，非通經之言。」案：嘉祐本作「五百歲一聖」。

仲尼開迹，將以自用也。

李注：「欲行其道，制素法也。」案：「素法」疑當作「素王法」。

曰：「知之則曷爲不用？」曰：「不能。」曰：「知聖而不能用也，可得聞乎？」

案：類聚二十、御覽四百一引「曰知之」作「若知之」，類聚引無「也」字。

逆其所順。

案：類聚、御覽並引「順」作「從」。

捐其所能。

案：御覽引「捐」作「損」。

非天下之至。（音義云：「天復本『至』下有『德』字。」）

案：御覽引「至」下有「聖」字。

闕百聖而不慙。

案：「闕」與「貫」同，猶禮記雜記下「闕轂」即「貫轂」也。

占天地。

李注：「言皆(世德堂本作「能」。)占之。」 案：注文「皆」字當作「能」，蓋正文衍「地」字，校者易注以就之。

月未望則載魄于西。

李注：「漸東滿。」 案：嘉祐本注文「漸」上有「以」字。

既望則終魄于東。

案：書鈔一百五十引「終魄」作「魄落」。

檝之而已矣。

案：禮書一百十二引「檝之」作「亦檠之」。

莊、楊蕩而不法。

案：晉書王坦之傳載所著廢莊論引「蕩」作「放蕩」。

鄒衍迂而不信。

李注：「迂回不可承信。」 案：史記封禪書云：「騶衍以陰陽主運，顯於諸侯，而燕、齊海上之方士傳其説不能通，然則怪迂阿諛苟合之徒自此興，不可勝數也。」此文「迂」字即怪迂之「迂」。漢書郊祀志顔注云：「迂謂回遠也。」

先知卷第九

忽眇緜作昞。

李注：「眇緜，遠視。」　案：文選江賦注云：「𥉷眇，遠視貌。法言曰：『眇緜作炳。』」𥉷音緜，與李說同。學林六引作「忽忽眇綿作炳」，疑非。

政善而吏惡，一勤也；吏善而政惡，二勤也；政、吏駢惡，三勤也。

李注：「政，君也；駢，竝也。」　案：書鈔七十七引作「一曰善政，二曰吏善政惡，三曰政、吏戒惡，此曰三勤也」。「戒」乃「咸」訛。（文選景福殿賦注引李注：「駢，並也。」）

之謂惡政。

案：御覽八百十九引作「此謂惡政也」。

聖君少而庸君多。

案：文選辨命論注引「庸」作「亂」。（裕孚案：「文選各本多作『庸』。」）

脩之以禮義。

案：「脩」當作「循」。循與順同，（說文：「循，順行也。」）猶云順之以禮義也。（古籍脩、循互訛，弗具引。）

吾見玄駒之步。

李注：「玄駒，蚍蜉子也。」　案：「孫詒讓札迻云：『「步」當作「走」。』今考玉燭寶典十二引「步」作「屮」，（似「走」字艸書之誤。）又引郭璞蚍蜉賦云「感萌陽以潛步」。文心雕龍物色篇亦云：「蓋陽氣萌而玄駒步。」據郭、劉二文，似「步」非誤字。

象龍之致雨也，難矣哉！

案：續漢書禮儀志注引無「也」字，「難」作「艱」。

君之不才。

案：御覽九百二十八引作「君乏才」。

甄陶天下者，其在和乎？

案：文選景福殿賦注引此文，又引李注曰：「埏埴爲器曰甄陶，王者亦甄陶其民也。」今本挩。（選注又有「埏，失然切」四字，蓋隋、唐以前李注音義文。）

剛則甈。

案：學林八引揚子音義曰：「甈，五計切，破罌；又力制切，破瓦。」今本音義挩。（學林引本文「甈」誤「瓶」，又云：「太剛則有破裂之患也。」）

譬猶日之中矣。

案：事類賦注一引「矣」作「乎」。

什一，天下之中（世德堂本無「中」字。）正也。

李注：「什一税民，天下之中賦正法也。」案：事類賦注一引作「什一之税，天下正也」，亦無「中」字。據李注，「中」字應有。

重黎卷第十

義近重，和近黎。

案：書堯典疏引此文，申之曰：「是羲承重，而和承黎矣。」

蓋哉！蓋哉！應難未幾也。

李注：「再言『蓋哉』者，應難以事，未有近其理哉。」案：事類賦注一、御覽二引無「應難」二字。北史信都芳傳載芳四術周髀宗自序云㊀：「漢成帝時，學者問蓋天。楊雄曰：『未幾也。』問渾天。曰：『幾乎！』言蓋差而渾密也。」亦無「應難」二字，當係衍文。（注云「應難以事」，蓋謂楊子難蓋天八事。）

至蠢策種而遁，肥矣。

案：「肥」即易下經「肥遯」之「肥」，肥與蜚同。

六國蚩蚩，爲嬴弱姬。

㊀「宗」字原本譌作「周」，據北史本傳改。

案：後漢書袁紹傳載沮授引此文，注云：「方言：『蚩，悖也。』」

守失其微。（音義云：「本或作『徽』。」）

案：作「徽」是也。嘉祐本亦作「徽」，爾雅釋詁：「徽，善也。」守失其徽，猶言傷其美。

天胙光德，而隕明忒。

李注：「天之所福，光顯有德。而令隕之者，明乎秦、楚忒惡之所致。」　案：嘉祐本注文「令」作「今」。

故天胙之，爲神明主。

案：文選王融曲水詩序注引作「故天因而瑞之」，王命論注引作「故天因而胙之」，又引「天因胙之」，是古本當有「因而」二字，今本挩。

胎籍三正。

案：此語蓋本書甘誓「怠棄三正」。胎、怠同聲叚用。

越與（音義云：「俗本作『輿』。」世德堂本亦作「輿」，从宋、吴本。）亢眉，終無橈辭，可謂伎矣。

李注：「有才伎也。」　案：伎衆亢眉及無橈言，與曲對文。疑與史記項羽傳「枝梧」義同。莊子齊物論釋文引司馬彪云：「枝，柱也。」是其誼。李説非。

自令之間而不違。

案：「自令之間」，猶云獨善其間。

不能移。

案：學林二引「不」上有「項」字。

剸虎牙矣。

案：史容山谷詩外集注六引「剸」作「摩」。

張辟彊之覺平、勃。

案：學林八引音義：「辟，必益切；又蒲必切。」今本音義挩下四字。（學林二又云：「覿辟彊啟陳平之語，殆非十二齡所能言，當从漢書作『十五』也。」）

始六之詔。（音義云：「天復本作『始元之初』。」）

案：嘉祐本「六」下有「世」字，是也。始六世者，謂高帝至武帝計六君。（李刻據盧校本無「世」字，與宋、吳本同。）

事得其宜之謂義。

案：孟子題辭解疏引作「謂之義」。

四皓、韋玄。（音義云：「天復本作『四皓、韋玄成』。」）

案：嘉祐本正引「韋玄成」。

欒布之不塗。（音義云：「天復本作『不倍』。」）

案：嘉祐本亦作「倍」。「倍」字疑非。不塗，猶云弗僞飾。

左氏。曰：「品藻。」

案：類聚五十四引「氏」下有「傳」字。

淵騫卷第十一

攀龍鱗，附鳳翼，巽以揚之。

案：戴校云：「據温公集注，則古本無『巽』字。今考後漢書光武紀注引有『巽』字，似唐本已然。」

請（世德堂本下有「問」字。）孟軻之勇。

案：御覽四百三十七引「請」作「或問」，「問」字當有。

魯仲連傷而不制，藺相如制而不傷。

案：學林九引作「傷而不𠜂」，「𠜂而不傷」，釋云：「皆讀音旨兖切，乃鱄、剸二字正音。」則所據之本不作制。陳騤文則上引兩「制」字亦作「𠜂」。（引「傷」誤「傷」。）

使知國如葬，則吾以疾爲蓍龜。

案：文選三國名臣序贊注引「如」作「若」，「龜」作「蔡」，下有「也」字。

周之順、（音義云：「俗本作『周之傾』。」）赧以成周而西傾。

案：音義云：「順靚王及赧王也。」俞正燮説亦同，（癸巳存稿。）其説似確。惟書鈔四十二引「順」作「從」，立義似別。

忠不足相也。

李注：「相，助也。」　案：「相」乃「梋」訛。晏子春秋雜下：「望之相相然。」王氏雜志云：「『相』當作『梋』。說文：『梋，高貌。』」此文訛「梋」爲「相」，與彼例同。忠不足梋，猶云功不足崇也。

爲可謂之義乎？

李注：「義者，臣子死節乎君親之敗也。」　案：嘉祐本注文「敗」作「難」，當從之。

實刺客之靡也。

案：文選吴都賦劉注云：「靡，美也。楊子法言曰：『聶政、荆軻，刺客之靡。』」蓋本書古訓。

角（世德堂本作「用」。）里先生。

案：洪括隸釋十六、陳騤文則上亦引作「用」，與温公所引或本同，當从之。

菑（世德堂本作「災」。）異董相。

案：文選辨命論引「災異董相」，又引李軌曰：「董相，江都相董仲舒也。」今本捝。

叔孫通。曰：「槧人也。」

李注：「見事敏疾。」　案：槧無敏訓，疑與荀子「漸詐」義同。

陳平之無悟。

李注：「内明奇畫，外無違悟。」　案：李注蓋讀「悟」爲「牾」。據文選長笛注引法言注：「遻，觸也，五故切。」似即此文佚注。遻、悟、牾三字並古通。或李本舊作「遻」，陳撰文則上引作「無悞」，與溫公所據宋、吳本同，則俗本也。又案：文選陸機漢高功臣頌注引宋仲子法言注云：「張良爲高祖畫策六，陳平出奇畫四，皆權謀，非正也。」卽此文及上張子房語宋注。

非夷尚容。

李注：「非夷、齊，是柳下惠，戒其子以尚同。」 案：注本漢書朔傳惟「尚容」作「尚同」，疑李本正文「容」亦「同」字。文選顏延年陶徵士誄曰：「依世尚同，詭時則異。」疑據此。

「有李仲元者，人也。」「其爲人也，奈何？」曰：「不屈其意，不累其身㊀。」

案：意林引「意」作「志」，「累」作「辱」。華陽國志「意」亦作「志」，國志稱：「李弘，字仲元，成都人。以德行爲郡功曹，一月而去。州命從事，常以公正諫正爲志。」（又國志贊云：「仲元抑邦家儀形。」）三國志蜀秦宓傳載宓與王商書，論嚴君平、李弘立祠事云：「李仲元不遭法言，令名以淪。」均本此。

則西山之餓夫與東國之絀臣。

案：文選陸機連珠注引「絀」作「黜」，意林引作「逐臣」。

㊀「不」字原本訛作「又」，據法言正文改。

君子卷第十二

人以巫鼓。（音義云：「天復本作『又以巫鼓』。」）

李注：「巫鼓猶妄說也。」　案：「鼓」疑「瞽」省，猶云巫史。

或問：「聖人之言，炳若丹青。」

案：後漢書來歙傳注引「炳」作「明」，公孫述傳注引「聖人」作「王者」，疑誤。（文選王融曲水詩序注亦引，同今本。）

如回之殘，牛之賊也，焉德耳？

李注：「言復甚也。」　案：謝應芳辨惑編一引「德」作「得」。據宋咸注云：「假令顏行之殘，冉行之賊，則安得不朽之業如此？」似「德」字舊亦作「得」。

孝至卷第十三

故孝子之於齊，見父母之存也，是以祭不賓。

李注：「夫齊者，交神明之至，故致齊三日，乃見其所謂齊者。」　案：俞樾平議云：「『祭』疑『齊』字之誤。」其說是也。據李注，似亦作「齊」，「祭」涉下文「不祭」而誤。禮書七十六正引作「齊不賓」，當據訂。

死生盡禮，可謂能子乎！

案：上四字乃答詞，下五字乃或人問詞。

無已泰乎？

案：御覽八百四十九引「泰」作「太」，下同。

天地之得，斯民也；斯民之得，一人也；一人之得，心矣。

李注：「得養育之本，故能資生斯民也。得資生之業，是故係之一人也。一人之得統御天下者，以百姓之心爲心。」案：李説迂曲，必增字而後通。以意揆之，此中三「得」字似均「中」字叚文。周禮：「師氏掌國中失之事。」鄭注云：「故書『中』作『得』。」吕氏春秋行論篇：「以中帝心。」高注云：「中猶得。」淮南齊俗訓：「天之圓也，不得規。」文子自然篇「得」作「中」。此均中、得互通之證。斯文作「得」，與周禮故書例同。天地之中斯民，即禮記禮運篇所謂人者天地之心也。斯民之中一人，又緇衣篇所謂民以君爲心也。心矣之「心」，指君心言，李以百姓之心爲釋，亦非。

或問羣言之長。

案：文選文賦注引此文，又引宋衷曰：「羣，非一也。」

或問「泰和」。曰：「其在唐、虞、成周乎？」

案：文選宋元后哀策文注引「泰」作「太」，七啟注、求自試表注亦引作「太」，「乎」作「也」。又七啟注引注文云「天下太和也」，求自試表注亦引「天下太和」四字，今本挩。

珍膳寧餬。（世德堂本作「餬」，注同。）

李注云：「寧餬，餬其口也。」案：御覽八百四十九引作「曼餬」。（書鈔百四十二亦引作「寧」。）

不亦享乎。

李注：「嫌禮胡如此，太盛也。」案：平議云：「『享』當作『厚』。」其説是也。據李注，似亦作「厚」，故云「太盛」。御覽八百四十九正引作「厚」，當據訂。

可不享。（世德堂本下有「乎」字。）

李注：「言如此不可不以盛禮待之也。」案：御覽引作「不可不厚也」，當據訂。注云「盛禮」，似亦以盛訓厚。

否則介鱗易我冠裳。

案：後漢書楊終傳注引「介鱗」作「鱗介」。

或問「勞功」。曰：「日一日勞，考載曰功。」

李注：「日一，日猶日日也。攷，成也。周而復始以成其歲，故曰功。」案：此節勞、功並文，正文「日勞」當作「日勞」，與「日功」對文。注文「日一日」當作「日一」，日一卽日日省言，故曰「猶日日」。今本「一」下衍「日」字，因誤正文爲「日勞」，誤矣。

漢興二百一十載而中天。

案：此乃楊子自述其作書之歲也。以史考之，當爲平帝三年。此書成于居攝前，故稱新莽爲漢公。互相勘驗，厥證益昭。李注不寤，以漢公爲稱其前美之詞，並雜引新事緣飾楊書，以爲慨寄微言，箴規深切。所謂本無其意，妄欲强合也。

（或以重黎篇羲和爲莽官。今考漢書平帝紀：「元始元年，置羲和官，秩二千石。」楊子所云，即屬此秩，非王莽所改大司農也。）

序

案：序篇引入漢書本傳。其文字小有異同者，如「浛乎情性」、「冠乎羣倫」，漢書「乎」並作「于」；昔在聖考，作「在昔」；「忽恍」作「曶怳」；「莫尚」作「莫上」；「一槩」作「壹概」；以及「遐」字作「假」，「範」字作「范」，「懽」字作「驩」，是也。或古字兩通，或字體稍别，具詳温公所引，兹不悉著。

浛乎情性。

案：黄氏日鈔引「乎」作「于」。

終後誕章乖離，諸子圖徽。

李注：「諸子應時而作詭世之言。」案：温公从宋、吴本「終」作「然」，與漢書合。李讀「終後誕章」爲句，似非。「誕章」二字當連下文「乖離」讀六字爲句。徽、微古通，當从俞正燮説。漢書作「微」，亦叚字。

陳施于意。

案：漢書「意」作「億」。顔注引李奇曰「布陳于億萬事也」，係本書古誼。

動不克咸，本諸身。

李注：「克，能；咸，皆。」　案：李讀「動不克咸」爲句，似非。「咸」當下屬。孟子離婁篇：「行有不得者，皆反求諸己。」即此所本。咸本諸身，猶彼文皆反求諸己。動與行同，不克猶不得也。

神心忽恍。（世德堂本作「忽怳」。）

案：羅大經鶴林玉露三引作「忽恍」。

譔先知。

案：漢書亦作「先」。宋祁引景本作「光」，似誤。

法言逸文

或問：「屈原、相如之賦孰愈？」曰：「原也過以浮㊀，如也過以虛。過浮者蹈雲天，過虛者華無根。然原上援稽古，下引鳥獸，其著意子雲，（或本作「虛」，是也。）長卿亮不可及。」（文選宋書謝靈運傳論注引法言。　案：「然原」以下，似非本書。）

周穆王少不好學，至乎耄長。（御覽八十五引楊子法言。）

㊀ 原本「浮」下有「過」字，據文選宋書謝靈運傳論注引法言，此「過」字當在「如也」下，今正之。

楊子法言校補校勘記

裕孚既校楊子法言校補訖，復得先生手藁數頁，亦題「法言校補」，與前互見異同，有足資參證者。不忍割棄，因刊諸校勘記中。片玉碎金，都爲瓌寶，固不妨兼收並載也。鄭裕孚記。

吾未見好斧藻其德若斧藻其楶者也。（學行。）

李注：「斧藻猶刻桷丹楹之飾。楶，櫨也。」　案：「好」字後人所增也。既言斧藻，則不必更有「好」字。太平御覽一百八十八引此文無「好」字，此古本無「好」字之確證。

然亦有苦乎？曰：「顏苦孔之卓之至也。」

考異云：「宋、吴本無『之至』二字，温公從之。」　案：「之至」二字非衍文。修身篇「公儀子、董仲舒之才之邵也」，與此句詞例正同。之卓之至，猶言卓且至也。蓋或人以顏子所苦爲問，楊子答之謂顏子所苦在于孔子之道既卓且至，難于躋及，故曰：「顏苦孔之卓之至也。」不得以「之至」爲衍文。

或問蒼蠅紅、紫。（吾子。）

李注：「蒼蠅間于白、黑。」俞云：「蒼蠅則何間白、黑之有？疑原文本作『蒼駹』。」　案：俞説無他證，且蠅、駹字形匪近。李注所言，本屬古訓，詩小雅青蠅鄭箋已標此義。文選曹子建贈白馬王詩曰：「蒼蠅間白黑。」蓋蒼蠅能淆黑白，故凡黑白相淆者，以蒼蠅爲喻。蒼蠅能淆黑白，與紅紫之亂朱物異，而有害于色則同，故楊子並言之。俞蓋未達斯旨。

曰：「子户乎？」曰：「户哉！户哉！」

案：御覽一百八十四引此無上「曰」字，「户哉！户哉」！作「我户哉」！無下「户哉」二字。「我户哉」與「子户乎」相應，似屬古本。

它則苓。（問道。）管子宙合篇云：「明乃哲，哲乃明，奮乃苓，明哲乃大行。」下文釋之云：「奮盛苓落也。」

宋注：「『苓』當爲『蒙』。」吴注：「苓，苓耳也。苓耳徒有其名，而無聆聞之實。」俞云：「當讀爲笭，言如車笭也。」案：吾子篇云：「好説而不要乎仲尼，説鈴也。」李注：「鈴以喻小聲。」此文之「苓」，蓋即彼「鈴」字之叚字也，言惟聖人能開明，餘皆所聞弗遠也。李于此文無注，蓋以「鈴」字已注釋于前，「苓」與「鈴」同，故不加釋訓。此「苓」當作「鈴」之確據。（此條改前作。）

聖人以不手爲聖人。（問神。）

李注：「手者，桎梏之屬。」宋注：「當作『干』。」吴注：「手，持也，執也。雖以非禮見囚，終不能執而戮之。」俞云：「『手』當爲『午』。午，牾也。不午者，不逆也。」案：上云「龍以不制爲龍」，其上又言「聖人不制，則何爲乎羑里」，則手義當與制近，「手」乃「手」之誤也。「手」即古「䍋」字，見説文我部。説文云：「𠂹，草木華葉下𠂹。」𠂹恒作「垂」，荀子富國篇：「垂事養民。」楊注：「下也。」則𠂹有降抑之義。不𠂹者，猶言不屈不抑也。言文王雖囚，終不因囚而詘，故曰「不𠂹」。蓋或人以不受拘執爲不制，揚子以志不屈抑爲不制也。古「𠂹」字恆書作「手」，故說苑權謀篇「東郭垂」，吕覽重言作「牙」，牙即「手」字之訛。是古籍恆用「手」字也。

至書不備者過半矣，而習者不知。

李注：「本百篇，今五十九，故曰過半。」案：李合後世僞古文尚書數之，故曰五十九。若揚子所言，則指今文二十八篇言，故曰不備者過半。然其說足破漢博士以尚書爲備者之妄。

九齡而與我玄文。

李注：「童烏九齡而與揚子論玄。」案：與猶舉也。舉訓左傳襄二十七年「使舉此禮」之「舉」。與我玄文，猶言記誦太玄之文也。李說非。

議其教化。（先知。）

案：「議」讀若「儀」。儀爲儀型之「儀」，猶言準一其教化也。

修之以禮義，則下多德讓。

案：「修」當作「循」，循與順同。（說文：「循，順行也。」淮南本經訓：「五星循軌。」高注：「順也。」）循之以禮義，猶言順之以禮義也。古籍循、修互訛，說別見。

守失其微。（重黎。）

音義：「微或作徽。」案：作「徽」是也。爾雅釋詁：「徽，善也。」書堯典：「慎徽五典。」徽亦訓善，即「媺」字之叚。失其徽者，猶言失其善也。宋嘉祐本正作「徽」。

天胙光德，而隕明忒。

李注：「天之所福，光顯有德，而令（當作「今」。）隕之者，明乎秦、楚忒惡之所致。」　案：「明」借爲「盲」。賈誼新書大政篇曰：「萌之爲言也，盲也。」明叚爲盲，猶萌之訓盲也。與望諸卽萌都，莔通作蝱（詩鄘風載馳毛傳：「蝱，貝母也。」爾雅釋草作「莔」。）同例。白虎通八風篇云：「清明者，青芒也。」亦其證。呂氏春秋音初篇云：「天大風晦盲。」高注：「盲，瞑也。」則明忒之義與光德相反。光德者，明而善也；明忒者，闇而惡也。言天于明而善者賜以福，闇而惡者覆其位。明忒與光德對文。李說非是。

自令之間而不違。

李注：「自令與始皇併心爲無道。」　案：「令」與「善」同，「之」與「是」同。自令之間而不違，猶言獨善於無道之朝而不去也。「之間」指秦之朝廷言。

始六之詔。

攷異云：「溫公曰：『李本作始六世之詔。宋、吳本作始六之詔。』音義曰：『天復本作始元之初，今從之。』盧云：『宋本作始六之詔。』案：如天復本，文理最順。但未知李本如是否。宋、吳本尚可通。若監本，則不可通矣。宋刻既與宋、吳同，今姑從宋、吳本。」　案：作「始六世之詔」是也。六世者，漢由高祖至武帝，計六君也。詔謂制令之屬。爾雅釋詁訓「基」爲「始」，始猶基也。始六世之詔者，言霍光之治以先世之制令爲其基，猶言本六世之令也。與賈誼新書過秦篇

「奮六世之餘烈」詞例相似。作「始元之初」者，則俗儒不達「始」字之義所妄改也。宋嘉祐本亦作「始六世之詔」。

欒布之不塗。

案：不塗猶言不僞飾。言布哭彭越，順情而發，對於高祖，不飾僞言也。嘉祐本作「倍」，疑後人所改。

攀龍鱗，附鳳翼，巽以揚之。（淵騫。）

攷異云：「案：温公曰：『宋、吴本作巽以揚之，今從李本。』而今本仍與宋、吴本同。盧云：『李本巽作翼。』又云：『有誤，今姑缺疑。』」（以上考異。）俞云：「李本無『巽』字，亦無他字。今各本皆作『巽以揚之』，蓋據宋、吴本。」案：「巽」字係衍文，卽「翼」字譌文之併入者也。今當據李本删。

忠不足相也。

李注：「相，助也。」俞云：「相與覩近。」案：「相」當作「相」。晏子春秋雜下：「望之相相然。」王氏雜志云：「『相』當作『相』。説文：『相，高皃』。」此文譌「相」爲「相」，與彼同例。忠不足相，猶言忠不足崇也。

焉可謂之義也。

李注：「義者，臣子死節乎君親之欵也。」案：李注「欵」字係「難」字之譌，宋嘉祐本正作「難」。

有李仲元者，人也。

案：李仲元見華陽國志，名弘，成都人，志載其事甚詳。又三國志蜀秦宓傳載宓與王商書論嚴君平、李弘立祠事，卽其人也。又下文「不屈其意」，華陽國志引「意」作「志」。

或問「泰和」。曰：「其在唐、虞、成周乎！」（孝至。）

案：文選曹子建求自試表李注引此文，「泰」作「太」，「乎」作「也」。此係故本。「也」與「邪」同，後人不達其義，改「也」爲「乎」。文選注引李注有「天下太和」四字，今挩。

附録二　法言補釋

劉師培

仲尼駕説者也，不在茲儒乎？（學行篇。）

李注云：「駕，傳也。」案：駕説猶淮南子所謂騰詞。淮南繆稱訓云：「子産騰辭。」高注云：「騰，傳也。」而説文亦説騰爲傳。騰、駕二字義同。

羿、逢蒙分其弓。（同上。）

俞氏樾曰：「分讀爲焚。」案：俞説非。説文訓分爲别，引伸之則爲離析之義。莊子漁父篇：「遠哉！其分於道也。」司馬彪注云：「分，離也。」素問五常政大篇云：「分潰癰腫。」王砅注云：「分，裂也。」則羿、逢蒙分其弓猶言裂其弓耳，不必改「分」爲「焚」也。

有教立道，無心仲尼；有學術業，無心顏淵。或曰：「立道，仲尼不可爲思矣。術業，顏淵不可爲力矣。」曰：「未之思也，孰禦焉？」（同上。）

音義云：「天復本『無心』並作『無止』。」俞氏樾從之，謂：「立道不止，則爲仲尼；述業不止，則爲顏淵也。」（俞讀「術」爲「述」，是也。）案：「無心」當作「無止」，是也。而俞氏所解則非。無止仲尼，猶言有教立道者不獨仲尼也；無止顏淵，猶言有學術業者不獨顏淵也。「無止」與「豈惟」同，故或人以爲難，謂「立道仲尼，不可爲思；術業顏淵，不可爲力。」其意無非謂聖賢不可躋及耳。揚子答之，則「學未之思也，孰禦焉」，「孰禦」上疑脱一「思」字，言果其能思，雖欲爲仲尼，無禦之者。所以申明上文「無止仲尼」之語，言欲爲仲尼，祇在能爲。非仲尼之後無仲尼也。

或曰：「賦可以諷乎？」曰：「諷乎？諷則已，不已，吾恐不免於勸也。」（吾子篇。）

案：「勸」字不可解，當讀爲「倦」。古「卷」字作「劵」，（漢書嚴助傳：「士卒罷勌。」即罷倦也。）卷、雚古通。莊子天運篇云：「淫樂而勸。」「勸」即「倦」字。此文亦然。禮記樂記云：「吾端冕而聽古樂，則惟恐卧；聽鄭、衞之音，則不知倦。」即此文「倦」字之確解。蓋揚子之意以爲賦詞僅可施於諷誦，舍諷誦而外，則令人觀之思卧矣。

緑衣三百，色如之何矣？紵絮三千，寒如之何矣？（同上。）

李注云：「緑衣雖有三百領，色雜，不可入宗廟。」案：色字與寒字對文，則必爲誤字，疑「色」當作「炎」。（毛詩傳云：「炎，熱氣也。」爾雅釋訓云：「炎炎，薰也。」）炎字古與餤通。（左傳莊十四年「其氣餤以取之」，漢書五行志作「炎」。）餤字從臽，色字篆文之形與臽字相近，故由臽字誤爲色字，實則臽字即炎字也。緑衣者，衣之豐厚者也；（緑訓爲飾，見爾雅注。）紵絮者，物之單薄者也。故緑衣不宜於煖，紵絮不宜於寒，二語爲對文。李注失之。

孔子之事多矣，不用，則亦勤且憂乎？（修身篇。）

案：此「勤」字當訓爲苦。本書先知篇：「或問民所勤。」注云：「勤，苦也。」此文勤字與彼義同。

熒魂曠枯，糟莩曠沈。（同上。）

李注云：「莩，熟也。」柳注以「糟」爲「精」之誤，而訓莩爲目精之表。俞氏樾曰：「熒魂以喻輕清之氣，糟莩以喻重濁之氣。糟者酒之汁，莩者米之皮也。其輕清者日以枯，其重濁者日以沈，斯盲矣。」案：衆説均非。惟柳改「糟」爲「精」，則其説甚確。淮南子俶真訓云：「夫人之事其神而嬈其精營，慧然而有求於外，此皆失其神明，而離其宅也。」精營二字正此文「熒魂精莩」之的解。（高注以「營慧」連文，失之。）「熒」當作「營」，老子云：「載營魄。」注云：「神之常居處也。」法言之「熒魂」，卽老子之「營魄」。（素問調經論云：「取血於營。」與老子「營魄」同義。）蓋神之養於中者謂之營，神之顯於外者謂之精。凡從孚聲之字均含有外字之義。（如「浮」字、「郛」字、「烰」字之類是。）精莩者，精之浮露於外者也。柳注以爲目皮，失之矣。考揚子此文，蓋以神之内蓄者日以枯，神之外著者日以沈，（沈卽消滅之義。）則其智日昏。以此爲學，是皆冥行索途也。（熒、營古通。淮南原道篇：「精神亂營。」注云：「營，惑也。」漢書禮樂志云：「以營亂富貴者之耳目。」注云：「營猶回繞也。」案：亂營、營亂，與莊子齊物論「黄帝之所聽熒」、史記孔子世家「以匹夫而熒惑諸侯」之「熒」字同義，則「熒」字當作「營」。此熒、營古通之證也。）

其爲外也肅括。（同上。）

李注云：「括，法也。」案：薛君韓詩章句云：「括，約束也。」則括卽約束之義，與肅字略同。（説文：「括，絜也。」案：絜亦約束之義。）

惟聖人爲可以開明，它則苓。（問道篇。）

「苓」字義不可通。宋咸以爲「蒙」字之誤。吴秘曰：「苓，苓耳也。苓耳徒有其名，而無聆聞之實。」俞氏樾曰：「苓讀爲笭。説文：『笭，車笭也。』釋名：『笭横在車前，織竹作之，孔笭笭也。』此言惟聖人可以開明，其他則如車笭，言所見者小也。」案：宋、吳之説固非，俞説亦穿鑿。開明爲智字之義，則苓字必當愚昧之義。古字「令」與「民」通。説文：「笢，竹膚也。從竹，民聲。」而儀禮士喪禮作「軨」，此其確證，則「苓」當作「民」。鄭注：「民，冥也。」春秋繁露：「民者，瞑也。」賈子新書：「民之謂言萌也，萌之謂言盲也。」荀子注云：「民泯無所知。」則揚子所謂「苓」，卽泯無所知之義。書呂刑「泯泯棼棼」，漢書「泯」作「湎」。湎亦昏昧之狀，與開明之義相反。

龍以不制爲龍，聖人以不手爲聖人。（問神篇。）

李注云：「手者，桎梏之屬。」俞氏樾云：「手，『午』之誤字。午，啎也。」案：二説均非。古文「手」字作「又」，説文云：「又，手也，象形。」而「又」字復通作「有」，詩終風「不日有曀」，既醉「昭明有融」，鄭箋皆訓有爲又。儀禮士相見禮「吾子有辱」，周禮考工記弓人云「有三均」，鄭注亦訓有爲又。（又「宥」字亦通作「又」，禮記王制：「王三又。」鄭注云：「又當作宥。」）皆其確證。且古文「囿」字亦作「有」，風俗通云：「囿猶有也。」而商頌「九有」卽「九囿」之叚文。均囿、有古通之證。此文「手」當作「囿」。蓋「囿」字古文作「有」，有、又二字古通，復由又字誤爲手字也。不囿與不制義符，言龍無所制，聖人亦無所囿。與前文「聖人不制」相應。

至書之不備者過半矣，而習者不知。（同上。）

案：此説可以破漢博士以尚書二十八篇爲備之證。

下周者，其書譙乎！（同上。）

案：「譙」當作「噍」。禮記樂記云：「其聲噍以殺。」又云：「志微噍殺之音作。」「噍」卽「遒」字，其書譙者，言其文促急，無安雅之音也。此節係揚子論尚書文體之變遷，故由渾渾而灝灝，由灝灝而噩噩，均文詞由厚而薄，由微而顯之證。故至周以下，其文迫促，正與渾厚相反。李注以酷烈解譙字，蓋訓譙爲殺，其義稍晦。

或曰：「君子病没世而無名，盍勢諸？名，卿可幾也。」（同上。）

李注云：「勢，親也。名卿，親執政者也。言何不與之合勢以成名也。」洪氏頤煊、俞氏樾均讀「勢」爲「埶」，均以「盍勢諸」三字爲句。俞氏又謂「名卿可幾」，名與卿各爲一事。案：李氏之説近是。名卿者，與名王、名相、名臣同例，乃有名之卿也。或人之意以爲若與有名之卿相親附，則名可幾。下語「可幾也」三字，猶言名可幾也。不言名者，以上文既有「無名」二字，故省其文也。若揚子答或人之問，均言名不必由卿而獲。如鄭子真者，乃不附名卿而亦成名者也。

鳳鳥蹌蹌，匪堯之庭。（問明篇。）

李注云：「言鳳降步于堯之庭，非堯之庭則不降步也。」案：李説非是。果如其説，則本文必需增字而後明。蓋「匪」字即古「飛」字也。古匪字與飛同，考工記：「且其飛色必似鳴矣。」先鄭注云：「飛讀爲匪。」此其證也。蓋匪從非聲，非字亦從鳥飛取義，故古飛字皆作「蜚」。如史記周本紀「蜚鴻滿野」、司馬長卿封禪文「蜚英聲」是也。此文匪字蓋即蜚字之異文，義與飛同。（漢稾長蔡湛頌：「飛陶唐氏。」孔耽碑：「飛其學也。」此兩飛字，其一即「非」字，其一即「匪」字也。亦匪、飛通用之確證。）李氏不知古字通叚之例，以匪爲非，失之甚矣。

舉茲以旃，不亦珍乎！（同上。）

宋注云：「旃，之也。言舉此諸德以議之。」俞氏樾曰：「『旃』疑『稱』字之誤。稱猶言也。」案：「旃」字不必改字，説文：「旃，旗曲柄也，所以旃表士衆。」蓋旃爲軍中之幖識，引伸之卽爲旃表之義，猶旌字用爲旌表之旌也。此文「舉茲以旃」，猶言舉兩龔、蜀莊之行以爲師表也。豈必改「旃」爲「稱」乎？

或問「哲」。曰：「旁明厥思。」問「行」。曰：「旁通厥德。」（同上。）

李注云：「動静不可由一塗，由一塗不可以應萬變。應萬變而不失其正者，惟旁通乎！」案：旁當訓廣。說文：「旁，溥也。」廣雅：「旁，大也。」又曰：「旁，廣也。」故荀子「旁魄」，（性惡篇。）楊注訓爲廣博；莊子「旁礴」，（逍遥游。）司馬注訓爲混同；而吴都賦「旁魄論都」，文選注亦訓爲寬大。蓋旁明者，猶言光明；旁通者，猶言横通。古字「横」、「光」二字均與「廣」同。如書「光被四表」，漢書作「横」；詩「緝熙光明」，傳訓爲廣，是也。李說未晰。（又案：「或問哲」之「哲」，與前文「允喆堯儃舜之重」之「喆」，古亦通用。彼文李注訓爲知。方言云：「曉、哲，知也。」則允喆之「喆」當作「哲」矣。此文之哲則係「知」字之代詞。）

假則偭焉。（寡見篇。）

李注云：「至于聖人遠言遠義，則偭然而不視聽。」案：偭者，背也。離騷云：「偭規矩而改錯。」王注云：「背也。」漢書賈誼傳應劭注同。又夏侯嬰傳曰：「面雍樹馳。」集解曰：「面，偝也。」蓋假「面」爲「偭」。此文言今人所視者邇文，所聽者邇言，若遠文遠言，則背之而馳。卽上文「寡見人好」之義也。李注未晰。

春木之芚兮，援我手之鶉兮。去之五百歲，其人若存兮。（同上。）

李注：「春木芒然而生。」宋、吴本「芒」作「芚」，温公從之。案：易「芒」爲「芚」，斯與下語協韵。序卦傳曰：「屯者，物之始生也。」説文曰：「屯象艸木之初生。」是屯象春木初生之形。古「芚」字均作「屯」，後人加艸爲「芚」，遂由芚而誤作「芒」矣。

秦之有司負秦之法度，秦之法度負聖人之法度。（同上。）

李注曰：「秦法已酷，吏又毒之。」案：負猶背也。戰國策秦策云：「魏必負之。」注云：「負，背也。」釋名：「負，背也。」禮記明堂位鄭注云：「負之言背也。」史記五帝紀：「負命毀族。」正義云：「違也。」違義亦與背同。故凡以背任物皆謂之負。（如論語「負版」，方言「負佗」，以及爾雅之「負丘」，皆是也。）此言秦有司所行者，非秦之法度；秦所行者，又非聖人之法度。（古音負與否同。否又與非爲雙聲，故負字兼有非義。）下文言「秦弘違天地之道」，即指背聖人之法言也。

若是，則仲尼之開迹諸侯也，非邪？（五百篇。）

宋咸曰：「開，開布也。」俞氏樾曰：「開，通也。以孔子歷聘諸侯爲通跡也。」案：爾雅釋言：「愷、悌，發也。」郭注云：「發，發行也。」此愷悌與釋詁樂易之訓不同。詩齊風云：「齊子豈弟。」箋云：「此豈弟猶言發夕也。豈讀爲闓。弟，古文尚書以爲『圛』。圛，明也。」孔疏申其義曰：「上言發夕，謂初夜即行。此言闓明，謂侵明而行。」（案：闓亦有明義，方言：「暟，臨昭也。」蓋侵明而行，義取臨昭，故曰闓圛。）蓋「闓」即「豈」字之正字。又與「開」通，方言云：「闓、苦，開也。楚謂之闓。」是開、闓古通之證。此文開迹與發軔同，言孔子歷聘諸侯，數往來於列國也。

闕百聖而不慙。（同上。）

案：「闕」讀爲「貫」。禮記雜記云：「見輪人以其杖闕轂而輠輪者。」闕轂即貫轂。又孟子「越人闕弓而射之」，史記陳涉世家載賈生過秦論作「士不敢貫弓報怨」，貫弓卽關弓。此關、貫古通之證。廣雅云：「貫，穿也。」詩齊風「射則貫兮」，易剝卦「貫魚以宮人寵」，貫均訓穿。貫百聖者，言其貫通百王之道也，卽論語「一貫」之「貫」。

周之人多行，秦之人多病，行有之也，病曼之也。（同上。）

李注曰：「行有之者，周有德也；病曼之者，秦無道也。」蓋以德與道訓兩「之」字。不知道、德二字未見于前文，此文安得用「之」字以爲代？案：前文云：「則載而惡乎之？曰：『之後世君子。』」此「之」字與彼「之」同。爾雅：「之，往也。」小爾雅：「之，適也。」戰國策齊策曰：「之其所短。」注云：「之猶用也。」此文兩「之」字，意與「用」近。周人所以多行者，由于有所用；秦人所以多病（病，李訓爲屈沈，是也。）者，由於無所用也。李說非。

申、韓險而無化。（同上。）

李注云：「險克所以無德化。」案：「險」當作「檢」。古檢、險二字均與「僉」同，（如爾雅釋言「檢，同也」，「檢」卽「僉」字。書「其勿以僉人」，「僉」卽「險」字。）故可通用。倉頡篇云：「檢，法度也。」荀子儒效篇云：「禮者，人主之所以爲羣臣寸、尺、尋、丈檢式也。」注云：「檢，束也。」後漢書仲長統傳：「是婦女之檢柙。」注云：「規矩也。」又周黄徐姜申屠傳云：「執法以檢下。」注云：「猶察也。」檢而無化者，言其以法制束民，而不知以德化之也。卽重法律而輕道德之義。史記自序：「名家儉而難遵。」「儉」亦「檢」字，蓋苛察繳繞乃名、法二家所同也。

鄒衍迂而不信。（同上。）

李注云：「迂回而不可承信。」案：迂當作夸。史記孝武紀云：「事如迂誕。」注云：「夸誕也。」此迂字通夸之證。佚周書謚法解云㊀：「華言無實曰夸。」呂覽本生篇云：「非夸以名也。」注云：「虛也。」夸而不信，猶言虛誇而不信也。史記封禪書言鄒衍以陰陽五德顯，又言怪迂阿諛苟合之徒自此興。怪迂之「迂」，亦當作「夸」。此亦「鄒衍夸而不信」之確證。

若汙人老。（先知篇。）

李注：「汙，慢也。」案：左傳昭元年：「處不辟汙。」注云：「勞也。」詩周南：「薄汙我私。」傳云：「煩也。」汙人老者，言不知古人安老之義，以勞苦之事役之也。孟子云：「頒白者不負戴於道路。」是古代之老休而不勞，今反其道，故揚子以爲譏。李注非也。

或曰：「正國何先？」曰：「躬工人績。」（同上。）

李注云：「躬，身也；工，官也。言先正身以臨百官，次乃覽察其人，考其勳績也。」案：李説非是。説文云：「工，巧飾也，象人有規矩也。」是人有規矩亦謂之工。躬工猶言身正，謂己身能循規應矩也。績字爾雅訓爲繼，而左傳昭元年「遠績禹功」，注亦訓績爲續。躬工人績，猶言己身既正，則人循之耳。論語曰：「其身正，不令而行。」董子春秋繁露亦謂「正朝廷以正百官，正百官以正四方」。均以正己在先，正人在後，卽法言「躬工人績」之義也。法言文詞隱奥，李注望文生義，可謂失揚子之旨矣。

吾見玄駒之步，雉之晨雊也，化其可以已矣哉！（同上。）

案：此數語之旨，前儒多未分析。吳注訓步爲行，俞樾訓步爲步馬之「步」，實則此卽步趨之「步」也。蓋玄駒之步，言蟻

㊀「謚」字原本作「證」，形近而訛，今改。

有君臣之誼也；（言其相隨不亂。）雉之晨雊，言雉有夫婦之誼也。（詩曰：「雉鳴求其牡。」又曰：「雉之朝雊，尚求其雌。」）物尚如此，則民間之化安得從緩？此揚子以物之有化，慨民之無化也。前儒均未達此旨。

剛則甈，柔則坏。（同上。）

李注云：「甈，燥也；坏，濕也。」案：李注未窮甈、坏之本訓。廣雅云：「甈，裂也。」（釋詁二。）說文亦云：「甈，康瓠破罌也。」甈、劓均從臬聲。廣雅訓劓爲斷，則甈卽破裂斷折之義矣。說文云：「坏，一曰瓦未燒也。」史記張釋之傳云：「盜長陵一坏土。」索隱云：「磚未燒之名也。」太玄云：「或錫之坏。」注云：「未成瓦也。」是坏爲未燒之瓦。未燒之瓦，其體未堅，則坏又爲不堅緻之義矣。

昔者姒氏治水土，而巫步多禹。（重黎篇。）

李注云：「俗巫多效禹步。」案：巫、步皆爲官名。周禮夏官校人：「冬祭馬步。」鄭注云：「馬步神爲災馬者。馬神稱步，謂若玄冥之步、人鬼之步。」步與酺同。地官族師祭酺，故書作「步」。鄭注云：「酺者，爲人物裁害之神也。」蓋害人物之神謂之步，祭害人物之神亦謂之步。洪範五行傳云：「帝令大禹步于上帝。」（下言「方淮用咎於下」。）此禳除災害名爲步祭之證也。由是掌禳除災害之祭者，其官亦謂之步。淮南子云：「羿除天下之害，死爲宗布。」（除害者，卽除害人之物。如楚詞言羿射日烏是。）而漢書郊祀志亦有諸步之官。諸步卽宗布之轉音。蓋巫主降神，步掌禳物，因禹有降神除物之奇，故後之爲巫、步之官者，遂多託大禹之說。揚子巫、步並言，亦據當時之有步官耳。自步官既廢，而法言之旨亦失矣。

夫欲讎僞者必假眞。（同上。）

李注：「讎，類也。」案：讎當作售。詩谷風云：「賈用不售。」鄭箋云：「如賣物之不售。」文選西京賦注云：「售猶行也。」均卽此「讎」字之的解。

請問「蓋天」。曰：「蓋哉！蓋哉！應難未幾也。」（同上。）

李注云：「再言『蓋哉』者，應難以事，未有近其理者。」俞樾曰：「『應難』二字涉注文而衍。」案：此乃揚子自言其難蓋天八事也。「未幾」承上文「幾乎！幾乎」言。「應難」爲句，「未幾也」爲句。言蓋天之說當加以辯難，非若渾天之近理也。俞說非。

至蠡策種而遁，肥矣哉！（同上。）

李注：「美蠡功成身退，于此一舉最爲善。」案：「肥矣哉」三字爲句，與先知篇「難矣哉」一律。易遯卦「肥遯」，漢本多作「飛」，或本作「蜚」。此「肥」字亦與飛同。漢書五行志云：「慧孛飛流。」注云：「飛絶迹而去也。」揚子以肥稱范蠡，卽指其超然高舉言也，與「肥遯」之「肥」同。李說非。

始皇方虎挒而梟磔，噬士猶腊肉也。越與亢眉，終無撓辭，可謂伎矣。（同上。）

李注：「伎，有才伎也。」案：李注望文生意。「支」與「搘」同。國語注（國語「天之所壞，不可支也」注。）云：「支，柱也。」國策注（西周策「魏不能支」注。）云：「支猶拒也。」（後漢書郭泰傳注又訓支爲持。）枝從支聲，義亦訓拒。（莊子齊物論：「師曠之枝策也。」司馬氏注云：「拄也。」史記項羽本紀云：「莫敢枝梧。」注引瓚說曰：「小柱爲枝。」）此伎與支、枝義同。言越能與始皇相支柱也。史記魯仲連傳云：「技桓公之心。」亦與此文之「伎」同。

周之順、赧，以成周而西傾。（淵騫篇。）

案：順、慎古通。順即周之慎靚王也，故與赧王並言。

實蛛蝥之靡也。（同上。）

李注：「若蛛蝥之蟲小巧耳。」案：下文言聶政壯士之靡，荆軻實刺客之靡，若此文以蟲類爲喻，則與下文不一律。蛛蝥即侏儒之異文耳。方言云：「鼅鼄，鼄蝥。」爾雅注作「蝃蝥」，本即侏儒之轉音。侏儒義訓爲短，因蜘蛛形短，故假侏儒以爲名。考短人謂之侏儒，而梁上短柱亦謂之侏儒，或謂之棳。（凡從叕聲之字均訓爲短。）侏儒之合音爲豎，人之短者謂之豎，賤者亦謂之豎，故人之短者爲侏儒，賤者亦謂之侏儒。（此由古代體愈長者愈貴，如君長之「長」及丈人是。體愈短者愈賤，如童是也。）左傳襄四年稱臧孫爲侏儒；漢高祖稱人爲豎儒，或稱爲豎子。此蛛蝥義與豎子同，猶孟子斥人爲賤丈夫耳，與下文壯士、刺客一律。若靡字，吴訓爲披靡，司馬與訓靡爲嫻㊀，其説均非。惟俞樾據廣雅訓靡爲「爲」，其説最確。蛛蝥之靡，猶言此乃豎子之所爲耳。下文兩「靡」字亦然。

「叔孫通」。曰：「槧人也。」（同上。）

李注云：「見事敏疾。」吴注云：「叔孫通雜采秦儀，著漢儀，簡牘之人也。槧猶牘也。」俞樾曰：「『槧』疑作『鏩』。温公注太玄，以鏩鏩爲鋭進躁急之志。叔孫通未知禮樂必百年而興，急欲興之，故以爲鏩人。」案：槧與漸同。蓋古「漸」或書作

㊀「興」字於此義不可解，疑當作「則」。

「槧」，與槧相似，故爾致訛。書呂刑：「民興胥漸。」王引之解漸爲詐。又荀子不苟篇云：「知則攫盜而漸。」議兵篇曰：「是漸之也。」正論篇曰：「上幽險則下漸詐矣。」莊子胠篋篇曰：「知詐漸毒。」諸「漸」字均當訓詐。蓋揚子以叔孫通爲詐人也。夫叔孫通之所爲，無一而非譎詐。又五百篇以魯二臣不受通徵，稱爲「大臣」，則揚子之嫉通也久矣，故以漸人斥之。

非夷尚容。（同上。）

李注云：「非夷、齊，是柳下惠，戒其子以尚同。」案：此指東方朔戒子之詩，言朔詩言首陽爲拙，柳下爲工。此「容」字疑「禽」字之訛。禽卽柳下惠之名，尚禽指柳下爲工言，非夷指首陽爲拙言。「尚禽」與「非夷」對文。

或問：「航不漿，衝不薺，有諸？」（君子篇。）

李注云：「樓航不挹漿，衝車不載薺。」俞樾云：「『薺』當爲『齊』，齏之叚字。鄭注周禮曰：『凡醯漿所和，細切爲齏。』此言樓航不可挹酒漿，衝車不可盛齏醢也。」案：「漿」當作「槳」。方言云：「所以隱櫂謂之槳。」注云：「槳，搖櫓小檝也。」薺訓爲「采薺」之「薺」。禮記孔子燕居篇言君子之在車也，「和鸞中采薺」。采薺爲樂名。周禮樂師云「趨以采齊」，而夏官復有齊右之官，是采薺爲行車之音也。蓋航爲大舟，衝爲行軍之高車，此言大舟不必恃櫓櫂之用，兵車不必合采薺之音也。故或以「大器不周于小」爲問，卽言大器于小者有所不備也。采薺單稱爲薺，與周禮鐘師「齊夏」一律。李、俞之說均非。

孫卿非數家之書，侻也；至于子思、孟軻，詭哉！（同上。）

李注云：「彈駁數家，俛合于教。」案：俛、詭二字乃方言。今人心有所是則稱爲兑，俗書作「對」；心有所非則稱之若丫。俛卽「兑」字之音，詭卽「丫」字之轉音。蓋以荀子非數家爲允，而以斥思、孟爲非也。李注未晰。

或曰：「甚矣！傳書之不果也。」曰：「不果則不果矣，人以巫鼓。」（同上。）

俞樾曰：「說文：『果，木實也。』淮南高注：『果，誠也。』傳書之不果，猶言傳記之書多失實耳。」案：俞解不果誠確，惟下二句則未解。「不果則不果」者，則訓爲法言後世之書，記事失實，均以承襲古書之故。古書不能徵信于前，斯後世之書不能垂信于後，猶近人所謂以訛傳訛也。（不果則不果，猶言後世不實之書均效則往古不實之書耳。）若「人以巫鼓」，李軌解巫鼓爲妄說。不知巫卽巫覡之巫，鼓卽瞽瞍之瞽也。古代巫主降神；瞽主掌樂，亦主降神。故國語言瞽史知天。古代荒渺之談，神語之史，大抵出于巫、瞽二官。「人以巫鼓」者，言傳記之書既多失實，遂使人人逞荒渺之說，與巫、瞽同。李說非也。

語乎者，非囂囂也與？（同上。）

案：此「乎」字係代詞。語乎者，猶言語此也，卽指語仙術者言也。與古籍各「乎」字均殊，非語助詞，亦非狀事、狀物之詞。

天地之得，斯民也；斯民之得，一人也；一人之得，心矣。（孝至篇。）

李軌注「天地之得」云：「得養育之本，故能資生斯民也。」注「斯民之得」云：「得資生之業，是故係之一人也。」注「一人之得」云：「一人之得統御天下者，以百姓之心爲心。」其說均望文生訓。初疑「得」當作「德」，自今觀之，則「得」字蓋卽「中」

字也。中、則雙聲，東、得雙聲，而「得」字又讀若登。登、東、中均一聲之轉。又詩旻中與頻韵，讀中爲真，與職韵同轉今川、蜀之人于職韵之字多讀若東部之音，揚子爲蜀人，故據方土之音，書中爲得。禮運云：「人者，天地之心也。」此即揚子以斯民爲天地之中所從出也。緇衣云：「民以君爲心。」此即揚子以一人爲斯民之中所從出也。孟子云：「惟大人爲能格君心之非。」又云：「一正君而國定矣。」此即揚子以心爲一人之中所從出也。蓋揚子之意，以爲天下之治亂，係于君心之邪正。一人者，即君之謂也。

周康之時，頌聲作乎下，關雎作乎上，習治也。齊桓之時緼，而春秋美邵陵，習亂也。（同上。）

案：上節用齊、魯詩之説，下節用公羊之説。時今文立學官，揚子不得不從也。

或曰：「訩訩北夷，被我純繢，帶我金犀，珍膳寧餬，不亦享乎？」（同上。）

李軌注云：「嫌禮胡如此，太盛也。」司馬光曰：「『享』當作『亨』。」俞樾云：「『享』當作『厚』，厚、享二字隸文相似而訛。」

案：享字不誤。下文云：「是爲宗廟之神，社稷之靈也，可不享？」又自序云：「孝莫大于寧親，寧親莫大于寧神，寧神莫大于四表之歡心，譔孝至。」則孝至一篇所言以祀鬼寧神爲主，而祀鬼寧神又以得四表歡心爲主。昔孝經以「四海之内以職來祭爲孝」，即揚子此文所本。「訩訩北夷」四語，言匈奴臣服于漢，無異漢民，即序文所謂「得四表歡心」也。「不亦享乎」，「享」即神不享此之「享」，言既得四表歡心，則鬼神亦必來享。故下文又云：「是爲宗廟之神，社稷之靈也。」惜注家未明此義。

郡勞王師。（同上。）

李軌注曰："勞王師而郡縣之也。"王懷祖云："郡者，仍也；仍，重也，數也。言數勞王師。"案："郡"當作"羣"。上文言"龍堆以西，大漠以北，鳥夷、獸夷"，則邊外之夷非僅一族，故言羣勞王師也。郡、羣均從君聲，故借"羣"爲"郡"。

降周迄孔，成于王道，終後誕章乖離，諸子圖徽。（序。）

李注讀"終後誕章"爲句，"乖離諸子圖徽"爲句。宋咸云："圖徽，圖善也。"案："終後誕章乖離"爲句，"諸子圖徽"另爲句。終後誕章乖離者，終後猶然嗣是。言孔子以降，而乖離之説大章也。（"乖離"即"華離"，即下文所謂"差參不齊一也"。荀子："四方之國有侈離之德，則必滅。"亦即此乖離之義。）"徽"與"徽"通。諸子圖徽，猶言諸子自謀樹幟也。即各立一説，自相旌異之義。李、宋二説均非。

動不克咸，本諸身。（同上。）

李注讀"動不克咸"爲句，"本諸身"爲句，訓克爲能，訓咸爲皆。案："動不克"三字爲句，"咸"字當連"本諸身"讀。考修身篇云："君子不動，動斯得矣。"此序文即綜括前文之旨。動不克者，猶言不能行也。孟子有言"行有不得者，皆反求諸己。""動不克"與"行有不得"同，"咸本諸身"即彼書所謂"皆反求諸己"也。蓋揚子之意以爲不能行道，由于不能正身，故用孟子之義而稍變其詞。李説非是。